KB125697

헐버트
조선의 혼을 깨우다

23세에 조선을 만나 한국인보다 한국을 더 사랑한
헐버트 박사님 영전에
이 책을 바칩니다.

Dedicated to
The Memory and Posterity of Dr. Homer B. Hulbert,
Who Encountered Korea at the Age of 23 and
Came to Love Korea More than Koreans,
With Eternal Gratitude for His Contributions to Korea.

헐버트 내한 130주년 기념 '헐버트 글 모음'
The Selected Works of Homer B. Hulbert

헐버트
조선의 혼을 깨우다

헐버트(Homer B. Hulbert) 지음

김동진 옮김

참좋은친구

조선은 이제 막 문명국의 대열에 합류하는 문턱에 서 있다.
따라서 모든 나라는 조선의 근대화 노력을 지원하고 조선인들을 격려해 줘야 한다.
특히 기독교 국가들이 앞장서서 조선을 도와야 한다.

– 조선에 대한 첫 글에서(1886년 7월 29일) –

호머 헐버트(Homer Bezaleel Hulbert)

대학 졸업 때

부모(중앙), 형제들과 함께. 제일 아래 줄 오른쪽이 헐버트 부부

자손들과 함께. 뒷 줄 중앙이 헐버트 부부

40년 만에 한국에 귀환

1949년 7월 29일 인천항에 도착하는 헐버트

"나는 웨스트민스터 사원보다 한국 땅에 묻히기를 원하노라!"
I would rather be buried in Korea than in Westminster Abbey.

헐버트 묘소
1949년 8월 5일 서거, 8월11일 사회장으로 마포구 양화진 한강변에 안장.
'헐버트박사의 묘'라는 김대중 대통령의 휘호를 받아 1999년 8월 5일 묘비에 새김

한글 역사인물 주시경 – 헐버트 상징조형물

서울시, 종로구 주시경마당에 2013년 12월 27일 세움

헐버트문경새재아리랑기념비

경북 문경시, 문경새재에 2014년 8월 13일 세움

대한민국, 금관문화훈장 추서(2014년 10월 9일)

훈장을 대신 받는 증손자(Kimball A. Hulbert)

(사)서울아리랑페스티벌, 제1회 '서울아리랑 상' 추서(2015년 10월 7일)

상을 대신 받는 손자(Bruce W. Hulbert)

'헐버트 글 모음'을 내면서

어느 민족에게나 역사의 물줄기는 굴곡지고 소용돌이친다. 도도히 흐르는 역사의 물줄기에서 스스로를 빨리 깨우는 민족만이 문명 진화를 선점한다는 사실은 세계사가 증명하였다. 한민족도 조선 말기에 쇄국의 굴레에서 벗어나 스스로를 깨우고자 서양 문명과 맞닥뜨렸다. 그러나 채 깨어나기도 전에 망국의 역사를 맞았다. 이 두 차례의 격랑에서 국경과 인종을 넘어 조선의 근대화와 독립을 위해 많은 외국인이 헌신하였다. 그 외국인들 중 유난히 눈에 띄는 이가 바로 헐버트Homer Bezaleel Hulbert 이다.

고종의 부름을 받고 우리나라 최초의 근대식 관립 학교인 '육영공원育英公院'의 교사가 되기 위해 1886년 조선에 당도한 23세의 청년 헐버트는 86세로 세상을 마감할 때까지 한민족과 기쁨과 슬픔을 함께했다. 그는 일본의 침략주의에 맞서 싸우고 심지어 자신의 모국 미국의 제국주의적 행태를 비난하면서 정의, 평화, 인간애, 올바른 애국심의 가치가 무엇인지를 온몸으로 보여 주었다. 그러나 그가 한민족에게 남긴 울림은 이러한 대의적 가치 실현뿐만이 아니었다. 한민족의 역사, 문화를 탐구하여 누구보다도 일찍이 한민족의 우수성을 확인한 헐버트는 조선의 문명화라는 이상을 달성하고자 '교육만이 살길이다'라고 외치며 조선 청년들의 꿈을 키우는 데에 앞장섰다.

헐버트가 한민족에게 어떤 존재였는가를 정확히 정의하기란 쉽지 않다. 그와 한민족의 인연의 폭이 광대하고, 그의 한국 사랑의 향기가 너무도 오묘하기 때문이다. 안중근 의사는 1909년 이토 히로부미를 저격한 후 뤼순旅順 감옥에서 "헐버트는 한국인이라면 하루도 잊을 수 없는 인물이다."라고 일본 경찰에 공술하였다. 최상의 존경의 표시가 아닌가. 당시 헐버트가 실천한 한국 사랑의 울림이 어디까지 뻗쳐 있었던가를 가늠할 수 있는 대목이다.

대한민국은 1950년 3월 1일 헐버트에게 외국인 최초로 '건국공로훈장(태극장)'을, 2014년 10월 9일 '금관문화훈장'을 추서하였다. 헐버트는 대한민국 역사에서 건국공로훈장과 금관문화훈장 두 훈장을 받은 유일한 역사 인물이다. 그러나 헐버트는 아직도 우리에게 낯선 이름이다. 헐버트는 외국인이지만 그의 일생은 분명 한민족의 역사다. 그가 외국인이라는 이유로 역사의 손님으로 방치되어서는 아니 된다. 그의 공적은 우리 역사에 올바로 자리매김 돼야 하고, 안중근 의사의 증언처럼 한민족은 그를 꼭 기억해야 한다.

본 옮긴이는 2010년 헐버트의 일대기 《파란눈의 한국혼 헐버트》를 출간하여 그의 일생을 세상에 알린 바 있다. 그러나 그의 사상과 철학을 바로 알고 그의 공적을 우리 근대사에 올바로 자리매김하기 위해서는 그가 남긴 모든 글들을 모아 세상에 내놓는 일이 시급하다고 판단하였다. 이는 또 "나는 웨스트민스터 사원보다 한국 땅에 묻히기를 원합니다."라고 한국 사랑을 절규한 헐버트에 대한 최소한의 도리라고 여겼다.

헐버트는 한민족과 관련하여 200여 편의 논문 및 신문 기고문과 7권의 단행본을 남겼다. 단행본은 모두 한민족의 말글과 역사 관련 서적으로 보석 같은 대작이다. 그 외에도 4권의 소설, 4편의 희곡, 3권의 자서전 등을 남겼다. 우선적으로 그의 논문과 기고문만을 묶어 책을 내기로 했다. 그러나 양이 방대하여 몇 차례 나눠 내기로 했다. 일차적으로 헐버트가 내한한 1886년 7월 5일부터 대한제국이 탄생한 1897년 10월까지, 즉 조선 시대의 모든 글을 모았다. 이 글들에는 수준급의 연구 논문도 있고, 단지 자신의 견해를 짧게 피력한 소소한 글도 있다. 그러나 그의 대부분의 글에는 헐버트의 심오한 철학적 가치가 담겨 있다.

헐버트는 내한 초기 조선의 말글, 문학, 예술, 풍속, 종교 등 한민족의 뿌리 탐구에 집중하였다. 그는 특히 한글의 문자적 우수성에 감동하며, 한글을 통해서만이 교육을 확장하고, 반상의 계급을 타파하고, 문명 진화를 꾀할 수 있다고 보았다. 당시로서는 상상할 수 없는 혁명적 발상이었다. 그리하여 이번 '헐버트 글 모음'의 중심 주제를 헐버트의 한국 말글 연구로 삼았다. 따라서 1897년 10월 이후의 글이라 할지라도 한국의 말글과 관련한 글은 이 책에 모두 포함하여 독자들로 하여금 헐버트의 한국 말글 연구를 정연하게 접할 수 있도록 하였다.

'헐버트 글 모음'에는 헐버트가 쓴 57편의 글과 ≪ᄉ민필지≫ 머리말을 담았다. ≪ᄉ민필지≫는 단행본이지만 근대 교육사와 한글 역사에 매우 귀중한 책이기에 이 책에서 소개하였다. 이 책에 담은 글들의 영문 원문은 (사)헐버트박사기념사업회 누리집http://www.hulbert.or.kr에 전자책 e-book 형태로 올려놓아 누구나 쉽게 접근할 수 있게 하였다.

헐버트의 나머지 150여 편의 글은 한국 역사, 구한말의 시대상, 일본의 제국주의적 횡포를 고발한 글이 주를 이룬다. 헐버트는 또 많은 편지를 남겼다. 앞으로 그러한 글들과 편지를 묶어 2차, 3차 글 모음을 빠른 시간 내에 출간하고자 한다. 아직 번역이 안 된 단행본 및 자서전도 앞으로 번역하여 출판해야 할 것이다. 헐버트의 글들은 소중한 역사 자료이자 한민족의 자산이며, 더 나아가 헐버트의 글을 세상에 알리는 일은 곧 한국을 알리는 일이기 때문이다.

헐버트의 글을 옮기는 내내 헐버트가 한민족의 뿌리를 다방면으로 탐구하여 한국혼을 정의하고, 세계에 알린 사실은 가히 한국학의 개척자적 역할이었다는 생각이 머릿속에 맴돌았다. 그는 조선 자신도 모르는 조선의 혼을 깨우며 스스로 한민족의 역사, 문화에 탐닉하였다. 또한, 그의 글 곳곳에는 무의식의 한국혼이 내재한다. 그의 한민족 뿌리 탐구가 한국 사랑의 원천으로 작용한 것이다. 그는 조선에 대한 첫 글에서 조선의 문명화 노력을 도와야 한다고 국제사회에 호소한 이래, 일관되게 한민족의 입장에서 현상을 관찰하고 논리를 전개하였다. 헐버트는 조선의 문제점을 지적한 적은 있어도 한민족에게 희망의 끈을 놓은 적은 없었다. 그는 또 조선의 근대화 물결에서 고종에게 수차례 상소를 올리는 등 실용적 대안을 제시하며 실천에 앞장서는 행동하는 지성이었다. 이러한 점들이 앞으로 국민들에게 가감 없이 전해지길 기대한다.

헐버트의 글을 옮기겠다고 마음먹으면서 원문에 충실하리라 다짐하였다. 과장이나 불필요한 미사여구로 원문에 덧칠을 해서는 안 되며, 쉬운 우리말을 쓰자고 되뇌었다. 이 번역이 헐버트 박사님의 지성과 인간애, 그리고 그의 한민족 탐구 열정에 누가 되지 않기를 바랄 뿐이다.

2016년 6월 6일 합정동 기념사업회 사무실에서
옮긴이 김동진

감사드립니다

이 책이 나오기까지 많은 분들의 도움이 있었습니다. 먼저 신문 기고문 등 헐버트의 유품을 보내 준 손자 브르스Bruce W. Hulbert 내외와, 증손자 킴벌Kimball A. Hulbert에게 특별한 감사를 전합니다. 책을 내는 데용기를 주신 신복룡 명예회장님을 비롯한 기념사업회 고문, 이사, 자문위원님들에게 깊은 감사를 드립니다. 책 출간을 축하해 주시면서 헐버트의 학자적 면모를 차원 높게 정리해 주신 한글학회 김종택 이사장님, 헐버트를 기독교 정신을 가장 잘 실천한 참 크리스천으로 정의해 주신 기독교대한감리회 전용재 감독회장님, 그리고 책이 나오기까지 고귀한 조언을 주신 이형모 재외동포신문 대표님께 특별한 감사를 드립니다. 또한, 이 책의 많은 글의 기초 번역을 맡아 준 헐버트청년모임 전범선 대표와 난해한 옛 영어 해석을 도와 준 다트머스대학 2014년 졸업생인 슈츠Karl T. Schutz 군, 〈조선의 속담〉의 기초 번역을 맡아 준 엄태경 군에게 진심으로 감사를 전합니다. 자료 수집과 교정을 도와 준 사무국 동지들의 노고에 고마움을 전하며, 이 책이 바른 책이 되도록 기도해 준 가족들에게도 고마움을 전합니다.

헐버트박사기념사업회를 물심양면으로 성원해 주시는 인탑스(주) 김재경 회장님을 비롯한 후원기관, 정신적으로 큰 힘이 되어 주시는 국가보훈처, 광복회, 독립유공자유족회, 마포구청, 기독교대한감리회, 한국기독교선교100주년기념교회에 진심 어린 감사를 드립니다.

김동진

한국인보다 더 한글을 사랑한 헐버트 박사

올해는 광복 71주년이 되는 해입니다. 대한민국은 세계가 부러워하는 민주화와 산업화를 성공적으로 완성한 국가가 되었습니다. 민주화와 산업화의 성공 배경에는 문자생활에서 한자를 폐기하고 배우고 쉽고 쓰기 쉬운 한글로 썼기에 가능하였습니다. 전통문화와 선진 서구문화를 한글로 받아들였기에 짧은 시간에 국민의 지적 수준이 향상되었습니다.

전 국민이 배우기 어렵고 쓰기 어려운 한자를 버리고 한글 전용을 주장한 선구자가 지금으로부터 130년 전에 내한하였습니다. 그분이 바로 호머 헐버트Homer B. Hulbert 박사입니다.

일평생 국어학을 연구한 저는 언어학자 헐버트 박사의 업적을 소개하고자 합니다. 그는 한국어와 한글의 우수성을 과학적으로 연구하여 수십 편의 논문을 국내외 언론에 발표하였습니다. 첫째, 한국어의 특징을 밝혔습니다. 한국어는 우랄알타이 어족에 속하고, 의태어와 의성어가 무수히 많으며, 황홀하다고 할 만큼 동사가 최상으로 발달하였으며, 대중 연설 언어로써 영어보다 우수하다고 입증하였습니다. 둘째, 한글의 우수성을 세계에 알렸습니다. 그는 한글을 200개가 넘는 세계 여러 나라 문자와 비교한 언어학자였습니다. 그는 "문자의 단순성과 소리를 표현하는 방식의 일관성에서 한글과 견줄 문자는 발견하지 못했다. 한글이야말로 현존하

16

는 문자 가운데 가장 훌륭한 문자 중 하나다. 한국인들은 누구나 한글을 쉽게 배울 수 있으며, 한글을 배운지 4일이면 한글로 쓰인 어떤 책도 읽을 수 있다."라고 하면서, 일본도 한글을 공식 문자로 채택하기를 희망하였습니다. 동시에 중국이 약 30,000개의 한자 대신에 자신이 제안한 한글에서 따온 38개의 글자를 사용할 것을 주장하였습니다.

그러면서 그는 한자 학습에만 매달린 한국의 상류층을 질타하였습니다. 그는 "영국인들이 라틴 어를 버린 것처럼 조선인들도 결국 한자를 버리리라 믿는다."고 확신하였는데, 그의 예언은 적중하였습니다. 현재 대한민국 국민은 한글 전용을 정착시켜 한글나라, 한글세상에서 자유와 소통을 만끽하고 있습니다.

셋째, 육영공원 교사 신분으로 최초의 한글 교과서인 ≪ᄉᆞ민필지≫(1890)를 저술하여 조선인들이 세계 사정을 알 수 있게 하였습니다. ≪ᄉᆞ민필지≫ 서문에서 그는 한글이 중국 글자인 한자보다 훨씬 소중하고 필요한데도, 조선인들이 한글을 업신여기고 있음을 통탄하였습니다. 참으로 적확한 지적이었습니다.

넷째, 세종과 한글을 창제할 때 발간한 책인 ≪훈민정음≫(1446)에 대해 우수한 논문을 발표하였습니다. 그는 세종이 소리글자를 창제하여 한자로 인한 백성의 고통을 덜어준 성군이었다고 논증하였습니다. ≪훈민정음≫에 배열한 글자들이 음성학의 법칙을 완벽할 정도로 정확하게 따랐음을 밝혀내었습니다. 이러한 연구는 헐버트 박사가 당대 최고의 언어학자였기에 가능하였습니다.

다섯째, 한글 맞춤법과 한국어 로마자 표기에 대해 선구적으로 연구하였습니다. 그는 당시 제안된 한글 맞춤법 개정안에 관심을 표명하고 있었습니다. 아울러 한국어 로마자 표기법의 경우 정확성과 간결성이 충족되는 한도에서 결정해야 한다고 주장하였습니다. 그러나 이러한 선구적인 주장은 일제의 강점으로 단절되었습니다. 그의 주장은 주시경(1876~1914)에게 일정한 영향을 미쳤고, 주시경의 제자들이 ≪한글 맞춤법 통일안≫(1933)과 ≪외래어 표기법 통일안≫(1941)을 발간하여 완성하였습니다. 이밖에도 이두와 한국어 어원에 대한 연구도 하였습니다.

1차 자료를 바탕으로 ≪파란눈의 한국혼 헐버트≫(2010)를 저술하여 헐버트 박사의 업적을 이미 밝힌 헐버트박사기념사업회 김동진 회장이 올해에는 헐버트 박사가 발표한 논문과 기고문을 번역하여 '헐버트 글모음'을 발간하기에 이르렀습니다. 참으로 기쁜 일입니다. 이제야 헐버트 박사를 제대로 기리게 되었습니다.

헐버트 글 모음 ≪헐버트 조선의 혼을 깨우다≫ 발간을 통해 한국어와 한글에 대해 보다 심층적인 연구가 이루어질 것으로 기대합니다. 헐버트 박사가 한글 사랑을 실천하였듯이, 한국 국민 전체가 한글 전용의 문자 생활로 21세기 세계 문화를 선도하는 나라가 될 것을 믿습니다.

끝으로 헐버트박사기념사업회 책임을 맡아 훌륭하게 사명을 다하고 있는 김동진 회장께 거듭 존경과 고마운 뜻을 표합니다.

한글학회 이사장 김종택

참 크리스천 헐버트 선교사의 한국 사랑을 기억하자

헐버트Homer B. Hulbert 선교사는 이 땅에 복음을 전파하고, 조선의
독립을 위해 크게 헌신하신 분입니다. 헐버트 선교사야말로 정의, 사랑,
겸손의 기독교 정신을 가장 잘 실천한 참 크리스천이자 하나님이 특별히
한민족을 위해 보내주신 분입니다.

헐버트 선교사는 세종대왕이 창제하였지만 수 백 년 간 땅 속에 묻혀
있던 한글의 우수성을 발견하였습니다. 또한, 우리나라 최초의 한글 전용
교과서 ≪〈민필지≫를 저술하여 조선 백성을 위해 한글 보급에 최선을
다하였고, 한글이 현재 세계에서 가장 우수한 문자로 세워지게 했습니다.
뿐만 아니라 그는 고종 황제의 밀사로 활약하는 등 우리나라 독립을 위해
크게 힘썼을 뿐더러 개화기에 조선의 문명 진화를 위해 헌신한 겨레의 은
인이자 스승입니다.

헐버트박사기념사업회 김동진 회장이 이번에 헐버트 선교사의 글을
모아 책을 낸다는 소식을 접하면서, 헐버트 선교사가 한국에 관해 쓴 글
이 여러 권의 단행본 외에도 200여 편이나 된다는 사실에 크게 놀랐습니
다. 더 나아가 한민족의 말글, 문학, 예술, 종교, 풍속 등 한민족의 뿌리
를 폭넓고 깊이 있게 탐구한 그의 학문적 소양에 감사를 드립니다. 특히

19

조선의 소소한 관습에서도 헐버트 선교사는 한민족의 강점을 발견하였으며, 그의 저술 바탕에는 항상 한국 사랑이 담겨 있어, 많은 사람이 그를 '조선인보다 조선을 더욱 사랑한 선교사'로 부르게 된 것입니다.

헐버트 글 모음 ≪헐버트 조선의 혼을 깨우다≫는 목회자나 선교사를 꿈꾸는 사람뿐만 아니라 기독교인이라면 꼭 읽어야 할 책이라고 여깁니다.

헐버트 선교사를 알면 알수록 그의 한국 사랑에 고개가 숙여지고, 그가 기독교인이자 감리교인이라는 사실이 너무 자랑스럽습니다. 이 책이 많은 국민들에게 읽혀, 우리도 몰랐던 한민족의 혼과 정체성에 대한 올바른 이해를 통해 우리는 애국심을 고취시키고 정의롭고 공정한 사회를 만들어 가는 데에 더욱 매진해야 할 것입니다. 특히 기독교인들은 이 책을 통해 올바른 기독교관을 확립하는 계기를 만들기 바랍니다.

다시 한 번 헐버트 선교사 내한 130주년을 기념하여 한국 최초의 논문 모음이라 할 수 있는 ≪헐버트 조선의 혼을 깨우다≫의 발간을 축하드립니다. 바라기는 헐버트박사기념사업회가 김동진 회장을 중심으로 더욱 왕성하게 맡겨진 사명을 잘 감당하고, 하나님의 은혜와 축복이 함께하시길 기원합니다. 감사합니다.

기독교대한감리회 감독회장 전용재

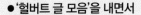

차 례

- '헐버트 글 모음'을 내면서
- 감사드립니다
- '헐버트 글 모음' 발간을 축하하며
- 일러두기
- 헐버트의 저술 배경

제1부 서울은 산으로 둘러싸인 원형극장

내한 초기 신문 기고문

제2부 한글과 견줄 문자는 세상 어디에도 없다!

말글, 발명, 교육 관련 논문 및 기사

제3부   조선인들이 아리랑을 노래하면 시인이 된다!
문학, 예술, 민담 관련 논문 및 발표문

제4부   일본은 천년의 빚을 갚아라!
역사, 사회, 풍속 관련 논문 및 기사

- 원문의 'Korea'는 '한국'으로 옮기는 것을 원칙으로 하였다. 그러나 특정한 시대를 뜻할 때는 그 시대의 국호를 썼다. 'Korean'도 기본적으로 '한국인'으로 옮겼으나, 특정한 시대에 따라 '조선인' 등으로 옮겼다. 'Korean'이 민족의 의미로 쓰일 때는 시대를 불문하고 '한민족'으로 옮겼다.

- 'Korea' 또는 'Korean'이 역사적 또는 지리적 의미로 쓰일 때는 시대를 불문하고 '한국'으로 옮겼다.

- 조선과 한국의 시대적 구분은 대한제국이 탄생한 1897년 10월을 기준으로 하였다.

- 'Korean'이 한국의 언어를 뜻할 때는 시대를 불문하고 '한국어' 또는 '한글'로 옮겼다. 'Korean language'는 '한국어'로 옮겼다. '한국어'는 한국의 말과 글을 포괄하는 의미와, 한국의 말만을 의미하는 두 가지 의미로 썼다.

- 외국인 이름은 성(surname)만을 옮기는 것을 원칙으로 하고, 영문 이름 전체(full name)를 병기하거나 각주에 표기하였다. 필요에 따라 각주에 간단한 인물 소개를 하고, 소개한 인물이 재등장할 때는 성만 표기하였다.

- 학교 등 외국 기관의 이름은 영문 이름을 병기하였으며, 그 기관이 재등장할 때는 영문 이름을 생략하였다.

- 원문에 나오는 한글은 원문대로 옮겼으며, 원문이 옛 한글인 경우 괄호 안 또는 각주에 현대어를 표기하였다. 그러나 〈조선의 속담〉에서는 이

해의 편의를 위해 속담 일부를 현대어로 옮기면서 원문은 생략하였다.

- 원문에 나오는 한자는 한글로 먼저 옮기고 괄호 안에 한자를 넣는 것을 원칙으로 하였다. 그러나 문맥의 필요에 따라 한자를 먼저 옮기고 괄호 안에 한글을 넣기도 하였다.

- 원문에서 영어 알파벳으로 표기한 한글 자모를 다시 한글 자모로 옮길 때는 괄호 안에 영어 알파벳을 표기하는 것을 원칙으로 하였으나 불필요하다고 생각된 부분에서는 생략하였다.

- 원문에서 영어로 음역한 한글 단어나 문장을 다시 한글로 옮길 때는 음역한 영어를 바탕으로 한글로 옮기는 것을 원칙으로 하였다. 필요에 따라 영어 원문을 괄호 안이나 각주에 표기하였다.

- 원문의 한글 자모, 로마자 알파벳, 또는 특수 글자나 부호에 대해서는 인용부호를 붙이는 것을 원칙으로 하였다. 다만 〈훈민정음〉 논문에서는 한글 자모에 인용부호를 붙이는 것이 불필요하다고 생각하여 생략하였다.

- 원문의 로마자 알파벳에 붙은 특수 발음 부호는 원문대로 옮겼다.

- 원문의 이탤릭체 문장이나 단어는 특별히 강조가 필요한 단어나 문장만 선별하여 굵은 글씨나 따옴표로 표시하였다.

- 원문에서 역사적 사건에 대해 사건 설명만 있는 경우, 괄호 안에 사건의 이름을 추가하기도 했다.

- 원문에는 오류도 있다. 한국 역사와 관련한 명백한 오류는 번역 과정에서 바로 잡고 각주에서 설명하였다. 그러나 견해의 차이가 있을 수 있거나 오류를 그대로 옮기는 것이 낫다고 판단한 경우는 오류를 그대로 옮기고 각주에 옮긴이의 의견을 달았다.

- 원문 단어의 철자 오류는 필요하다고 생각되는 단어만 각주에 표시하였다.
- 특별하거나 생경한 어휘를 옮길 때는 영문 원문을 병기하였다.
- 원문상의 각주는 파란색으로, 옮긴이 각주는 검정색으로 표시하여 구별하였다.
- 이 책에 나오는 날짜는 조선이 태양력을 쓰기 시작한 1896년 이전 날짜라 할지라도 모두 태양력 날짜이다. 다만 날짜를 특정하지 않은 계절이나 시점은 일반적으로 알려진 역사 기록에 따랐다.
- 신문 이름이나 발행 연도 등에서 '추정하였다'라고 기술한 경우는 상당한 객관적 근거가 있을 때만 그렇게 표기하였다.
- 헐버트의 신문 기고문에서 신문 스크랩이 헤지거나 잘려 해독할 수 없는 부분에 대해서는 최대한 단어를 추리하여 우리말로 옮겼다. 그러나 해독이 불가능한 경우는 모른다고 표기하였다.
- 외래어의 우리말 표기는 국립국어원의 '외래어 표기법'에 따랐으며, 띄어쓰기 등 한글 맞춤법은 국립국어원의 '표준국어대사전'에 따랐다.

헐버트의 저술 배경

헐버트의 글을 옮기면서 새롭게 다가온 그에 대한 경외심을 고백하지 않을 수 없다. 어떻게 문화가 다른 외국인이 한민족의 뿌리를 이토록 깊고 넓게 파헤칠 수 있을까? 성장기의 바른 교육을 통해 얻어진 지식과 통찰력, 타고난 탐구 본능 때문이라고 여긴다. 헐버트는 내한 초기 20대에는 한민족의 말글을 배우고, 30대를 전후해서는 역사, 문화를 탐구하고, 40대 이후에는 일본의 침략주의에 맞서 싸우며 한국의 주권 수호와 독립을 위해 온몸을 바쳤다. 따라서 그의 글들은 이러한 시대적 관심사와 맥을 같이 한다.

헐버트의 첫 저술은 신문 기고문이다. 헐버트는 조선에 당도한 지 24일 만인 1886년 7월 29일 첫 글을 쓴 이래 이듬해 6월까지 12편의 글을 미국 신문에 기고하였다. 1889년에는 영국 신문에도 한 편을 기고하였다. 기고문 숫자는 지금까지 확인된 것만을 말하며 이 외에도 많은 기고문이 있다고 추정한다. 그의 기고는 국제간 통신이 아주 불편한 시기에 대학을 갓 졸업한 젊은이의 담대한 기백이라 아니할 수 없다. 그는 이 기고문들에 조선의 관습과 실상, 서울의 풍광을 진솔하게 담았다. 조선에 온 지 얼마 안 되었지만 글의 내용도 비교적 정확하다. 이 글들에서 그의 예리한 관찰력과 빼어난 통찰력, 그리고 타고난 인간애와 불타는 정의감을 엿볼 수 있다. 그는 첫 글 〈조선의 콜레라 재앙〉에서 모든 나라는 조선의 근대화 노력을 지원해 줘야 한다면서, 특히 기독교 국가들이 앞장서서 조선을 도와 줄 것을 호소했다. 어떻게 조선을 만난 지 한 달도 안 된 청년이 이렇게 진하게 조선에 연분을 느낄 수 있었을까? 그의 눈엔 한민족이 참으로 잠재력 있는 민족으로 비쳤나보다.

헐버트는 1887년 여름 두 달여에 걸쳐 일본을 여행하면서 4편의 글을 미국 신문에 기고하였다. 헐버트는 이때 일본의 발전상을 보고 조선도 개화를 촉진하여 일본과 같은 발전을 가져와야 한다는 인식을 가진 것으로 보인다.

기독교 가정에서 태어나고 신학대학에 다니다 조선에 온 헐버트는 조선에 당도하자마자 조선의 종교와 기독교 선교에 깊은 관심을 가졌다. 그는 내한 초기 종교에 관한 글 6편을 《세계선교평론》 등에 발표하면서 기독교인이 갖춰야 할 덕목을 제시했다. 그는 또 장로교 초대 선교사 언더우드Horace G. Underwood가 1890년에 출간한 우리나라 최초의 사전인 《한영ᄌ뎐》의 영한사전 부문 편찬을 맡았고, 기독교성경번역위원회에서 활동하면서 성서를 한글로 옮기는 사업에도 참여하였다. 이는 그가 선교사 신분은 아니었지만, 초기 선교사들과 긴밀하게 교류하며 기독교가 조선에 정착하는 과정에서 밑알 역할을 하였음을 말해 준다.

육영공원에서 학생들을 가르치던 헐버트는 1891년 초 한글 역사의 금자탑인 우리나라 최초의 한글 교과서 《ᄉᆞ민필지》를 출간하였다. 《ᄉᆞ민필지》의 저술은 서양 세계를 가르쳐야 할 필요성과, 조선은 배우기 쉽고 쓰기 쉬운 한글로 교육을 확장해야 한다는 헐버트의 교육 철학에서 출발하였다. 헐버트는 육영공원을 그만두고 1891년 말 미국으로 돌아갔다. 그는 이때 〈한글The Korean Alphabet〉이라는 논문을 발표하여, 근대 최초로 체계적 연구를 통해 한글의 기원을 추적하면서 한글의 문자적 우수성과 세종대왕의 위대성을 설파하였다. 헐버트의 한글에 대한 관심은 그의 직업 정신에서 비롯되었다. 그는 학생들을 잘 가르치기 위해서는 먼저 자신이 조선의 말글을 잘 알아야 한다고 판단했다. 그의 말글 공부는 한민족의 역사, 문화 연구로 이어지고, 이는 그의 일생을 송두리째 한민족에 동여매는 계기로 작용했다. 그러나 헐버트는 남달리 언어에 재능이 있었다고 봐야 할 것 같다. 헐버트는 한글을 접한 지 4일 만에 한글을 읽고 썼으며, 1주일 만에 조선인들이 위대한 한글을 무시하고 있다는 사실을 발견했다고 자서전에서 밝혔다.

헐버트는 1893년 여름 미국 시카고에서 열린 국제설화학술회의에 참가하여 〈조선의 설화Korean Folk-lore〉라는 제목의 발표를 통해 한민족의 설화를 역사상 최초로 국제 사회에 소개하였다. 미국에 살면서도 조선을 그리워했음을 말해 준다.

헐버트는 1893년 10월 서른의 나이에 감리교 선교사 자격으로 다시 조선 땅을 밟았다. 이때 헐버트를 감리교 선교사로 강력히 추천한 사람이 바로 한국 감리교 초대 선교사 아펜젤러Henry G. Appenzeller이다. 헐버트의 재방한은 그와 한민족의 인연을 이어가게 만든 숙명적 분기점이었다. 헐버트는 감리교 배재학당 삼문출판사 책임자, 볼드윈예배소(Baldwin Chapel, 현 동대문교회) 목회자로 활동하면서도 한민족 탐구에 열중하였다. 1895년에 〈한민족의 기원The Origin of the Korean People〉을 발표하여 한민족의 뿌리를 역사상 최초로 한국어 어원을 바탕으로 탐구하였으며, 〈한국어 로마자 표기Romanization Again〉라는 글을 발표하여 한국어 로마자 표기의 초석을 놓았다. 헐버트는 갑오개혁과 명성황후 시해 사건을 전후하여 사회 현실에도 깊은 관심을 가졌다. 그는 1895년 1월, 당시 조선을 뜨겁게 달구었던 갑오개혁에 대한 견해를 피력하며 개혁 의안에 종교의 자유를 포함하여야 한다고 주장했다. 세계관적 종교인의 자세를 용기 있게 보여 준 것이다.

헐버트는 1896년에도 한글에 관한 글을 발표하며 한글 사용을 강하게 호소했다. 이때가 ≪독립신문≫ 탄생 무렵이어서 그는 주시경 등과 활발하게 한글 보급을 논의하였다고 여겨진다. 그는 조선의 문학, 예술, 풍속 등에 관한 글도 발표하였다. 특히 1896년 발표한 〈한국의 성악Korean Vocal Music〉에서 구전으로만 전해오던 아리랑을 역사상 최초로 오선지에 채보하여 아리랑을 한민족의 영원한 노래로 승화시키고, 이 땅에 양악보 시대의 지평을 열었다.

헐버트는 1897년 여름 한성사범학교 책임자로 임명되어 다시 조선의 교육 발전을 위해 헌신한다. 그는 한성사범학교에 재직하면서도 계속하여 〈이두ITU〉, 〈한국어The Korean Language〉 등의 한민족의 말글에 관한 밀도 있는 글들을 발표하였다. 헐버트는 내한 초기 대부분의 글을 그가 운영과 편집에 직접 관여한 《한국소식》을 통해 발표하였다. 《한국소식》에는 글쓴이를 밝히지 않은 글이 상당 수 있다. 그러한 글들에 헐버트가 썼다고 보이는 글도 있으나 헐버트의 글이라는 분명한 확증이 있을 때만 헐버트의 글로 간주하여 이 책에 포함하였다.

헐버트는 1899년 미국의 유수한 월간지에 〈한국의 세계적 발명품 Korean Inventions〉을 발표하여 금속활자, 거북선, 폭열탄, 현수교, 한글을 한민족의 세계적 발명품으로 소개하였다. 그는 또 이 무렵 미국의 한 신문에 〈한국어The Korean Language〉를 발표하여 한글에 필적할만한 단순성을 가진 문자는 세상 어디에도 없다며 한민족의 창의 정신을 세계에 알리는 데에 앞장섰다.

헐버트는 1900년 새로 설립된 관립중학교(현 경기고등학교)로 자리를 옮겨 학생들을 가르쳤다. ≪한국소식≫이 1899년 발행을 중단하자 헐버트는 1901년 영문 월간지 ≪한국평론≫을 창간하여 스스로 발행인 겸 주필이 되어 한국의 현실과 일본의 침략 야욕을 비난하는 글을 발표하였다. 이 시절에도 그는 한국의 말글 연구를 계속하여 〈한국어 어원 연구 Korean Etymology〉, 〈훈민정음The Hun-min Chong-eum〉, 〈한글 맞춤법 개정Spelling Reform〉 등을 발표하였다. 헐버트는 1904년 〈한국 교육은 혁명적 변화가 필요하다!The Educational Needs of Korea〉라는 제목의 한국 교육을 위한 장대한 호소문을 발표했다. 헐버트는 이 글에서 교육의 중요성을 일깨우며 한국 교육이 나아갈 현실적 대안을 제시하였다. 그는 특히 한글 범용의 방법론을 일일이 열거하며 한글을 통해서만이 범국민교육이 가능하다고 주장했다.

헐버트는 1905년 출간한 ≪한국사The History of Korea≫에서 "한글과 견줄 문자는 세상 어디에도 없다!"라고 선언하였다. 그는 한글을 창제한 세종은 그리스에 문자를 전한 카드머스Cadmus 왕자 못지않은, 인류사에 위대한 업적을 남긴 진정한 백성의 임금이었다고 세종의 위치를 정의하였다. 헐버트야말로 한글 암흑기에 외로이 한글 사용을 외친 한글 혁명가였으며, 그의 한글에 대한 열정은 우리나라 한글 운동의 횃불이었다.

헐버트의 글들을 보며 그가 어떻게 한국의 역사, 문화에 그리 심취할 수 있었을까라는 의문을 갖지 않을 수 없다. 그는 내한 초기의 생활에 대해 자서전에서 "한국의 문헌은 지식의 보고였다. 조선에서 인품의 잣대는 군사적 힘이 아닌 학문의 위용이었다. 나는 한민족에 대한 흥미와 호기심에 빠져 그 짜릿한 기쁨을 어떻게 표현할 수가 없다."라고 술회했다. 명백하게 답을 하고 있다.

러일전쟁 이후 헐버트는 일본의 불의에 항거하며 한국의 주권 수호와 한국인의 권리 회복을 위해 헌신하였다. 헐버트는 미국의 루스벨트 Theodore Roosevelt 대통령에게 고종 황제의 친서를 전달하는 대미 특사로 임명되어 1905년 10월 미국으로 떠나면서 관립중학교를 사직하였다. 그는 1906년 ≪대한제국멸망사The Passing of Korea≫에서 을사늑약을 강박한 일본과 공조한 자신의 모국 미국을 거세게 비난함으로써 진정한 애국심이 무엇인지를 세계인들에게 깨우치게 했다.

헤이그만국평화회의를 위한 고종 황제의 밀사로 임명된 헐버트는 1907년 헤이그를 방문하여 한국 특사들과 함께 일본의 불법성을 폭로하였다. 그는 일본의 박해로 1907년 7월 말 헤이그에서 미국으로 돌아갔으나 미국에서도 쉬지 않고 1945년 광복을 맞을 때까지 회견, 강연, 기고를 통해 한국의 억울함을 세계에 알리며 한국의 독립을 호소했다. 그는 1919년 3.1혁명 직후 미국 의회에 일본의 잔학상을 폭로하고 한국의 독립을 호소하는 '청원서Statement'를 제출하였으며, 지금도 미국 의회기록 Congressional Records에 이 청원서가 남아 있다. 이러한 글들도 앞으로 우리말로 옮겨져 헐버트의 한국 사랑이 국민들에게 올바로 전해져야 할 것이다.

옮긴이

1부

서울은 산으로 둘러싸인 원형극장

내한 초기 신문 기고문

> **LETTER FROM KOREA.**
> Something about Asiatic Cholera i[n]
> its Native Home.
>
> [S]pecial Correspondence of The Republican.
> SEOUL, KOREA, JULY 29TH, 1886
>
> The reading pub**lic** of America ha[s]
> heard much during the last few year[s]
> in regard to the ravages of Asiatic chol-
> era in the European countries, but it i[s]
> not until one has seen it in its native
> home of Asia that he can form an ad-
> equate idea of the horrors which it in-
> flicts upon its victims. It will be of
> some interest to hear of the work
> which it has done in this little empire
> of Korea. The perusal of this account
> can give little pleasure to anybody, but

조선 최초의 언론 외교관 헐버트

'내한 초기 신문 기고문'은 헐버트가 1886년 7월 5일 조선에 당도한 직후인 1886년 7월 29일부터 1887년 6월 29일까지 1년여에 걸쳐 미국 신문에 기고한 12편의 신문 기사이다. 서양 청년이 미지의 세계 조선에서 보고 느낀 점을 미국인들에게 알린 것이다. 헐버트가 남긴 기록에 의하면 그는 원고를 배편으로 미국에 있는 형과 아버지에게 보내고, 그들이 신문사에 전달하였다. 배편으로 원고를 보냈기에 한 달 이상의 시간이 걸린 뒤에야 원고가 신문사에 전달되었다. '내한 초기 신문 기고문'에는 1889년에 영국 런던의 ≪타임스The Times≫지에 기고한 1편의 신문 기사를 추가하였다. 이 13편 외에도 기고문이 더 있을 것으로 추정되나 확인할 수 없었다. 헐버트는 이 기고문들에서 'correspondent(특파원)'라는 직함으로 조선의 관습과 실상, 서울의 풍광을 국제 사회에 소개하였다. 조선이 바깥 세계에 전해 알려지지 않았던 시기에 그의 기고 활동은 언론을 통한 민간 외교 역할이었으며, 그는 최초의 국내 주재 특파원이기도 했다. 이 기고문들은 헐버트의 손자Bruce W. Hulbert가 자신의 아버지Homer Leonard Hulbert에게서 물려받은 신문 기사 스크랩을 2009년에 헐버트박사기념사업회에 기증하였다. 손자는 헐버트의 큰딸Helen Blague이 보관하고 있던 신문 스크랩을 그녀의 딸Judith Adams이 자신의 아버지에게 전했다고 증언하였다. 신문 스크랩에는 신문 발행일이 나와 있지 않다. 그러나 기사에는 헐버트가 기고를 한 날짜가 나와 있다. 신문 원문은 기고가 너무 오래전 일이어서 3편만 확인할 수 있었다. 원문이 확인된 3편에는 헐버트의 기고일과 신문 발행일을 함께 표시하였다.

옮긴이

조선의 콜레라 재앙

(Something about Asiatic Cholera in Its Native Home)

≪리퍼블리컨(The Republican)≫지[1]

조선 서울에서, 1886년 7월 29일 기고[2]

지난 몇 년간 유럽에서 '아시아 콜레라'[3]가 맹위를 떨쳐 유럽인들이 고통을 겪었다는 소식은 미국에도 잘 알려졌다. 하지만 아시아에서 실제로 콜레라 현장을 보기 전까지는 콜레라 희생자들이 겪는 고통과 공포를 제대로 헤아리지 못할 것이다. 필자는 조선이 겪고 있는 콜레라 재앙을 상세히 소개하고자 한다. 물론 재앙에 대해 세세한 설명을 듣는 일은 누구에게나 유쾌하지 않다. 그러나 조선의 콜레라 재앙은 많은 시사점을 던져 주며, 교육적 가치도 상당하리라고 본다. 사전 준비 부족에서 오는 참담함과 철저한 사전 준비가 가져다주는 축복이 극명하게 대비되기 때문이다.

조선의 기후는 분명 일본보다 건강에 더 좋은 조건이다. 조선의 겨울 추위는 세균을 박멸할 만큼 매섭지만, 일본의 겨울은 조선보다 온화하며 여러 면에서 플로리다의 겨울과 비슷하다. 이러한 기후 조건에도 불구하고 천만 명의 인구를 가진 조선이 삼천만 명의 인구를 가진 일본보다 콜

---

1. ≪리퍼블리컨(The Republican)≫지는 미국 매사추세츠(Massachusetts) 주 스프링필드(Springfield) 시에서 1824년에 창간하였다.
2. 이 기고문은 헐버트가 조선과 관련하여 쓴 첫 글이다. 헐버트는 서울의 콜레라 참상을 보고, 이러한 참상이 다시는 되풀이되지 말아야 한다는 일념으로 자신이 직접 참상을 파악하여 기록으로 남겼다고 여겨진다.
3. '아시아 콜레라(Asiatic Cholera)'라고 이름 붙인 콜레라가 유럽에서 유행한 것으로 보인다.

레라로 인한 하루 사망자 수가 20배나 더 많다. 전에는 이러지 않았다. 몇년 전 콜레라가 일본 전역을 휩쓸었을 때 일본은 수백 명이 사는 마을에서 고작 20여 명만이 살아남는 참담한 재앙을 맞았다. 그러나 현재의 일본은 엄격한 위생 관련 법을 제정하여 콜레라를 성공적으로 쫓아버렸다. 조선에서 있었던 금년 7월의 상황을 보자.

조선의 콜레라는 한반도 남쪽 끝이자 일본 건너편에 있는 부산을 통해 들어왔다. 콜레라가 일본 선원들에 의해 부산에 전파되었음을 의심하는 사람은 없다. 콜레라는 부산의 선창가에서 민가로 침투하여 부산 전역을 문자 그대로 싹 휩쓸어버렸다. 숫자를 세어보지 않았으니 아무도 정확한 사망 숫자를 알 수 없지만, 적어도 몇천 명이 죽었음이 틀림없다. 콜레라는 무서운 기세로 조선의 수도인 서울로 진격했다. 서울은 산으로 둘러싸여 있을 뿐만 아니라 상당히 높은 지대에 자리하고 있기에 공기가 맑고 상쾌하다. 따라서 문명의 정도나 자연환경으로 볼 때 서울에서 콜레라가 발생한다는 것은 웃음거리로 여겨질 수도 있다. 그러나 결과를 보라.

성곽으로 둘러싸인 서울은 면적에 비해 인구가 과밀한 편이다. 도성 안 인구는 15만 명 정도이고 이 숫자는 도성 밖 인구와 같거나 약간 많다. 콜레라는 7월 1일 징후를 보인 후 점진적으로 창궐하면서 독성도 강해졌다. 그러나 조선 정부는 콜레라의 위험성을 제때 인식하지 못했다. 주된 이유는 전에는 콜레라가 도시를 비상 상황으로 몰고 갈 정도까지 창궐한 적이 없었기 때문이다.

정부가 초기에 어떤 대책도 내놓지 못하자 콜레라가 너무 깊숙이 자리 잡아 모든 억제책이 전혀 먹혀들지 않았다. 기후, 음식, 물, 하수 처리 등의 상태가 콜레라가 창궐하기에 딱 좋았다. 서울의 오물 처리 상태는 아시아 여느 도시와 비슷비슷한 편이다. 서울 대부분의 거리는 8피트 내지 10피트의 너비이며 이 중 반절은 도랑이다. 도랑은 전 거리를 따라 흐르며 도시의 하수구 역할을 한다. 집집마다 오물 배수구가 있고 배수구는 거리의 도랑과 연결되어 있다. 그러다 보니 하수를 처리하는 전 과정이 대기에 노출된다. 도시의 오물은 전부 땅 위에 방치되어 있거나 도랑에 괴어 있으며, 많은 비가 쏟아져야만 떠내려간다.

7월 15일부터 25일까지 도성 안에서만 3,140명이 죽었다. 콜레라로 희생된 사람의 시체는 죽는 당일에 모두 도성 밖으로 치워졌다. 이때 정부가 내린 유일한 조치는 시체를 내다 버릴 수 있는 두 개의 문에 관리를 파견하여 시체의 숫자를 세는 일이었다. 그런데 이 3,140명은 도성 안의 숫자이며 도시 전체의 절반에 해당한다. 도성 밖 사망자 수도 도성 안 숫자와 엇비슷하다. 열흘 동안에 서울에서 콜레라로 6,280명이 죽은 것이다. 이 숫자는 절대 과장이 아니다. 26일 하루에 보고된 도성 안 시체 수는 460명이며 도시 전체로는 920명이다. 27일 도시 전체 사망자 수는 842명이다. 18시간 동안에 1,762명의 장례를 치렀다고 상상해 보라. 물론 이렇게 질문할 수도 있다. 왜 그들은 콜레라를 피해 도망가지 않느냐고? 도대체 어디로 간단 말인가? 무엇에도 희망을 걸 수 없는 상황에서 관리들은 두려움에 떨며 이기적이 될 수밖에 없고, 정부의 업무는 마비되었다. 20건의 발병 중 19건이 치명적인 결과로 나타나는 현실에서 어른, 아이 할 것 없이 모두 속수무책으로 콜레라가 사라지기를 마냥 기다리고만 있다.

콜레라 자체는 그렇게 치명적인 질병이 아니다. 잘 보살피고 치료를 서두르면 치사율을 반으로 줄일 수 있다고 한다. 그러나 조선인들의 관습이 희생을 반으로 줄일 수 있는 희망을 앗아가 버렸다. 조선인들은 사람이 집안에서 죽는 것을 불길한 징조로 여기는 미신을 굳게 믿고 있다. 따라서 사람이 아프면 아픈 사람을 날씨와 상관없이 문밖으로 내친다. 내쳐진 병자는 짚으로 만든 거적에 누워 있거나, 거적도 없이 맨땅에 방치된다. 병자가 뜨거운 햇볕이나 대기에 노출되면 콜레라는 더 악화하기 마련이다. 결국, 이러한 조선의 관습은 약을 주거나 정성 어린 치료로 병자를 돌보아야 할 시점에 병자를 죽음의 턱밑으로 내모는 결과를 낳는다. 걷거나 말을 타고 서울 거리를 지나다 보면 병자들이 불결한 상태에서 고통스러워하는 모습을 흔하게 볼 수 있다. 그들의 얼굴에는 절망감뿐이다. 그때마다 나는 그들이 살아남을 지가 걱정이었다. 살아남을 가능성은 사실상 없다고 봐야 한다. 추위가 오려면 아직 두 달 정도 남았다. 지난 한 달 동안에 이미 수천 명의 목숨을 앗아갔다. 거리를 지날 때면 누구나 인구가 줄었음을 감지할 수 있다. 앞으로의 두 달을 보낼 생각을 하면 끔찍하기 그지없다.

만약 시체를 처리하는 두 개의 문 중 하나에라도 어제 아침 문이 열릴 때 가봤다면 매장을 위해 성 밖으로 치워지기를 기다리고 있는 100여 구의 시체를 직접 목격했을 것이다. 다른 문에서도 비슷한 숫자의 시체가 기다리고 있다.

필자는 얼마 전 소의문[4] 밖을 말을 타고 지나가다가 이 지역 전체가 공

---

4. 소의문(昭義門)은 지금 우리가 알고 있는 서소문을 말한다. 조선 말기에는 소의문과 광희문(光熙門)을 통해서만 시체를 치울 수 있었다.

동묘지로 변해 있는 현장을 보았다. 모든 땅이 언덕 꼭대기까지 묘지로 변해 있었다. 세상에 이보다 더한 참상이 있으랴! 급하게 매장을 하다 보니 관도 없고, 시체는 맨땅에 아무렇게나 버려진 채 한 줌의모래로 살짝 덮여 있었다. 그뿐만 아니라 개와 새들이 시체를 서로 뜯어먹으려고 다투고 있었다. 성곽 밖의 언덕 비탈에 강둑을 따라 초라한 움막들이 늘어서 있다. 그곳에도 집에서 내팽개쳐진 병자들이 참아 눈 뜨고는 볼 수 없는 처참한 상태로 방치되어 있었다.

콜레라가 급속히 퍼져나가자 조선 정부는 서울에 거주하는 외국인 의사들에게 병자들을 진료해 줄 것을 긴급히 요청하였다. 병자에게 도움이 전혀 안 된 것은 아니지만, 그들이 도착했을 때는 대부분의 경우 이미 늦었다. 콜레라의 징후는 상당한 기간에 걸쳐 나타나지만 병이 자리 잡기란 순식간이기 때문이다. 콜레라는 설사와 구토를 동반하며 주로 밤에 갑자기 증세를 보인다. 곧장 근육이 굳어지면서 몸살을 앓다가 결국 병자는 초주검 상태가 된다. 콜레라는 피에서 수분을 빨아가기에 심장활동을 방해한다. 그러다 보니 병자가 다음 날 아침까지 살기도 쉽지 않다.

이러한 상황에서 왜 외국인들은 서울을 떠나지 않는가라는 자연스러운 의문이 생길 것이다. 서울에 대략 70여 명의 외국인이 살고 있으며 그들 대부분은 미국인이다. 그런데 이렇게 무서운 콜레라 공포에도 불구하고 외국인들 중 아무도 서울을 떠나지 않았다는 사실은 참으로 특이한 현상이다. 첫 번째 이유는 외국인들은 조선인들보다 체격이 튼튼하며, 청결한 집에서 살기 때문이다. 그들의 집은 마당이 넓어 밖으로 나가지 않고도 집안에서 운동할 수 있다. 두 번째 이유는 외국인들은 물을 끓이거나 정화시켜 마시며, 대체로 증류수를 마신다. 그들은 또 식료품을 샌프란시스코나 런던에서 가져온다. 따라서 음식물을 통해 전염되기란 쉽지 않다. 외국인들은 이처럼 사전에 최상의 예방 조치를 취하기에 콜레라에 대한 두려움이 적어 서울을 떠나지 않는 것이다.

밤이면 여러 방향에서 북소리나 새된 소리가 들려온다. 그 소리들은 콜레라 공포에 떨고 있는 사람들이 병을 가져왔다고 믿는 악귀를 쫓아내기 위해 벌이는 각종 무속 행위에서 흘러나오는 소리이다.

이러한 조선의 현실을 안다면 어느 누구라도 아무런 도움도 못 받고 있는 조선의 병자들에게 연민을 갖지 않을 수 없을 것이다. 조금만 노력해서 현대적 위생 조치를 취했더라면 콜레라를 사전에 예방할 수 있었을 텐데 그렇지 못하여 많은 사람이 죽어간다는 것은 참으로 슬픈 일이다.

일본이 근대화를 빠르게 이루었듯이 조선도 근대화를 빠르게 이루리라는 희망 섞인 전망을 해본다. 조선은 이제 막 문명국의 대열에 합류하는 문턱에 서 있다. 따라서 모든 나라는 조선의 근대화 노력을 지원하고 조선인들을 격려해 줘야 한다. 특히 기독교 국가들이 앞장서서 조선을 도와야 한다.

조선에는 콜레라 공포 말고도 기근의 공포가 도사리고 있다. 조선인들은 곧 기근을 만나 굶주림에 시달릴 것으로 모두가 전망하고 있다. 조선의 주식인 쌀의 재고는 바닥나고 있으며, 깨끗이 씻어 먹지 않으면 대단히 위험한 오이나 참외밖에 먹을 것이 없다. 게다가 콜레라는 서울뿐만 아니라 지방에서도 만연하고 있다.

조선의 미국인 교사들

(School Masters in Corea)

≪뉴욕 트리뷴(New York Tribune)≫지[1] 11월 28일 자

조선 서울에서, 1886년 10월 1일 기고

일본이 서양 문명을 받아들인 뒤 얻은 값진 결실 중 하나는 근대식 교육제도이다. 오늘날 근대식 교육제도는 일본의 정치적, 사회적 환경 변화에 지대한 영향을 미치고 있다. 일본은 그동안 수준급의 근대식 국립대학을 육성했다. 그러나 이에 만족하지 않고 초등학교와 중학교에서 영어를 가르치는 정책을 펴고 있다. 반면에 이웃 동북아의 몽골 계통 국가들은 자존심만 내세우며 서양 문명을 받아들이지 않은 채 보수적인 태도를 고집하고 있다. 일찍이 보수주의에서 벗어난 일본에서는 근대식 교육제도가 성공적으로 자리 잡혀가고 있지만, 조선에서는 이제 막 태동하고 있다. 조선의 근대식 교육제도의 출발을 관찰하는 것도 흥미가 있으리라 여겨 간단히 소개하고자 한다.

현재 조선은 비록 일본만큼 부유하거나 힘이 센 국가는 아니지만, 한때는 예술이나 학문에서 이웃 국가들보다 훨씬 우월했다. 그러나 조선은 서양 문명과는 담을 쌓고 지내왔다. 조선에 본격적으로 도입된 첫 서양 문명은 근대식 교육제도이다. 물론 그간 외국과의 접촉이 없었던 것은 아니다. 조선은 세관 운영에서 중국의 도움을 받았다. 그러나 영국이 중국

---

1. ≪뉴욕 트리뷴(New York Tribune)≫지는 미국 뉴욕(New York) 시에서 1841년에 창간하였다.

세관을 일시적으로 관리한 것처럼 중국은 단지 일시적으로 조선의 세관 운영을 감독하는 역할을 했을 뿐이다. 1884년 말 정변(갑신정변)이 일어나기 바로 전에도 조선은 세관 운영에 대해 외국 기관과 상당한 접촉을 했으나 결실은 없었다. 전신제도의 구축과 화약 공장 설립 과정에서도 외국인들의 자문이 있었다. 이 역시 단순한 도움에 지나지 않았다. 따라서 외국인 손에 운영을 완전히 맡긴 국가기관은 지난 9월에 개교한 '육영공원'[2]이 처음이다.

1883년 미국에 파견한 조선 사절단[3]은 미국의 다양한 학교와 대학을 주의 깊게 관찰하고 돌아왔다. 그들은 곧바로 자신들이 관찰한 내용을 조선의 임금인 고종에게 보고하였다. 조선의 미래가 희망적으로 다가오는 순간이었다. 이 무렵 서울에 거주하는 한 미국 정부 관리도 고종에게 영어와 신학문을 가르칠 학교의 설립을 제안했다.[4] 당시 조선은 외국과의 관계를 발전시키고 국가 간 사업을 이끌어갈 인재 양성의 필요성을 절실히 느끼고 있었다. 고종은 학교 설립 계획을 기꺼이 승인하였다. 조선 정부는 곧바로, 학교를 설립하고 학생들을 가르칠 교사 3인을 보내줄 것을 서울의 미국 공사관을 통해 미국 정부에 요청하였다.

조선의 요청을 받은 미국 정부는 교육위원장[5]에게 이 문제를 위임하였다. 그는 곧 교사 3인을 선발했다. 선발된 3인은 오벌린대학Oberlin

---

2. 육영공원(育英公院, Royal College)은 조선 정부가 세운 우리나라 최초의 근대식 학교이다.
3. 1883년에 파견한 민영익을 단장으로 한 보빙사(報聘使)를 말한다.
4. 미국 공사관 무관이었던 포크(George C. Foulk) 중위를 말한다.
5. 당시 교육위원장(Commissioner of Education)이던 이튼(John Eaton)은 헐버트 아버지와 다트머스대학 동창이었다.

College 출신인 벙커Dalzell A. Bunker, 프린스턴대학Princeton University 출신인 길모어George W. Gilmore, 다트머스대학Dartmouth College 출신인 헐버트Homer B. Hulbert이다.[6] 그러나 그들이 선발되자마자 갑신정변 소식이 전해졌다. 정변의 결과는 개화를 원하는 세력에게는 재앙이었기에 3인의 교사 선발은 무용지물이 될 위기에 처했다. 그러나 이미 교사가 임명되었다는 소식이 조선에 전달되고 조선 정부는 교사 파견에 대한 요청을 번복하지 않아, 미국인 교사들은 조선으로 출발할 수 있었다.

조선은 근대식 학교 운영에는 전혀 경험이 없기에 모든 학교 운영을 3인의 미국인 교사에게 전적으로 위임하면서, 학교를 미국식으로 만들어 달라고 요청했다. 교사들은 미국에서 출발하면서 초급반에서 고급반까지의 다양한 학생용 교재를 준비했다. 교사들은 또 미국 대륙을 횡단하며 여러 교육기관을 방문하였다. 특히 캔자스Kansas 주의 맨해튼Manhattan 시에 있는 농공기술학교에는 유용한 자료들이 많았다. 만약 유사한 목적의 학교를 조선에 세운다면 이 학교가 조선에 큰 도움이 될 것으로 보였다. 태평양을 건너 일본에 도착한 교사들은 일본의 교육 상황도 세밀히 검토하고 의논하였다. 일본의 성공 요인뿐만 아니라 조선의 성공을 위해 무엇이 필요한지도 논의하였다. 지난 10년 동안 일본의 괄목할 만한 발전을 볼 때 조선도 무엇인가를 해낼 수 있다는 확신이 들었다. 두 나라의 정신적, 인종적 유사점이나 일본인들을 특징 하는 뛰어난 기억력을 조선인들도 똑같이 지니고 있다는 점에서 더욱 그러했다. 이러한 점들은 매우

---

6. 벙커(Bunker)는 1884년 최초 선발 시에는 없었으나 1886년 헐버트(Hulbert)의 추천으로 선발되었다. 헐버트가 이 과정을 생략한 것으로 보인다.

고무적이나, 반면에 일본인처럼 조선인 역시 천성적으로 논리적이지 않다는 사실은 문제였다. 여러 세기 동안 조상들이 중국 한자와 공자의 금언을 외우는 일을 고매한 지성으로 여기고, 문학적 가치 기준이 내용의 질보다는 한 시간 안에 지을 수 있는 시 구절 숫자였던 조선인들에게 당장 무엇을 기대하기란 무리일지도 모른다.[7]

3인의 교사는 1886년 7월 5일 서울에 도착하였다. 새로운 학교 건물과 교사 숙소는 짓는 중이었다. 고종과 정부는 교사들을 진심으로 환영하고 교사들이 제시한 업무 수행 계획에 대해 지대한 관심을 보였다. 그러나 서울에 콜레라가 만연하여 하루에 1,000여 명씩이나 죽어 나가자 모든 공공 업무는 마비되었다. 도시는 죽은 시체를 성곽 밖으로 옮기는 상주들의 흐느낌 소리를 제외하고는 숨을 죽였다. 정부가 해야 할 일이 산더미처럼 쌓였을 때 콜레라가 엄습한 것은 참으로 불행한 일이었다. 전염병이 사라지고 업무의 마비상태가 끝났지만 정부는 신속하게 업무를 진행할 형편이 아니었기에 매사가 지체될 수밖에 없었다. 한편 중국은 조선이 여타 국가들과 긴밀해지는 상황을 우려하며 조선에 영향력을 행사하여 개화파 4인을 유배시켰다. 그중 한 명은 교육 업무 책임자였다. 이는 학교의 출발을 더디게 하는 또 다른 요인이었다. 모든 것이 암울해 보였다. 그러나 일은 느리게나마 진행되고 마침내 학교 건물이 완성됐다. 중국의 간섭으로 촉발됐던 동요는 사라지고 유배된 4인도 다시 돌아왔다. 이 무렵 조선 주재 미국 공사가 미국 정부로부터 소환되고 무관인 포크

---

7. 문학적 가치 기준이 시 구절 숫자였다는 말은 헐버트가 내한 초기여서 조선의 현실을 제대로 파악하지 못한 채 썼다고 여겨진다.

George C. Foulk 중위가 대리공사가 되었다. 포크는 고종과 정부로부터 크게 신임을 받는 인물이었다. 학교 문제에 있어서 눈에 띄는 변화가 나타났다. 학교 개교가 늦어지는 것에 침묵하던 고종이, 학생으로 선발된 35명은 열흘 안에 학생이 거주할 숙소로 와야 하며 그렇지 않을 경우 학생의 부모를 처벌한다는 명을 내렸기 때문이다.

미국인 교사들은 9월 16일 새로운 학교 건물에서 이조판서[8] 및 이조의 관리들이 참석한 가운데 학생들과 첫 대면을 가졌다. 필자는 이 자리에서 미국의 평균 수준의 대학에서는 이곳에 온 교사들보다 더 도덕적이고, 영특하고, 신사적인 교사를 찾기가 힘들다는 점을 말하지 않을 수 없었다. 참석자들은 모든 상황을 빨리 이해했다. 회의 진행 내내 시선을 집중하고 숨을 죽인 채 관심을 보이는 조선인들의 모습에서 신교육에 대한 강렬한 열정을 분명히 확인할 수 있었다. 이날의 만남은 미국인 교사와 조선인들 모두에게 신선하게 다가왔다. 학생 중에 이전에 악수해본 사람은 아무도 없었다. 그들은 교사들이 악수하는 모습을 보면서 첫 번째 공부로 미국식 인사법을 배웠다. 이날 만남에서 엉뚱한 웃음을 자아내는 일도 많았다. 학생들이 두려움과 떨림으로 난생처음 악수를 하기 위해 손을 내미는 모습을 보며 교사들이 웃음을 참지 못하는 만큼 학생들도 어설프게 조선말을 시도하는 교사들을 보며 웃어댔다.

정부가 밝힌 학교 설립 목적은, 영어와 세관 업무를 공부하고 여타 국

---

8. 원문은 'President of Home Office'이다. 조선 말기에 외교와 교육은 예조에서 담당하였으나, 당시 이조판서 민응식이 개교를 주도했다는 기록으로 보아 육영공원 개교는 이조에서 담당한 것으로 보인다.

제 관계에 유용한 지식을 습득하여 장차 해외 공사관에 근무할 공사와 외교관 그리고 정부에서 중요한 업무를 수행할 인재를 양성하기 위함이었다. 현재 고려하고 있는 수업연한은 학생들이 출중하여 단축하지 않는 이상 6년으로 계획하고 있다. 학생은 지적 능력과 공부하고자 하는 의지를 고려하여 선발하였다. 35명의 학생 중 14명은 25~30살 사이이며 이들은 비교적 높은 관직에 있는 사람들이다. 나머지 21명은 15~25살 사이이며 모두 양반의 자제들이다. 학생들이 열심히 공부하도록 조선 정부는 학용품을 모두 국고에서 제공하는 등 많은 동기 부여를 하고 있다. 그들이 성실히 공부하는 한 미래가 보장된다 해도 과언이 아니다. 졸업하면 관직을 쉽게 얻거나 좋은 자리를 확보할 수 있을 것이 분명하기 때문이다. 반면 출석을 제대로 하지 않거나 의무를 게을리할 경우 그들은 퇴학 당할 위험에 처할 수도 있다. 그들에게 퇴학은 모든 공적 지위를 박탈하는 것을 말하며 이는 사회적으로 완전히 배척당하는 결과를 초래한다. 그들은 지방으로 유배될 수도 있을 뿐만 아니라 정부 관리로서 부적격자라는 낙인이 찍힐 수도 있다. 이 중 제일 마지막의 처벌은 가장 가혹한 처벌이라 할 수 있다. 왜냐하면, 조선에서 관리가 될 가능성을 빼앗는 것은 살아야 할 희망을 빼앗는 것과 같기 때문이다. 학생들에게 동기부여만 제공한 것이 아니라 그들 뒤에는 예리한 채찍도 도사리고 있음을 의미한다.

조선 정부는 학교가 잘 자리 잡혀 미국의 학교처럼 운영되기를 간절히 희망하고 있다. 학생들은 학교 근처에 있는 기숙사에 거주하고, 모든 공급품은 미국의 육군사관학교처럼 조선 정부가 지원하고 있다. 담당 관료들은 엄격하게 학생들을 감독하며 학생들이 태만한 모습을 보이면 즉시 정부에 보고한다. 새로운 학교의 성공 여부는 조선 정부에 매우 중요한 문제이다. 왜냐하면, 조선 정부는 학교 설립을 중국이 조선의 정치에 간섭하는 정도를 가늠하기 위한 하나의 시금석으로 여기기 때문이다. 만약 중국이 간섭한 상태에서 학교가 계속 운영된다면 이는 하나의 선례가 되고 장래의 개화 사업에도 부정적으로 작용할 것이 틀림없다. 따라서 이번 근대식 학교의 시작은 조선의 인재 양성과 중국의 간여 정도를 가늠하는 두 가지의 중요한 의미를 담고 있다. 한편 필자는 아주 최근에, 고종은 이번에 시작한 학교를 나라 전체를 위한 신교육의 중추 기관으로 만들려는 의도를 가졌음을 알게 되었다. 참으로 소망스러운 소식이다.

학교의 수업은 9월 23일에 시작하였다. 개교 이후의 진행 상황은 매우 고무적이다. 모든 계층으로부터 이 기회를 잘 살려야 한다는 결심을 읽을 수 있다. 괄목할 만한 성과를 내기 위해 준비를 철저히 해야 한다는 의지도 감지할 수 있다. 처음에는 관직에 있는 학생들과 일반 학생들이 잘 지낼 수 있을지가 걱정이었다. 그러나 정부의 높은 관리들이 매일 학교에 나와 학생들의 동태를 살피다 보니 이러한 걱정은 기우에 지나지 않았다.

조선에서 오랫동안 존재한 보수적이고 반외세적 요소는 아직 사라지지 않았다. 머지않아 현재 추진하고 있는 개화 사업에 저항이 따를 수도 있다. 만약 저항이 시작되면 기민하고 단호하게 대처하여 개화의 걸림돌을 제거해야 할 것이다.

중국의 횡포

(Chinese Tyranny in Korea)

게재 신문 미상[1]

조선 서울에서, 1886년 10월 15일 기고

1886년 여름은 조선에 혹독한 계절이었다. 지난 몇 해 동안 정치적 소용돌이에 휘말린 조선은 설상가상으로 위생을 관리하지 못해 콜레라라는 무서운 형벌을 맞았기 때문이다. 위생에 대한 태만이 서울에서만도 2만여 명의 목숨을 앗아가는 결과를 빚다 보니 당연히 정부의 업무도 일시적으로 마비되었다. 콜레라가 소강상태를 보이자 관청의 업무가 다시 폭주했다. 화약 공장 설립을 위해 조선은 일본과 계약을 체결하고 일꾼들도 확보하였다. 공장 건물은 짓고 있다. 조선은 또 근대식 학교를 세우기 위해 미국에서 교사들을 초빙하고, 학교 건물도 마련하였다. 조선과 중국[2]의 관계는 매우 미묘하게 얽혀 제자리를 찾지 못하고 있다. 알려지기로는 중국이 조선에 4명의 실력자를 유배시키도록 압박하였다고 한다. 개화파들을 제거하여 신속한 대처가 필요한 조선의 주요 사업들을 지연시키려는 중국의 술책인 것이다. 중국 공사[3]는 지난 몇 달 동안 보여 준 경솔하고도 분별없는 처신 때문에 서울 외교관들의 원성을 사고 있다. 중국 공사는 능력으로 공사 자리를 얻은 것이 아니고 1884년 겨울에 있었던 정변

---

1. 신문 스크랩에서 신문 이름을 찾을 수 없었다. 신문 활자체 등으로 보아 ≪리퍼블리컨(The Republican)≫지로 추정된다.
2. 중국은 청나라를 말한다.
3. 당시 중국 공사는 위안스카이(袁世凱)였다.

(갑신정변)에서 세운 공로의 보상으로 자리를 차지했다. 대부분의 이곳 외국인들은 그가 지난 정변 때와 비슷한 수단을 써 자신의 재임 기간을 연장할 것으로 보고 있다. 흉흉한 소문도 나돌았다. 중국인들이 서울을 떠나는 조건으로 돈을 받았으며,[4] 중국인들이 떠나고 외국인들마저 떠난 뒤에 중국과 러시아가 조선에서 전쟁을 벌인다는 것이다. 중국은 러시아 영사의 서울-북경 간 전신선 이용을 막아 본국 정부와의 교신을 차단하였다. 이곳 외국인들은 중국의 처사에 분노하고 있다. 이는 조약 정신에도 위배된다. 그러나 중국은 뻔뻔하게도 러시아 영사에게 악의적이고도 참을 수 없는 비난을 퍼부었다. 아직은 조선 정부와 그리 친밀한 관계가 아닌 러시아에 불리한 여론을 불러일으키려는 중국의 술책이다. 그러나 중국의 술수는 그리 성공하지 못하고 있다.

지난 몇 주 동안 서울에 떠들썩하게 나돌았던 소문은 참으로 어처구니없었다. 수천 명의 중국 군사와 러시아 전함들이 제물포 앞바다에 대기하고 있다는 것이다. 필자의 집에서도 그랬지만 야심한 밤에 하인이 주인집 안방으로 뛰어들어가는 모습이 여기저기서 눈에 띄었다. 하인들은 서울에 있는 모든 일본인이 해가 뜨기 전에 도륙당할 것이라는 소문을 주인에게 전하였다. 당시에는 이러한 소문이 그리 터무니없어 보이지는 않았다. 특히 일본인들이 밀집한 지역에 사는 사람들에게는 더욱 그러했다. 조선인들의 반 정도는 미국인과 일본인을 같은 반열에 놓고 대한다.

---

4. 중국이 돈을 주었다는 뜻으로 들린다.

미국 해군 장교들이 엉뚱한 사건을 일으켰다. 미국인들을 보호하기 위해 제물포에 임시로 정박해 있던 미국 전함 한 척이 중국 지푸 지푸[5]로 떠나버렸다. 서울에 거주하는 미국인들은 어떤 위험한 상황이 발생했을 때 다른 열강의 호의가 없다면 무방비 상태에 놓일 수밖에 없었다. 얼마 후 제물포를 떠났던 전함이 돌아오자 미국 영사는 미국 공사관을 경비할 해병대를 서울로 보내줄 것을 요청하였다. 해병대가 제물포를 출발하여 서울로 향했다. 그러나 조선 정부는 미국 해병대의 서울 입성을 허가하지 않았다. 해병대를 제물포로 되돌리기 위해 급하게 사자를 보냈으나 사자가 길을 잘못 들어 해병대와 엇갈렸다. 해병대는 별일 없이 서울에 당도하였다. 서울로 오던 해병대가 되돌아갔다면 이곳 미국인들은 불안에 떨수밖에 없었을 것이다. 조미수호통상조약 어디에도 미국 공사관 경비병의 주둔을 금지하는 조항이나 미국 군대가 서울에 들어올 수 없나는 조항은 없다. 그런데 해병내가 미국 공사관을 경비하러 왔다는 사실은 뒷전으로 밀리고, 미국의 고위 인사를 호위하러 왔다는 소문이 나돌면서 미국에 엄청난 비방이 가해졌다.[6] 물론 고위 인사를 호위하러 왔다는 소문은 사실이 아니다.

중국은 조선에서 미국, 영국, 일본의 영향력을 저지할 수 있다면 무슨 짓이든 하고 만다. 중국은 사소한 일에도 외국인들을 견제한다. 심지어 서울에서 제물포까지 외국인들의 짐을 나르는 조선인 짐꾼들을 배후에서 조종하여 물건을 빼돌리게까지 한다. 중국은 영국이 중국에 했던 것처럼 조선의 세관 업무에 깊숙이 간여하여 조선에 강력한 영향력을 구축하였

---

5. 지푸(芝罘)는 인천 건너편의 중국 산동 성에 있는 지금의 옌타이(煙臺)를 말한다.
6. 이러한 비방의 배후에 중국이 있다는 뜻으로 들린다.

다. 조선은 재정의 대부분을 세관에서 나오는 돈으로 충당하기에 세관은 조선에 매우 중요한 기관이다.

서울의 외국인들은 포크[7] 중위가 미국 공사관 대리공사로 다시 서울에 오자 매우 기뻐하였다. 그는 조선을 잘 알 뿐만 아니라 진정으로 조선의 이익을 위해 행동하는 사람이었다. 포크는 조선 정부와 조선인들의 절대적 신임을 얻고 있으며, 그의 귀환은 미국이나 조선에 크게 도움이 되는 조치였다. 조선 정부는 자신의 주머니를 채우기보다 진정으로 조선의 의식주 향상을 위해 일할 유능한 고문이 필요하다. 조선은 외국인 고문의 고용에 있어서는 대체로 운이 좋은 편이다. 그러나 중국의 훼방과 견제로 조선에서 일하는 고문들은 일을 올바로 할 수가 없다.[8] 사실상 중국은 조선 근대화의 큰 걸림돌이다. 조선이 개방을 통해 일본이 향유하고 있는 근대화 수준에 이르려면 다음 두 가지 중 하나는 반드시 선결되어야 한다.

첫째, 조선이 다른 나라들과 관계 개선을 한다 해도 조선에서 중국의 이익이 침해되지 않는다는 사실을 중국이 깨달아야 한다.

둘째, 조선은 중국의 장난에 놀아나지 말고 주체적으로 행동해야 한다.

지금 분위기로 보면 세계열강들은 아직까지 조선의 독립을 받아들일 준비가 되어 있지 않다. 따라서 조선이 독립을 선언한다 해도 조선을 지

---

7. 포크(George C. Foulk)는 미국 해군 장교로서 1884년 공사관 무관으로 조선에 왔다가 초대 공사 푸트(Lucius H. Foote)가 서울을 떠나자 1885년 1월 대리공사가 되었다. 그는 1886년 서울을 떠났으나 후임자에게 문제가 발생하자 1886년 가을 다시 대리공사로 부임했다.
8. 당시 조선에서 일하는 외국인 고문은 중국이 추천하였다.

지하는 적극적인 조치는 취하지 않을 것으로 보인다. 정의가 비교적 살아 있는 서양 국가에서 온 외국인들조차도 조선과 중국의 교류에서 정의와 인권이 사실상 짓밟히고 있음을 거의 깨닫지 못하고 있다.[9] 미국에는 힘 이 정의라는 생각이 거의 존재하지 않는다. 따라서 매일매일 중국이 조선 에 가하는 무자비할 만큼의 불의를 지켜보면서 미국인들이 크게 분노하 는 것은 당연하다.

중국이 조선을 억압하고 있는 현실에서 조선이 서양 국가들과의 관계 에서 자신의 위치를 찾기까지는 시간이 걸릴 수밖에 없다. 조선의 발전을 기원하는 이곳 외국인들은 국제 교류에서 운이 좋았던 일본처럼 조선에 도 공정한 기회가 주어지는 어떤 변화의 계기가 오기를 열렬히 갈망하고 있다. 그들은 또 3명의 미국인 교사를 초빙하여 시작한 조선 최초의 근대 식 학교(육영공원)가 조선 성부의 시야를 넓히고 조선의 근대화를 위한 동 력으로 작용하기를 희망하고 있다.

---

9. 당시 서울에 와 있던 미국 이외의 서양 외국인들이 조선과 중국의 관계에 근본적인 문제가 있음을 대수롭지 않게 여기고 있음을 지적한 것이다.

조선의 불행(Unhappy Corea, some of the reasons why she is so far behind the times)

≪뉴욕 트리뷴(New York Tribune)≫지 1887년 1월 2일 자
조선 서울에서, 1886년 10월 30일 기고

서양인들은 왜 조선이 몽골 계통의 여타 나라보다 문명이 뒤떨어졌냐고 질문한다. 그 이유는 세 가지를 들 수 있다. 첫째는 지정학적 위치, 둘째는 역사적 배경, 셋째는 사회적 현상 때문이다. 언뜻 들으면 중국과 일본이라는 두 강대국을 이웃으로 하고 두 나라 교통의 직선상에 놓여 있는 조선이 지정학적으로 불리한 위치에 있다는 말이 믿기지 않을 수도 있다. 허나 실상은 그러하다. 일본과 중국이 문명화에서 진전을 보인 것은 그들이 서양 국가들과 일찍부터 교역을 해왔을 뿐만 아니라, 두 나라가 직접 교역을 하고 있기 때문이다. 다소 동떨어진 이야기지만 틀림없는 사실 하나는, 중국에서 기독교 선교 활동이 강력히 추진되었으나 아직도 수억 명의 중국인들을 향한 선교 사업은 변두리에 머물러 있다는 점이다. 반면에 국제 무역상들은 중국의 심장부까지 파고들어 교역하고 있으며, 세계 도처의 사람들이 중국산 차를 마시고 중국산 비단옷을 입고 있다.

조선의 형편을 보자. 국제 무역상들은 돈벌이가 되는 물건을 찾아 중국과 일본에는 재빠르게 접근하지만, 원피나 짐승 가죽 정도를 제공할 수 있는 조선에는 아무도 배를 띄우지 않는다. 그 이유는 국제 무역상들이 조선에 대한 접근을, 텍사스 원피가 시장에 가득하다 보니 '뉴캐슬에 석

탄 보내는 헛수고carrying coals to Newcastle'[1]라고 생각하기 때문이다. 항해가 어려운 조선의 해안도 한몫하고 있다. 조선 해안은 들쭉날쭉할 뿐만 아니라 수많은 섬이 마치 미로처럼 널려 있어, 조선 국왕은 '수만 개의 섬나라 임금'이라고 불릴 정도이다. 동아시아 지도를 보면 황해로 뻗어 있는 한반도의 만灣은 캐나다의 '펀디 만Bay of Fundy'과 비슷하다. 조선과 중국 사이에 놓여 있는 황해의 특징은 조수가 급격히 상승한다는 점이다. 특히 조선의 서해안은 조수가 30~40피트까지 올라간다. 그러다 보니 배를 대려 해도 접근이 용이하지 않고, 높은 조수 때문에 자연적으로 형성된 수십 마일에 걸친 개펄, 짙은 안개, 꾸불꾸불한 항로 등이 항해의 어려움을 가중시킨다. 이번 여름에도 황해에서 증기선 한 척이 안개 속에서 바위에 부딪칠 뻔했던 위험천만한 사건이 발생했다. 필자가 증기선을 타고 조선에 오는 중에 있었던 일이었다. 필자 일행이 탄 증기선이 코앞에 있는 어떤 물체를 인식하고 경적을 울려 댔다. 배가 서서히 움직이고 있는데 갑자기 가파른 암벽이 시야에 들어왔다. 선장이 노련한 솜씨로 급하게 멈추지 않았다면 배가 암벽을 들이받았을 것이다. 배가 암벽 20피트 가까이까지 다다랐다가 정지한 뒤, 안개가 걷히길 기다렸다. 만약 이때 태풍이 불어 배가 어떻게 됐을지를 상상해보면 참으로 끔찍한 생각이 든다. 더구나 여름에는 태풍이 시도 때도 없이 찾아오지 않는가. 조선 해안은 밀물과 썰물 때 바닷물이 그물망 같은 섬들 사이를 헤치고 물레방아의 물줄기처럼 밀려온다. 그럴 때면 조선의 작은 배들은 그저 신의 은총을 기대할 수밖에 없는 속수무책이 되고 만다.

---

1. 뉴캐슬(Newcastle)은 영국 동북부의 석탄 수출항이며, 이 표현은 헛수고만 한다는 뜻이다.

조선이 오늘날 쇠퇴기를 걷고 있는 역사적 배경을 어느 정도 알고 있는 사람도 상당수 있기는 하다. 그러나 조선의 실상을 좀 더 정확하게 알 필요가 있다. 조선은 지난 십 수 세기 동안 중국과 일본의 틈바구니에서 두 나라 불화의 희생자였다. 조선은 두 나라가 싸울 때면 전쟁터 역할을 했다. 또한, 두 나라 군대가 조선의 곡식을 약탈하여 군량미를 조달하다 보니 조선은 항상 굶주림에 허덕였다. 한때는 조선의 문화와 예술이 일본보다 훨씬 앞섰다. 일본은 자신들에게 필요한 힘을 기른 뒤 조선을 침략하여 조선의 도예가들을 아예 집단으로 일본으로 이주시켰다. 조선의 도예가들은 최상품 도자기를 생산하는 예술가들이었다. 일본은 그들로부터 도자기의 모형을 본떴으며, 도예 기술도 전수받았다. 조선의 예술은 마치 그리스의 예술이 이탈리아의 예술과 연관성을 갖듯 일본의 예술과 밀접하게 연관되어 있다. 일본의 조선 침략은 조선의 도예 기술뿐만 아니라 조선의 예술까지도 일본에 이주시켰다.

과거 한때 중국과 일본은 조선의 예술, 성장 동력, 그리고 꿈까지 빼앗아간 흡혈귀 같은 존재들이었다. 조선인들은 자신들이 열심히 문명 진화를 위해 노력한다 해도 국경 너머에서 누군가 쳐들어와 희망의 싹을 잘라버릴 것이라는 사실을 굳게 믿고 있다. 그렇다면 조선에게 무엇을 기대할 수 있겠는가! 조선이 국가 재정을 위해 돈을 좀 모으면 중국이 그 돈을 삼켜버리고, 조선이 예술을 고양시키면 일본은 예술품뿐만 아니라 예술품의 생산자까지 도둑질해 가버리는 상황에서 말이다.

조선의 문명화가 뒤떨어진 또 다른 이유는 사회 현상이다. 어느 나라나 가장 위험한 사회 현상은 백성들이 자신이 직접 생산한 농산물에 대한 소유권을 완전히 확보하고 있지 않다는 사실을 알고 있는 경우이다. 그런데 바로 이 현상이 오늘날 조선의 현실이다. 정부가 실제 생산량을 기초로 하여 공정한 방법으로 농민에게 세금을 할당하지 않고, 정부 관리의 자의적인 판단으로 세금을 부과하다 보니 농민들은 세금을 도둑맞는 꼴이 된다. 그렇다면 어느 농민이 자신의 땅을 열심히 경작하여 돈을 모으고, 땅을 더 사 농지를 늘리려 하겠는가? 정부 관리들은 농민들을 주시하다가 추수 때면 농가에 들이닥친다. 그리고는 농민 가족이 다음 추수 때까지 먹을 만큼만 남겨두고 모든 수확물을 몰수해가 버린다. 조선의 농민들은 바보가 아니기에 그들은 오로지 자신과 가족에게 필요한 만큼만 생산해야 한다는 사실을 잘 알고 있다. 관리들은 일정한 토지를 할당받아 토지 주인과 경작자를 쥐어짜 녹봉을 챙기는 일을 당연시한다. 관리들은 항상 그런 식으로 녹봉을 챙기며 동료 관리들과 정부도 그들의 뒤를 봐주고 있다.

지금 조선에 가장 필요한 것은 무엇일까? 백성들의 얼굴에서 국가발전에 대한 의욕이 읽히고, 의욕이 꺾이고 경쟁력이 약화되면 조선은 어둠 속에서 오랫동안 헤맬 수밖에 없다는 사실을 인식하는 일이다. 그러나 안타깝게도 조선은 아무런 깨달음을 얻지 못할 것으로 보인다. 적어도 외국의 강압에 대한 두려움이 제거되고 러시아가 영토 확장 야욕을 확실히 포기하기 전까지는 말이다. 러시아가 영토 확장 야욕을 포기할 때만이, 중국은 러시아를 견제하기 위해서라도 침략에 대한 공포로 조선을 더 이상 괴롭히지 않을 것이기 때문이다. 지금과 같이 조선에서 불확실성과 공포가 계속된다면 부동산의 가치는 더 하락하고, 국가발전의 싹은 잘려버릴 것이 틀림없다.

이번 여름 한때 조선이 러시아 손에 넘어갔다는 소문이 서울에서 회자

하자 이 소문이 중국에도 알려졌다. 곧바로 중국의 총리는 군대와 전함을 조선에 파견하라는 지시를 받았다. 이때 만약 중국의 총리가 조선에 파견된 감독관과 신속하게 소통할 수 없었다면 중국은 조선에 군대를 파견하였을 것이다.[2] 중국 군대의 파견은 일본과 중국이 맺은 조약[3]에 위배되기에 조선에서 중국과 일본이 전쟁을 벌이는 비극이 또다시 발생할 수도 있었다. 다행히 리훙장李鴻章이 군대 파견을 지연시킬 수 있는 권한을 가졌기에 그는 바로 서울에 전보를 쳐, 그 소문이 사실이 아님을 확인하여 전쟁을 피할 수 있었다. 지금 조선은 전쟁과 평화의 갈림길에 놓여 있다. 이렇게 전쟁과 평화의 갈림길에서 허덕이는 나라가 어떻게 국가발전을 제대로 꾀할 수 있겠는가.

얼마 전 조선은 미국에게 근대식 학교를 책임질 교사와 군사 전술을 가르칠 교관을 파견해달라고 요청하였다. 미국은 교사 파견에 호응하였으며 현재 조선의 진보적 인사들의 협력 아래 학교가 계획대로 진행되고 있다. 그러나 군사 교관 파견은 미국이 호응하지 않았다. 미국에 기대를 걸고 있는 조선인들은 미국의 답변에 크게 실망하고 있다. 서울에 살고 있는 미국인들은, 미국에 아무런 손해를 끼치지 않고 조선에는 큰 이익을 가져다주는 군사 교관 파견 요청을 미국 정부가 거절한 점을 참으로 안타까워하고 있다. 조선인들의 미국에 대한 호의적인 감정이 떨어져 나가는 것을 지켜보자니 안타깝기 그지없다.[4]

---

2. 북양 대신 리훙장과 총리교섭통상 대신으로 조선에 와 있던 위안스카이의 관계를 말한다.

3. 텐진조약(天津條約)을 말한다. 텐진조약에는 중국과 일본이 조선에 군대를 파견할 때는 사전에 문서로 상대국에 통보해야 한다는 조항이 들어 있다.

4. 실제로 조선이 미국에 군사 교관 파견을 요청하였는지는 확인할 수 없었다. 미국이 조선의 요청에 호응하여 군사 교관을 파견하였더라면 한국의 근대 역사는 많이 달라졌을지도 모른다.

뉴욕에서 서울까지 – 황해에서의 모험
(From New York to Seoul - an Adventure in the Yellow Sea)
≪뉴어크 데일리 애드버타이저(Newark Daily Advertiser)≫지[1]
조선 서울에서, 1886년 11월 10일 기고

　뉴욕에서 출발하여 조선의 수도 서울로 가는 여행은 특이한 감흥을 준다. 여행은 호화로운 기차에서 편안하게 시작하나 끝은 정반대로 마무리되기 때문이다. 서울에 도착하기까지는 다양한 교통수단이 필요하며, 다채로운 환승 과정을 거쳐야 한다.

　필자는 일행과 함께 뉴욕-시카고를 오가는 기차에 오르면서 서울행 여정을 시작했다. 우리는 우아하게 꾸며진 기차 안에서 최상의 안락함을 맛보았다. 기차가 시카고에 도착하자마자 우리 일행은 기차를 바꿔 타고 네브래스카 주의 오마바Omaba로 향했다. 시카고-오마바 구간의 속도는 뉴욕-시카고 구간에 비해 현저히 느렸다. 다음은 오마바-샌프란시스코 구간이다. 이 구간에서는 주요 정거장마다 기차가 한 20분 정도 쉬었다. 기차가 정차할 때마다 승객들은 기차에서 내려 허겁지겁 요기를 하며 원기를 회복하였다. 샌프란시스코에 도착하니 태평양을 건너는 대양 항해가 기다리고 있었다. 필자는 '대양'이라는 말만 들어도 가슴이 뛰었다. 태평양을 건너는 데는 16~18일 정도 걸린다고 한다. 우리 일행은 설렘을 억누르며 태평양을 건너기 위해 증기선에 올랐다. 증기선은 생각보다 속

---

1. ≪뉴어크 데일리 애드버타이저(Newark Daily Advertiser)≫지는 미국 뉴저지(New Jersey) 주 뉴어크(Newark) 시에서 1832년에 창간하였다.

력이 느렸다. 우리는 환호성, 공포, 피곤으로 몇 날 몇 밤을 새우며 마침내 태평양을 건너 일본 요코하마橫濱에 도착하여 난생처음 아시아 땅에 발을 디뎠다. 요코하마에서 서울로 가기 위해서는 다시 일본 열도의 남단 나가사키長崎행 증기선을 타야 했다. 배를 기다리는 동안 일본에서는 흔하지만 우리 일행에게는 낯선 인력거를 타고 요코하마 인근의 몇 군데를 여행하였다. 인력거는 마치 성인용 유모차 같았다. 일본에서 인력거를 타고 여행하고 싶다면 셈에 밝은 여관 주인의 소개를 받아 일본 어느 곳이든 유람할 수 있다. 인력거꾼들은 자신들이 선택한 절이나 공원 또는 이색 상품을 파는 가게에 데려다준다. 그러나 우리 일행에게는 인력거 여행이 썩 유쾌하지 못했다.

우리는 요코하마에서 일본 증기선사가 운영하는 니뽄유센가이사 Nippon Yusen Kaisha라는 배를 타고 일본 내륙 연안을 거쳐 나가사키로 갔다. 나가사키로 가는 여행은 편리함과 안락함에서 미국에서의 여행보다 질이 현저히 떨어졌다. 아마도 여객선 운영이 경쟁체계가 아니기 때문인 듯하다. 일본 나가사키에서 서쪽 방향으로 눈을 돌리면 우리의 목적지가 기다리고 있다. 그곳이 바로 자연 그대로의 황무지나 다름없는 조선의 제물포 항구이다.

우리 일행 네 명[2]이 나가사키를 출발하여 서울의 관문인 제물포에 도착하는 여행은 참으로 특별한 경험이었다. 우리는 낡았지만 그래도 아직은 믿음직해 보이는 8백 톤 급 증기선 쓰루가마루Tsurugamaru호에 몸을

---

2. 육영공원 교사로 초청된 미국인 교사 3인 중 길모어(George W. Gilmore)는 부인과 함께 왔다.

실었다. 이 배의 선장 후세이Hussey 씨는 미국 매사추세츠 주 살람Salam 시 출신의 전형적인 매사추세츠 주 뱃사람으로, 그는 조선 해역을 10년 이상 항해한 국제적으로 명성이 뛰어난 항해사다.

나가사키 항구에서 배들이 비교적 뜸한 조선 항로를 향해 뱃머리를 돌린 시각은 태양에 눈이 부시는 7월 2일 아침이었다. 배는 곧바로 일본 본토와 한반도 남쪽의 '아넬파트'[3] 섬 사이의 넓은 해협으로 진입했다. 우리 일행은 북서쪽에서 불어오는 상쾌한 산들바람을 맞으며 안도의 한숨을 내쉬었다. 왜냐하면, 이때가 태풍이 오는 시기여서 보통 남풍이 불어 항해를 위협하기 때문이다. 이제 태풍은 안심해도 될 듯했다. 조선 연안의 해로는 제대로 조사된 적이 없다고 한다. 정확히 말하면 항구가 개방된 부산항과 제물포항 인근을 제외하고는 해로지도가 전무하다. 배는 한반도 남쪽 해역에서 숨바꼭질을 하다가 수많은 섬들을 교묘히 피해 조선의 서해로 들어섰다.

다음 날 아침 눈을 떠 보니 우리가 탄 배가 멈춰 있었다. 적막감이 감돌았다. 배의 엔진이 꺼진 것이 분명했다. 그런데 뱃고동이 1분 간격으로 힘차게 울렸다. 갑판에 올라가 보니 우리가 탄 배는 짙은 안개에 파묻혀 있었다. 선장은 배가 섬과 부딪칠 것을 우려해서 인지 앞으로 나아갈 엄두를 내지 못하고 있었다. 그렇다면 왜 뱃고동을 계속 울릴까? 다른 배들에 경고를 보낼 리도 없어 보였다. 아무리 생각해도 300마일 안쪽에는 우리가 탄 배 한 척뿐이었다. 어디에선가 뱃고동의 메아리가 희미하게 들려

---

3. '아넬파트(Anelpart)' 섬은 대마도나 대마도 인근의 어떤 섬을 말한 것으로 보인다.

왔다. 메아리를 들으니 궁금증이 더해졌다. 메아리는 우리가 탄 배의 고동에 대답하는 다른 증기선의 뱃고동인지, 아니면 우리가 탄 배가 울리는 뱃고동의 메아리인지 분간이 안 갔다. 만약 다른 증기선이 대답하는 뱃고동이라면 무엇 때문에 고동을 계속 울려댈까? 외딴 섬에서 들려오는 소리일까, 아니면 좌초된 배에서 울리는 소리일까?

우리가 탄 배가 서서히 움직이는 듯했다. 뱃고동을 계속 불어대며 시속 2마일 정도로 살금살금 기어가듯 움직였다. 메아리는 더욱 날카롭고 또렷하게 들려왔다. 무슨 일이 꼭 일어날 것 같았다. 나는 갑판 앞쪽으로 달려가 짙은 안갯속을 응시했다. 안갯속에서 갑자기 무슨 소리가 들려왔다. 파도가 암벽이나 해안에 부딪치는 소리였다. 그 소리를 들은 사람은 오직 나뿐인 듯했다. 나는 조타실의 항해사에게 손을 들어 소리치려고 몸을 돌렸다. 바로 그 순간 우리가 탄 배가 거대한 암벽을 향해 서서히 빨려들고 있었다. 나는 몸이 얼어붙었다. 배가 돛대보다 높아 보이는 회색 암벽의 벼랑에 다다르고 있었다. 움직이는 동력을 제어할 수 없어 배가 급히 멈출 수도 없어 보였다. 나는 배의 난간을 힘껏 붙들었다. 배가 바다의 바닥을 스치고 있다는 느낌이 들었다. 배가 더 나아가자 거대한 암벽 층이 눈앞을 가로막았다. 나는 전혀 경험해보지 못한 공포감에 휩싸였다. 배는 암벽과 불과 30피트도 되지 않는 거리까지 다다랐다. 그 순간 갑자기 배가 멈췄다. 배가 천천히 후진하여 100야드 정도 물러서더니 그곳에서 안개가 걷히길 기다렸다.

다행히 아무 일 없이 우리는 무사했다. 뱃고동도 멈추고 바람도 약해지기 시작했다. 7월의 청명한 날씨 덕에 안개도 곧 걷히고 시야가 투명해졌다. 우리는 배가 어느 섬 옆에 서 있다는 것을 알았다. 암벽으로 둘러싸인 섬에는 나무나 식용작물은 전혀 없고 잡초만이 무성했다. 섬의 각 면이 가파른 수직으로 깎아내려 사람이 상륙하기란 불가능해 보였다.

아무리 생각해도 우리 일행이 탄 배가 황해 바다의 암벽에 부딪칠 뻔했던 사실은 악몽 같은 끔찍한 일이었다. 글로 쓰다 보니 실감이 잘 느껴지지 않는다. 그러나 우리는 분명 평생 한 번 있을까 말까 한 특별한 순간을 보냈다.

우리 일행은 선장과 아침 식사를 함께했다. 나는 식사 자리에서 후세이 선장에게 왜 섬에 그렇게 가까이 다가갔느냐고 물었다. 선장은 섬의 형태를 확인해야 배가 어디쯤 있는지 알 수 있기 때문이라고 했다. 나는 그렇다면 어떻게 배를 섬에 그렇게 바짝 부칠 수 있었느냐고 되물었다. 선장은 "이곳 황해의 섬들은 대부분 바다 깊이를 알 수 없을 정도로 수직으로 뻗쳐있기에 어느 해역보다도 배를 섬에 가까이 붙일 수 있는 장점이 있다. 그래서 그레이트이스턴호[4]도 우리가 여기서 했던 것처럼 배를 섬에 바짝 붙일 수 있었다." 라고 답했다.

나는 후세이 선장의 뛰어난 항해술에 존경을 표하면서 우리가 탄 배가 황해의 수많은 바위섬과 안갯속에서 벌인 술래잡기 놀이는 추억으로 돌리기로 했다.

---

4. 그레이트이스턴(Great Eastern)호는 1858년에 진수한 영국 선박으로, 당시 세계에서 가장 큰 화물 및 여객 운반선이었다.

조선의 과거제도
(Corean Civil Service)

≪뉴어크 데일리 애드버타이저(Newark Daily Advertiser)≫지[1]
조선 서울에서, 1886년 11월 22일 기고

　중국 문명의 놀라운 점 하나는 정부 관리의 자격을 공개적으로 검증하는 과거제도이다. 미국인들에게는 이상하게 들릴지 모르나 시험이 공정하게 치러지고 정부 관리가 영향력을 행사하지만 않는다면, 능력의 검증이 절대적으로 필요한 고위직 선발에는 최고로 좋은 제도라고 생각한다. 열이면 아홉이 떨어지는 과거 시험을 준비하느라 청년들이 방문을 걸어 잠그고 방 안에 박혀서 공부만을 한다는 말을 들으면 미국인들은 참으로 우스꽝스러운 이야기라고 치부할지 모른다. 만약 미국에서 시장이나 시의회 의원들을 그러한 방식으로 선발한다면 미국인들은 아연실색할 것이다. 과거 시험을 통과하려면 영어를 제외한 모든 분야에서 엄청난 글공부를 해야 하기에 응시자는 문학 분야에서 상당한 지식을 쌓는 결과를 낳기도 한다. 그런데 이 제도가 중국에만 국한된 것은 아니다. 과거제도는 주변 국가에 널리 퍼졌으며 특히 조선에서 깊숙이 자리 잡았다. 조선에서 시행하는 과거 시험의 현장을 소개하고자 한다.

　과거장에 외국인이 접근하는 경우는 매우 드문 일이며, 특히 시험장

---

1. 이 기고문은 ≪하트포드 데일리 신보(Hartford Daily Courant)≫지 1886년 12월 16일 자에도 실렸다.

안으로 들어가기란 더더욱 어려운 일이다. 운 좋게도 몇몇 미국인들에게 행운이 찾아왔다. 조선 정부의 초청으로 서울에서 학생들을 가르치고 있는 미국인 교사들에게 조선의 교육제도를 알아본다는 명분으로 특별히 참관이 허락되었다. 필자를 포함한 미국인 교사 일행은 며칠 전 오후 2시경에 과거장 입구에 도착하였다. 과거장은 여섯 개의 대문과 거대한 담으로 둘러싸인 조선 궁궐의 뒷마당에 설치되어 있었다. 수풀과 나무가 적절히 조화를 이룬 궁궐은 사방 0.5마일 정도로 넓어 보였다. 정문에 다다르자 수문장이 우리에게 통행증을 요구하였다. 통행증이 없다고 하자 나이가 지긋해 보이는 수문장은 초대장이 있어야 한다면서 우리들의 입장을 제지했다. 우락부락한 얼굴을 한 수문장은 깃털이 달린 모자를 쓰고 손에는 곤봉을 들고 있었다. 수문장의 재미나는 복장과 용모를 쳐다보니 통행증을 기다리는 지루함도 사라졌다. 많은 조선인이 자신들과는 생김새가 판이한 우리를 에워쌌다. 반 시간 정도 기다리면서 우리는 군중들의 복장을 살펴보았다. 조선에서 신분의 차이는 그들이 쓰고 있는 모자를 보면 쉽게 구별할 수 있다. 자세히 세어 보니 우리 주위에 있는 사람들만도 아홉 가지의 각기 다른 모자를 쓰고 있었다. 과거를 보러 온 수험생들도 쉽게 식별이 되었다. 그들은 높이가 상당한 네모난 모자를 썼으며, 모자 상단의 각 면에서 삼각 날개가 너울거렸다.

하인들이 초대장을 가져오자 우리는 안도했다. 통행증을 검토한 수문장이 입장을 허락하여 우리는 곧장 과거장으로 들어갔다. 사람들이 빽빽이 들어선 과거장은 나무가 우거진 언덕에 둘러싸여 마치 원형극장 같았다. 규모는 5에이커 정도이며 병사들이 언덕 사이 곳곳에 배치되어 있었다. 수험생들이 7~8명씩 조를 이뤄 원형의 광장에 앉아 있고, 그들 옆에는 두루마리식의 긴 종이, 붓, 먹이 놓여 있었다. 수험생들은 아주 빠른 속도로 글씨를 썼으며 때때로 각 조의 한가운데에 놓여있는 낡고 두꺼운 한자 사전 즉 '옥편'을 뒤적였다.

과거장 위쪽의 나무가 빼곡한 언덕 비탈 아래에 사방 100피트 정도의 석조 연단이 있었다. 연단에 오르려면 3단의 큰 돌계단을 거쳐야 했다. 연단은 다양한 색깔로 칠해졌고 무지개색이 단연 돋보였다. 연단 옆에 깃발, 창, 도끼 등 전쟁에서 쓰는 도구들을 진열하였으며 조선 정부가 미국에서 구입한 레밍톤Remington 총도 눈에 띄었다. 연단 주위에는 국왕을 호위하는 일단의 병사들이 정렬해 있었다. 광장 가운데에 설치한 차양 아래에 임시 정자가 보였다. 정자에는 국왕의 자리가 준비되어 있으나 국왕은 아직 보이지 않았다. 국왕은 연단 뒤편에 있는 아담한 건물에 머물다가 사방이 가려진 가마를 타고 과거장에 행차한다고 한다. 연단 양옆으로 자그마한 천막들이 설치되어 있었다. 천막 색깔이 매우 밝았다. 천막은 시험을 치르는 동안 정부의 고위 관리들이 머무는 곳이다.

우리 일행은 이조판서가 머무는 천막으로 가 우리를 초청해준 데 대한 감사의 인사를 전했다. 그는 자그마한 음식상을 앞에 두고 바닥에 앉아 있었다. 상에는 간식용으로 차린 음식이 가득했다. 이조판서가 음식을 권했으나 우리는 입맛이 당기지 않았다. 광장을 둘러싼 숲에서도 수백 명이 시험을 치르고 있었다. 이 시험은 아마도 광장에서 치르는 시험보다 낮은 단계의 시험인 듯했다.

엿[2]이나 음식을 파는 행상들도 눈에 띄었다. 수험생들은 해가 질 때까

---

2. 원문은 'sweetmeat'이다.

지 답안을 작성해야 하며 시험장에 어떤 음식도 가져갈 수 없다. 수험생들이 시험에 도움이 될 만한 문서들을 숨겨 들여가는 것을 막기 위해서다. 당연히 시험 과목이 무엇인지 궁금할 것이다. 조선인들의 관습, 사고하는 습관 등을 어느 정도 알고 있는 사람에게 시험 과목을 추측해 보라고 하면, 그는 틀림없이 시詩가 주된 시험과목이라고 대답할 것이다. 조선의 시험은 한자로 시 짓기가 전부이며, 시험에서 고려되는 기준은 답안의 질보다는 답안의 양이다. 저작의 수월성이 해가 떠서 질 때까지 수험생이 쓸 수 있는 운율을 갖춘 한자의 양을 기준으로 측정되는 셈이다.[3] 우리는 조선의 시인들 즉 수험생들 곁을 걸으면서 조선에는 신문 편집자가 없다는 사실에 감사하였다. 만약 조선에 신문이 있었다면 천재들의 글들이 편집자의 쓰레기통에서 무덤을 찾았을 것이 빤하기 때문이다.

우리 일행이 과거장에서 약간 떨어진 소나무 그늘 아래서 시험 장면을 관조하고 있을 때, 울긋불긋한 복장의 한 관리가 급하게 달려와 자신을 따라오라고 재촉했다. 처음에는 우리를 과거장에서 내보내려는 줄 알고 기분이 언짢았지만, 그가 '임금 집King's house'이라고 했을 때 우리는 서둘러 그를 따라나섰다. '임금 집'이라는 말은 바로 '국왕의 집'을 뜻하기 때문이다. 국왕이 우리가 왔다는 보고를 받고 우리 일행에게 궁궐 이곳저곳을 보여 주라고 지시했다고 한다. 우리는 아기자기한 숲, 분홍색 연꽃이 가득한 아름다운 연못을 한 시간가량 구경하였다. 이렇게 수목이 우거진 휴식처가 서울 한복판에 있다는 사실을 도저히 믿을 수 없었다.

---

3. '저작의 수월성이, 운율을 갖춘 한자의 양을 기준으로 측정되는 셈이다'라는 표현은 정확하다고 할 수 없다. 헐버트가 내한 초기라서 과거 시험에 대한 정확한 인식이 없이 쓴 것으로 보인다.

일본의 건축처럼 조선의 건축도 매우 아름답다. 조선의 건축은 외양의 형태나 윤곽보다는 장식의 섬세함에서 더욱 빛이 난다. 여기저기를 쪽매나 돋을새김으로 처리하고, 적절한 곳에 오래된 귀한 도자기들이 놓여 있다. 원래 몽골 계통의 건축물에서는 그리핀[4] 같은 괴물이나 학이 많이 보인다. 그러나 조선의 건축물에서는 그로테스크 풍의 괴이한 무늬나 형상을 발견할 수 없다. 아직은 내가 자세하게 설명하기에는 시기상조지만 말이다.[5]

왜 문명이 덜 발달했다고 여기는 조선은 공개경쟁 시험을 거쳐 공직자를 뽑고, 문명사회라고 여기는 미국은 공직자를 대부분 지식과 능력은 무관하게 뽑는지에 대해 나는 그저 독자들의 판단에 맡길 따름이다.

---

4. 그리핀(griffin)은 그리스 신화에 나오는 괴물로서 독수리 머리와 날개, 사자 몸뚱이를 하고 있는 괴물을 말한다.
5. 조선에 도착한 지 얼마 안 되어 전문성을 가지고 말하기에는 아직 이르다는 뜻으로 들린다.

조선의 보수성
(Conservatism)

게재 신문 미상[1]
조선 서울에서, 1886년 12월 1일 기고

나라마다 특유의 전통, 관습, 풍습이 있다. 특히 혈통을 중시하는 나라들은 원래 하나의 민족이었다는 사실을 보여주려는 공통적 특징이 있다. 예를 들면 몽골 계통의 나라들은 우랄 산맥이나 카스피 해 서쪽의 나라들에서는 찾아볼 수 없는, 매우 강한 보수성과 과거의 인습을 존중하는 특성을 지니고 있다. 그럼에도 불구하고 몽골 계통 나라들의 독창성과 자주성은 서양의 독창성과 자주성에 미치지 못한다. 몽골 계통 민족은 부모나 선조들의 생활 방식을 자손들이 우선적으로 따라야 한다고 생각한다. 그러다 보니 오늘날의 관습이나 습관이 5백 년 전이나 엇비슷하다. 이러한 정서가 바로 동양에서 개화를 가로막는 주요 요인이다.

그러나 오늘날 동양에서 특이한 점이 감지되고 있다. 미국 펜실베이니아Pennsylvania 주에서 나는 기름을 대도시의 많은 가구에서 사용하고, 셀 수 없이 많은 사람이 영국이나 미국산 면화로 만든 옷을 입고 있다. 이유는 단순하다. 서양의 상품이 자신들이 만든 상품보다 유용하고 값도 싸기 때문이다. 부富에 대한 욕망이 그들이 간직해온 보수성을 뛰어넘고 있

---

1. 신문 스크랩에서 신문 이름을 찾을 수 없었다. 신문 활자체 등으로 보아 ≪리퍼블리컨(The Republican)≫지로 추정된다. 제목도 안 보이나 누군가 연필로 'Conservatism(보수성)'이라고 써 놓아 이에 따랐다.

는 것이다. 동양에 오래 산 외국인일수록 이곳의 모든 계층에서 부에 대한 욕망이 횡행하고 있다는 사실을 더 확신한다. 중국과 일본에서 활동하는 선교사들은 많은 사람들로부터 "만약 내가 개신교로 개종하면 얼마의 돈을 저에게 주시렵니까?"라는 질문을 자주 받는다고 한다. 이런 말을 듣다 보면 공자나 조상을 지극히 숭상하는 이들이 자신과 조상의 뼈를 금전적 보상을 위해 팔고 있다는 인상을 지울 수 없다. 몽골 계통 나라들의 공통적 특성 외에도, 몽골 계통에서 분기한 나라마다 또 다른 저마다의 특성이 있다. 이와 관련하여 조선의 특성 한두 가지를 소개하고자 한다.

조선의 길은 말도 지나가기 힘들 정도로 좁다. 가마를 타고 길을 가다 보면 뾰족하게 솟아오른 큼지막한 돌들을 자주 만난다. 수 세기에 걸쳐 사람과 짐을 실은 가축들이 하도 많이 돌을 밟아 돌들이 10~12인치 정도 닳아 있다. 조선의 수도인 서울 외곽에는 콜럼버스가 태어나기 훨씬 전에 만든 단단한 성벽이 아직도 있으며, 산 정상에는 노르만 정복자들이 영국을 침략했던 때만큼이나 오래된 요새가 있다. 조선인들의 농사짓는 모습을 보면 원시 사회를 보고 있다는 착각이 들 정도다. 조선의 많은 관습이 하도 오랫동안 지속하다 보니, 관습의 원래 목적과 의미가 완전히 잊히거나 간과되고 있는 경우가 허다하다. 하나의 예를 보자.

몇 주일 전에 백성들은 국왕의 행차를 볼 수 있다는 기대감에 들떠 있었다. 조선의 국왕이 헌물을 바치고 예를 표하기 위해 선대왕들의 묘를 방문하는 행렬이 서울 거리를 지난다는 소식 때문이었다. 이 소식을 들은 필자도 흥미가 돋아 행렬이 지나가는 길목으로 갔다. 첫 번째로 나의 주목을 끈 것은 길 가운데에서 흙을 한 줌씩 뿌리며 길을 새롭게 단장하는 장면이었다. 주위 사람들에게 왜 길에 흙을 뿌리는지 물었으나 어느 누구도 대답하지 못했다. 나는 조선의 관습을 꽤 알고 있는 한 외국인에게 물어 그 이유를 알았다. 그는 대답하기를 국왕은 발자국으로 더럽혀진 길을 가서는 안 되기 때문이라고 했다. 그런데 길을 새롭게 단장하던 일꾼들이 떠나자마자 그곳에 모인 군중들이 단장한 길 위를 걸었다. 당연히 길이 다시 더럽혀졌다. 길을 새롭게 단장하는 관습의 의미를 망각한 것 아닌가? 그뿐만 아니라 국왕의 행차를 경비하는 책임자들도 이 관습을 무시하긴 마찬가지였다.

드디어 국왕의 행렬이 다다랐다. 가장 눈에 띄는 것은 열두어 명의 장정들이 어깨에 멘 비어 있는 어가였다. 빈 어가에 이어 국왕이 탄 어가가 나타났으며 누구나 국왕을 쉽게 볼 수 있었다. 빈 어가의 용도를 알아보니 원래 국왕은 외부에서 알아볼 수 없게 어가의 문을 닫고 행차한다고 한다. 혹시 모를 자객의 시해를 예방하고자 국왕이 어디에 탔는지를 모르게 하기 위해 언제나 또 하나의 어가가 따르는 것이다. 지금은 비록 국왕이 탄 어가가 열려 있어 누구나 국왕을 볼 수 있지만, 아직도 사람들은 국왕 행차에 빈 어가를 생략하면 국왕에 대한 무례로 간주한다.

남의 집을 방문하거나 손님을 맞을 때의 관습은 더욱 흥미롭다. 이러한 관습은 조선인들의 호의와 예절에 대한 기품을 잘 보여 준다. 며칠 전에 필자가 한 양반집을 방문한 이야기를 해보겠다. 서울의 양반들 대부분은 서양의 사고와 문화에 호감을 느끼고 있으나 자신들의 견해를 공개적으로 밝히지는 않는다. 나는 양반집에 도착하는 시각을 밤 7시 30분으로 정했다. 이는 나의 방문에 대해 이러쿵저러쿵 말이 나오는 것을 피하고,

또 나의 방문이 나의 친구에게 누가 되지 않게 하기 위함이었다.[2] 나는 조선인들의 주 교통수단인 말을 타고 갔다. 담으로 둘러싸인 커다란 저택의 대문에 도착했다. 저택 한쪽에는 나의 친구가 살고 있다. 내가 도착하자마자 문지기가 나와 문을 열어 주면서 나를 바깥마당으로 안내하였다. 나는 말에서 내리고, 말은 하인에게 맡겼다. 곧장 안쪽 대문을 통과하여 집 안마당에 다다랐다. 사랑[3]으로 나를 안내하려고 집사가 입구에서 기다리고 있었다. 조선의 예절에 따라 내가 신발을 벗겠다고 했으나 집사는 괜찮다고 했다. 집사는 나를 집주인에게 안내했다.

집주인은 대여섯 명의 가족과 함께 서서 나를 맞았다. 방안은 단조로운 느낌을 주었다. 방석 몇 개와 의자 하나, 촛대 하나가 있을 뿐이었다. 우리는 방바닥에 앉아 대화를 나눴다. 의사소통이 힘든 우리는 가능한 방법을 모두 동원했다. 집주인은 영어를 거의 못하고, 나 역시 조선말을 조금밖에 못 한다. 그럼에도 대체적으로 우리는 상대방의 의사를 잘 소화했다. 내가 양반다리[4]로 앉아 있느라고 피곤을 느낄 때 마침 주인이 자리를 떠 나는 하나밖에 없는 의자에 잠시 앉을 수 있었다.

주인이 사람을 부르더니 연주자가 악기와 함께 들어왔다. 이 악기는 거문고라는 조선의 전통 악기이다. 거문고는 줄이 여섯 개이고 길이가 6피트, 너비는 1피트쯤이다. 여섯 개의 줄 중 세 개는 밑에서 받치는 괘의

---

2. 친청파 중심의 보수파와 개화파의 대립이 극심한 상황에서 관리들의 세력 다툼에 휘말리지 않기 위해 조심스럽게 양반집을 방문한 듯하다.

3. 원문은 'reception room'이다. 전통적인 사랑을 의미하는 것인지 또는 신식 거실인지는 알 수가 없다.

4. 원문은 'Turkish mode(터키식)'이다. '터키식'은 양반다리를 하고 앉는 모양을 말한다.

상단에 놓여 있다. 거문고를 타는 방식은 조선만의 독특한 방식이다. 연주자는 손가락을 괘 위에 올려놓고, 한 손으로 술대[5]를 이용하여 줄을 때려서 소리를 낸다. 동시에 다른 손으로 거문고 줄을 옆으로 밀면서 음의 높고 낮음을 조절한다.

연주가 있고나서 음식이 제공되었다. 음식은 중국이나 일본에서도 그러하듯이 조그마한 상에 차려서 나왔다. 첫 번째로 눈길을 끈 음식은 국수[6]였다. 대접에 담겨 있는 국수물은 내 입맛에는 달게 느껴졌다. 국수 위에는 잘게 썬 무채가 얹혀 있고, 조선인들이 좋아하는 고춧가루도 듬뿍 뿌려졌다. 조선 음식에는 쌀밥이 빠지지 않는다. 쌀밥에는 콩이 섞여 있었다. 이어서 소고기와 채소로 만든 산적이 나왔다. 산적에는 버섯도 들어 있으나 나는 맛을 볼 용기를 내지 못했다. 마지막으로 홍시, 배, 석류, 삶은 밤이 나왔다. 마지막에 나온 과일류는 조선에서 저장 음식의 중요한 한 축이다. 조선의 거리를 지나다 보면 땅에 구멍을 내고 밤을 굽는 장면을 흔하게 목격할 수 있다. 밤을 구워서 요기 거리를 만드는 것이다. 조선의 밤은 미국의 마로니에 열매만 하다.

저녁 식사는 나에게 신기하고도 새로운 경험이었다. 우리의 저녁 식사를 지켜보던 하인들은 국수를 먹을 때 젓가락질을 못 해 버둥대는 내 모습을 보며 웃음을 참지 못했다. 나는 그들의 웃음에 기쁜 표정으로 답했다. 집주인은 입을 대접에 가까이 대고 때때로 숨을 거칠게 몰아쉬며 시끄러운 소리를 내면서 빠른 속도로 국수를 먹었다. 대접에서 입안까지

---

5. 거문고를 탈 때 사용하는 막대기 같은 도구를 말한다.
6. 원문은 'vermicelli'이며 국수 종류를 뜻한다.

국수가 항상 떨어지지 않았다. 나는 이 광경을 보고 웃음을 참으려 무진 애를 썼다. 식사 뒤 내가 먹지 않은 음식은 하인들에게 돌아갔다. 나는 그들이 음식을 다 먹을 때까지 기다렸다. 이 음식은 그들에게 기분 좋은 저녁 요기 거리가 될 것이 분명하다. 헤어지기 전에 나는 집 주인에게 따뜻한 감사의 인사를 전했다.

말을 타고 집에 오다가 도성을 순찰하는 순라군을 만났다. 내가 만약 조선인이었다면 나는 체포되었을지도 모른다. 순라군은 외국인들에게 대체로 통행의 편의를 봐 주고 있어 나는 무사했다. 조선이 외국인들을 조선의 손님으로 간주하다 보니 순라군들도 외국인들에게 많은 특권을 허락하고 있는 것이다.

조선 생활의 즐거움(Life in the East, How Foreigners Amuse Themselves in Faraway Korea)

≪리퍼블리컨(The Republican)≫지[1]

조선 서울에서, 1887년 1월 22일 기고

많은 미국인은 동양에 사는 외국인들의 낙은 하루빨리 본국으로 귀국하는 기대감뿐이라고 생각한다. 필자는 외국인들이 조선의 서울에서 즐겁게 지내는 모습을 소개하여 미국인들의 잘못된 생각을 바로잡고자 한다.

이곳 서울에는 미국 중산층이 즐겨 찾는 오페라 극장, 콘서트 공연장, 롤러스케이트장 같은 곳은 없다. 그러나 그러한 문화생활을 대체할만한 매력 있는 놀 거리가 꽤 많이 있다는 것을 알기 바란다. 첫 번째 즐거움으로 서울의 공기를 들 수 있다. 서울은 높이 치솟은 아름다운 산으로 둘러싸여 마치 원형극장의 한가운데에 놓여 있는 느낌이다. 산 정상을 따라 만들어진 서울의 성벽은 길이가 5~6마일 정도나 된다. 심지어 높이가 2,000피트나 되는 산 정상에도 성벽이 있다. 도시가 산으로 둘러싸여 있다 보니 이곳 사람들은 참으로 맑고 상쾌한 공기를 마시며 하루를 시작한다. 이는 서울에 사는 외국인들이 누리는 즐거움의 일부분일 뿐이다.

서울의 위도는 정확하게 미국 버지니아 주 리치먼드Richmond 시 위도

---

1. 이 글은 ≪리퍼블리컨(The Republican)≫지 외에 미국 메인(Maine) 주 포틀랜드(Portland) 시에서 발행되던 ≪포틀랜드 애드버타이저(Portland Advertiser)≫지 1887년 3월 16일 자에 'Korea, Life in the Remote East, Amusements of the American Colony in Seoul'이라는 제목으로 실렸다.

와 같다. 온도의 편차는 미국의 어느 지역보다 크다. 서울 날씨는 캐롤라이나The Carolinas의 여름, 뉴잉글랜드New England 지역의 겨울과 비슷하다.[2] 여름 날씨는 그늘에서 화씨 90~95도 정도로 꽤 건조하나 햇볕에 직접 노출하지 않는 이상 그렇게 불편하지 않다. 겨울에는 수은주가 화씨 영도까지 내려가며 기분 좋게도 한 번에 몇 주 동안씩 일정 온도를 유지하는 날씨가 규칙적으로 반복된다.

서울의 외국인들은 주로 야외 스포츠를 즐긴다. 서울은 산세가 화려하여 그림 같은 풍광이 있는 지역이 아니면 느낄 수 없는 산뜻한 기쁨을 안겨 준다. 서울에서 여름과 가을에 즐길 수 있는 가장 좋은 스포츠는 말타기이다. 말타기를 즐기려면 세 가지 조건이 충족되어야 한다. 첫째는 좋은 날씨, 둘째는 기분 좋게 같이 탈 수 있는 친구, 셋째는 그림같이 멋진 길이다. 서울은 이 세 조건을 다 갖추고 있다. 서울의 외국인들은 대부분 청년이며 모두가 말타기를 좋아한다. 하루 중 아무 때나 연락해도 같이 말을 탈 친구를 즉시 모을 수 있다. 친구들이 모이면 우리는 신나게 말을 타며, 기분이 고조되면 정신없이 곧장 서울 외곽의 시골까지 달린다. 조선의 말은 체구가 비교적 작지만, 어느 곳이든지 잘 가며 산에 오르는 것도 마다하지 않는다. 말이 개울가에 다다를 때면 말 위에 있는 사람보다도 먼저 개울을 건너려 한다.

말을 타기 전에 우리는 말을 탈 곳을 미리 정한다. 스코틀랜드의 황량한 언덕을 떠올리는 높은 언덕 사이의 골짜기를 기분 좋게 달리거나, 아

---

2. '캐롤라이나'는 북캐롤라이나(North carolina) 주와 남캐롤라이나(South Carolina) 주를 말하며, '뉴잉글랜드'는 매사추세츠(Massachusetts) 주, 코네티컷(Connecticut) 주, 뉴욕(New York) 주를 말한다.

니면 좀 더 모험적인 길을 택해 우리를 포위하고 있는 느낌을 주는 꽤 높은 바위산에 오른다. 산 정상에 도달하면 말에게 쉴 틈도 줄 겸 말에서 내려 산 아래에 펼쳐진 장관을 감상한다. 이곳 자연 풍광은 참으로 빼어나다. 북쪽으로 눈을 돌리면 환상적인 기암괴석이 눈에 들어온다. 기암괴석은 마치 지난주에 일어난 지진에 의해 형성된 듯 원초적 위용을 뽐낸다. 남쪽으로는 한강이 내려다보인다. 한강 유역을 에워싼 자연의 아름다운 조화를 보노라면 가슴이 확 트이며 하늘을 날 것 같은 기운이 샘솟는다. 특이하게도 강 유역의 경작지 중간 지대에서 하얀 모래밭이 눈이 부시도록 반짝거린다. 면적이 꽤 커 보이는 둥그런 모래밭은 마치 작은 사막 같다. 경작지에 아무런 지대의 변화가 없는데도 하얀 모래밭이 경작지 한가운데에 산속의 호수처럼 또렷하게 자리 잡고 있다.

여름철의 또 다른 스포츠는 잔디 위에서 친구들과 즐기는 테니스이다. 우리는 주중 하루를 정해 오후에 잔디밭에서 테니스를 하며 우정을 다진다. 대개 15~20명 정도가 모이며, 테니스를 한 뒤에는 차를 마시며 대화를 나눈다. 우리 중에는 하버드Harvard, 예일Yale, 프린스턴, 오벌린, 뉴욕University of New York, 다트머스 등 미국 동부의 대학에서 테니스를 꽤 하던 사람들도 있다. 물론 미국 서부의 여타 대학 출신들도 있다.

우리가 가장 흥미를 느끼는 스포츠 중 하나는 사냥이다. 우리가 사냥에서 잡는 짐승을 열거하면 독자들은 나의 정직성을 의심할지도 모른다. 만약 이 글을 읽는 어느 독자가 조선을 방문한다면 나는 그에게 사슴이 다니는 길목에 데리고 가겠다고 약속할 수 있다. 그것도 서울에서 불과 15마일 정도 떨어진 곳에 말이다. 물론 원한다면 야생 오리, 고니, 꿩을 사냥할 기회도 만들어 줄 수 있다. 작년 가을에 나는 서울에서 20분 정도 외곽으로 나가 힘들이지 않고 다양한 종류의 동물을 사냥하였다. 만약 참으로 흥미진진한 사냥을 하고 싶다면 북쪽 지방으로 가 36시간 이내에 호랑이나 표범도 잡을 수 있다.

겨울에는 먹이가 부족하다 보니 산짐승들이 대담하게 도시로 내려오곤 한다. 산짐승들은 때때로 크고 작은 마을에 나타나 아이나 여자, 어떤 때는 남자들도 공격하여 시체를 바위에 둘러싸인 은신처로 끌고 가 느긋하게 배를 채운다. 특히 겨울 끝자락에는 필사적으로 배고픔에서 벗어나려 무시무시한 야수 한두 마리가 성안으로 들어와 버려진 집을 은신처로 삼는다. 야수들은 낮에는 은신처에 숨어 있다가 밤이면 밖으로 나와 개들을 잡아먹곤 한다. 지난겨울에는 표범 두 마리가 러시아 공사관과 연결된 넓은 공터에 자리를 잡은 채 은신하고 있기도 했다. 한번은 도시 외곽에 있는 양잠용 뽕나무밭에 표범 세 마리가 터를 잡았다. 그중 한 마리는 뽕나무밭 주인에게 사살되었다. 주인은 쓰레기 더미에 일부러 굴을 만든 뒤 표범들을 죽이려고 밤을 꼬박 새웠다. 표범들이 굴 안으로 들어가자 그는 굴 안으로 긴 장대를 넣어 휘저었다. 마침내 한 마리가 굴 밖으로 나오자 그는 총을 쏴 놈을 죽였다. 그는 폭발성 총알을 사용하여 표범의 옆구리에 두 손이 들어갈 정도로 큰 구멍을 냈다. 연발총이 있다면 더 많은 짐승을 잡을 수 있다. 하지만 연발총이 없다면 표범 사냥은 안전하지 못하다.
며칠 전 한 조선인이 조선의 장전식 화승총을 이용한 호랑이 사냥법과 외국의 연발총을 이용한 사냥법의 차이를 생생하게 비교하여 필자에게 설명해 주었다. 그가 조선말로 말하였다. "조선 사람 호랑이 잡습니다, 빵(탁, 탁, 탁. 총구에 탄약을 쑤셔 넣는 행위를 흉내 내는 소리)", "어흥(호랑이가 으르렁거리며 튀어나오는 것을 흉내 내는 소리)", "죽은 사람 매우 좋잖다(죽은 사람, 매우 나쁘다)"[3], "미국 사람 호랑이 잡습니다. 빵, 찰칵, 빵, 찰칵, 빵, 찰칵, 죽은 호랑이 매우 커요(호랑이를 잡아 기분이 매우 좋다는 말)."

이곳 외국인들의 또 다른 겨울 스포츠는 스케이트 타기이다. 서울에는 논이 매우 많다. 서울의 논은 겨울에도 물이 많아 아주 훌륭한 스케이트장이 된다. 조선인들은 스케이트 타는 묘기를 즐기나, 그들은 대체로 스케이트 타는 기본기를 모른다. 외국인들이 스케이트를 타러 갈 때마다 조선인들은 떼를 지어 모여든다. 얼음에서 자주 넘어지는 광경을 구경하려고 수 마일을 따라오기도 한다. 어림잡아 600명에서 1,000명 정도가 스케이트를 타는 광경을 보기 위해 모인다. 어느 날 조선의 국왕이 외국인들이 스케이트를 탄다는 소식을 듣고 궁궐에서 스케이트를 탈 수 있도록 필자를 포함한 외국인들을 초대했다. 오후 2시경에 외국인 20명 정도가 스케이트를 타기 위해 궁궐로 출발했다. 궁궐 안에는 연못이 있고 연못 중앙에는 작은 섬이 있다. 섬은 사뭇 예술적으로 만들어진 다리를 통해 땅과 연결되고, 섬 위에는 색칠과 깃발로 단장한 화려한 전각이 있다.[4] 전각에서는 연못에서 사람들이 스케이트 타는 모습을 훤히 내려다볼 수 있다. 국왕이 수행원들과 함께 다리를 건너 전각에 자리 잡자 우리는 스케이트를 타기 시작했다. 오직 얼음 위에서 스케이트를 타는 사람만이, 매섭지만 활기를 불어넣는 찬 공기를 가르는 상쾌함과 자유로운 몸동작이 주는 즐거움을 만끽할 수 있지 않은가. 우리는 국왕 앞에서 최선을 다

3. 장전식 화승총이 느리다 보니 호랑이를 잡다가 죽을 수도 있다는 뜻으로 들린다.
4. 경복궁 내 향원지(香遠池)의 취향교(醉香橋)와 향원정(香遠亭)을 말하는 것으로 보인다.

해 스케이트를 탔다. 몇몇은 발끝으로 도는 피루엣pirouette을 시도하거나, 머리와 발을 교차하면서 서는 기술을 보여 주었다. 일부는 근엄하면서도 상냥한 표정으로 숙녀들과 짝을 이뤄 기품 있게 스케이트를 탔다. 간혹 누군가가 기술을 부리다가 실수하거나 무모한 시도를 하다가 꽈당 얼음판에 넘어질 때면 전각에서 박수 소리가 들려왔다.

스케이트를 탄 뒤 국왕이 우리 일행을 위해 특별히 지시하여 준비한 우아한 연회가 있었다. 연회장에는 두 명의 지위가 높은 장군이 합세했다. 한 사람은 조선에서 세 번째로, 다른 한 사람은 네 번째로 높은 지위라고 했다. 연회장 한쪽 끝에 작은 방이 보였다. 그 방은 칸막이 문으로 연회장과 분리되어 있었다. 그런데 칸막이 문의 창호지에 작은 구멍을 뚫어 국왕, 왕비, 왕자가 연회장을 들여다보고 있었다. 내가 한순간 몸을 돌려 그쪽을 쳐다보다가 구멍을 통해 나를 쳐다보는 두 눈과 마주쳤다. 미국인들은 국왕이 관저에서 자신의 모습을 보여 주지 않는 점을 이상하게 여기겠으나, 조선에서는 이러한 행동은 반드시 지켜야 할 하나의 관습이다. 연회 음식은 정통 유럽식이었으며, 열세 번 음식이 나왔다. 음식 재료는 대부분 영국이나 미국에서 수입한다고 한다. 두 명의 장군이 이런저런 얘기를 꺼내며 대화를 이끌었다. 대화 내용은 옆방에서 듣고 있는 국왕이 흥미를 느낄 만한 소재가 대부분이었다. 연회가 끝난 다음 우리 일행은 국왕에게 우리를 위해 특별히 연회를 마련해 준 데 대해 고마움을 표했다. 국왕이 연회장에 직접 참석하지는 않았지만, 국왕은 우리를 진심으로 환영하였음이 틀림없다. 우리 일행은 모두에게 감사를 전하고 기쁜 마음으로 궁궐을 나섰다. 이 또한 조선 생활의 즐거움이 아니겠는가.

조선의 새해맞이
(How They Celebrate the New Year in The Far East)
≪타임스 데모크랫(The Times-Democrat)≫지[1]
조선 서울에서, 1887년 2월 15일 기고

필자는 조선의 새해맞이 축제에 대해 글을 쓰고 싶은 유혹을 떨쳐버릴 수가 없다. 조선보다 더 흥겹게, 오랫동안, 그리고 많은 사람이 참여하는 새해맞이 축제는 세계 어디에서도 볼 수 없을 것이기 때문이다. 조선인들은 한 해의 모든 휴일을 한 번에 몰아서 새해맞이 축제를 집중적으로 즐기는 듯하다.

조선의 새해 첫날은 양력으로 1월 20일 경이며 해마다 날짜가 바뀐다. 음력을 쓰는 조선의 한 달은 양력을 쓰는 서양의 한 달보다 짧다. 따라서 3년 후에는 1년 12개월에 한 달이 추가되어 13개월이 된다. 새해맞이 축제는 새해 4일 전에 시작한다. 4일 동안에 조선인들은 사당이나 묘를 찾아 조상에게 예를 올린다. 이러한 의식은 조선에서 일종의 종교이다. 새해의 시작과 함께 재미있는 축제가 본격적으로 시작된다. 서양인들에게 가장 주목을 끄는 것은 새해 5일을 정부가 휴일로 정해 상점이나 가게가 모두 문을 닫는다는 사실이다. 인구 2십만의 도시 서울에서 상점, 시장, 가게, 음식점이 모두 문을 닫고 모든 사고파는 행위가 중단된다고 상상해 보라. 조선인들은 새해가 오기 전에 밀린 외상값을 갚고 서로 주

---

1. ≪타임스 데모크랫(The Times-Democrat)≫지는 미국 사우스캐롤라이나(South Carolina) 주의 오렌지버그(Orangeburg) 시에서 1881년에 두 지역 신문이 합병하여 탄생하였다.

고받을 것을 셈해야 하기에 한 해의 끝자락에는 많은 돈이 오간다. 여력이 있는 사람들은 새해를 맞아 새 옷으로 단장하고 거리를 나다닌다. 조선의 옷은 거의 전부가 흰색이기에 거리의 순백 물결이 매우 아름답다. 조선인들은 해학의 기질을 타고났다. 사람들이 무척 익살스러워 서울의 주막집은 항상 떠들썩하다. 마치 일요일 뉴욕의 선술집 같은 착각이 들 정도다.

하늘에는 셀 수 없이 많은 연이 날아다니며 공중의 전봇줄[2]에는 연들이 장식품처럼 매달려 있다. 필자가 가장 좋아하는 구경거리는 연싸움이다. 연싸움은 두 소년이 서로 약간 떨어져 연을 하늘로 날리면서 시작한다. 두 소년은 여러 기술을 동원하여 연을 이리저리 잡아당기고 비틀어 연 끈을 교차시켜 꼬이게 한다. 연싸움 장면은 참으로 장관이며 전문 작가가 아니면 이 장면을 제대로 기술할 수가 없을 것이다. 싸움의 승리는 누가 먼저 연의 끈을 재빠르게 되감느냐로 판가름난다. 먼저 상대방 연을 가로챈 사람이 이긴 것으로 간주한다.

조선인들은 고통이나 질병을 가져오는 악귀가 존재한다는 미신을 굳게 믿으며 악귀를 쫓아내는 여러 행위를 벌인다. 한 예를 보자. 볏짚으로 인체 모형의 작은 인형을 만들어 인형 곳곳에 실제 사용하는 엽전을 숨긴 뒤 인형을 집 밖으로 내던진다. 그러면 엽전을 집으려고 인형이 내던져지기를 주시하고 있던 어린아이들이 얼른 인형을 집어 들어 엽전을 찾기 위해 인형을 조각조각 찢는다. 조선인들은 그렇게 인형이 찢기면 악귀가 손

---

2. 원문은 'telegraph line'이다. 우리나라 우정국은 1884년에 탄생하였다.

발이 잘려 어떤 해로운 행위도 할 수 없다고 간주한다. 새해가 시작되고 4일이 지나면 팔려고 내놓은 짚으로 만든 인형들을 거리에서 볼 수 있다.

　호기심이 가는 또 다른 조선의 미신을 보자. 특정한 날에 서울에 있는 모든 다리를 밟으면 그해에 질병을 앓지 않는다고 조선인들은 믿고 있다.[3] 필자는 친구들과 함께 조선인들의 다리 밟기를 구경하러, 서울의 도심을 관통하는 시내[4]에 놓인 다리로 갔다. 다리 위에서 수많은 사람이 웅성거렸다. 사람들은 지친 몸이었지만 액땜의 조건을 이행해야 한다는 결의에 차 있었다. 그날 서울의 여러 다리에서 싸움이 벌어졌으며, 싸울 때는 돌멩이와 몽둥이를 사용하고 매년 몇 명씩 죽기도 한다고 한다.

　서울 도심의 제일 큰길에 많은 사람이 모여 특이한 축제를 벌이고 있었다. 군중 숫자가 줄잡아 천 명쯤 보였으며, 지도자로 보이는 네댓 사람이 전체 군중을 통솔하였다. 군중이 갑자기 '아싸 가자'[5]라고 소리쳤다. 이 말은 영어 'clear out(쓸어버려)'과 같은 뜻이다. 군중이 구호에 맞춰 갑자기 광풍이 몰아치듯 앞으로 튀어나가 100여 야드 거리를 순식간에 달렸다. 달리다가 짓밟혀 넘어진 무리도 있었다. 군중은 넘어진 무리를 한쪽으로 치우고 다시 모여 다음 판을 준비하였다. 이러한 달리기 판을 한밤중까지 반복했다. 달리기 판이 서양인들에게는 지각없는 놀이로 보일 수도 있으나 평소 흥밋거리가 별로 없는 조선인들에게는 스페인의 투우처럼 매우 재미있는 축제이다. 원래 위험한 놀이가 기쁨을 배가시키는 것 아닌

---

3. 조선의 세시풍속인 답교놀이를 말하는 것으로 보인다. 서울에서는 청계천의 광통교를 중심으로 열두 다리를 다 밟으면 1년 내내 병액을 피할 수 있다고 믿었다.

4. 청계천을 말하는 것으로 보인다.

5. 원문은 'Ossa Ka'이다. 정확한 한국어 표현을 알 수 없어 상황에 맞는 비슷한 표현을 골랐다.

가. 그런데 우리 일행 셋이 길을 걸을 때 판을 벌이던 무리가 갑자기 우리를 향해 달려왔다. 우리는 그들에게 길을 비켜 줄 시간적 여유가 없어 급한 대로 한 사람은 그 자리에 서고 두 사람은 서 있는 사람 뒤에서 그가 넘어지지 않도록 붙잡았다. 미국의 대학에서 떼 지어 달리는 놀이를 본 사람만이 이 상황을 제대로 이해할 수 있을 것이다. 이 과정에서 우리는 조선인들의 주의력과 민첩성에 감동을 받았다. 무리가 우리를 향해 달려올 때 우리는 순간적으로 그들에게 짓밟혀 생명을 잃을 것 같은 위기감에 빠졌다. 그러나 그들은 우리를 보자 재빠르게 대열을 분산하여 우리를 비켜 갔다. 아찔한 순간이었으나 다행히 아무런 사고도 없었다. 우리는 안도의 한숨을 내쉬며 조심조심 거리 뒤편으로 물러섰다.

조선의 새해맞이 축제는 15일 정도 계속된다. 초승달이 나올 때부터 보름달이 나올 때까지의 기간이다. 새해맞이 축제는 야외에서 벌어지는 다양한 놀이판이 끝나야 비로소 끝이 난다. 올해(1887년)에는 한 가지 더 흥미 있는 일이 있었다. 바로 부분월식이다. 빛이 소멸하는 일식이나 월식은 조선인들에게 현세에서 가장 놀라운 현상 중 하나다. 조선인들은 월식을 '천상의 개'가 하늘에서 달을 삼키고 있다고 인식하여 천상의 개가 달을 삼키지 못하도록 여러 가지 방법을 동원한다. 주된 방법은 화기를 발사하는 것이고, 발사는 대체로 성공하는 편이다.

어느 날 오후 학식이 고매한 성직자 Z박사로부터 연락을 받았다. 서울의 서쪽 성 밖에서 놀이판이 벌어지는데 같이 가서 구경하자는 내용이었다. 필자는 허름한 옷차림에 단단한 지팡이를 들고 저녁 8시쯤 Z박사의 집으로 향했다. 우리는 조선에서 '거사'[6]라고 부르는 Z박사의 집사와 함께 갔다. 거사는 나이가 지긋하고 아주 특이한 성격의 냉소주의자이다. 그는 우리가 야생 거위를 잡으러 간다고 비웃은 적도 있다.[7]

우리 일행이 서쪽 성문에 도착한 때는 성문이 막 닫힐 무렵이었다. 밤에는 모든 성문을 닫기에 우리는 어떻게 다시 성안으로 들어올지를 걱정하다가 그저 행운이 따르리라 믿고 모험을 감행하여 성문 밖으로 나갔다. 한 10분쯤 상쾌한 기분으로 걷자 서울 외곽 끝자락에 다다랐다. 언덕과 언덕 사이의 원형극장 같은 둥근 터에 천여 명이나 되는 많은 사람들이 모여 있었다. 그들은 모두 흰 옷을 입고 있어 우리 눈에 바로 들어왔다. 질서 있는 유령의 모임 같았다. 한가운데에 멍석이 깔려 있었다. 조선에서 멍석은 놀이를 위한 무대나 마찬가지다. 놀이마당 양쪽에는 모닥불이 활활 타고 있었다. 우리가 다가가자 놀이의 책임자로 보이는 사람이 우리를 모닥불 가까이에 앉게 했다. 놀이마당 한쪽에는 악대가 자리를 잡고 있었다. 악대가 연주하는 악기가 너무 생소하여 필자는 이 글에서 악기들을 제대로 설명할 수가 없다. 그러나 그들이 연주한 곡은 하늘의 개도 겁을 먹고 달아나게 할 정도로 훌륭했다. 사람들이 놀이마당 가까이에 오려고 서로 밀치며 좁혀 들었다. 그러자 관리자들이 몽둥이와 관솔을 들이대며 그들을 막아 질서를 잡았다.

---

6. 원문은 'Kuiso'이다. '거사(居士)'를 말하는 것으로 보았다.

7. 한국 기독교 역사를 오랫동안 연구한 기독교대한감리회 교육국 총무 김낙환 목사에 의하면 감리교 초대 선교사 아펜젤러(Henry G. Appenzeller)의 집사였던 조한규는 서양인에게 냉소적이면서 성격이 특이했다는 기록이 있다고 한다. Z박사는 아펜젤러이고 거사는 조한규일 것이라는 추측이 가능한 이야기이다. 아펜젤러는 박사 학위는 없으나 당시에는 학식이 풍부하고 인격이 고매한 성직자를 박사라 불렀기에 헐버트도 그렇게 부른 것으로 보인다.

시간이 흐르면서 월식의 마지막 그림자가 달에서 사라지자 군중들은 '천상의 개'가 이제 나쁜 일을 그만두었다고 간주했다. 이어서 한 사람이 놀이마당 안으로 뛰어들었다. 현란한 의상을 입고 있는 그는 햇빛을 가리는 넓은 챙이 달린 모자를 썼다. 얼굴에는 무시무시한 탈을 쓰고 있어 보기가 흉측스러웠다. 옷소매는 약간 옅은 붉은 색이고 길이가 땅까지 닿았다. 악대가 연주하자 그는 춤을 추기 시작했다. 그가 춤추는 모습을 묘사하기란 필자 능력 밖이다. 다만 그의 춤추는 모습을 동작으로나마 다소 전하고자 한다. 춤에는 두 가지의 구분 동작이 있는데 하나는 발동작이고 또 하나는 손동작이다. 한 발로 서서 다른 발에 양말을 신는 장면을 상상해보면 그의 발동작에 대해 어느 정도 감이 잡힐 것이다. 그는 또 적극적으로 달려드는 벌떼의 공격을 긴 옷소매를 이용하여 필사적으로 막아내는 가상의 장면도 보여 주었다. 그는 두 가지 동작을 춤으로 보여 주며 전체 놀이마당을 휘감았다.

이어서 새로운 사람이 등장하여 타령을 시작했다. 타령이 끝나고 두 명의 광대가 나타나자 놀이판이 익살스러운 광대놀이 성격으로 바뀌었다. 그들은 익살과 장난을 천방지축으로 이어가면서 구경꾼들에게 크나큰 즐거움을 선사했다. 물론 놀이의 진수를 모르는 우리는 그저 무덤덤했다. 그러나 보름달이 비추는 하얀 달빛에 투영된 놀이마당, 악대, 구경꾼, 광대, 그리고 횃불의 붉은 섬광은 우리에게 아름다운 장관으로 다가왔다.

자정쯤에 이르러 흥미가 식자 우리 일행은 도성을 향해 출발했다. 얼마쯤 가자 성벽이 보이고, 적을 향해 총을 쏠 수 있도록 만들어놓은 총안도 보였다. 밤은 고요하고 주위는 쥐 죽은 듯 적막감이 흘렀다. 성문 앞에 다다르면서 우리는 아무래도 성 안으로 들어가기가 힘들 거라는 불안감에 사로잡혔다. 성문 가까이 가보니 아닌 게 아니라 성문이 완전히 봉쇄돼 있었다. 우리는 크게 낙담하였다. 수문장을 부른다 해도 아무 소용이 없다는 것을 우리는 잘 알고 있다. 왜냐하면, 성문이 닫힌 뒤에 성문을 여는 것은 면직은 물론 참수를 당할 수도 있는 중죄이기 때문이다. 이런저런 궁리를 해봤으나 답은 안 나오고 우리는 추위를 더는 견딜 수 없었다. 성안으로 들어가는 일이 참으로 절박했다. 우리는 결국 성벽을 타고 넘기를 결의했다. 그러나 자세히 보니 성벽이 수직으로 세워졌을 뿐만 아니라 매우 미끄러웠다. 또한, 성벽의 돌들이 정교하게 맞물려 있어 적의 칼이나 창이 전혀 뚫을 수 없을 정도로 아귀가 잘 맞았다. 하는 수 없이 성벽을 타고 넘기를 포기하려 할 때 일행 중 한 명인 솔로몬Solomon이라는 꼬마가 자기를 따라오면 성벽을 넘을 수 있는 곳을 알려 주겠다고 했다. 우리는 그를 앞세우고 뒤를 따랐다. 성벽을 돌아 한참을 가자 부서진 성벽을 아직 보수하지 않은 곳이 있었다. 이 지점의 성벽은 450년 전에 지어졌다고 한다. 그래서 그런지 아귀가 잘 맞지 않은 곳이 눈에 띄었다. 솔로몬이 성벽을 향해 곧장 가더니 밤늦게 도성에 도착하는 사람들이 성벽을 넘곤 했던 자리를 알려 주었다. 그 자리는 성벽을 오를 때 발을 지탱할 수 있을 것 같았다. 많은 사람이 성벽을 타고 넘은 지가 몇 세기가 흐르다 보니 성벽의 돌들이 닳아 있기 때문이다. 성벽을 넘는 일이 위험한 시도이긴 하지만 우리는 어쩔 수 없이 도전해야 했다.

성벽을 넘는 행위는 중죄이나 들킬 일은 거의 없어 보였다. 들킨다 해도 외국인들에게는 관대한 것이 현실이다. 그렇다 해도 우리는 하인들을 위험에 빠뜨리게 할 수 없어 그들에게 근처 주막에서 자고 내일 날이 밝으면 집에 오라고 제의했다. 그러나 그들이 말을 따르지 않아 우리는 같이 성벽을 넘기 시작했다. 내가 먼저 손가락과 발가락을 이용하여 돌을 잡으며 성벽을 올랐다. 밑에서는 내가 오르는 모습을 긴장하며 지켜보았다. 20피트 쯤 올라왔으나 아직도 20피트 정도가 남아 보이는 성벽 중간쯤에 이르자 달빛이 구름 뒤에서 솟아나왔다. 그 순간 멀지 않은 곳에서 세찬 호각 소리가 들려왔다. 피가 얼어붙듯이 오금이 저렸다. 밑에 있던 일행은 근처 오두막의 달빛이 비치지 않는 곳으로 몸을 숨겼다. 나는 얼굴을 성벽으로 향하고 몸을 성벽에 바짝 붙이면서 미동도 하지 않았다. 마음속으로 순라군이 빨리 지나가기를 바랄 뿐이었다. 다시 밑으로 내려가는 일은 상상할 수도 없었다. 그렇게 시도하다간 목이 부러질 것 같았다. 그렇다고 더 오르다가는 틀림없이 밑으로 떨어져 순라군 손에 잡히기 십상이었다. 나는 숨을 죽이며 기다렸다. 다행히도 이 순간은 길지 않았다. 갑자기 사방이 조용해져 성벽 오르기를 계속했다. 드디어 성벽 꼭대기에 다다랐다. 성벽 밑으로 뛰어내리려 성벽 안쪽을 훑어봤으나 아무런 장애 요인도 보이지 않았다. 나는 그저 힘차게 몸을 허공으로 날렸다.

약 반 시간에 걸쳐 일행 모두가 성벽을 넘었다. 그런데 Z박사의 집사만이 용기를 못 내 예외가 되었다. 우리는 그에게 돈을 던져 주고 그는 주막에서 밤을 지냈다. 조금 전 우리가 들은 소리는 아마도 어느 조선인이 꿈에 나타난 악령을 쫓으려고 불어댄 호각 소리였음이 틀림없다. 우리는 이, 빈대 등이 들끓는 불결한 주막 대신 각자의 집에서 자게 된 것에 크게 감사하며 집으로 향했다.

조선의 조상 숭배와 관련 전설
(Idolatry in Korea, Ancestor-worship and Related Legends)

게재 신문 미상[1]
조선 서울에서, 1887년 4월 12일 기고

아시아 문명에 관한 연구에서 가장 흥미 있는 주제는 조상 숭배이다. 조상 숭배는 오랫동안 아시아인들의 삶에 지대한 영향을 미쳤으며, 지금도 크게 영향을 미치고 있다. 조상 숭배는 중국 공자 시대에 발현한 것으로 알려지고 있다. 그러나 그보다 훨씬 앞서부터 존재했다는 결정적인 증거들도 있다. 물론 위대한 개혁가인 공자가 조상 숭배를 소중한 덕목으로 올려놓기 전까지는 조상 숭배는 지금처럼 지배적인 힘을 갖지는 못했다.

비교적 계몽이 앞섰다고 할 수 있는 서양 국가들로 볼 때 조상 숭배는 현존하는 숭배의 형태 중 그래도 거부감이 가장 덜한 숭배 형태이다. 아시아 국가들은 조상 숭배를, 태곳적부터 존재해온 각종 우상 숭배보다 합리적이라 판단했을 뿐만 아니라 더 높은 이상을 달성할 수 있는 가치로 인식하여, 쉽게 받아들인 듯하다. 중국 한자가 주변 국가에 전파될 때 어느 국가의 문자도 한자와 필적할 수 없었다. 일본은 사실상 야만 시대를 벗어나지 못했고, 한국에도 문자라고 할 만한 것이 없었다. 그런 관계로 중국의 한자가 주변 국가의 학문적 언어가 되고, 자연스럽게 중국의 사상과 관습이 주변 국가에 상당한 정도로 스며들었다. 조상 숭배는 아시아에

---

1. 신문 스크랩에서 신문 이름을 찾을 수 없었다.

서 전통적인 기존의 신앙 형태가 존재함에도 불구하고 이를 점진적으로 대체하면서 결국 조직화한 신앙으로 자리 잡았다.

필자는 조상 숭배와 관련한 조선의 관습에 대해 이야기 하고자 한다. 조상 숭배가 중국에서 한민족에게 소개되었을 때 조상 숭배의 형태에 상당한 변화가 일었다. 그러한 변화는 한민족과 중국인들 사이에 존재하는 기질과 성향의 차이 때문에 불가피했다. 예를 들면 중국에서는 …(스크랩이 헤져 한 줄 정도 해독 불가) 그들의 조상이 무덤 속이 아닌 어느 곳에 살아 있다고 가정한다. 그러나 조선에는 그러한 관습의 흔적이 없다.

조상 숭배는 의심의 여지없이 인류 초기부터 존재했던 가부장제의 유물이다. 명목상으로는 아버지는 가장으로서 온 가족의 삶에 대한 모든 권한 심지어 자녀들의 생살권까지도 쥐고 있다. 그러나 실제적으로는 다르다. 조선에서는 그러한 막강한 권한 행사의 예가 거의 알려진 것이 없다. 여기에서 꼭 하고 싶은 말은 서양인들이 들어서 알고 있는 조선의 특이한 관습은 예외일 뿐이지 일상적으로 있는 일이 아니라는 사실이다. 서양인들은 이 점을 잘 기억해주기 바란다.[2]

조선에서는 한 해에 두 번 조상에 예를 표하는 성묘를 한다. 성묘 날이면 모든 남자는 조상의 무덤을 방문해야 한다. 물론 이러한 관습을 지키지 않아도 무슨 벌금을 무는 것은 아니다. 그러나 관습을 지키지 않는 사람은 혹시 다른 종교를 마음에 두고 있는지를 의심받아, 이를 확인하는 조사를 받을 수도 있다. 이 두 날은 한 해의 세 번째 달과 아홉 번째 달에

---

2. 서양인들은 조선에 기이한 관습이 많다고 알고 있으나 이는 잘못이라는 뜻으로 들린다.

들어 있다. 물론 음력이며, 양력으로는 4월과 10월이다. 조선인들은 이 날을 전후하여 서넛 날을 따로 잡아 마치 성지순례처럼 자신들 조상의 무덤을 찾아 나선다. 무덤이 멀리 떨어진 곳에 있어도 아랑곳하지 않는다.

이 두 날 무렵에 밖에 나가보면 조선인들이 가족 단위 또는 큰 무리를 이루어 조상의 무덤을 방문하는 광경을 볼 수 있다. 만약 그들이 상당히 지체 있는 가문이라면 네 명의 아낙네가 노래를 부르며 아니 운율도 맞지 않는 소리를 내면서, 큰 걸음으로 흔들거리며 앞장서 가는 모습도 구경할 수 있다. 그녀들은 머리 위에 똬리를 얹고, 그 위에 8~10인치 정도 높이의 자신의 머리보다 두 배나 넓은 광주리에 무엇인가를 잔뜩 이고 간다. 이어서 네 명의 장정이 제상 용기와 궤짝을 어깨에 짊어지고 뒤따른다. 이 물건들은 성묘에 꼭 필요한 제수용품들이다. 이들 뒤에서 자손들은 하인들이 메는 가마를 타고 조상들의 무덤으로 향한다. 무덤들은 대개 도시 외곽의 산사탁에 남쪽을 향해 자리 잡고 있다. 거창한 행렬의 일행이 묘지에 도착할 때면 음식을 담은 궤가 묘지 앞에 놓여 있고, 곧바로 진수성찬이 임시로 준비한 제상에 가지런히 정돈되어 놓인다. 이어서 자손들은 무덤 앞에서 경건하게 무릎을 꿇고 조상에 예를 표하는 일종의 기도 시간을 가진다. 예를 표하는 순간에는 자손들은 양손을 모은다. 예를 표한 뒤에는 망자의 혼이 원하는 모든 음식을 그 시각까지 다 가져갔다고 가정하면서, 가져온 음식을 온 가족이 함께 먹는다. 음식을 먹고 나면 다시 집으로 가는 행렬이 시작된다. 의식에 쓰였든 용품은 다음 해 의식을 위해 잘 보관해둔다.

왜 매해 음력 세 번째 달에 조상들의 무덤을 찾아 제를 올려야 하는지에 대한 이유를 말해주는 전설이 존재한다. 한 조선인이 필자에게 말하기를 조선인 누구나 이 이야기를 진실로 믿고 있다는 것이다. 내용인즉슨 이렇다.

　몇 천 년 전에 지엄하고도 강력한 왕이 있었다. 왕은 아들 하나를 두었는데 아들의 얼굴이 너무 못생겼다. 어느 날 후궁 하나가 왕에게 아이를 죽이자고 졸랐다. 결국, 왕은 아이를 죽이기로 결심했다. 그런데 왕자가 이 음모를 알게 되었다. 왕자는 돈 한 푼도 없이 하인도 거느리지 않은 채 무작정 도망쳤다. 그리고는 어느 시골 마을의 양반집에 들어가 주인에게 자신의 처지를 털어놓았다. 왕자는 다행히 주인의 도움으로 중국으로 도망할 수 있었다. 왕자는 중국에서 공부와 여행으로 30년을 보낸 뒤 자신의 나라로 돌아왔다. 왕자가 돌아온 뒤 왕이 죽자, 왕자는 아버지를 계승하여 왕위에 올랐다. 왕이 된 왕자는 옛날 자신이 도망칠 때 자신을 도와준 양반을 찾아 그에게 높은 벼슬과 상금을 주고자 했다. 그런데 양반이 왕의 호의를 거절하며 어떤 보상도 받지 않겠다고 했다. 왕이 자신의 권한을 다 발동하여 양반에게 자신의 호의를 받으라고 하자 양반은 산으로 도망쳤다. 양반은 왕의 애원을 물리치고 산속에서 은둔생활을 하였다. 그러자 왕은 양반을 불러들이려 특별한 계책을 꾸몄다. 계책이란 양반을 끌어내기 위해 산에 불을 지르는 것이었다. 왕이 산꼭대기에 불을 지르자 불길이 서서히 산 전체에 퍼졌다. 왕은 그리되면 양반이 산에서 안 나오고 못 배길 것이라고 믿었다. 그런데 양반은 밖으로 나오지 않고 불길에 타 죽어버렸다. 왕과 신하들은 자신들의 어리석은 계책을 한탄하며 이날을 양반을 기리는 애도일로 정했다. 이후부터 이날에는 모든 집에서 불을 끄는 것이 하나의 관습이 되었다. 그날만은 왕의 은인인 양반의 죽음을 애도하기 위해 심지어 밥하는 데 사용하는 불도 모두 껐다. 이러한 관습은 점진적으로 사라지고, 이날이 조상을 숭배하는 날로 변화하였다.[3] 조선에서 이날 즉 조상 숭배 날에는 왕도 많은 신하와 함께 궐 밖으로 나간다. 왕은 많은 백성이 구경하는 가운데 거리를 행차하며 조상을 숭배하기 위해 조상들을 모신 사당으로 향한다. 이날은 왕의 행차를 구경할 수 있는 몇 안 되는 날이기도 하다.

조상의 무덤을 찾지 않고 조상을 숭배하는 방법도 있다. 그러나 이 방법은 지체가 높은 사람만 할 수 있다. 많은 사찰에 가면 소위 조상의 위패라는 것을 볼 수 있다. 그 위패에는 지체 높은 사람이나 그들 자손의 이름이 적혀있다. 후손들은 특정한 날 무덤 앞에서 절을 하는 대신 이 위패 앞에서 조상에게 예를 표하기도 한다.

며칠 전 나는 동대문 밖을 말을 타고 지나다가 길 근처에 있는 외관이 매우 아름다운 건물을 보았다. 나는 사람들에게 물어 그곳이 중국의 군신 軍神을 모신 사당이라는 것을 알았다.[4]

나는 호기심이 발동하여 약간의 돈을 주고 입장을 허락받아 사당 안을 자세히 들여다보았다. 들어서자마자 나를 깜짝 놀라게 한 것은 나무가 타는 데서 풍기는 특이한 냄새였다. 냄새는 강했으나 그리 싫지는 않았다. 침엽수 나무를 태워 발산하는 특이한 냄새가 바로 조선과 일본의 거의 모든 사찰에서 사용하는 향이다. 나의 눈이 사당 안의 어둠에 익숙해지면서 사당 안 양편에 칼을 찬 채 서 있는 네 개의 무시무시한 형상이 눈에 들어

---

3. 한식(寒食)을 말한다. 오늘날에는 한식 풍속이 중국에서 유래하였다고 일반적으로 알려졌다.
4. 종로구 숭인동에 있는 동묘(東廟)를 말하며, 동묘는 삼국지에 나오는 관우(關羽)를 모시는 사당이다.

왔다.[5] 그들은 ... (스크랩이 헤져 세 줄 정도 해독 불가)

네 명의 호위무사들의 얼굴은 험상궂었다. 그들의 얼굴은, 300여 년 동안 사당 바닥만을 응시하며 어두컴컴한 사당 중앙에 온화한 모습으로 앉아 있는 군신[6]의 얼굴과 너무 대조적이었다. 군신의 형상은 금 색깔로서 어두컴컴한 실내에서 반들반들한 금 색깔이 반사하는 빛 때문에 사당 안에서 가장 잘 눈에 띄었다. 내가 사당 안을 경건히 관찰하는 사이 어디선가 시계 침이 째깍거리듯 특이한 소리가 들려왔다. 안내자에게 무슨 소리냐고 묻자 그는 군신의 형상 밑쪽에 있는 자그마한 신식 시계를 가리켰다. 옛것에 대한 고상함이 순식간에 사라지고 헛웃음이 나왔다.

300여 년 전에 일본군이 조선의 수도인 한양을 무력으로 짓밟았다. 그러자 조선은 중국에 도움을 청했다. 이때 있었던 이야기가 전해지고 있다. 전하는 바로는 군신의 형상이 이곳 동대문 외곽에 세워지기 전까지는 중국군은 일본군을 한양에서 몰아낼 수 없었다고 한다. 그러자 중국이 조선에 군신을 기리는 사당을 짓기를 강요하고, 사당이 지어진 뒤 일본군을 물리쳤다고 한다. 사당의 벽에는 한민족 역사에서 용맹을 떨쳤던 장수들의 초상도 걸려 있다.

어떤 사람들은 조선의 조상 숭배가 종교와 같은 성격의 숭배냐고 묻는다. 한 마디로 답하기란 쉽지 않지만, 조선의 조상 숭배가 조상을 기억하며 존경을 표하는 단순한 추모 행위라는 점에는 논쟁의 여지가 있다.[7]

---

5. 네 개의 형상은 관평(關平), 주창(周倉) 등 관우의 권속(眷屬) 4인을 말한다.

6. 임진왜란 직후인 1601년에 세워진 관우의 형상을 말한다.

7. 조선의 조상 숭배는 단순한 추모를 넘어선 뿌리박힌 숭배로서, 종교적 신앙에 가까운 숭배라는 의미로 들린다.

조선의 요새

(The Empire of Corea, Defences of Seoul)

≪뉴어크 데일리 애드버타이저(Newark Daily Advertiser)≫지
조선 서울에서, 1887년 6월 1일 기고

조선에서 왕조가 바뀔 때 수도를 이전하는 일은 일종의 불문율이다. 전 수도에 살던 사람들이 새로운 수도로 이주하는 것은 당연히 허용되지 않는다. 현 왕조는 492년 전에 건국되었다. 그때에도 수도를 송도에서 지금의 수도인 서울로 옮겼다. 그 무렵은 웅장한 성벽, 통로, 성채 등이 증명하듯이 나라가 부강하고 힘도 있었다. 서울의 요새나 방어벽을 보면 조선의 건축 기술 및 군사 전략이 상당했다고 여겨진다. 서울에서 10~15마일 정도의 거리에 수도의 접근로를 차단하는 잘 정비된 방어벽도 있다.

조선은 건국 초기에 왕이 위험에 처할 때 피난할 수 있는 요새를 건설했다. 서울 북쪽 9마일 지점에 위치해 있다. 요새가 위치한 지형은 나선형의 산속 높은 계곡으로, 방어에는 완벽한 조건을 갖춘 지역이다. 요새는 참으로 튼튼하고 멋들어진 위용을 자랑한다. 유럽의 어느 성 못지않아 보인다. 이곳이 바로 필자가 묘사하고자 하는 요새이며, 이름은 '북한산성'이라고 한다. 이 이름은 '북쪽에 있는 성'이라는 뜻이다.

며칠 전 필자는 서울에서 30마일 정도 떨어진 제물포항에 미국 전함 한 척이 정박하였다는 소식을 들었다. 전함의 함장과 4명의 장교가 미지의 세계인 아시아의 이색 도시 서울을 찾았다. 이들의 방문지에 북한산성

을 포함하는 것은 당연하였다. 필자를 포함한 서울에 사는 미국인 몇 명이 미 해군들과 함께 어느 청명한 아침에 서대문[1]을 거쳐 북한산성으로 향했다.

우리의 나들이에는 재미나는 웃음거리가 많았다. 우리 일행은 작지만 튼튼한 조선의 나귀를 타고 숙소를 나섰다. 그런데 나귀가 너무 작아서 우리의 발이 거의 땅에 닿을 정도였다. 나귀가 정말 우리를 목적지까지 데려다 줄지 의문이 들었다. 그러나 우리가 집에 돌아오기 전에 조선의 나귀에 대해 우리의 의견이 완전히 바뀌었다.

우리는 대로를 따라 나귀를 타고 북한산성으로 향했다. 이 길은 종국에는 중국과 인접한 국경까지 닿는다고 한다. 우리는 한 2마일쯤 가다가 샛길로 들어섰다. ...(스크랩이 헤져 해독 불가)

순식간에 다리가 부서지고 우리의 목적은 달성할 수 없었다.

힘든 하산 길을 거쳐 우리 일행은 어느 한적한 곳에 도착하여, 풀밭에 대자로 누워 큰 숨을 들이켰다. 그리고는 다시 나귀에 올라 서울 북동쪽에 위치한 대문을 지나 숙소로 돌아왔다. 오면서 한 가지 확신이 들었다. 그것은 조선의 북한산 가까이에 사는 사람들은 '광야의 오두막집'[2]을 그리워하며 쓸데없이 한숨짓지 말라는 것이다.

---

1. 원문은 'great west gate'이다. 당시 서대문의 이름은 돈의문(敦義門)이다.
2. 원문은 'a lodge in vast wilderness'이다. 영국 시인 쿠퍼(William Cowper, 1731~1800)의 시집 〈The Task(과제), Book Ⅱ〉에 나오는 시구 '오! 광야의 오두막집을 위하여(Oh, for a lodge in some vast wilderness)'에서 인용한 것으로 보인다. 북한산이 매우 아름다워 다른 곳을 찾을 필요가 없다는 뜻으로 들린다.

조선의 궁궐

(Corea's Alhambra)[1]

≪뉴어크 데일리 애드버타이저(Newark Daily Advertiser)≫지
조선 서울에서, 1887년 6월 29일 기고

필자는 1884년 겨울에 있었던 조선의 정변(갑신정변)이 실패하였다고 독자들에게 알려 준 바 있다. 개화파가 집권 보수파에 대항하여 일으킨 정변이 시작되자 조선의 국왕은 정변 주동자들을 통해 일본 공사관에 군대 파견을 요청하였다.[2] 곧바로 일본 군대가 궁궐에 당도하여 청나라 군대의 궁궐 진입을 막았다. 이때까지만 해도 정변은 성공하는 듯했다. 그러나 국왕이 돌연 청나라 편에 서기로 결심하자 일본 군대는 철수하고 정변은 실패로 끝났다. 청나라 군대가 보수파를 도우려 정변 현장에 나타난 것이다. 정변이 끝나자 조선 왕비는 정변 때 자신이 직접 목격한 피비린내 나는 싸움의 현장이었던 창덕궁[3]을 떠나기를 원했다. 그러자 국왕은 새로운 거처를 물색하고, 이때 지금 국왕이 거처하고 있는 건물을 지었다.[4]

궁궐이야말로 조선에서 가장 아름다운 곳이다. 496년 전 건국된 조선은 건국 초기 서울이 새롭게 탄생할 때부터 최고의 건축 기술을 동원하여

---

1. 'Alhambra(알함브라)'는 13~4세기에 건축된 스페인의 옛 이슬람 왕조 궁전이다.
2. 국왕은 고종을 말한다. 일본군의 개입은 갑신정변 주동자들이 사전에 일본 공사와 밀약하여 이루어졌으며, 고종이 직접 일본 군대의 파견을 요청한 것은 아니다.
3. 원문은 'palace(궁궐)'이다. 글의 내용으로 보아 궁궐은 창덕궁을 말한다.
4. 헐버트가 이 글을 쓴 1887년에 고종은 경복궁 내 건청궁(乾淸宮)에 거처하였다. 그러나 건청궁은 갑신정변이 일어나기 전인 1873년에 건축되었다. 헐버트가 잘못 알고 쓴 글이다.

심혈을 기울여 궁궐을 건축했다. 건물을 완공한 뒤에도 당대 최고의 화가, 조각가, 조경사 등이 상호 협력하여 궁궐을 가꾸고 관리하여 왔다. 그 결과로 조선 문명의 형태가 조선 궁궐에 가장 완벽하게 보존되어 있다. 참으로 아름다운 조선의 궁궐을 소개하고자 한다.

며칠 전 서울에 거주하는 외국인 몇 명이 모여 창덕궁을 답사하기로 의견을 모았다. 정부의 담당 관서에 궁궐을 관람하고 싶다는 의사를 전달하자 우리가 지정한 시간에 대문을 열어 주겠다고 친절하게 답변을 주었다. 그러면서 궁궐 내부를 보고 싶을 만큼 보라고 했다. 5월의 청명한 어느 날 오후 2시경에 필자를 포함한 일행 20여 명은 가마를 타고, 말을 타고, 또는 걸어서 창덕궁의 정문[5]에 도착했다. 역겨운 냄새가 풍기는 초라한 오두막집들을 지나 궁궐을 만나니 궁궐이 한층 더 아름답게 느껴졌다.

나이가 지긋해 보이나 호들갑스럽게 행동하는 한 관리가 나타나 우리 일행을 맞았다. 그는 궁궐 문을 열어 주며 안내를 시작하였다. 조선의 관행을 잘 아는 우리 일행 중 한 사람이 관리에게 약간의 사례를 하였다. 관리는 긴 지팡이를 짚고 하얀색 두루마기를 펄럭이며, 조선 관리의 특징을 잘 나타내 주는 길게 흔들거리면서 걷는 팔자걸음으로 우리 앞에서 으스댔다. 그런 행동은 조선의 예절에 비추어 부적절해 보였다. 관리는 먼저 일련의 건물로 우리를 안내했다. 사무용 건물 같았다. 바깥 건물은 가장 낮은 급의 관리들이, 다음 건물은 약간 높은 급의 관리들이, 그다음 건물은 고위 관리들이 쓴다고 했다. 이어서 접견실[6]이 있는 건물이 나왔다.

---

5. '돈화문'을 말하는 것으로 보인다.

6. 원문은 'audience hall'이다.

꼭 기억해야 할 것은 조선의 건물은 모두 단층이라는 점이다. 벽은 시멘트와 비슷한 종류인 횟가루와 흙을 반죽하여 만든다. 따라서 비에 젖으면 벽이 무너진다. 그러다 보니 처마는 비를 피하려 벽에서 6피트 정도 멀리 뻗쳐 있다. 또한, 처마를 밑에서 나무로 받쳐 때때로 몰아치는 폭풍우에 대비한다. 지붕이야말로 조선 가옥의 가장 두드러진 특징이다. 건물 기둥에 무겁고 튼실한 대들보를 가로로 얹고, 그 위에 작은 나무들을 세로로 걸쳐 지붕을 만든다. 그런 다음 값싼 시멘트 같은 진흙을 4인치 정도 바른다. 다시 그 위에 단단한 기와를 촘촘하고 정교하게 얹어 비가 새어들지 않도록 한다. 물론 …(스크랩이 찢겨 해독 불가) 거대하다.

접견실 건물은 미국 시골의 규모 있는 농가에 비해 그리 큰 편은 아니었다. 하지만 지붕은 엄청난 무게가 나갈 것 같았다. 궁궐의 건물은 도성의 대갓집들과는 다른 특징을 보인다. 대체로 규모가 크며 일반 건축 양식이 아닌 프레스코fresco 풍의 건축 양식이다. 건물의 색칠은 물감을 물 쓰듯이 사용한 듯 매우 짙다. 외국인들 눈에는 건물의 색깔이 마음에 들지 않을 수도 있다. 그러나 조선인들 눈에는 색깔들이 조화를 이뤄 아름답게 다가온다. 조선에서 빨간색은 짙은 다홍 빛깔이고, 파란색과 녹색은 너무 똑같아 거의 구분할 수가 없다. 조선인들은 풀잎과 하늘을 같은 색으로 여긴다. 전반적으로 염료가 발달하지 못한 현실을 감안하면 조선의 화가들은 참으로 훌륭한 작업을 해냈다. 접견실 대문의 양쪽에는 문신의 증표인 황새와 무신의 상징인 호랑이가 각각 그려져 있다.

궁궐의 집무실이나 왕실 가족의 주거지는 여러 건물에 분산되어 있다. 연회실, 침전, 편전, 재판정이 각각 따로 있으며, 상궁 처소, 환관 처소, 여름 별장, 겨울 별장이 별도로 있다. 수많은 사람이 궁궐 안에 사는 것이다. 연회실[7]은 어느 건물보다도 정교한 단청으로 꾸며져 있다. 건물 내부를 구석구석까지 세밀하게 장식하였다. 사방이 모두 무지개색으로 불타고, 어떤 지점에서는 분광기分光器마저 인식하기 힘들 정도로 빛의 파장이 여러 색깔로 나타났다.

궁궐의 각 건물은 담이나 마당이 따로 있어 독립적으로 존재한다. 각 건물의 대문을 지나면서 지난 정변 때 병사들이 쏜 총알로 인해 대문짝에 많은 구멍이 나 있는 것을 보자 우울한 기분이 들었다. 연회실 근처에 자그마한 여름 별장이 자리 잡고 있다. 목련, 진달래 등의 꽃과 관목이 에워싼 별장은 우아한 자태를 뽐냈다. 이곳에서 조선의 뛰어난 연와가 눈에 띄었다. 얇은 벽돌로 쌓은 담에는 여러 종류의 문양이 아름답게 새겨져 있다. 특별하게 나뭇잎, 포도 무늬를 상감 장식한 문도 보였다. 이러한 형태는 조선의 전통적 예술 취향에서 보면 매우 드문 경우이다. 오늘날의 조선인들은 흉내 낼 수 없는 예술적 경지의 실례가 바로 이곳에 있다. 그러나 분명한 것은 조선 문명의 순수예술 시대는 과거가 되고 이제 모든 예술이 상업화하고 있다는 사실이다.

궁궐의 본 건물[8] 마당에는 박석薄石이 정연하게 깔려 있다. 본 건물의 각 측면은 장식용 기와로 꾸며졌고, 건물 한쪽에 거대한 석조 대야가 세워져 있다. 석조 대야에는 아름다운 수초가 새겨져 있고, 높이는 6피트 정도였다. 매우 정교하게 만들어진 석조 대야는 마치 유럽의 대성당 입구

---

7. 신문 스크랩이 찢겨 'ng-hall'만 보인다. 'Dining-hall'로 간주하였다.
8. 인정전(仁政殿)을 말하는 것으로 보인다.

에 놓인 성수반을 연상케 했다.

궁궐의 건물 배치는 서양의 작은 아파트의 미로를 떠올리게 한다. 누구나 건물 안에서는 당황할 수밖에 없는 구조이기 때문이다. 조선인들은 방을 크게 만들지 않으며, 궁궐에는 방이 셀 수 없이 많다. 각 방은 구들장[9] 위에 기름을 잔뜩 바른 장판이 깔려 있다. 여닫이문 문짝에는 한문 글씨가 새겨져 있다. 새김이 하도 정교하여 값이 꽤 나간다고 한다. 각 방은 구들장 밑으로 연도가 놓여 있다. 아궁이에 불을 때면 불이 연도를 통과하면서 온 방을 뜨겁게 해 편안히 잠을 잘 수 있다. 이러한 열전달 방식 때문에 조선인들이 방을 작게 만드는 것 같다. 잠을 잘 때는 목침을 베고 방바닥에서 잔다.

재판정[10]은 다른 처소에 비해 내부가 넓고 천장이 높다. 실내 벽에는 사냥의 기쁨을 표현한 큰 그림이 걸려 있고, 한쪽에는 커다란 도끼가 받침대 위에 놓여 있다. 도낏자루는 단단한 쇠로 만들었고 두께가 3인치, 길이는 8피트 정도였다. 도끼 머리는 황동으로 만들었고, 길이는 3피트, 너비는 2피트 정도였다. 일행 중 한 명이 도끼를 들어보려 했으나 안타깝게도 실패했다. 도끼는 단순히 전시용으로 설치한 것이 틀림없다.

궁궐 뒤편에 아름다운 자연이 펼쳐진 후원이 자리 잡고 있다. 넓디넓은 후원에는 시골의 자연에서나 볼 수 있는 나무, 관목, 식물들이 빽빽하였다. 아기자기한 자연의 구석구석에 크고 작은 조각물들이 놓여 있다. 여기저기 작은 연못에서 넓은 연잎과 분홍빛 연꽃이 장관을 연출하였다.

---

9. 원문은 'cement(시멘트)'이다. 헐버트가 돌로 된 구들장을 시멘트와 착각한 것으로 보인다.

10. 원문은 'judgment-hall'이다. 내삼청(內三廳)을 말하는 것으로 보인다.

특별히 어느 한 곳이 나의 눈길을 사로잡았다. '왕비의 정자'[11]라 불리는 곳으로 세 개의 작은 언덕 사이에 자리 잡고 있다. 정자 바로 앞에 연꽃이 가득한 연못이 있으며, 연못 한가운데에 섬이 있다. 정교하게 다듬어진 화강암으로 조성한 연못 가장자리에 꽃나무와 관목이 연못에 빠질 듯이 걸쳐 있다. 한쪽에서 시원한 샘물이 이끼 낀 가파른 바위 위로 흘러내린다. 정자는 돌계단을 통해 오를 수 있다. 정자 양쪽에 조선에서 신성시하는 황새 상이 세워져 있다. 놋쇠로 만든 황새 상은 자연의 풍화작용으로 녹갈색으로 변해 있었다. 일행이 정자를 배회하고 있을 때 필자는 골동품 수집가들을 무아지경에 빠지게 할 상자 하나를 발견하였다. 상자에는 여러 종류의 오래된 군사용 장비가 가득하였다. 가슴을 보호하는 갑옷, 긴 장갑, 투구, 안장 등이 혼란스럽게 쌓여 있었다. 군사 도구가 이렇게 방치된 것을 보며 조선 병사들의 사기가 그리 높지 않을 것이라는 느낌이 들었다.

유구한 역사를 가진 창덕궁은 도시의 일반 경관에 비하면 사막의 오아시스라 할 수 있다. 여러 면에서 창덕궁은 조선에서 스페인의 알함브라 Alhambra 궁전과 같은 위상이다. 기쁨, 환호, 화려함으로 가득했던 이 아름다운 궁궐을 이제 더는 사용하지 않는다니 못내 아쉽다.[12]

---

11. 원문은 'queen's pavilion'이다. 부용정(芙蓉亭)을 말하는 것으로 보인다.
12. 고종이 1885년 경복궁으로 이어하여 창덕궁이 더는 정궁으로 쓰이지 않음에 대한 안타까움을 표현한 것으로 보인다. 고종은 1873년 경복궁에서 창덕궁으로 이어했다가 다시 1885년 경복궁으로 이어하였다.

조선의 기근
(The Famine in Corea)
≪타임스(The Times)≫지 1889년 6월 16일 자[1]
조선 서울에서, 1889년 3월 3일 기고

조선이 기근에 시달리고 있다. 기근이 조선 남쪽 지방을 황폐화하고 있다. 조선의 기근과 관련하여 몇 가지 사실을 ≪타임스The Times≫지 독자들과 공유하고자 한다. 한 나라의 기근이 정확히 어떤 상황인지를 이해하려면 먼저 그 나라에 직접 가봐야 한다. 식량을 긴급하게 수송할 수단이 있는지, 기근이 덜한 지역 사람들이 기근이 심한 지역 사람들을 도와줄 수 있는 여건인지 등을 직접 눈으로 봐야 그 나라의 기근을 제대로 이해할 수 있다. 필사는 최근 조선의 기근 현장에 다녀온 2명의 미국인에게 들은 이야기를 전하고자 한다.

두 미국인은 서울의 남쪽인 충청도에 갔다가 충청도 이남 지역 사람들이 겪고 있는 기근의 고통에 대해 이야기를 들었다. 두 사람은 정말로 기근이 소문대로 극심한지 조사해보기 위해 남쪽으로 내려가, 그들이 들은 이야기가 과장이 아니라는 사실을 확인하였다. 가장 주목할 일은 말과 소의 부족이다. 조선은 원래 말과 소가 풍부하기에 이 소식은 참으로 깜짝 놀랄 일이다. 자세히 알아보니 말과 소를 식용으로 쓰기 위해 도살하고, 또한 쌀과 바꾸기 위해 팔아치웠다는 것이다.

---

1. ≪타임스(The Times)≫지는 영국 런던에서 1785년에 창간하였다. '런던 타임스'로도 불린다. 신문 스크랩에 누군가가 1889년 6월 16일이라고 적어 이날을 신문 발행일로 추정하였다.

기근의 원인인 쌀에 대해 알아보자. 조선과 중국의 주식이 쌀이라는 것은 잘 알려진 사실이다. 농부들은 쌀이 있어야 생필품을 살 수 있고, 쌀이 없으면 고통을 받는 것은 두말할 나위 없다. 쌀농사의 성패는 주로 봄과 여름에 비가 얼마나 오느냐에 달려 있다. 물론 칠팔월에 쏟아지는 폭우를 말하는 것이 아니고, 사오월에 내리는 농사철 비를 말한다. 논에 물이 적절히 공급되지 않으면 모를 심을 수 없다. 물이 부족하면 그해 수확이 줄어들 뿐만 아니라 다음 해에 쓸 볍씨도 챙기지 못한다. 작년에도 논에 제때 물을 대지 못해 가을 수확을 걱정하다가 그 걱정이 사실이 되었다.[2]

두 미국인은 굶주림에 허덕이는 일단의 백성들을 자신들 눈으로 직접 확인하고 아연실색했다. 백성들은 뿔뿔이 흩어져 지친 몸을 이끌고 서울로 향하고 있었다. 목숨을 연명하기 위해 조금이라도 형편이 나은 곳을 직접 찾아 나선 것이다. 어린아이들마저 이부자리와 가재도구를 등에 지고 힘겹게 발걸음을 옮겼다. 모두 영양 결핍으로 몸을 제대로 가누지 못하는, 참아 눈뜨고는 볼 수 없는 처참한 광경이었다. 알려지기로는 조선 정부는 이 지역 백성 한 사람 당 70푼[3] 정도를 현금으로 구휼하였다고 한다. 그런데 쌀 한 말[4] 값이 200푼이라고 한다. 그렇다면 70푼으로 어떻게 살아가란 말인가? 더욱 심각한 것은 백성들의 절망감이 깊어만 간다는

---

2. 조선은 1888년에 대흉년이 들어 여러 지방에서 폭동이 일어나기도 했다. 이 글을 쓴 1889년에는 곡물의 수출을 금지하는 방곡령(防穀令)까지 발동되었다.

3. 원문은 '70 cash'이다. 조선 말기에 10푼은 1전이고 10전은 1냥이었다. 정확히 어떤 단위를 의미하는지 가늠이 안돼 가장 낮은 단위인 '푼'으로 보았다.

4. 원문은 'a single quart'이다. 1 quart는 1/4갤런이기에 조선의 도량형 단위로는 약 2되이다. 그러나 '1되'는 너무 적다고 보아 '1말'로 보았다.

사실이다. 남정네들은 칡 뿌리를 캐기 위해 산을 헤매고, 밭뙈기라도 있는 사람들은 밭에서 풀뿌리를 캐 궁기를 면한다고 한다. 죽음과 백병전을 벌이고 있는 셈이다. 현재 누구도 기근 지역이 얼마나 넓은지 알지 못한다. 다만 수십만 명이 기근에 시달리고 있다는 사실만 알려졌을 뿐이다.

두 미국인은 그들이 목격한 사실을 전하기 위해 서울로 황급히 돌아왔다. 서울에 사는 외국인들이 긴급하게 회동하여 구제 대책을 논의하였다. 외국인들은 먼저 조선의 기근을 알리기 위해 인근 국가들과 미국에 전보를 쳤다. 이어서 서울 주재 외국인 대표들로 구성된 대책위원회를 구성하였다. 대책위원회는 기근 실태를 정확히 파악하고, 기근에 시달리는 조선인들에 대한 구제책을 세우는 일을 목적으로 삼았다. 기근 현장의 상황을 면밀히 파악하기 위해 위원 몇 사람을 남쪽으로 파견하기로 결의했다. 일차적인 구제책으로 외국인들은 십시일반 추렴하여 구제기금 1,000달러[5]를 모았다. 기근에 허덕이는 조선인들에게 조금이라도 보탬이 되고자 한 것이다. 물론 이 돈으로는 턱도 없이 부족하지만 말이다.

지금은 조선이 총체적으로 굶주림에 시달리고 있다. 그러나 조선 정부는 백성을 구제할 수 있는 상황이 아니다. 서울의 곳간은 비어 있다고 알려졌다. 약간 있다 해도 기근 지역에 쌀 한 가마니[6]를 보내는데 쌀 두 가마니의 운송비가 든다고 한다. 사람들은 아무리 궁리를 해봐도 이 많은 사람의 기근을 면하게 할 방법을 찾을 수 없다고 말한다. 그렇다면 어디서 방법을 찾아야 하는가. 누구도 이에 대한 답을 못하고 있다.

---

5. 원문은 'a purse of 1,000 dollars'이다. 1,000달러의 오늘날 가치가 어느 정도인지 정확히 알 수 없으나, 이때로부터 12년 뒤인 1901년 대한제국의 총 세입은 약 9백만 달러였다.
6. 원문은 'bag'이다. '가마니'를 뜻하였다고 보았다.

2부

한글과 견줄 문자는 세상 어디에도 없다!

말글, 발명, 교육 관련 논문 및 기사

THE KOREAN REPOSITORY.

JANUARY, 1892.

THE KOREAN ALPHABET.

I

Languages are natural products. Alphabets are artificial products. Languages are made by man; alphabets by men. It follows that the methods of investigating the origin of languages are different from the methods of investigating the origin of alphabets. As alphabets are products of civilization the dates of their invention are usually approximately known. Language however antedates civilization, in fact civilization presupposes language. Language is a gradual growth and so dates cannot be given excepting to certain well defined phases of the growth. But alphabets, while they may have changes usually spring into existence full grown, or at least are perfected soon after their inception. Exception must of course be made of such alphabets as grow out of systems of hieroglyphics by a gradual substitution of arbitrary phonetic symbols in place of cumbersome ideograms. In investigating the origin of any alphabet there are two kinds of evidence to consult, internal and external. The former deals with the text of the alphabet as compared with that of other alphabets, while the latter deals with the peoples, the times, the political affinities and the racial prejudices which accompa-

≪스민필지≫
1891년 출간

"중국 글자로는 모든 사람이 빨리 알며 널리 볼 수가 없고 조선 언문은 본국 글일뿐더러 선비와 백성과 남녀가 널리 보고 알기 쉬우니 슬프다! 조선 언문이 중국 글자에 비하여 크게 요긴하건만 사람들이 요긴한 줄도 알지 아니하고 오히려 업신여기니 어찌 안타깝지 아니하리오."

─≪스민필지≫ 머리말에서─

≪스민필지≫는 헐버트가 육영공원에 재직 중이던 1891년에 출간한 천체, 세계 지리, 각 나라의 정부 형태, 산업, 풍속, 종교, 교육, 군사력 등을 설명한 천문지리사회책이다. 161쪽의 ≪스민필지≫는 한자가 전혀 없이 순 한글로 쓴 우리나라 최초의 한글 교과서로서 조선에 오대양 육대주를 근대 최초로 체계적으로 소개하였다. 헐버트는 책 머리말에서, 지금은 옛날과 같지 않아 세계를 알아야 하고, 이 책이 국제 교류에 긴요하게 쓰이기를 바란다고 하여 저술 목적을 분명히 하였다. 헐버트는 또 배우기 쉽고 쓰기 쉬운 한글로 선비와 백성, 남자와 여자 모두를 가르칠 것을 주창하면서 조선인들에게 자신들의 문자인 한글을 사용할 것을 절절히 호소하였다. 책 제목 '스민필지'는 '선비와 백성 모두가 반드시 알아야 할 지식(士民必知)'이라는 뜻이다. 헐버트는 내한한 지 3년여 만에 저술을 끝내고 어려운 지도 목판을 제작하여 여러 장의 지도를 삽입하는 등 1년 여의 인쇄 기간을 거쳐 1891년 초에 출판하였다. 남의 나라 문자로 짧은 기

간에 저술하여, 특히 한글 활자가 발달하지 않은 시기에, 당시로서는 방대한 161쪽의 한글 책을 냈다는 사실이 놀랍기만 하다.

헐버트는 ≪스민필지≫에 세계 지리와 각 나라의 사정에 대해 오늘날에도 유용할 내용을 폭넓게 담았고, 모든 도량형 단위를 당시 조선이 사용하던 리(거리), 척(높이), 석(곡물) 등으로 표기하여 조선인들이 책을 쉽게 이해하도록 배려하였다. 기후의 비교도 우리나라를 중심으로 다른 나라의 기후와 비교하였다. 이는 헐버트가 진정으로 조선인들을 위해 ≪스민필지≫를 저술하였음을 말해 준다.

≪스민필지≫는 개화 초기 대표적 근대 서적으로서 조선인들에게 중국과 일본을 넘어선 세계관을 심어주면서 서양 문명과 신학문에 대해 큰 관심을 불러일으켰다. ≪스민필지≫는 육영공원, 배재학당, 이화학당 등에서 교과서로 사용되면서 조선의 선각자를 배출하는 데 크게 기여하였다. 1894년에 배재학당에 입학한 주시경, 1895년에 입학한 이승만도 당시 배재학당의 유일한 교과서였던 ≪스민필지≫로 공부하며 미래의 꿈을 키웠다.

≪스민필지≫의 내용이 새롭고 유익하다 보니 1895년에 학부學部에서 한문본 ≪士民必知≫를 출간하였다. 한글을 아는 것 자체를 부끄러워했던 한글 암흑기의 단면을 보여 주고 있다. 한글학자 최현배는 그의 저서에서 ≪스민필지≫는 "문 닫고 살던 조선사람 일반에게 세계 지식을 계몽하기에 큰 공헌이 있었을 것이다."라면서, 한문본 출간은 "한글 뒤침의 역현상의 산물이다."라고 하였다.[1]

≪스민필지≫는 1906년에 2판이, 1909년에 3판이 나왔다. 그러

---

1. 최현배, ≪고친 한글갈≫, 정음사, 1961, 257쪽

나 일제는 ≪스민필지≫가 국민 사상 교육에 너무 자극적이라는 이유로 ≪스민필지≫의 출판과 판매를 금지하였다.[2] ≪스민필지≫가 일제 강점기 이래 일반에게 잘 알려지지 않은 이유이기도 하다.

≪스민필지≫는 근대 지리교육의 효시인 동시에 우리나라 최초의 한글 전용 교과서로서 근대 교육의 새 장을 열었을 뿐만 아니라, 근대 최초로 한글 사용을 주창하고 선비와 백성, 남자와 여자의 평등 교육을 주창하였다는 역사적 의미를 지닌다. 이 책에는 ≪스민필지≫ 머리말만 소개하였다.

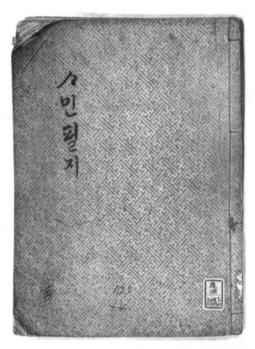

≪스민필지≫ 초판본 표지(배재학당역사박물관 소장)

2. 이기석, 〈스민필지〉에 관한 일고찰, 사대학보, 1969, 69쪽

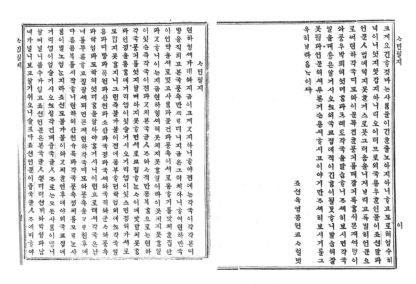

≪스민필지≫ 머리말(원문)

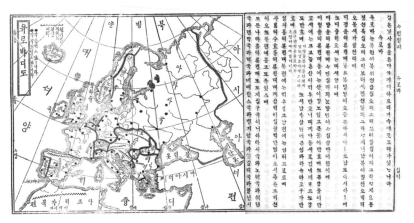

≪스민필지≫ 유럽편

《스민필지》머리말(현대문)

　천하 형세가 옛날과 지금이 크게 같지 아니하여 전에는 각국이 각각 본국만을 지키고 본국 풍속만 따르더니 지금은 그렇지 아니하여 천하만국이 언약을 서로 믿고 사람과 물건과 풍속이 서로 통하기를 마치 한 집안과 같으니 이는 지금 천하 형세의 고치지 못할 일이라. 이 고치지 못할 일이 있은즉 각국이 전과 같이 본국 글자와 사적만 공부함으로는 천하 각국 풍습을 어찌 알며 알지 못하면 서로 교접하는 사이에 마땅치 못하고 인정을 통함에 거리낌이 있을 것이오. 거리낌이 있으면 정리가 서로 두텁지 못할지니 그런즉 불가불 이전에 공부하던 학업 외에 각국 이름, 지방, 폭원, 산천, 산야, 국경, 국세, 재화, 군사, 풍속, 학업과 도학이 어떠한가를 알아야 할 것이오. 이런 고로 대저 각국은 남녀를 막론하고 칠, 팔세가 되면 먼저 천하 각국 지도와 풍속을 가르치고 나서 다른 공부를 시작하니 천하의 산천, 수륙과 각국 풍속, 정치를 모르는 사람이 별로 없는지라 조선도 불가불 이와 같게 한 연후에야 외국 교접에 거리낌이 없을 것이오. 또 생각건대 중국 글자로는 모든 사람이 빨리 알며 널리 볼 수가 없고 조선 언문은 본국 글일뿐더러 선비와 백성과 남녀가 널리 보고 알기 쉬우니 슬프다! 조선 언문이 중국 글자에 비하여 크게 요긴하건만 사람들이 요긴한 줄도 알지 아니하고 오히려 업신여기니 어찌 안타깝지 아니하리오. 이러므로 한 외국인이 조선말과 어문법에 익숙지 못한 것에 대한 부끄러움을 잊어버리고 특별히 언문으로 천하 각국 지도와 목견한 풍기를 대강 기록할 새 먼저 땅덩이와 풍우박뢰의 어떠함과 차례로 각국을 말씀하니 자세히 보시면 각국 일을 대충은 알 것이요 또 외국 교접에 적이 긴요하게 될듯하니 말씀의 잘못됨과 언문의 서투른 것은 용서하시고 이야기만 자세히 보시기를 그윽이 바라옵나이다.

조선 육영공원 교사 헐버트

한글(The Korean Alphabet)

≪한국소식(The Korean Repository)≫

1892년 1월 창간호, 3월호

이러한 사실들을 통해 세종의 한글 창제 목적은 백성의 삶을 개선하기 위함이라는 것을 명백히 알 수 있다. 세종은 백성의 임금이었다.

From these things it is plain to see that the idea underlying the making of the alphabet was the bettering of the condition of the common people. He was the people's man.

이 멋진 가설을 믿는다면 우리는 한글이 그 어떤 문자보다도 간단하고 과학적인 방법으로 발명되었음을 인정해야 한다. 왜냐하면, 완벽한 문자란 최대한 단순하면서도 광범위한 표음 능력을 지닌 글자이기 때문이다.

If it were possible to believe this pretty fiction we should have to concede that no alphabet was ever more simply invented or on a more really scientific plan, for the perfect alphabet is the one that unites the greatest degree of simplicity with the broadest range of phonetic power.

≪한국소식(The Korean Repository)≫과 ≪한국평론(The Korea Review)≫

≪한국소식(The Korean Repository)≫은 감리교에서 1892년 1월에 창간한 우리나라 최초의 영문 월간지이다. ≪한국소식≫은 한국의 역사, 전통, 풍속, 문화를 국내외에 알리는 학술지로서 외국인들과 조선의 지식인들에게 지식 교류의 장을 제공하였다. 또한, 국내에서 일어나는 주요 관심사를 다루면서 요즈음의 언론 역할도 했다. ≪한국소식≫은 1년 동안 발행되다가 1893~4년은 휴간하고, 1895년에 속간하여 1898년까지 발행되었다. 헐버트는 1895년부터 1897년 여름까지 ≪한국소식≫의 경영과 편집에 직접 참여하였다. 헐버트의 기록에 의하면 ≪한국소식≫은 1896년에 발행 부수가 3,000부가 넘었다고 한다.

헐버트는 국내외에서 많은 글을 발표하였다. 국내에서는 ≪한국소식≫과 1901년에 ≪한국소식≫ 후속으로 자신이 창간한 ≪한국평론 The Korea Review≫에 대부분의 글을 발표하였다. ≪한국평론The Korea Review≫은 1906년까지 발행되었다.

이 논문이 실린 1892년 초에 헐버트는 조선에 없었다. 육영공원에서 5년 반 동안 학생들을 가르치고 1891년 말에 미국으로 돌아갔기 때문이다. ≪한국소식≫이 창간호 첫 번째 글로 헐버트의 논문을, 그것도 헐버트가 조선을 떠난 뒤에 실었다는 것은 아펜젤러Henry G. Appenzeller 선교사를 비롯한 편집진이 이 논문의 중요성을 인식했기 때문이라고 여겨진다.

'The Korean Repository'는 '한국휘보'로 많이 알려졌으나 이 책에서는 '한국소식'으로 옮겼다. 국립국어원도 '한국소식'으로 쓰기를 권장하고 있다.

옮긴이

한글 1(The Korean Alphabet I)[1]
≪한국소식≫ 1892년 1월 창간호

언어는 자연적 산물이고, 문자는 인공적 산물이다. 언어는 인류의 생성과 함께 만들어지고 문자는 사람들이 만든다. 따라서 언어의 기원을 연구하는 방법과 문자의 기원을 연구하는 방법은 다르다. 문자는 문명의 산물이기에 창제 시점을 대략은 알 수 있다. 반면 언어는 문명 이전에 생겨나며, 사실상 문명의 탄생을 위한 필요조건이다. 언어는 점진적으로 발달하기 때문에 중요한 변화를 가져온 발전 단계 외에는 시대를 알 수 없다. 하지만 문자는 탄생 뒤에 변화가 있을지라도 일단 완성된 형태로 탄생한다. 물론 상형문자 체계의 난해한 표의 기호ideograms가 점진적으로 표음 기호phonetic symbols로 대체되면서 탄생한 표음문자는 예외이다. 문자의 기원을 연구할 때는 두 가지 단서, 즉 내적 단서와 외적 단서를 분석해야한다. 내적 단서는 연구하고자 하는 문자의 구조와 형태를 다른 문자들과 비교하는 것이고, 외적 단서는 문자를 창제한 민족, 당시의 시대상, 정치 상황, 인종적 특이성 등을 살펴보는 것이다. 외적 단서에서 염두에 두어야 할 주안점은 다음 네 가지이다.

---

1. '한글'이란 용어는 1910년 주시경이 처음 썼으며 헐버트가 이 글을 쓸 때에는 '언문'으로 불렸다. 'The Korean alphabet'은 '한국의 문자', '한국의 음소 문자' 등을 뜻하나 이 책에서는 오늘날 우리 문자의 이름인 '한글'로 통일하여 옮겼다.

1. 연구하는 문자와 비교하는 문자들의 창제 시기

2. 문자 창제 당시 인근 국가들과의 정치적, 인종적, 문화적 관계

3. 새로운 문자 탄생의 필요성과 창제자가 의도한 목적

4. 창제자가 참고하였다고 믿어지는 자료와 그 자료의 상대적 중요성

위의 네 가지가 중요한 이유는 자명하니 구태여 설명하지 않겠다. 외적 단서가 풍부하고 역사 기록이 문자의 유래를 명확히 말해 준다 해도 그것으로 문자의 기원을 확증할 수는 없다. 따라서 문자 자체를 분석하고 여타 문자와 비교해보면 외적 단서가 주는 정보보다 더 많은 진실을 밝혀 낼 수도 있다. 내적 단서에서 주의할 사항을 보자.

1. 글자 자체의 비교 연구

2. 소리의 미묘한 차이를 별도의 '발음 구별 부호diacritic points'로 표시하는지, 아니면 별개의 글자로 표시하는지

3. 글자가 처음에, 중간에, 끝에 놓이거나, 혹은 분리되어 쓰이는 데 따라 글자 형태가 변하는지

4. 대문자 소문자 구별이 있는지

5. 완전한 표음문자인지, 또는 묵음 글자가 있는지

6. 행行의 끝 외에도 문장에 띄어쓰기가 있는지. 있다면, 글자 사이 혹은 단어 사이 혹은 음절 사이에 있는지

7. 글자 배열이 기준선base line으로 연결되어 있는지, 분리되어 있는지, 또는 고유의 특이한 방식으로 조합되어 있는지

8. 글자를 가로로 쓰는지 또는 세로로 쓰는지, 오른쪽에서 왼쪽으로 쓰는지 또는 왼쪽에서 오른쪽으로 쓰는지

9. 자음과 모음 중 어느 것을 더 중요시하는지

10. 문자의 상대적 단순성은 어떠한지

11. 구두법이 있는지

12. 생략법이 있는지

엄밀히 말하면 이 중 몇 항목은 위 목록에 없어도 되지만 여기에서 논하는 것도 좋다고 생각하여 위에 포함하였다.

언어는 진화할수록 단어의 발성이 단순해지는 경향을 보이나 동시에 문법 형태도 일정하게 늘어난다. 소리의 결합도 그 수는 계속적으로 증가하지만, 뮐러[2] 교수가 명명한 '음성 퇴화phonetic decay' 법칙에 따라 발성은 계속적으로 단순해진다. 문자를 인공적으로 진화시킨 경우에도 비슷한 법칙이 적용된다. 대체로 모든 문자는 창제 시 표본으로 삼았던 문자보다 단순하다. 이 논문에서 다룰 모든 문자가 이 법칙이 틀리지 않다는 것을 보여 주고 있다. 따라서 위에 열거한 사항들을 유념해야 할 뿐만 아니라, 문자 창제자가 어쩌면 무의식적으로 채택했을 문자 단순화의 양태나 방법을 면밀하게 관찰하여야 한다.

한글에 관한 심도 있는 연구에 앞서 한글 창제 당시 조선과 여타 아시아 민족들과의 관계를 개괄적으로 살펴보자. 기원전 200년까지의 한국 역사 기록은 믿을만하다고 보아야 하며, 특히 지난 천 년의 한국 역사는 사료가 매우 풍부한 편이다. 한국의 야사와 공식적인 역사 기록에 따르면

---

2. 뮐러(Friedrich Max Müller, 1823~1900)는 독일 태생으로 영국에서 주로 활동한 언어학자이자 동양 전문가였다.

한글 창제 시점이 조선의 4대 왕인 세종대왕[3] 28년 즉 기원 후 1446년[4]임은 의심할 여지가 없다. 한민족은 선사시대에 탄생하여 기원후 7~10세기 사이에 하나의 민족 집단으로 융합되었기에 한민족의 기원을 여기서 굳이 논할 필요는 없다. 또한, 그 시기로부터 여러 세기 뒤에 한글이 창제되었기에 한글에 관한 단서를 한민족의 기원과 연관 지을 필요도 없다. 따라서 한글 창제 당시의 상황에 한정하여 여타 민족과의 관계를 살펴보자.

한국과 일본의 관계는 매우 뜸했다. 일본과의 교류라고는 몇 세기에 걸친 왜구의 침략밖에 없었다. 가끔 일본에서 사절단이 불교 서적을 구하기 위해 오긴 했으나 두 나라 사이의 교류는 사실상 없었다. 왕[5]씨가 지배하던 왕조가 무너진 지 얼마 되지 않아 조선은 내부 문제 정비에 바빠 외국과의 교류를 증진할 시간적 여유가 없었다. 일본도 내부 분쟁이 심각한 시기였기에 쌍방 모두 교류가 불가능했다.

그렇다면 조선과 중국, 더 나아가 중국 북쪽에 존재했던 부족들과의 관계는 어떠했을까? 명나라는 세워진 지 얼마 되지 않았을 뿐만 아니라 국경 재건 사업에 힘써야 했고, 쫓아내긴 했지만 전멸시키지 못한 몽골족의 지속적인 위협 때문에 조선에 특별히 주목할 여유가 없었다. 하지만 때때로 중국 난징에서 칙사가 왔고, 조선 왕은 대대로 섬겨온 종주국 중국의 새로운 왕조인 명나라의 복장과 관습을 점점 받아들였다. 또한, 조

---

3. 世宗大王 세종대왕

4. 원문은 1445년이나 이는 1446년의 오류이다. 헐버트는 세종1년을 세종이 즉위한 1418년으로 보아 세종28년을 계산한 것으로 보인다. 세종은 1418년에 즉위하였으나 세종1년은 1419년에 시작한다. 1418년은 태종18년이다.

5. 王 왕

선은 한자로 쓰인 중국의 문학 작품도 차용했다. 조선과 중국 북쪽 부족들의 관계는 그다지 분명하지 않으나 몇 가지 사실은 확증되었다.

한민족이 거란이라고 부르는 키탄[6]족은 기원후 900년경 한자 일부를 개조하여 문자를 만들었으나 수명이 짧았다. 물론 지금은 아무 흔적도 남아 있지 않다. 1100년경 만주족의 전신인 여진[7]족이 같은 방법으로 문자를 만들었으나 1350년 이전에 사라졌다. 중국 유적지에서 문자의 흔적 몇 개를 겨우 찾을 수 있을 뿐이다. 그 후 몽골 족은 문자를 서쪽의 위구르[8]족에서 가져왔다. 위구르 족은 경교도景敎徒들이 들여온 고대 시리아 어를 본떠 문자를 만든 것으로 추정된다. 고대 시리아 어가 수평이 아닌 수직으로 쓰인 점이 이미 증명되었다. 이에서 시리아 어와 위구르 어 사이에 놀랄만한 유사성이 존재함을 알 수 있다. 몽골 족이 중국을 정복 후 쿠빌라이 칸[9]은 1270년경 티베트 문자를 본떠 문자를 만들 것을 명했다. 그러나 중국 내의 몽골 족은 한자를 배웠고, 북쪽의 몽골 족은 위구르 문자를 계속 썼기에 새로운 문자는 별로 사용되지 못했다. 그 뒤 몽골 족 왕조가 무너지고 한족漢族 왕조가 중국을 수복하였다. 1616년까지 중국과 중국 북쪽의 부족들에서는 별다른 문자가 나타나지 않았다. 1616년에 만주 황제인 태조의 칙령으로 몽골 문자를 본뜬 만주 문자가 만들어졌다. 한글의 탄생은 1270년과 1616년, 이 두 시점의 중간쯤이다. 따라서 몽골 족이 한민족에게 영향을 미쳤다면 어떤 영향을 미쳤는가를 파악하는 것이 필요하다.

---

6. 契丹글단

7. 女眞녀진 The Nyechin of Korean, Nüchên of Chinese, and Churchits of Musulman authors

8. 車師거스 ; 回黑회흑이라고도 한다.

9. 쿠빌라이 칸(Kublai Khan, 1215~1294)은 칭기즈 칸의 손자이다.

중국에서 원 혹은 몽골 왕조가 시작되기 전에 몽골 족은 항상 한민족과는 몇 개의 부족을 사이에 두고 떨어져 살았다. 앞서 보았듯이 이 부족들은 고유의 문자를 만드는 시도를 연속적으로 해왔지만, 한 번도 어떤 영구적인 문자를 만드는 데 성공하지 못했다. 몇 세기가 지난 뒤에야 고대 시리아 어족에 뿌리를 둔 문자가 만주 동쪽 지역에 들어왔다. 몽골 족과 한민족이 처음 만난 시기는 칭기즈 칸이 자신의 대군 중 일부를 고려 정복을 위해 파견했을 때라고 봐야 한다. 당시 한민족은 몽골 족을 오랑캐라 여겼고 실제로 그것은 사실이었다. 따라서 몽골에서 문학적으로 어떤 가치 있는 무엇이 나올 수 있다는 생각은 한민족에게는 웃음거리였다. 몽골이 고려를 지배하였지만, 고려 지배의 시작부터 끝까지 두 나라 관계는 순전히 군사적 관계였다. 몽골 족은 고려를 일본에 진출하는 디딤돌로 삼고 싶었고, 고려는 끝까지 몽골의 악몽에서 벗어날 기회만 엿보았다. 왕[10]씨 왕조인 고려의 기록에는 고려가 몽골 족과 학문과 관련한 교류를 했다는 언급이 전혀 없다. 만약 두 나라 사이에 어떤 영향력이 발휘되었다면 이는 분명 한국에서 몽골 쪽으로였을 것이다. 먹구름이 걷히고 몽골 족이 북쪽으로 달아났을 때 고려에 남은 흔적이라곤 몽골식 관복과 달력뿐이었다. 고려는 이마저도 곧바로 버렸다.

몽골 족이 떠나고 한글이 창제되기까지 한반도에 굉장한 격변이 있었다는 점도 중요한 의미를 갖는다. 승려가 지배하던 고려가 반불교적인 태조[11]에 의해 무너졌다. 태조의 고려 전복은 무혈혁명이었지만 변화는 엄청났다. 역사에서 고려 왕조와 조선 왕조의 차이만큼 큰 괴리는 드물다.

---

10. 王왕
11. 太祖태조

조선은 송도[12]에서 현재의 위치[13]로 수도를 옮겼다. 정부 관리 대부분이 교체되고 워낙 고려의 잔재를 철저히 정리하여 조선에서 몽골 영향의 흔적은 깨끗이 사라졌다.

이제 한글 창제 무렵의 명나라와 조선의 관계를 간략하게 알아보자. 당시는 두 나라 모두 국가 재건의 시기였으며, 두 나라 관계는 예전이나 그 뒤에 비해 훨씬 느슨했다. 그 증거로 조선이 중국 황제의 내락을 받은 뒤 조선 왕의 즉위식을 거행한 것은 여러 세대가 지난 뒤부터였다는 사실을 들 수 있다. 조선의 기록에는 조선 초기 몇 년 간 중국에 조공을 보냈다는 언급이 없고, 중국에서 조선으로 온 칙사에 관한 언급은 있으나 조선에서 중국으로 간 사절단에 관한 언급은 거의 없다. 따라서 한글 창제에 관한 구상이 티베트 어와 산스크리트 어 학교가 있는 난징에 갔던 사절단에게서 나왔다는 주장은 설득력이 없다. 특히 조선의 많은 불교 사찰에 오랜 세기에 걸쳐 티베트 및 산스크리트 서적들이 즐비하였음을 볼 때 이러한 주장이 터무니없다는 것은 분명하다.

조선 첫 한 세기 동안의 시대정신은 명백히 독창성이었다. 조선 초기 임금들은 낡은 관습을 쓸어버리고 그 자리에 중국의 모방이 아닌 완전히 새로운 관행을 세우는 데 대부분 시간을 투자한 것으로 보인다. 세종이 한글 창제를 명했을 때 그의 마음 가장 깊은 곳에 자리한 진심을 알아보기 위해 세종의 다른 업적을 살펴보자. 세종은 왕릉마다 사찰을 짓는 쓸모없고 사치스런 풍습을 멈추라 명했다. 백성의 부역을 줄이기 위해 왕

---

12. 松都송도
13. '한양', 즉 '서울'을 말한다.

의 무덤에 큰 비석을 놓는 대신 작은 비석 네 개를 놓도록 지시했다. 사형에 처할 만한 중죄를 저지른 자는 모두 세 번의 재판을 받게 하고, 재판 기록을 임금에게 보내도록 했다. 좋은 터를 찾기 위해 며칠 동안 시체를 매장하지 않고 집에 두는 행위를 불법으로 규정하였다. 미신적인 책을 모두 불태우라 명했다. 조정에 꽃이나 동물을 바치는 일도 백성의 부담을 걱정하여 중단시켰다. 궁궐 앞에 신문고를 설치하여 불만이 있는 자는 누구나 와서 북을 치고 임금을 알현할 수 있도록 하였다.[14] 농민을 돕기 위해 농업 관련 책을 발간하였다. 10세 이하와 70세 이상의 범죄자는 형벌을 가볍게 했다. 백성을 위해 《오륜행실》[15]을 편찬했다. 누구든 백성을 억압한다면 왕족이라도 엄히 벌하도록 명했다. 이러한 사실들을 통해 세종의 한글 창제 목적은 백성의 삶을 개선하기 위함이라는 것을 명백히 알 수 있다. 세종은 백성의 임금이었다.

그럼 한글 창제 당시 조선이 참고했을 만한 자료는 무엇이 있었을까? 첫째, 중국의 상형문자에서 한글이 진화했으리라고는 상상할 수 없기에 한자는 제쳐놓아야 한다. 둘째, 사찰에 있던 티베트 어 책을 들 수 있다. 불교는 그리스도 시대 즈음에 혹은 약간 뒤에 한국에 전해졌고, 그때부터 불교는 한국에서 항상 중요한 역할을 해왔다. 한국 역사책들을 보면 불교 서적이 중국에서 들어왔다는 내용이 자주 나온다. 산스크리트 어 책도 들어왔지만 훨씬 적은 수였다. 티베트 문자와 산스크리트 문자는 한국에 여러 세기 동안 알려진 소리글자로서 한글의 근원을 추적할 때 본능적으로

---

14. 신문고는 태종 시대인 1401년에 시작하였다.

15. 五倫行實오륜힝실 [이는 《삼강행실도》의 오류로 보인다. 《오륜행실도》는 정조 시대에 《삼강행실도》와 《이륜행실도》를 합하여 수정 편찬한 책이다. 옮긴이]

주목할 수밖에 없다.

　이상에서, 짧은 논문에서 다룰 수 있는 최대한으로 외적 단서에 관해 살펴보았다. 다음 논문에서는 한글 자체를 심도 있게 연구하고, 한글 기원의 문제를 추적하는 데 내적 단서가 어떤 해답을 줄 수 있는지를 알아보겠다.

※ 헐버트 교수가 한국을 떠났기에 이 논문의 각주는 ≪한국소식≫ 편집자가 제공하였다.

한글 2(The Korean Alphabet Ⅱ)
≪한국소식≫ 1892년 3월호

　필자는 이전 글(한글 1)에서 외적 단서만을 토대로 한글의 기원을 암시하면서 한글이 외적 요인에서 생성되었을 가능성을 전반적으로 부정하였다. 한민족이 몽골 및 여타 북아시아 문자를 접했을 가능성이 희박하기에 한민족 스스로 한글 전부를 발명하였거나, 아니면 티베트 문자로 쓰인 불교 서적이 사찰에 즐비했기에 한민족이 티베트 문자와 친숙해지면서 티베트 문자를 본떠 한글을 만들었을 수도 있다고 보았다. 전반적으로 모든 외적 단서는 한글의 기원에 관한 필자의 견해를 뒷받침하고 있다. 하지만 한글 자체를 분석하고 또한 한글이 표본으로 삼았을 만한 여타 아시아 문자를 한글과 비교 분석하는 등 내적 단서도 연구해야 한다. 그러한 뒤에 한글의 기원에 관한 결론에 도달해야 함은 문자 연구자의 의무일 것이다.

내적 단서를 알아보기 위해 필자는 한글, 만주 문자, 티베트 문자, 산스크리트 문자를 비교하여 표를 만들었다(이 글 끝에 첨부). 물론 네 개의 각기 다른 문자를 정확하게 공통으로 음역하는 것은 불가능하기에 이 비교표가 완전하다고 할 수는 없다. 일본의 '가나'는 논외이므로 비교에서 생략했다. '가나'는 한글과 달리 자모 구분이 없는 철저한 음절문자이고, 또한 당시 조선인들이 '가나'에 조금이라도 친숙했을 개연성은 상상하기 힘들다. 몽골 문자 대신 만주 문자를 비교 대상으로 삼은 것은 만주 문자가 몽골 문자와 사실상 같고 위구르 문자, 몽골 문자와 함께 북부 우랄알타이 어족에 속하기 때문이다. 티베트 문자는 부분적으로나마 일본 문자처럼 음절문자 요소가 존재하여 비교에 상당한 어려움을 준다. 예를 들어 아무런 모음이 들어 있지 않은 경우에도 모음 'a'가 있는 듯이 발음하며, 어떤 글자는 단어 안의 위치에 따라 소리가 달라진다. 산스크리트 문자를 포함한 이유는 조선 사절단이 난징에서 산스크리트 문자를 접했을 가능성을 무시할 수 없고, 당시 조선 내 한두 개의 사찰이 산스크리트 어 비석과 일부 산스크리트 어로 된 불교 서적을 소장하고 있었기 때문이다.

비교표를 보면 가장 먼저 한글이 각진 문자임을 알 수 있다. 각 모음과 'ㅎ' 자에 쓰이는 동그라미는 원래 동그라미가 아니라 세모였다. 이는 필자가 직접 상당수의 오래된 한글 서적을 읽고 확인한 바이다. 따라서 한글은 분명히 각진 문자라고 단언할 수 있다. 이 점에서 한글은 비교표 상의 다른 문자들과 큰 차이가 있다. 한글이 각이 진 이유는 쉽게 확인할 수 있으며, 이는 한글이 만주 문자, 티베트 문자, 산스크리트 문자에서 유래됐을 가능성을 배제한다. 네모난 글자인 중국의 한자가 한국에서 길게는 26세기 동안이나 사용되면서 한자 필법이 너무 뿌리 깊게 정착되었기에,

새로운 문자를 만들어도 무엇을 표본으로 삼든지 간에 각진 모양을 지녀야 함은 기정사실이었다. 그러므로 한글은 각진 문자라는 점에서 만주 문자, 티베트 문자, 산스크리트 문자와는 근본적으로 다르다. 만주 문자는 필자가 '기준선'이라 명명한 선에 붙어 글자를 이룬다. 기준선은 위에서 아래로 긋는 굵은 선이며, 글자들은 기준선에서 조금씩 벗어난 채로 모양을 갖춘다. 그래서 필자는 비교표에 기준선 일부를 나타내 글자들이 어떻게 선에 붙어 있는지를 보여 주었다. 만주 문자로 쓰인 책 한 쪽만 보아도 이를 쉽게 알 수 있지만 비교표 상에서도 특히 모음과 중간 글자를 보면 바로 알 수 있다. 기준선은 단어 사이에서는 구부러진다. 산스크리트어와 티베트 어에도 이와 유사한 특성이 있지만 두 문자의 기준선은 수평이고 글자를 대부분 기준선 아래에 둔다. 모음만 부분적으로 기준선 위에 둔다. 또한, 이 문자들에서는 기준선이 글자 사이마다 구부러진다.

이들 문자들과 달리 한글은 완전히 특별한 방법으로 쓴다. 한글은 진정한 음소문자이나, 음소들이 모여 하나의 음절을 이루는 순전히 음절 중심의 문자이다. 음절이 자음으로 시작하는 경우 모음을 오른쪽이나 자음 아래에 쓴다. 비교표에서 'a', '짧은 o', 'i', '짧은 e'로 음역한 모음들[16]은 오른쪽에 놓고, 'o', '긴 u', '닫힌 eu'[17]는 아래에 놓인다. 끝소리 자음은 무조건 모음 아래에 놓인다. 한글에서 음절을 만드는 음소의 배열은 소위 삼각 구조이며, 이는 다른 어떤 언어에서도 찾아볼 수 없다. 어쨌든 아무리 상상력을 동원한다 해도 한글이 다른 어떤 아시아 언어에서 오지 않았음은 명백하다. 간단히 설명하면 한민족이 스스로 한글을 발명한 뒤 글자

---

16. 'ㅏ', 'ㅓ', 'ㅣ', 'ㅔ'를 말한다.
17. 'ㅗ', 'ㅜ', 'ㅠ'를 말한다.

의 모양을 한자와 최대한 유사하게 만드는 쪽으로 음소를 조합하는 노력을 기울였다. 한자 각각의 발음은 단음이다. 따라서 한민족은 가능한 한 한자와 유사하게 한글로 옮겨 쓰는데 편리한 방법을 채택하였을 가능성이 크다. 그러므로 한글의 독특한 글자 모양은 독창적이면서도 보수성의 산물이라 할 수 있다. 한민족은 고유의 문자가 필요했지만 후원국인 중국의 방식을 완전히 버리고 싶진 않았던 것이다. 한글의 모양에서 만주 문자, 티베트 문자, 산스크리트 문자의 기준선과 유사한 점은 전혀 없다.

이제 개별 글자의 형태를 살펴보자. 만주 문자에서 수직 중심선, 즉 기준선은 글자의 한 부분이 아니고 단지 글자가 수직 중심선에서 벗어나 있다는 점을 감안하면, 한글과 만주 문자 간에 'ㄱ'(아마 'ㅈ'도)을 제외하고는 공통점이 전혀 없다는 사실을 단번에 알 수 있다.

한글과 티베트 문자를 비교했을 때 모음 간에는 닮은 점이 없다. 티베트 어의 모음은 셈 족[18] 문자의 모음처럼 완전히 보조적인 역할에 그치는 반면 한글의 모음은 각 음절에서 중추적 역할을 한다. 그러나 자음을 보면 매우 놀라운 유사점이 발견된다. 여기서 우리는 파생된 문자가 표본으로 삼은 문자보다 단순한 형태를 가질 수밖에 없다는 점을 상기해야 한다. 한글 'ㄱ'은 'k'에 해당하는 티베트 문자와 거의 같다. 'ㅁ' 또한 분명 티베트 문자를 본떴다. 'ㄴ'의 경우 해당 티베트 문자에서 고리 모양과 아래로 내려 긋는 획을 생략하고 단순한 각을 만들어 한글 'ㄴ'을 만들었다. 'ㄹ'도 해당 티베트 문자와 비슷한 모양이다. 다만 티베트 문자는 뒤로 누

---

18. 셈 족(Shemitic)은 성서에 나오는 노아의 맏아들 셈(Sem)으로부터 비롯되었다고 전해지는 인종을 말한다.

운 형태다. 위에서 아래로 글을 쓰는 한국인들이 티베트 문자와는 다른 형태로 'ㄹ'을 만드는 것이 더 편리하다고 생각했기 때문이다. 'ㅂ'도 티베트 문자에서 왔을 가능성이 농후하다. 'ㅂ'의 중간 수평선은 해당 티베트 문자 상단 수평선의 잔재로 여겨진다. 'ㅅ'은 해당 티베트 문자에서 오른편 직각을 뺀 것이다. 'ㄷ'은 해당 티베트 문자에서 하단의 곡선을 직선으로 바꾼 것이다. 'ㅈ'은 해당 티베트 문자에서 아래의 고리 대신 양쪽으로 줄을 그었다.

티베트 문자와 산스크리트 문자를 비교해보면 한 눈에 티베트 문자가 산스크리트 문자에서 파생되었음을 알 수 있으며, 파생된 문자가 표본 문자보다 단순하다는 법칙을 단번에 깨달을 수 있다.

이상의 내용을 종합하면 내적 단서는 산스크리트 문자가 아닌 티베트 문자를 한글의 기원으로 강력하게 지목하고 있다.

또한, 한글과 비교표 상의 세 나라 문자들 사이에는 구조적 차이점이 존재한다. 한글의 거센소리는 글자 상단에 발음 구별 부호를 붙여 대기음화 하는 것이 일반적이다.[19] 만주 문자는 가끔 발음 구별 부호를 쓰지만 글자의 형태를 바꾸는 경우가 더 많다. 티베트 문자는 대기음화 법칙이 없으며 다양한 방법을 써서 대기음화한다. 된소리를 표현할 때 한글은 쌍자음으로, 만주 문자는 오른쪽에 작은 동그라미를 덧붙여서, 티베트 문자는 다양한 방법으로 표현한다. 한글과 티베트 문자 간의 큰 차이점은 한글은 완전한 소리글자지만, 티베트 문자는 묵음이 많고 위치에 따라 다르

---

19. 예를 들어 티읕(ㅌ)은 디귿 위에 줄(–)을 긋는다는 뜻이다.

게 발음하는 글자가 많다는 점이다. 모든 점을 고려했을 때 한민족은 대부분의 한글 자음의 모양을 티베트 문자에서 따왔지만 모음은 스스로 발명했고, 글자를 조합하는 방식을 창조하였으며, 거센소리 및 된소리 표기법을 고안하였다. 더욱 놀라운 사실은 완전한 표음 철자법[20]을 창안했다는 사실이다.

이 글에서 한글 창제 이후의 글자의 형태나 배열 방식의 변화를 모두 나열하는 것은 불가능하다. 단지 모든 변화는 '음성 진화 법칙phonetic laws'의 작용에 의하였다고만 말하겠다. 소리글자의 표음 특성상 문자 변화가 쉽게 일어나며, 이는 구어가 다양하게 바뀜에 따라 철자법도 함께 바뀌기 때문이다. 변화를 이끈다기보다 변화를 따라간다. 영어처럼 묵음이 많고 하나의 글자가 여러 소리로 발음되는 철자법은 구어만을 기준으로 삼는 한글의 표음 철자법보다 더 틀에 박히고 변화가 느릴 수밖에 없다.

마지막으로 조선인들 사이에 전해지는 한글 창제에 관한 흥미로운 전설을 빼먹을 수 없다. 임금이 문자를 만들라고 한 신하에게 명하자, 학문이 뛰어난 신하는 집에 칩거하며 방문을 닫고 붓을 잡았다고 한다. 가장 좋은 방법이 무엇일까를 골똘히 생각하던 중 격자문이 우연히 눈에 들어오자, "격자문을 본뜨면 어떨까?"라고 소리쳤다. 신하는 즉시 작업에 몰두하여 한 시간 만에 한글을 만들었다. 조선의 창이나 문에서 찾을 수 없는 한글 글자는 하나도 없다. 현재 쓰이는 동그라미가 다음의 도형에서

---

20. 표음에 따라 철자하는 방법을 말한다.

알 수 있듯 본래 세모였다는 점에서 이는 엄연한 사실이다. 모든 모음과 자음을 조선 격자문의 정사각형과 삼각형에서 정확히 찾을 수 있다.[21]

이 멋진 가설을 믿는다면 우리는 한글이 그 어떤 문자보다도 간단하고 과학적인 방법으로 발명되었음을 인정해야 한다. 왜냐하면, 완벽한 문자 란 최대한 단순하면서도 광범위한 표음 능력을 지닌 글자이기 때문이다.

주 : 이 논문을 쓰기 위해 다음 문헌을 참고하였다.

타타르 어 연구Remusat, Recherches de la Langue Tartare

만주어 문법Adam, Grammaire Mandchou

만주어 문법Langles, Grammaire Mandchou

만주어 명구집Klapproth, Chrestomathie Mandchou

산스크리트 어 문법Monier Williams, Sanscrit Grammar

티베트 어 문법Jüschke, Thibetan Grammar

우리가 소유하고 있는 ≪지장본원경地藏本願經≫에는 동그라미가 세 모꼴, 마름모꼴, 오각형, 육각형의 형태로 나타난다. 문장 한 줄에서도 이 러한 형태들이 빈번하게 나타나며, 때로는 한 음절에서 두 가지 다른 형 태가 나타나기도 한다. ≪지장본원경≫에서는 각이 오른쪽으로 또는 둔 각으로 나타나지만, 불교의 다라니경에서는 동그라미는 완전한 형태로, 다른 글자의 각은 오른쪽으로 또는 예각의 형태로 나타난다. 조선의 목판 이 상당히 매끄럽긴 하지만 목판술이 예술의 경지에 도달하지 못한 점을

---

21. 헐버트는 1940년에 발견된 ≪훈민정음 해례본≫을 보지 못하고 이 글을 썼다.

고려하면 왜 목판을 다루는 기사들이 곡선이나 동그라미를 최대한 피하는지를 이해할 수 있을 것 같다. 한자 책은 상형문자의 곡선이나 복잡한 형태 때문에 목판에 새기기가 더욱 어렵다. 상대적으로 한글 책은 새기기는 쉽지만 더 많은 공간이 필요하여 책을 만드는 데는 아마도 한자 책보다 더 많은 비용이 들 것이다. 그런 이유로 한글의 발명이 있었음에도 책의 대량생산이 이루어질 수 없었다. 한글은 한자음의 표준화에서는 유용성을 확실

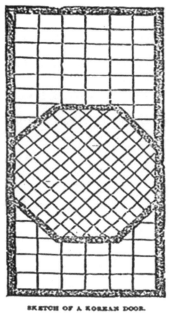

SKETCH OF A KOREAN DOOR.

조선의 격자문

하게 인정받아 왔다. 하지만 목판이 아닌 이동식 활자를 썼더라면 한글은 오래전부터 조선 문명을 선도하고 한글의 진정한 가치를 일찍이 인정받았을 것이다. ≪한국소식 편집자≫[22]

---

22. 이 도형과 설명은 헐버트가 1892년에 조선에 없었기에 ≪한국소식≫ 편집진이 최종 완성한 것으로 보인다.

한글, 만주 문자, 티베트 문자, 산스크리트 문자 비교표

| 로마자 | 한글 | 만주 문자 초성 | 만주 문자 중성 | 만주 문자 종성 | 티베트 문자 | 산스크리트 문자 |
KOREAN.		MANCHOU. Initial.	Medial.	Final.	THIBETAN.	SANSCRIT.
A	아					
O short	어					
O long	오					
U	우					
I	이					
E short	애					
K soft	ㄱ					
K hard	ㄲ					
G	ㄱ					
H	ㅎ					
M	ㅁ					
N	ㄴ					
L	ㄹ					
R	ㄹ					
F	—					
NG	ㅇ					
P	ㅂ					
P asp.	ㅍ					
B	ㅅ					
S hard	ㅆ					
T soft	ㄷ					
T asp.	ㅌ					
TS	—					
CH	ㅈ					

131

한민족의 기원 (The Origin of the Korean People)

≪한국소식(The Korean Repository)≫ 1895년 6월호(1부), 7월호(2부)

아주 먼 옛날부터 중국어는 지역 언어나 방언을 막론하고 모두 단음절어였다. 따라서 길게는 여섯 음절이나 되는 삼한의 공동체 이름들을 보면, 일부에서 회자되듯이 삼한 사람들이 중국에서 왔다는 것은 사실이 아님을 이 이름들이 강하게 뒷받침한다. 한민족이 유래했다고 믿어온 북쪽에서도 이와 같은 다음절 이름은 찾을 수 없다.

We know that since the remotest times the Chinese wherever spoken and whatever dialect is monosyllabic and therefore these names stretching out sometimes to six syllables would strongly indicate that the people were not of Chinese origin as has somewhere been intimated. Even in the north where the Korean race has been supposed to have originated we find no such polysyllabic names as these.

그러나 한민족 또는 그들의 선조가 아무리 일찍 한반도에 왔다고 해도, 인칭대명사 'ㄴna'를 이란 고원에서 중국 북부를 돌아 한반도 남쪽 해안까지 가져오면서 어떤 부족에도 또는 어느 방언에도 아무런 흔적 하나 남기지 않고 올 수 있다고 믿을 사람이 있겠는가?

Does any one deem it possible that the Koreans or then progenitors at however early a date could have brought the 'na' of the personal pronoun all the way from the Iranian plateau to the southern shores of Korea around the north of China without leaving a single trace of it in any tribe or dialect?

한민족의 기원 1(The Origin of the Korean People I)
≪한국소식(The Korean Repository)≫ 1895년 6월호

  인종 또는 민족의 기원에 관한 연구는 주로 추론에 의한 정보를 바탕
으로 한다. 역사 기록은 행간에서 얻을 수 있는 정보를 제외하고는 기원
연구에 그리 유용한 자료가 되지 못한다. 오히려 고고학, 언어학, 두개학
craniology, 화폐학numismatics 등의 연구에서 더 상세한 자료를 얻을 수
있다. 따라서 기원에 관한 연구에서는 구전 설화가 역사 기록보다 더 유
용하다. 역사 기록은 개인이 기록하기에 편견이 들어갈 수밖에 없고, 설
화는 한 인종 또는 한 민족의 자연스러운 생산물이므로 우리를 속일 수
없다. 필자는 연구를 위한 정보를 '인공적 출처'와 '자연적 출처'로 구분하
기를 권장한다. 인공적 출처는 다양한 역사 기록, 각종 비문, 포고문, 서
신 등 인간이 직접 남긴 모든 기록을 포함한다. 자연적 출처는 신화, 전
설, 전승, 유적(유적에 새겨진 비문과 별개로), 고고학적 유물, 언어, 의복, 음
악, 골상, 음식, 놀이 등의 비교를 통해 정황 증거를 얻을 수 있는, 즉 '추
론'을 가능케 하는 모든 단서를 포함한다.
  민족의 기원 같은 대주제를 다룰 때는 역사 기록, 설화, 유적, 언어,
그리고 이들의 출처에 관해 철저한 연구 없이 어떤 결론에 도달해서는 안
된다. 더 나아가 만족할만한 결과를 얻으려면 이 분야의 연구자들이 앞
에서 말한 다양한 조사 방법의 전문가가 되어 공동의 노력을 기울여야 한

다. 여행을 자주 다니는 사람은 유적 및 비문을 눈여겨봐야 하고, 지방에 사는 사람은 토착어의 변화에 관심을 가져야 하며, 의사는 골상학적, 두개학적 특징에 유의해야 한다. 그리하면 차차 많은 양의 자료가 축적되고 이를 통해 정확한 추론의 길이 열린다. 필자의 연구는 아직 피상적인 관찰일 수밖에 없다. 그저 공중에 화살을 쏘아 올리듯이 한민족의 기원에 관한 학자들의 관심을 유발하고 논의를 증진시켜, 심층적 연구로 이어지게 하는 데에 그 목적이 있다.[1]

고대 한국의 어둠을 관통하는 첫 빛줄기는 단군[2]신화이다. 곰이 여자가 된 후 신의 도움으로 잉태하여 아이를 낳았다. 몇 년 뒤 한반도 북부에 사는 9개 야생 부족들이 대백산[3]의 나무 아래 앉아 있는 그 아이를 발견하였다. 아홉 부족은 견이 • 우이 • 방이 • 현이 • 백이 • 황이 • 적이 • 풍이 • 양이[4]이다. 이 야생 부족들이 다른 북방 부족들과 근본적으로 다르다는 증거는 없다. 이 부족들은 아마 동쪽으로는 태평양, 서쪽 멀리는 라플란드[5]나 그 너머까지 아시아 북부에 넓게 퍼진 거대한 우랄알타이 어족의 한 갈래였을 것이다. 바로 이들이 중국의 '기자'[6]가 기원전 1122년에 한반

---

1. 이 글에서 한글의 로마자 표기는, 이미 잘 알려진 강세 없는 모음의 대륙식 발음 체계를 사용하였다. 따라서 'fat'의 짧은 'a'는 'ă'로, 'hot'의 짧은 'o'는 'ŏ'로, 'könig'의 'o'는 'ö'로, 'hit'의 짧은 'i'는 'ĭ'로, 'met'의 짧은 'e'와 'resumé'의 'e'는 'ĕ'로, 'run'의 'u'는 'ŭ'로 표기했다.

2. 단군 檀君

3. 대백산 大白山. 오늘날의 대백산은 경상도에 있으나 옛 대백산은 평안도에 있었으며 오늘날 향산이라 부른다. [향산은 지금의 묘향산을 말한다. 19세기 말에는 중국이나 조선에서 태백산을 대백산이라고 하였다. 옮긴이]

4. 견이畎夷于夷 방이方夷 현이玄夷 백이白夷 황이黃夷 적이赤夷 풍이風夷 양이陽夷

5. 라플란드(Lapland)는 유럽 최북단인 핀란드의 북쪽 지역을 말한다.

6. 기지箕子

도에 넘어왔을 때 발견한 사람들이다. 기자가 넘어오면서 한반도에 많은 변화가 초래되었다. 이러한 변화들로 인해 한민족의 기원에 관한 여러 특징이 사라져버렸다. 만약 그 특징들이 잔존했더라면 우리는 한민족의 기원에 관한 많은 단서를 확보할 수 있었을 것이다. 당시 야생 부족들은 거의 야만인이고 주로 사냥으로 먹고살았다. 여름에는 사실상 집이 없고 겨울에는 동굴이나 움에 살았다. 특별한 정보나 자료가 밝혀지지 않는 한 우리는 그들이 북쪽 출신이었다고 결론지어야 한다. 이 야생 부족들을 묘사한 실재하는 약간의 정보가 후일 백두산[7] 너머에서 밀고 내려와 고구려[8] 국경을 약탈한 다른 부족들을 묘사한 정보와 거의 비슷하기에, 이러한 주장은 더욱 설득력이 있어 보인다.

기원전 1122년부터 기원전 100년까지에 대한 설명은 그동안 41명의 왕이 고조선의 왕좌에 앉았다는 한마디가 전부이다. 기원전 100년경에 고조선 왕조가 끝났다고 알려졌고, 1022년의 기간은 40세대 정도는 될 터이니 이 설명은 기자가 한반도에 넘어온 연도를 확인하는데 도움이 된다. 왕조가 끝날 즈음에 고조선의 마지막 왕인 '기준'[9]이 '위만'[10]의 반역으로 남쪽으로 도망하자 한반도 역사의 무대도 남쪽으로 옮겨갔다. 기준을 도주하게 만든 일련의 사건들을 보자.[11]

한漢 왕조는 기원전 1세기경 중국을 지배하고 있었다. 한나라 황제가

7. 백두산 白頭山
8. 고구려 高句麗
9. 기준箕準
10. 위만衛滿
11. 근대 이후에는 기자조선의 실존 여부가 부정되면서 '기준'을 준왕(準王)으로 부른다.

연[12]나라 왕으로 책봉한 한 장수[13]가 반역을 일으키자 한나라 황제는 토벌군을 보냈고, 그 장수는 북쪽으로 도망쳐 오랑캐 흉노[14]족의 품에서 안전을 도모할 수밖에 없었다. 연나라 제후 중 한 명이던 위만도 동쪽의 고조선 국경 지대인 압록[15]강으로 도망쳤다. 기준은 위만의 망명을 허용하고 그로 하여금 북쪽 변방을 지키게 했다. 그러나 위만은 이러한 약조를 어기고 쳐들어오지도 않은 중국 군대로부터 왕을 지킨다는 명목으로 수도인 평양[16]으로 진격했다. 기준은 그때 위만의 반역을 알아채고 일단의 추종자들과 함께 평양성 근처까지 흐르는 대동[17]강에서 배를 타고 도망쳤다. 기준은 나라를 세우려 남쪽으로 내려가 지금의 전라[18]도에 상륙한 후 현재 익산[19]이라고 알려진 '황금 말의 고장'이라는 뜻의 금마골[20]에 정착했다.

여기에서 우리가 꼭 관심을 가져야 할 부분은 기준이 한반도 남부에서 만난 사람들에 관한 내용이다.

기준이 남부 사람들의 존재에 대해 미리 알고 있었다는 증거는 없다. 한국 초기의 역사 기록은 남부 사람들을 전혀 언급하지 않으며 전통, 전설, 신화에서도 이들에 관한 이야기를 찾을 수 없다. 고조선은 한강 이남

---

12. 연燕(지금 만주의 일부)
13. 노관(盧綰)을 말하는 것으로 보인다. 노관은 한고조 유방의 친구로서 유방과의 친분 덕에 연나라 왕이 되었으나 모반하고 흉노에 투항했다고 전해진다.
14. 흉노(匈奴)
12. 압록鴨綠(Yalu)
16. 평양平壤
17. 대동 大同
18. 전라 全羅
19. 익산 益山
20. 금마골 金馬郡

으로 절대 내려오지 않았고 아마 한강까지도 안 왔을 것이며, 고조선과 남부 사람들 사이에는 아무런 접촉도 없었다는 증거도 있다.

역사 기록이 남부 사람들에 대해서 말해 주는 내용은 몇 단어로 요약할 수 있지만 이를 통해 추리해낼 수 있는 바는 엄청나다. 역사책에 의하면,

- 남부 사람들은 농사짓는 법을 알고, 무명과 포의 쓸모도 알았다.
- 도시에 성을 만들지 않았다.
- 각각 완전히 독립된 76개 공동체에서 살았다.
- 가부장제가 널리 퍼져 있었다.
- 공동체의 크기는 오백 호에서 만 호까지 다양하고 도합 십만 호에 이르렀다.
- 집은 뗏장으로 만들고 문은 지붕으로 났다.
- 남자는 비단옷을 입었다. 그렇지만 비단, 금, 은을 귀하게 여기지 않았다.
- 구슬의 수요가 컸고, 구슬을 머리에 묶거나 얼굴 또는 귀에 걸었다.
- 남자는 사납고 용맹하며, 고함치는 습관 때문에 악명 높았다.
- 창과 활을 아주 잘 다루고 짚신을 신었다.
- 각 공동체마다 이름을 가졌다.

이상이 한국 역사 기록들이 알려 주는 내용의 전부이며, 이 점에 관해서는 누구나 수긍한다.[21] 가장 위대한 조선의 역사책 중 하나인 ≪동국통

---

21. 헐버트와 교류한 역사가들이 동의한다는 뜻으로 들린다.

감≫[22]이 앞의 이야기를 담고 있고, 다섯 개의 위대한 역사책인 ≪동사찬요≫[23], ≪위례참록≫[24], ≪동사회강≫[25], ≪동국통감≫, ≪동사보유≫[26]를 요약하여 역사책에서 읽을 수 있는 거의 모든 내용을 정리해 놓은 ≪동사강요≫[27]에도 이 내용이 담겨 있다.

앞의 이야기를 근거로 누가 보아도 명백한 몇 가지 추론을 해보자.

첫째, 남부 사람들을 그토록 자세하게 묘사한 사실 자체가 기준과 그의 부하들이 목격한 남부 사람들의 주거, 의복, 통치 형태, 관습 등이 자신들의 것과 근본적으로 달랐다는 강력한 증거이다. 기준이 알고 있던 북쪽 야생 부족들의 생활 행태가 남부 사람들의 생활 행태와 비슷했다면 그는 별로 흥미를 느끼지 않았을 것이고, 역사책에도 그토록 상세하게 묘사되지 않았을 것이다.

둘째, 고조선과 남쪽 사이에 어떤 교류가 있었다면 그들은 금 자체의 가치는 모르더라도 교환 가치는 최소한 어느 정도 인지했을 것이다.

셋째, 남부 사람들의 구슬 사용은 북부 사람들과 현저히 다른 모습이다. 구슬을 문신에 그리는 행위는 옷 대신 구슬을 걸치는 열대 국가들에서만 있는 일이다. 언어학적 근거를 제외하면, 일본인들이 남쪽에서 유래했다는 가장 강력한 논거 중 하나가 문신 풍습의 유행이다. 북쪽에서는

---

22. 동국통감 東國通鑑
23. 동사찬요 東史纂要
24. 위례참록 爲例參錄
25. 동사회강 東史會綱
26. 동사보유 東史補遺
27. 동사강요 東史綱要

문신이 장식으로도 쓸모없고 보호용으로도 부적당하였기에 문신 풍습이 북쪽에서 왔을 리가 없다. 남부 사람들이 문신을 했으나 기후 차이 탓에 문신 풍습이 사라진 사실을 믿을만한 강력한 증거가 있다. 손목에 비단결 이랑을 그리는 풍습이 오늘날에도 존재한다. 이는 문신 풍습의 흔적이 아직 남아 있음을 말해 준다. 필자의 집에서 일하는 사람 중에 남쪽 출신이 있는데 그가 바로 이러한 표시를 하고 있다. 1653년에 제주도에 표류한 네덜란드인 하멜Hendrik Hamel 일행이 문신을 가르쳐 줬을 리도 없다. 설사 가르쳐 줬다 해도 추운 날씨 때문에 장식으로 새기는 문신 풍습이 사라져버릴 수밖에 없는 나라에서 외국인이 소개한 관습이 뿌리내리기란 불가능했을 것이다.

넷째, 고조선에서 도망쳐 온 기준에게 남쪽의 통치형태는 주목의 대상이었다. 중앙집권적 지배 체제도 아니고, 부족장도 없는 형태에서 독립된 공동체들이 각각 정치적 개체로 존재했다. 특히 눈에 띄는 것은 공동체에는 울타리가 전혀 없었다는 점이다. 이러한 사실들은 모두 기준과 그의 부하들의 이목을 끌었을 것이다.

76개[28] 공동체는 각각 '마한'[29], '진한'[30], '변한'[31]으로 불리는 세 왕국, 즉 '삼한'[32]이라는 세 개의 큰 무리로 나뉘어 있었다. 마한이 아마 가장 커서 대략 전라도 북부와 충청도 전체로 이루어져 있었다. 변한은 전라도

---

28. 76개 공동체는 옛날 어느 시점의 삼한의 공동체 숫자를 말하는 것으로 보인다.
29. 마한 馬韓
30. 진한 辰韓
31. 변한 弁韓
32. 삼한 三韓

와 경상도의 남부를 차지하고, 진한은 경상도 북부와 어쩌면 강원도 일부까지 차지했다. 어떤 이들은 중국의 '진'[33] 나라에서 건너와 한반도 동쪽에 정착한 난민들 때문에 '진한'이라는 이름이 지어졌다고 추측하는데, '진'이란 한자를 비교하면 서로 다른 한자이므로 그렇지 않다는 사실을 알 수 있다. 이렇게 삼한이 마한, 진한, 변한이라는 이름으로 불렸다고 해서 공동체들이 어떠한 정치적 연맹체로 묶여 있었다고 추론할 수는 없다. 그러한 연맹이 존재했다고 적혀 있지 않고, 오히려 공동체들이 상호 독립적이었다고 적혀 있다. 이렇듯 명목상 셋으로 나눠진 계기는 아마도 그들이 한반도의 해안가에 도착하기 이전에 각각 서로 다르게 어딘가에서 유래했기 때문으로 추정된다.

공동체들의 이름이 아직도 보존되어 있어 민족학 연구에 귀중한 자료로 이용할 수 있다는 점은 참으로 운이 좋다고 말해야 한다. 공동체 이름들을 살펴보자. 필자가 알기로 이 이름들은 여기서 처음으로 영어를 구사하는 사람들에게 공개한다.

---

33. 陳

마한은 아래와 같이 54개 공동체로 이루어졌다.

The group called Ma Han comprised fifty-four of these Communities named respectively;

Mo Ro	모로	牟盧
Sa Ro	사로	駟 〃
Mang No	막로	莫 〃
Ch'öp No	첩로	捷 〃
Man No	만로	萬 〃
Ku Ro	구로	狗 〃
Ko Ri	고리	古離
Ja Ri	자리	者 〃
Pi Ri	비리	界 〃
Ch'o Ri	초리	楚 〃
Il Li	일리	一 〃
Pul Li	불리	不 〃
Mo Ro Bi Ri	모로비리	暮盧界離
Pyŭk Pi Ri	벽비리	辟界 〃
Yö Rä Bi Ri	여래비리	如來界離
Kam Hä Bi Ri	감히비리	監奚界 〃
Ch'o San Do Bi Ri	초산도비리	楚山塗界離
Nä Bi Ri	내비리	內界 〃
Jöm Ni Bi	겸니비	占離界
Pi mi	비미	界彌
Song No Pul Sa	속노불사	速盧不斯
Pul Sa Pun Sa	불샤분샤	不斯濆邪
So Sök Sak	쇼셕삭	小石索
Tä Sök Sak	대셕삭	大 〃 〃
Sin Bun Ko	신분고	臣濆沽
Ko P'o	고포	古蒲
Uöl Ji	월지	月支

다음은 변한의 공동체 명단이다.

Păk Jé	빅쩨지	伯濟
Uŏn Ji	원지	爰池詞乾
So Ui Kŭn	소위건	素謂乾
Ko Uŏn	고원히	古爰奚
Ku Hă	구히	狗奚
Kam Hă	감히히	感
Kam Hă	감히히	監
Uŏn Yang	원양	爰襄
Mo Su	모슈	牟水
Sang Oĕ	상외	桑外
U Hyu Mo T'ak	우휴모탁	優休牟涿
Ko T'an Ja	꼬탄자	古誕者
No Nam	노남	怒藍
Sin Heun	신혼	臣釁
Mun Ch'im	문침	文侵
A Rim	아림	兒林
Ku Sa O Jo	구샤오조	舊斯烏旦
U Ban	우반	友半
Sin So Do	선소도	臣蘇塗
Ko Rap	고랍	古臘
Im So Ban	님소반	臨素半
Sin Un Sin	신운신	臣雲新
Il Lan	일난	一難
Pul Un	불운	不雲
Kŏn Ma	건마	乾馬
Ch'i Ri	치리	致利
Il Hoa	일화	日華
Cha Ri Mo Ro	자리모로	咨離牟盧
Yŏm No	염로	冉路

다음은 진한의 공동체 명단이다.

로마자	한글	한자
Pyŏn-jin-mi-ri-mi-dong	변진미리미동	弁辰彌離彌凍
Nan-mi-ri-mi-dong	난미리동미[34]	難彌離彌凍
Pyŏn-jin-ko-ja-mi-dong	변진고자미동	弁辰古資彌凍
Pyŏn-jin-jŏp-to	변진접도	弁辰接塗
Pyŏn-jin-pan-no	변진반ㄷ	弁辰半路
Pyŏn-jin-ku-ya	변진구야	弁辰狗邪
Pyŏn-jin-ju-jo-ma	변진주조마	弁辰走漕馬
Pyŏn-jin-an-ya	변진안야	弁辰安邪
Pyŏn-jin-tong-no	변진독노	弁辰瀆盧
Pyŏn-jin-kam-no	변진감노	弁辰甘路
Pyŏn-jin-mi-o-ya-ma	변진미오아마	弁辰彌烏邪馬
Pyŏn-jin-ko-syun-si	변진고슌시	弁辰古淳是
Keui-ji	긔지	已柢
Pul-sa	불사	不斯
Keun-keui	근긔	勤耆
Yŏm-hă	염히	冉奚
Pyŏn-ang-no	변악노	弁樂奴
Kun-mi	군미	軍彌
Pyŏn-kun-mi	변군미	弁軍彌
Yŏ-dam	녀담	如湛
Ho-ro	호로	戶路
Chu-syŏn	주션연	州鮮
Ma-yŏn	마연	馬斯盧
Sa-ro	사로	斯
U-jung	우즁	優中

---

34. 원문의 '난미리동미'는 '난미리미동'의 오류로 보인다. 영문과 한자도 '난미리미동'이다.

Romanization	Korean	Chinese
A-do-kan	아도간	我刀干
Yŏ-do-kan	여도간	汝刀〃
P'i-do-kan	피도간	彼刀〃
Ō-do-kan	오도간	五刀〃
Yu-su-kan	유수간	留水〃
Sin-chön-kan	신련간	神天〃
Yu-chün-kan	유련간	留天鬼
Sin-kui-kan	신귀간	神〃
O-chün-kan	오련간	五天〃
A-ra-ka-ya	아라기야	阿羅伽倻
Ko-ryŏng-ka-ya	고령가야	古寧〃〃
Tā-ka-ya	대가야	大〃〃
Sŏng-san-ka-ya	성산가야	星山〃〃
So-ka-ya	쇼가야	小〃〃
Yŏu-chün-yang-san	연쳔양산	闕川楊山
Tol-san-ko-bō	돌산고허	突山高墟
Cha-san-jin-ji	자산진지	觜山珍支
Mu-san-dā-su	무산대슈	茂山大樹
Keum-san-ka-ri	금산가리	金山加里
Myŏng-hoal-san-ko-ya	명활산고야	明活山高耶

 이름들을 살짝 보기만 해도 몇몇 이름의 글자 조합에 이목을 끄는 특징들이 나타나며, 이는 삼한으로 나눠진 근저에 무언가 까닭이 있음을 말해 준다.

   – 마한에는 '로'로 끝나는 이름이 일곱 개가 있다. '로'는 한국어 '활음조滑音調 법칙(euphonic laws)'에 따라 'ro', 'no', 'lo'로 다양하게 발음한다. 변한에도 이런 이름이 몇 개가 있지만, 진한에는 없다.

   – 마한에는 '리'로 끝나는 이름이 14개가 있다. '리'는 'li' 내지 'ri'로 표

기한다. 14개 중 5개는 '비리'이다. 변한이나 진한에는 이렇게 끝나
는 이름이 없다.
- 변한의 이름은 배열이 완전히 다르다. 일정한 접미사 대신 일정한
접두사가 있다. '변진'으로 시작하는 이름이 10개가 있다. 이는 변
한에만 있는 특징이다.
- 변한에는 또 '미동'이라는 특이한 접미사로 시작하는 이름이 세 개
가 있다.
- 진한에는 '간'으로 끝나는 이름 아홉 개와 '가야'로 끝나는 이름 다섯
개가 있다. 이들은 마한과 변한에서는 찾을 수 없다.

이러한 특징들이 우연이 아님은 굳이 말할 필요도 없다. 무리마다 다
른 무리에는 없는 특징적인 어미가 최소 하나 이상은 있다. 이 어미들은
무언가를 의미한다. 영어 '링컨Lincoln'의 '컨-coln'과 '맨체스터Manchester'
의 '체스터-chester'가 라틴어 '콜로니아Colonia'와 '카스트라Castra'의 유물
이듯이 여기 나오는 '로', '미동', '변진', '간', '가야'도 어떤 유물의 의미를
담고 있으며, 이는 삼한 사람들의 기원에 관한 최상의 단서가 될 수 있다.
마한, 변한, 진한 모두 정부라 부를 정도의 형태를 갖춘 집단은 아니
지만 각각의 이름은 근거 없이 지어진 것이 아니라 이 세 부족 집단들을
구분하는 현실적 필요에 의해 지어졌으며, 이러한 구분의 필요는 세 집단
의 이전 역사에서 기인하였다고 보아야 한다.

공동체 이름에 근거하여 한두 가지 추측을 해보자. 아주 먼 옛날부터
중국어는 지역 언어나 방언을 막론하고 모두 단음절어였다. 따라서 길게

는 여섯 음절이나 되는 삼한의 공동체 이름들을 보면, 일부에서 회자되듯이 삼한 사람들이 중국에서 왔다는 것이 사실이 아님을 이 이름들이 강하게 뒷받침한다. 한민족이 유래했다고 믿어온 북쪽에서도 이와 같은 다음절 이름은 찾을 수 없다. 만주어, 몽골 어, 타타르 어로 된 지명이 두 음절을 넘는 경우는 매우 드물다. 반면 일본이나 폴리네시아 섬들에서는 다음절 단어를 흔히 볼 수 있다.

초창기의 한민족은 아무런 문화적 흔적을 남기지 않았다. 전통 및 언어 말고는 기념비도, 비문도, 우리에게 도움이 될 만한 그 아무것도 없다. 따라서 삼한 사람들의 기원에 관한 주요 논거는 언어학에서 찾을 수밖에 없다. 하지만 여기서는 지면이 부족하니 다음 글에서 다뤄야겠다.

주 : 이 글에서 모든 지명과 이름은 로마자 표기의 일관성을 유지하기 위해 조선인들이 발음하는 대로 표기했음을 밝혀둔다. 예를 들면 중국 진나라의 '진'을 'Tsin'대신 조선인들이 부르는 'Chin'으로 표기했다. 그러나 중요한 고유명사에는 대부분 한자를 써넣었기에 혼란은 없으리라고 본다. 또한, 조선인들은 한국어 '어'를 'ŏ', 'ŭ', 'ö'(움라우트) 세 가지로 발음한다는 점에 주목하기 바란다.[35]

---

35. 헐버트는, '어', '여'를 외국인들이 모두 '어'로 발음하나, 실제로 조선인들은 '거지'의 'ㅓ', '법'의 'ㅓ', '병'의 'ㅕ'를 각각 다르게 발음한다고 말한 것이다. 이 책에 실린 헐버트의 글 〈한국어 로마자 표기〉의 '어' 부분을 참고하기 바란다.

한민족의 기원 2(The Origin of the Korean People II)

≪한국소식(The Korean Repository)≫ 1895년 7월호

오늘날의 한국어는 한반도 남부의 언어이다. 이는 역사적 사실을 기반으로 한 필자의 논리적 추론의 결과이다. 서력기원 초기에 한국은 북쪽의 고구려, 남서쪽의 백제, 남동쪽의 신라 삼국으로 나뉘어 있었다. 백제는 옛 마한과 변한의 일부, 신라는 옛 진한 및 변한의 일부 지역으로 이루어졌다. 백제와 신라는 전적으로 남부 출신들로 구성되었다. 이들은 앞의 글에서 설명한 대로 예로부터 한반도 남부에 정착했던 사람들이다. 북쪽의 고구려는 끊임없이 중국 및 북동쪽의 야만족들과 전쟁을 치렀다. 후일 고구려가 중국과 신라의 연합군에 의해 멸망할 때 38,300호나 되는 엄청난 수의 고구려인들이 중국인들에게 강제로 끌려가, 강회[36]라는 중국 남부 지방에 정착하였다. 동시에 만 명이 넘는 고구려인들이 폐위된 왕[37]과 함께 중국 군대를 따라 중국으로 갔다. 결국, 백제와 마찬가지로 고구려 전체가 신라에 넘어가고, 역사상 처음으로 한반도 전체가 단일 왕국에 의해 통치되었다. 신라가 한반도를 지배하면서 신라어가 한반도의 언어가 되고, 몇 세기 뒤 세워진 고려도 신라에서 탄생하였기에 오늘날의 한국어가 한반도 남부의 언어라고 주장하는 것은 충분한 역사적 근거를 지녔다고 할 수 있다.

그렇다면 한반도 남부의 언어는 어디서 유래했는가? 언어는 발전이

---

36. 江淮. 누군가 중국 남부의 '강회'라는 마을에 고구려인들의 강제 이주에 관한 이야기가 전해지고 있는지 알아보면 좋을 것이다.

37. 보장왕을 말한다.

요 진화이지, 발명품이 아니다. 언어란 예측 불가능한 것이 아니다. 언어는 민족적 투쟁의 모든 흔적과 상처를 지니고 있다. 지질의 단층처럼 언어의 변천사도 분명하고 결정적인 단서를 제공한다. 한국어는 중국에서 왔는가? 이에 답하기 위해 잠시 우랄알타이 어족의 특징을 요약해보겠다.

- 우랄알타이 어족은 굴절어가 아니라 교착어이다. 오늘날 중국의 언어들은 굴절어이며, 교착어 어디에도 속하지 않는다.
- 우랄알타이 어족은 접두사 대신 접미사를 많이 쓴다. 중국어에는 접두사도 접미사도 없다.
- 우랄알타이 어족은 문장 순서가 예외 없이 주어, 목적어, 술어이다. 중국어는 공통적으로 그렇지 않다.

오늘날의 한국어는 모든 면에서 분명 우랄알타이 어라는 점에 주목하자. 반면 중국어 방언들은 전체적으로 봤을 때 뮐러 교수가 '음성 퇴화'라고 부르는 단계에 아직 도달하지 못했다. 중국어는 아직 원시적 언어이다. 중국어가 고도로 발달한 언어였다면 지금처럼 단순한 형태로 퇴화하지 않았을 것이다. 같은 논리로 한국어가 중국어의 파생물이라면 언어학적 발전의 경쟁에서 한국어가 이토록 중국어를 멀리 따돌렸을 리가 없다. 중국의 조상들은 알파벳 기호의 발명에 앞서서 인류의 발상지라고 불리는 곳[38]과 중국 사이에 있는 산맥을 넘어 중국으로 왔다. 원 중국 조상들이 이렇게 이주한 후에야 목축 시대가 왔고, 높은 산맥을 넘어 가축을 데

---

38. 이란 고원을 말한다.

려오는 것이 불가능하자 중국과 서역의 교류가 끊겼다.

이란 고원을 떠난 다음 무리는 우리가 우랄알타이 어족이라고 부르는 언어를 쓰는 사람들이다. 쿤룬 산맥과 히말라야 산맥의 정상에서 갈라져, 일부는 북쪽의 타타르 평원과 시베리아로 가고 일부는 인도 남쪽의 밀림 지대로 갔다. 그다음의 대규모 이주는 산스크리트 어를 쓰는 무리이다. 이들은 인도로 가 아직 문명을 꽃피우지 못한 우랄알타이 어를 쓰는 사람들을 몰아냈다. 인도에서 쫓겨난 무리는 남쪽의 데칸Deccan 고원으로 도망쳐 실론[39]을 지나 말레이 반도와 주변 섬들로 갔다. 여기서 자연스럽게 질문이 생긴다. 한반도 남부 사람들은 북쪽에서 왔는가, 아니면 이란 고원을 떠나 히말라야 산맥 정상에서 남쪽으로 간 우랄알타이 어족의 대규모 이주 중 마지막 무리가 한반도 남부 해안가에 다다른 것인가? 엄청난 거리를 생각하면 불가능해 보이지만 중국 연안 섬들의 지도를 살펴보면, 중국 본토를 거치지 않고 육지에서 거의 가시거리 정도만 떨어져 있는 섬들을 거쳐 말레이 반도에서 한반도까지 어렵지 않게 갈 수 있음을 알 수 있다.

고대 안남[40]의 군주들은 스스로 인도 남부의 텔루구Telugu 족에서 유래했다고 주장한다. 대만 원주민과 말레이인들은 동족이나 다름없다. 한반도 남쪽에 위치한 제주도[41]란 섬은 먼 옛날부터 조랑말의 서식지였다. 제주도 조랑말과 비슷한 종은 싱가포르와 그 주변 섬들에서만 찾을 수 있다. 제주도 사람들의 특징은 대만 원주민 부족들과 마찬가지로 여성이 남

---

39. 실론(Ceylon)은 스리랑카(Sri Lanka)의 옛 이름이다.
40. 안남(Annam)은 현재의 베트남 북부 및 중부 지방을 말한다.
41. 원문은 'quelpart'이다. 당시 서양인들은 제주도를 'quelpart', 'quelparte' 등으로 표기했다.

성 못지않게 체격이 좋다는 점이다. 전설에 의하면 제주도의 세 현인이 남동쪽에서 떠내려온 세 개의 상자를 발견하였는데, 각각의 상자에 개, 송아지, 망아지 한 마리씩과 여인 한 명이 들어 있었다고 한다. 이러한 이야기들이 하찮아 보일 수도 있지만, 필자가 앞의 글에서 밝힌 사실들과 종합해보면 한민족이 남쪽에서 유래했을 수 있다는 가능성 그 이상을 보여 준다.

우선 언어 자체가 민족의 기원 문제를 답하는 데 어떤 도움을 줄지 살펴보자. 필자는 이 연구를 위해 다음의 서적들을 주로 참고했다. 아담의 ≪만주어 문법≫[42], 레뮈자의 ≪타타르 어 연구≫[43], 콜드웰의 ≪드라비다 제어 문법 비교≫[44], 클라프로트[45]의 명구집名句集 Chrestomathy, 그리고 다양한 한국의 역사책들이다. 한국어와 비교하는 기준 언어로 인도의 드라비다 어Dravidian languages를 택했다.[46] 이는 말레이 방언이나 대만이의 성질에 관해 제대로 쓰인 자료가 없어서이다. 한국어와 드라비다 어를 비교하여 다음과 같은 특징을 발견하였다.[47]

1. 한국어와 드라비다 어에 쓰이는 모음이 같다. 또한, 두 언어 모두 우랄

---

42. 아담((Lucien Adam, 1833~1918)은 프랑스의 언어학자이다. 원서는 'Grammaire de la langue mandchou(1873)'이다.
43. 레뮈자((Jean-Pierre Abel-Remusat, 1788~1832)는 프랑스의 중국어 학자이다. 원서는 'Recherches sur les languages tartares(1820)'이다.
44. 콜드웰(Robert Caldwell, 1814~1891)은 영국의 선교사이자 언어학자이다. 드라비다 어족을 학문적으로 정립하였다. 원서는 'A Comparative Grammar of the Dravidian or South Indian Family of Languages(1856)'이다.
45. 클라프로트(Julius Heinrich Klaproth, 1783~1835)는 독일의 동양학자이다.
46. 헐버트는 1905년에 ≪한국어와 드라비다 어의 비교 연구(A Comparative Grammar of The Korean and The Dravidian Languages)≫라는 152쪽의 책을 저술하여 한국어와 드라비다 어와의 문법적 관계를 세밀하게 비교하였다.
47. 타밀(Tamil), 텔루구(Telugu), 말라알람(Malayalam), 투다 · (Tuda), 카타 · (Kata), 곤드(Gond) 및 인도 남부와 실론의 쿠(Ku) 부족 등이 쓰는 언어를 말한다.

알타이 어족인 타타르 어에서는 흔하지 않은 부드러운 'e', 'o', 'a' 소리를 계속 쓰고 있다. 두 언어 모두에서 'l', 'r', 'd' 소리가 서로 대체 가능하다. 두 언어 모두 유성음화한 대기음vocalized aspirates인 'z'와 'v'를 쓰지 않으며, 음절의 시작에서 중자음重子音을 쓰지 않는다. 두 언어 모두 't'와 's'를 자주 교환하여 쓰며, 비음화鼻音化 법칙이 같다.

2. 두 언어 모두 'to be(있다)'의 뜻을 갖는 동사가 두 개이다. 하나는 존재의 의미이고 다른 하나는 단순한 연결사이다.[48] 두 언어 모두 긍정과 부정을 뜻하는 동사가 따로 있다.[49]

3. 격格에 관해서는 콜드웰의 드라비다 어에 관한 다음의 언급이 한국어에도 정확히 적용된다. 그는 "명사에 붙는 모든 후치사後置詞는 엄밀히 말하면 새로운 격을 구성한다. 따라서 격의 개수는 말하는 사람의 필요와 말하는 사람이 표현하고자 하는 의미의 다양성에 달려 있다."라고 했다.

4. 두 언어 중 어느 것도 성별을 어형 변화로 나타내지 않는다. 둘 다 형용사에 비교급이 없다. 둘 다 숫자에는 최소한 부분적으로나마 명사와 형용사 두 가지 형태가 있다.[50]

5. 두 언어의 문장 순서가 같다. 주어, 목적어, 서술어 순이고 수식어는 모두 이들 앞에 두지만, 동사의 복합 수식어는 어느 것보다 가장 먼저 온다. 둘 다 관계 대명사가 없는 대신 관형절을 쓴다. 둘 다 대명사의 대상이 멀리 있는지 가까이 있는지를 현저히 드러낸다.[51]

---

48. '잇다'와 '일다' ['있다'와 '이다'를 말한다. 옮긴이]
49. '잇다'와 '업다' ['있다'와 '없다'를 말한다. 옮긴이]
50. '하나'와 '둘'은 명사, '한'과 '두'는 형용사
51. '여기', '저기', '거기'의 차이를 말한다.

6. 두 언어 모두 동사의 어간은 주로 단음절이고, 원 어근crude root을 흔하게 명령어로 쓴다.[52] 보조 모음helping vowel이 필요한 경우 두 언어 모두 같은 형식의 보조 모음을 사용한다.[53]

7. 두 언어 모두 영어 전치사에 해당하는 관계 명사를 가지고 있다.[54] 둘 다 하나의 행위에 대한 여러 관점을 나타내는 파생 접사를 동일하게 사용한다.[55]

8. 드라비다 어의 몇몇 방언에서 중복형이 나타나는데 아마도 산스크리트 어의 영향으로 보인다. 한국어에서도 어간 '가'를 명령형으로 중복한 '가꾸가'라는 특이한 형태를 볼 수 있다. 두 언어 모두 복수는 별개의 복수화 접사particle of pluralization를 사용하여 만들고, 단수는 수사數 詞 '한one'을 쓰는 경우가 흔하다.[56] 한국어는 생물과 무생물을 나타내는 격 어미가 따로 있으며, 드라비다 어도 생물과 무생물의 구분을 나타내는 별개의 복수화 접사가 있다. 이야말로 흥미로운 우연의 일치가 아닌가. 한국어에 복수 중복이 있듯이 드라비다 어도 복수 중복이 있다.[57] 일부 드라비다 어 방언에서 복수를 만들면서 '갈gal'이라는 접미사를 쓴다. 그런데 '갈'의 옛 형태는 '탈tal'이다. 한국어도 복수를 만들면

---

52. 예를 들어 '가'가 명령어로도 쓰일 수 있음을 말하는 것으로 보인다.

53. 어간 '달'은 '다르다'가 되며, 여기서 '—'가 보조 모음(helping vowel)이다. ['—'는 '르'의 '—(으)'를 말한다. 옮긴이]

54. '집안(inside the house)' 또는 '물속에(in the water)'에서 '안'과 '속'은 분리할 수 있고 어형을 변화할 수 있는 진짜 명사이다.

55. '볼만ㅎ다' 또는 '갈줄아오'에서 '만'과 '줄'이 파생 접사이다.

56. 한국어에서 '한날'(영어로 'one day')이라고 하듯이, 드라비다 어에서도 '한 소'를 뜻하는 'adu madu(영어로 'one ox' 또는 an ox)'라고 한다.

57. 한국어에서 'I'는 '나', 'we'는 '우리'인데, '우리들'이라는 표현을 볼 수 있다. '우리들'은 복수형 또는 복수어미로서 이는 복수의 중복이다. 마찬가지로 드라비다 어에서 '그'는 '아반 (avan)', '그들'은 '아바르 (avar)'인데, '아바라갈 (avaragal)'이라는 복수 중복을 볼 수 있다.

서 '들teul'이라는 어미를 쓴다. 이는 우연의 일치를 넘어선 것 아닌가.

9. 두 언어 모두 수단을 나타내는 격을 때때로 '가지다to take'라는 동사의 분사 형태를 써서 만든다.[58] 또한, 두 언어 모두에 접속격이라고 부를 만한 것들이 있다. 한국어에는 '와'와 '과', 드라비다 어에는 'otu'와 'to' 가 있다. 처소격處所格에 'k'를 쓰는 흥미로운 유사성도 있다. 예를 들면 한국어에는 '(사람)에게(euike 또는 euige)', 타밀 어에는 'ku', 텔루구 어에는 'ki', 옛 카나라 어old Canarese에는 'ke' 또는 'kke', 스리랑카 어에는 'ghai', 티베트 어에는 'gya', 동양계 터키 어에는 'ge', 'ga', 또는 'ghah'가 있다. 반면 만주어에는 'de', 몽골 어에는 'dou', 오스탸크[59]어에는 'a'가 있다. 타밀 어 'il', 라틴 어 'in', 한국어 '안'이 모두 처소의 의미 '속'과 부정의 의미 '아니다' 둘 다를 지니고 있음은 특이하다기 보다는 매우 놀랄만한 사실이다.

10. 한국어와 드라비다 어에는 인칭대명사 성질의 접미사가 없다. 반면 터키 어, 위구르 어, 오스탸크 어 및 기타 스키타이계[60] 우랄알타이 어족에는 공통으로 인칭대명사 성질의 접미사가 있다. 그 예로 '나는 ~를 죽인다I kill'를 뜻하는 만주어 어구 'wambi'에서 'bi'는 인칭대명사이고, '나는 갑옷을 입는다I put on armor'를 뜻하는 'uksulembi'에서 'bi'는 대명사적 접미사pronominal suffix이다. 이는 한국어와는 근본적이고도 중대한 차이이며, 한국어가 북쪽에서 유래했다는 이론을 받

---

58. 한국어 '낫 가지고 풀 비어라'를 직역하면 'take the sickle and cut the grass'이고 의역하면 'cut the grass with the sickle'이다. 마찬가지로 타밀 어 방언에도 'Kadei kondu', 즉 '칼을 가진 채(having taken the knife)' 또는 '칼로(with the knife)'라는 뜻의 말이 있다.

59. 오스탸크(Ostyak, 원문은 Ostiak)는 시베리아 서부에서 우랄(Ural)지방에 걸쳐 거주하는 핀(Finn)족의 한 부족을 말한다.

60. 스키타이(Scythia)는 흑해, 카스피 해의 북동부를 중심으로 활약했던 옛 왕국을 말한다.

아들이기 어려운 증거이다.[61]

11. 한국어와 드라비다 어 둘 다에서 명사 뒤에 동사 '되다to become'의 분사 형태인 '형용 분사adjective participle'[62]를 붙여 형용사를 만드는 경우가 매우 흔하다.[63]

12. 형용사를 비교해 보면 또 하나의 놀라운 유사성을 볼 수 있다. 한국어는 최상급의 개념을 '데일(제일)'과 같은 몇몇 한자어 부사로 직접 표현하거나 '이 모든 책 중에 사기史記가 좋다'[64]라는 말처럼 '～사이에서'라는 뜻의 '중에(중에)'라는 단어로 '최고'의 의미를 간접적으로 표현한다. 드라비다 어도 정확히 같은 방법을 쓴다. 그러나 비교급의 정도를 보면 그 유사성이 더욱 놀랍다. 두 언어 모두 '보다to see'라는 동사의 어근을 이용한다. 한국어로 흔히 '보덤'이라고 하지만 이는 '보다'를 상스럽게 말한 것이다. '이 붓이 그보덤 좋소'[65]라는 표현을 직역하면 "This pen, when you look at that one, is good'이다. 다시 말하면 'this pen is better than that'이다. 물론 '보다'가 'to see'라는 동사에서 왔다고 보는 것에 이의를 제기할 사람도 있을 수 있다는 점을 필자도 안다. 하지만 '보다'는 동사와 형태가 같고 또한 현저한 유사점들이 많은 같은 계통의 언어에서 정확히 동일한 용어를 볼 수 있기

---

61. 드라비다 어족의 고도로 발달된 두세 언어에 대명사적 접미사가 있다. 그러나 이 접미사들의 어근 추적이 불가하다. 이는 이 접미사들이 산스크리트 어에서 영향받았음을 강력히 뒷받침한다. [원문 각주의 'pronominal suffices'는 'pronominal suffixes'의 오류로 보았다. 옮긴이]

62. 헐버트는 '되다'가 '된'이 되는 형태를 'adjective participle'이라 이름 붙였다. 옮긴이가 이를 '형용 분사'로 옮겼다.

63. '거지된사름'은 말 그대로 영어 'a man who has become a beggar(거지된 사람)'를 뜻한다. 드라비다 어에서도 같은 어법을 발견할 수 있다.

64. 원문 '이모던쵝즁에 亽긔됴다'를 현대문으로 옮겼다.

65. 원문 '이부시그보덤됴소'를 현대문으로 옮겼다.

에, 이 말의 파생에 대한 더 나은 이론이 나오지 않는 이상 우리는 앞의 주장을 받아들이기를 회피해서는 안 된다. 필자는 이 용어를 드라비다 어에서 찾기 전부터 '보다(보뎀)'가 '보다to see'에서 유래되었다고 결론지은 바 있다.

13. 언어의 비교연구에서는 인칭대명사의 연구가 가장 유용한 방법이다. 인칭대명사야말로 변증법적 변화와 음성 퇴화를 가장 느리게 겪는 단어들이기 때문이다. 따라서 필자는 남부 우랄알타이 어족과 북부 우랄알타이 어족의 몇몇 대표적인 언어들의 일인칭 및 이인칭 대명사를 표로 만들어 비교해보았다.

일인칭 대명사 '나(I)'의 언어별 비교표

남부 우랄알타이 어		북부 우랄알타이 어	
Southern Turanian.		**Northern Turanian.**	
Tamil	*na* – " I "	Turcoman	*mam* — " I "
Malayalam ...	*nyan* „	Finnish	*mina* „
Canarese ...	*nan* „	Lapp	*mon* „
Tulu	*yan* „	Esthonian ...	*ma* „
Telugu ...	*nen* „	Votiak	*mon* „
Ku	*na* „	Ostiak ·	*ma* „
Gond	*ana* „	Manchu·	*bi (mi)* „
Korean ...	*na* „	Mongolian ...	*bi (mi)* „
		Ugrian	*mon* „

위의 표를 보면 남부 어족은 공통으로 'na(나)' 하나만을 일인칭으로 쓴다. 약간의 변형은 있지만, 전체적으로 놀랍도록 일치한다. 북부 어족도 공통으로 'm'을 쓰지만 모음이 조금 더 다양하다.

이인칭 대명사 '너(You)'의 언어별 비교표

남부 우랄알타이 어   북부 우랄알타이 어

nothern branch uses *m* but with a greater range of vowels.

Southern Turanian.				Northern Turanian.			
Tamil	...	...	*ni*—"you"	Magyar	...	...	*te*—"you"
Malayalam		...	*ni* "	Mongolian		...	*chi* "
Tulu	.:.	...	*m* "	Finnish	...	...	*si* "
Tuda	...	...	*ni* 66 "	Turkish·	...	.:.	*sen* "
Telugu	...	...	*nivu* "	Georgian	...	...	*shen* "
Gond	...	...	*inna* "	Samoiede	...	...	*tan* "
Ku	...	...	*inu* "	Lapp	...	...	*don* "
Korean	...	...	*ni* "	Vouak	...	...	*ton* ..

위의 표를 보면 남부 어족은 예외 없이 'n'을 쓴다. 반면 북부 어족은 't', 's', 'd'를 주로 쓰며, 이들은 하나의 소리가 변형된 것이라고 언어학자들은 일반적으로 인식하고 있다. 언어학의 권위자인 카스트렌[67]은 남부의 'n'이 북부의 't'에서 왔다고 보았지만, 베히스툰 비문[68]에서 'ni'가 처음부터 또는 아주 고대부터 이인칭의 기본이었음을 보여 주어 이 문제는 종결되었다.

모든 우랄알타이 어에서 동사 및 동사의 어형 변화가 워낙 중요한 역할을 하기에 이에 대해 더욱 상세히 살펴보자.

14. 우선 태態를 보자. 대부분의 북부 언어에는 수동태가 있지만 한국어

---

66. '사격(斜格)'의 경우에는 'ni'이다. ['사격'은 명사, 대명사의 주격과 호격을 제외한 여타 격을 말한다. 옮긴이]

67. 카스트렌(Matthias Castrén, 1813~1852)은 핀란드의 언어학자이다. '우랄알타이 어족'이라는 용어를 처음 사용하였다.

68. 이란의 베히스툰(Behistun) 산에 위치한 비문을 말하며 1830년대에 발견되었다. 같은 내용의 글이 고대 페르시아 어, 엘람 어, 바빌로니아 어의 세 설형문자로 적혀 있어 고대 글자 해독에 중요한 역할을 했다.

를 포함한 남부 언어에는 수동태가 전혀 없다. 한국어와 드라비다 어모두 수동태의 개념을 명사형名詞形을 사용하여 불완전하게 표현한다. 두 언어 모두 '형용 분사'를 능동태, 수동태에 함께 쓴다. 예를 들어 '어제 만든 울타리'[69]는 영어 'the fence which was made yesterday'와 같은 뜻으로 수동태이지만, '이 울타리 만든 사람'[70]은 영어 'the man who made this fence'와 같은 뜻으로 능동태이다.[71]

두 언어에서 '계사繫辭 appellative verb'[72]는 같은 특성을 지니며 현재형으로만 쓰인다. 한국어의 '이다'[73] 처럼 말이다. 두 언어 모두 동사가 '어간', '시제 표시', '법 어미modal ending' 세 부분으로 나뉘며, 바로 동사의 시작점[74]에서 가장 두드러진 일치점을 발견할 수 있다. 드라비다 어는 오로지 현재형에서만 법을 나타내는 어미를 '형용 분사'에 붙여 동사를 이룬다. 한국어는 어떤가? 'to eat'이라는 뜻의 동사 '먹~'을 보자. '먹는'이 현재형 '형용 분사'이고, '먹을'이 미래형이며, '먹은'이 과거형이다. 법 어미 '다'를 현재형 '먹는'에 붙이면 '먹는다'가 되어 동사가 만들어지지만, 미래형 '먹을'이나 과거형 '먹은'에는 붙일 수 없다. 즉 '먹는다'는 되지만 '먹을다' 또는 '먹은다'는 안 된다. 드라비다 어에서도 정확히 같은 점을 발견할 수 있다. 지면이 부족하여 예시를 더 들지 못하는 것이 아쉽다.

---

69. 원문은 '어제몬톤울타리'이다.

70. 원문은 '이울타리몬톤사람'이다.

71. '만든'이 수동태, 능동태 모두에 쓰인다는 뜻이다.

72. '계사'는 '코퓰러(copula)'라고도 한다. 원문의 'appelative'는 'appellative'의 오류이다.

73. 원문은 '이라'이다. '이다'의 오류로 보았다. 헐버트의 저서 ≪한국어와 드라비다 어의 비교 연구≫에도 '이다'로 나와 있다(81쪽).

74. 원문은 'at the very threshold'이다. 동사 어간에서 활용이 시작되는 지점을 말하는 것으로 보인다.

드라비다 어의 시제와 관련하여 다음과 같은 특징을 발견하였다.

"드라비다 어 시제 대부분은 동사의 분사 형태로 만들어지며, 분사에는 두 종류가 있다. 하나는 관계 대명사의 의미를 포함하기에 '관계 분사(relative participle, 필자가 '형용 분사'라고 이름 지은 것과 같은 형태)'라 하고, 다른 하나는 동사의 시제를 구성하는 기초이기에 '동사 분사verbal participle'라 한다. 그러나 이러한 동사 분사는 사실상 형용사의 성질을 전혀 갖지 않기에 분사라 할 수 없다."

위의 특징을 한국어에 적용해보자. 동사 어간 '먹~to eat'에는 관계 분사(또는 형용 분사) '먹는', '먹을', '먹은'이 있으며, 이들을 영어로 옮기면 각각 '~that is eating', '~that will eat', '~that has eaten'이다. 반면 동사 분사로는 '먹으'(이제는 쓰이지 않음), '먹게', '먹어'가 있고 이러한 형태를 기초로 시제가 만들어진다. '먹게'에서 '먹겟다(먹겠다)'가, '먹어'에서 '먹엇다(먹었다)'가 왔다. 이는 드라비다 어와 한국어의 놀라운 일치이고, 이러한 특징이 북부 언어들에서는 흔치 않다는 점을 고려하면 이러한 일치는 두 언어의 유사성을 거의 결정적으로 뒷받침한다.

한국어를 만주어나 여타 북부 언어들과 비교해 보면 그 언어들이 우랄 알타이 어족의 일반적 법칙을 공통으로 따르고 있음이 발견되기는 하나, 대부분 언어들이 이러한 일반적 법칙에서 사실상 현저하게 벗어났음을 볼 수 있다. 이 언어들에서 법, 시제, 격의 변화가 때때로 어근의 모음이 변형되어 이루어진다. 예를 들면 성별의 구분이나 반의어의 형성이 단어의 내부 변화에 의해 이루어진다. 만주어의 예를 들겠다. 만주어에서 '아버지'는 '아마ama', '어머니'는 '에메eme', '남자'는 '하카haka', '여자'는 '헤헤hehe', '수새'는 '아밀라amila', '암새'는 '에밀레emile', '강한 정신'은 '강겐ganggen', '약한 정신'은 '겡겐genggen', '올라가다'는 '와시메wasime', '내려가다'는 '웨시메wesime'이다. 이러한 현상은 의심할 여지 없이 한국어와는 현저하게 다르다.

인칭대명사의 접미사 사용에서도 만주어를 비롯한 북부 언어와 한국어의 차이를 발견할 수 있다. 관계 분사와 동사 분사의 구별이 전혀 없다는 점도 북부 언어와 한국어 간에 쉽게 좁힐 수 없는 차이이다. 또한, 만주어에서 'I am'을 뜻하는 'bibimbi'가 'If I am'을 뜻하는 'bi akibade-bici'가 되듯이, 동사의 어떤 법mode을 형성할 때 '2음절 동사 어근dissyllabic verb roots' 사이에 음절을 끼워 넣는 것을 알 수 있다.

한국어의 기원을 북쪽에서 찾으려는 이론은 앞의 이러한 네 가지 사항들에 대해 만족스러운 설명을 내놓아야 할 것이다. 한민족이 너무 이른 시기에 북쪽에서 한반도로 들어온 나머지 북아시아에 그들이 지나온 흔적이 거의 남지 않았다는 주장이 있다는 것을 필자도 알고 있다. 그러나 한민족 또는 그들의 선조가 아무리 일찍 한반도에 왔다고 해도, 인칭대명사 '나na'를 이란 고원에서 중국 북부를 돌아 한반도 남쪽 해안까지 가져오면서 어떤 부족에도 또는 어느 방언에도 아무런 흔적 하나 남기지 않고 올 수 있다고 믿을 사람이 있겠는가? 만약 있다면 언어학이 해야 할 과업이란 헤라클레스[75]가 한 일보다 더욱 힘든 일일 것이다.

준비 부족으로 인한 이 논문의 빈약한 결과에 양해를 구하면서, 한국어와 드라비다 어의 어휘의 유사성에 관한 비교표를 제시하고자 한다. 드

75. 헤라클레스(Heracles)는 그리스 신화에 나오는 힘이 가장 센 영웅이다.

라비다 어 단어 250개 중 한국어와 유사한 단어들은 다음과 같다.

드라비다 어	한국어	영어
Dravidian	Korean.	Translation.
Na	Na	I
Ni	Nŏ	You
Ka	K'yŏ	To light
Tiru	Tora	To turn, back ward
Pey	Pi	Rain
Meyk ka	Mok (ita)	Feed
Tadi	Tadi [76]	Stick
Iru	Iro (na o)	To rise
Kadi	K'al	Knife
Natt	Tat	To shut
Al	An	Not
Wo	O	Come
Kevi	Kui	Ear
Kon	(In) gum	King
Chak	Chug	To die
Njayir	Nal	Day
Pal	Pan	Half
Manu	Namu [77]	Wood
Am	Am	Yes (of course)
To	Do	And
I	I	Ending of nouns of age
Natakkun	Tangi	To walk
Pillei	Piri [78]	Settlement, town
Or	Ro [77][78]	

운 좋게도 이 표에 우리가 가장 주시하는 단어 두 개 'Pillei'와 'or'가 들어 있다. 둘 다 드라비다 어로 '공동체' 또는 '마을'을 뜻한다. 앞선 글에서 한반도 남부의 초창기 공동체 이름을 제시했다. 그 중 많은 수가 'piri(비

---

76. '울타리'에서처럼
77. 자음의 전치는 일반적인 변증법적 변화이다.
78. 옛 마한의 많은 이름들의 어미이다.

160   2부 한글과 견줄 문자는 세상 어디에도 없다!

리)'와 'ro(로)'로 끝났다. 두 언어 모두에서 'l'과 'r'의 교환이 가능하기에, 한국어 어미 'piri'는 드라비다 어 'pillei'와 같아 보인다. 마치 '볼턴Bolton', '보스턴Boston', '윌밍턴Wilmington'의 '~턴-ton'처럼 말이다. '로ro'라는 어미는 드라비다 어 'or'에서 왔을 수도, 안 왔을 수도 있지만 음성 퇴화 과정에서 전치가 흔히 발생하기에 전치의 가능성도 충분히 있다고 볼 수 있다.

만주어 단어 810개의 어근을 분석해 보았다. 한국어와 조금이라도 비슷한 단어는 다음이 전부였다.

만주어	한국어	영어
Manchu.	Korean.	Translation.
Amta	Mat	Taste
Eje	Ijŏ (prŏita)	Memory
Abo, elder brother	Ao, younger brother	
Ama	Abaji	Father
Hosu	Su	Power
Agi	Agi	Baby

앞의 예시들을 보면 한국어와 만주어의 유사성이 대체로 두드러지지 않음을 알 수 있다.

임의로 선택한 드라비다 어 단어 250개 중에서 24개, 약 10% 정도가 한국어와 비슷하지만, 만주어 단어 810개 중에는 6개, 즉 고작 0.8 퍼센트 정도만 한국어와 비슷하다.

베어드 씨의 '한국어 로마자 표기'에 대해

(Mr. Baird on Romanization)

≪한국소식(The Korean Repository)≫ 1895년 6월호 사설

음절문자에서는 어떨지 몰라도 음소문자에서는 음가音價까지 완벽할 정도로 정확히 표현할 수 있는 발음 기호 표는 현실적으로 불가능하다고 여겨왔다. 의심쩍게 들릴지 모르지만 발음 기호 표를 만드는 일반 원칙은 정확도보다 실용성에 무게를 두어왔다.

Whatever may be the case in syllabaries, so far as an alphabet is concerned absolute accuracy as to the sound value seems to have been deemed to lie outside the possibilities of a practicable table of symbols. Dubious though it may seem at first, practicability rather than precision has been the chief principle upon which tables of symbols have been constructed to represent sounds.

이 글은 ≪한국소식≫ 1895년 6월호 사설로 글쓴이를 밝히지 않으면서, '우리we'라는 표현을 썼다. '우리'는 ≪한국소식≫ 편집진을 말하며, 헐버트는 당시 ≪한국소식≫의 경영과 편집에 직접 참여하였다. 이 사설이 실린 두 달 뒤인 1895년 8월에 헐버트가 발표한 논문 〈Romanization Again〉에 '다시'라는 의미의 'Again'이라는 단어가 들어 있으며, 사설 내용도 헐버트가 〈Romanization Again〉에서 밝힌 견해와 거의 일치한다. 따라서 헐버트가 이 사설을 직접 썼거나 글 작성을 주도하였다고 추정하여 '헐버트 글 모음'에 포함하였다. 옮긴이

베어드 씨의 '한국어 로마자 표기'에 대해

(Mr.Baird on Romanization)

한국어 로마자 표기와 관련하여 ≪한국소식≫ 5월호에 발표한 베어드[1]씨의 글은 시의적절 했을 뿐만 아니라 내용도 포괄적이어서 한국어 연구가들의 많은 시선을 끌었다. 베어드 씨는 예리하고도 신랄한 비판으로 과거의 어리석음을 들추어내며 개혁을 부르짖었다. 오랫동안 한국어 로마자 표기에 대해 다양한 의견이 설왕설래하였기에 앞으로 흥미로운 논쟁이 불붙을 것으로 보인다. ≪한국소식≫ 편집진은 지면이 허락하고 편집 목적에 부합하는 한 이러한 논의를 적극 환영하며, 한국어 로마자 표기를 보다 명료케 하기 위해 성심성의껏 돕겠다. 그러나 이 주제의 논의에 참여하기를 원하는 사람들은, 논의의 목적이 다수가 동의하는 원칙에 따라 합의점을 도출하는 것임을 명심해야 한다. 따라서 건설적이지 않은 비판은 받아들일 수 없다.

이 글에서 한국어 로마자 표기 문제를 완벽히 다루기란 불가능하다. 하지만 당면한 과제는 짚고 넘어가야 한다. 당면한 과제는 한국어에 익숙하지 않은 사람들에게 어떻게 하면 영어 알파벳 기호를 이용하여 한국어 발음을 올바로 전달할 수 있는가이다. 특히 영국인과 미국인을 대상으로

---

1. 베어드(William M. Baird, 1862~1931)는 장로교 선교사로 1891년 조선에 왔으며, 1897년 평양에 숭실학당(숭실대학교로 발전)을 설립하였다.

말이다. 이제 한국어 로마자 표기에 대한 논의의 초점은 명확해졌다. 따라서 합의를 위한 큰 걸음을 이미 떼었다고 볼 수 있다.

베어드 씨는 그의 글에서 일정불변의 발음기호 체계는 필수 조건이라면서 영어 알파벳을 보충하는 '발음 구별 부호'를 가미하여 만족할 만한 기호 체계를 만들 수 있다고 주장하였다. 한국어 로마자 표기에서 정확도야말로 절대적으로 중요하며, 정확도를 위해서는 표준화된 발음 구별 부호 체계를 써야 한다는 것은 일반 원칙이다. 공정하게 평가하자면 베어드 씨가 제시하는 기호 체계는 이러한 원칙을 훌륭하게 따르고 있다. 그는 웹스터Webster 사전 이용자들에게 익숙한 발음 구별 부호를 바탕으로만든 60개 정도의 기호를 통해 한국어의 어형 변화를 대부분 표현할 수 있다고 주장한다. 그런데 바로 이 점에 문제가 있다. 절대적 정확도가 필수 조건이라는 일반 원칙을 인정하고, 그러한 원칙 아래 베어드 씨가 주장하는 체계 또는 이와 비슷한 기호 체계가 만들어졌다고 치자. 그러나 우리가 아는 바로는 '발음 기호 표'를 쓰는 나라들에서는 정확성이 필수조건이라는 원칙이 결코 받아들여진 적이 없으며, 구어의 모든 불규칙성까지를 망라한 완벽한 문자는 존재하지 않는다. 음절문자에서는 어떨지 몰라도 음소문자에서는 음가音價까지 완벽할 정도로 정확히 표현할 수 있는 발음 기호 표는 현실적으로 불가능하다고 여겨왔다. 의심쩍게 들릴지 모르지만 발음 기호 표를 만드는 일반 원칙은 정확도보다 실용성에 무게를 두어 왔다. 물론 일정한 정확도를 가진 실용성을 말한다.

실용성을 위해서는 베어드 씨가 제안한 기호들의 숫자를 상당수 줄여야 할 필요가 있다. 영어, 그리스 어, 독일어, 한글 등 여러 음소문자들을 볼 때 한 25개가 적당할 것 같다. 부담 없이 받아들일 수 있는 편리한 체계가 필요하며, 일단 쓰기 시작하면 금방 상당한 수준에 도달할 수 있는 표기법이어야 한다. 이러한 목적에 비추어 기호 수가 25개를 넘으면 부담스러울뿐더러, 궁극적으로는 실용적이지도 않다. 발음 구별 부호가 많을 수밖에 없는 베어드 씨가 제시한 기호 체계는 일상적 글쓰기에서는 사용되지 않고 있다. 그뿐만 아니라 머리와 손 모두 이 체계를 받아들이기가 쉽지 않고 눈에도 친숙하지 않다. 이러한 점에서 베어드 씨가 제시한 체계는 이용에 어려움이 많을 것이 확실하다. 더욱이 로마자 표기법을 자주 쓰지 않는 사람에게는 이토록 부담스러운 체계는 바로 잊힐 수 있고, 이 체계에 익숙해질 가능성도 전혀 없다.

결론적으로 기호 수는 가능한 한 적어야 하며, 다음과 같은 일반 원칙의 보충이 필요하다고 본다.

1. 무성 파열음은 기본적으로 강하게 표기한다.[2]

2. 발음 구별 부호diacritical mark는 '어'의 경우에 한해서 필요할 때 쓴다.

3. 활음조 현상euphonic changes은 각자의 판단에 맡긴다.[3]

4. 단어를 이루는 음절의 연결은 붙임표(-)로 잇는다.[4]

5. 첫소리가 'ㅅ' 또는 'ㅈ', 또는 이들의 변형으로 시작한 음절의 로마자 표기에서는 이중 모음 'y'를 뺀다.[5]

---

2. 원문은 'Medial consonants as a rule to be hardened.'이다. 'medial'은 그리스 어에서 유성 파열음을 의미한다. 한글에서는 'ㅂ', 'ㄷ', 'ㄱ', 'ㅈ' 등이 유성 파열음이다. 그러나 'ㅂ', 'ㄷ', 'ㄱ', 'ㅈ'이 모음이나 유성 자음 사이에서는 유성음이지만 말 첫머리에서는 무성음이다. 헐버트는 〈한국어 로마자 표기〉에서 '단군'의 예를 들며 '단'의 'ㄷ'(무성음)은 't'나 'd' 중에서 선택할 수 있지만, '군'에서의 'ㄱ'(유성음)은 'g'로만 표기해야 한다고 주장했다. 따라서 'ㅂ', 'ㄷ', 'ㄱ', 'ㅈ'이 무성음일때는 기본적으로 각각 'p', 't', 'k', 'ch'로 표기하자는 주장으로 들린다. 'Medial consonants'를 '중간 자음'으로 해석하면 이 주장에 완전히 배치된다.

3. 예를 들어 '종로'의 '로'는 'ro' 또는 'no'로 각자가 알아서 쓰자는 뜻으로 들린다.

4. 헐버트는 그가 저술한 ≪ᄉᆞ민필지≫의 'ᄉᆞ민'을 'Sa-min'으로 옮겼다.

5. '경기'의 '경(Gyeong)'에는 'y'가 들어갈 수 있으나, '서', '저' 등에는 'y'를 넣지 말자는 뜻이다.

한국어 로마자 표기(Romanization Again)
≪한국소식(The Korean Repository)≫ 1895년 8월호

'가'는 'ka'도 'ga'도 아닌 그 둘의 중간이다. 그래서 어떤 이는 'ka'로 어떤 이는 'ga'로 듣는다. '도'는 'to'도 'do'도 아니고 바로 중간이다. 조선인들에게 이러한 단어 중 하나를 여러 번 연달아 발음해보라고 하면 필자가 위에서 말했듯이 발성이 자음의 전후가 아니라 동시에 일어난다는 사실을 알 수 있다.

'가' is neither 'ka' nor 'ga' but half between and that is why one hears it 'ka' and another 'ga'. '도' is neither 'to' nor 'do' but just between. Let Korean pronounce one of these words to you several times in succession and you will note what I have above said that the vocalization comes neither before nor after the consonant but at the same instant.

또한, '단군'을 'Dan Koun'이나 'Dan Kun'으로 쓰면 안 된다. '군'을 'k'로 시작하면 첫음절의 'n'이 발성을 끊는다는 뜻인데 사실은 발성을 끊지 않기에 'g'로 시작해야 한다. 'Dan' 혹은 'Tan'으로 쓰는 것은 취향에 달렸지만 'kun'과 'gun' 중 고르는 일은 그렇게 할 수 없다.

So in '단군' we cannot say 'Dan Koun' nor 'Dan Kun' because 'k' would mean that the 'n' of the first syllable checks the vocalization, which it does not. One can use his taste in saying 'Dan' or 'Tan' but he cannot rightly use it in saying 'kun' or 'gun'.

한국어 로마자 표기[1]

(Romanization Again)

한국어 로마자 표기법에 대한 논의가 뜨겁다. 한국어 로마자 표기법은 조선에 사는 한글을 잘 아는 외국인들보다 조선 밖의 외국인들에게 한국어 발음의 개념을 정확하게 전달하기 위해 더 필요하다. 한국어 로마자 표기법은 언어학 관점에서도 매우 중요하다. 단어의 발음을 정확히 이해하는 일이 일반인들에게는 그다지 중요하지 않지만, 언어학자에게는 매우 중요하기 때문이다. 본 주제에 대해 베어드William M. Baird 씨가 자신의 견해를 담은 글을 ≪한국소식≫ 1895년 5월호에 발표하였고, ≪한국소식≫은 한 달 뒤 6월호 사설에서 이 글에 대한 견해를 밝혔다. 베어드 씨는 로마자 표기는 정확성이 중요하다면서 발음 기호를 새로이 조합하는 등 복잡한 기호 체계를 써야 정확성을 확보할 수 있다는 입장이다. 반면에 ≪한국소식≫은 사설을 통해 최대한의 간결성을 주장하면서 발음 구별 부호 및 이중 모음 사용을 가능한 한 최대로 줄이자는 입장을 취했다.

---

1. 우리나라 최초의 공인된 한국어 로마자 표기법은 1939년에 발표한 '맥큔-라이사워 한국어 로마자 표기법(The McCune-Reichauer System for the Romanization of Korean)'이다. 현재는 2000년에 정부가 고시한 '국어의 로마자 표기법'이 공식 표기법이다. 언어학자인 서울대학교 이현복 명예교수는 헐버트의 로마자 표기 방식은 '맥큔-라이사워 한국어 로마자 표기법'이나 현재 한국의 '국어의 로마자 표기법'이 연상되는 선구적인 표기 방식이라고 2010년 헐버트 학술대회에서 발표하였다(헐버트박사기념사업회, 한국인보다 한글을 더 사랑한 미국인 헐버트 학술대회 자료집, 2010, 68쪽).

앞의 두 입장을 정리하면 정확하지만 복잡한 것과 간결하지만 부정확한 것, 두 극단으로 나뉜다. 필자는 이 두 가지 입장의 중간 정도의 방식이 더 낫다고 생각한다. 최선의 한국어 로마자 표기법을 찾는 일은 군용 가방에 무엇을 챙길지 결정하는 군인처럼 해야 한다. 무조건 가벼워야 하고 또 필요한 모든 물건을 무조건 포함해야 한다. 따라서 한국어 로마자 표기법은 간단하고도 정확해야 한다. 그런데 처음부터 자명한 사실은 간결성과 정확성은 상충한다는 점이다. 표기법이 너무 간단하면 부정확하고 너무 정확하면 복잡하다. 그렇다면 결론은 하나다. 둘의 중간을 택하여 정확성이 허락하는 한도 내에서 최대한 간결하고, 또 간결성이 허락하는 한도 내에서 최대한 정확해야 한다.

먼저 강세가 없는 단순 모음에 관해 알아보자. 베어드 씨는 ≪한국소식≫ 5월호에서 강세가 없는 모음을 허용하지 않으면서 모든 모음의 아래 혹은 위에 강세 표시를 했다. 그러면서 영어 발음의 미세한 음색까지 표현할 목적으로 만들어진 웹스터 사전의 기준을 따르자고 주장한다. 하지만 그러한 방법은 한국어 로마자 표기법의 일반적 목적을 달성할 수 없다. 첫째, 너무 복잡하다. 항상 그 방법을 사용하여 그 방법을 암기하고 있는 사람에게만 유용하다. 둘째, 복잡할 대로 복잡하면서도 한국어 발음을 올바로 전달할 수 없다.

필자는 무엇보다도 단순 모음의 대륙식 발음 체계를 받아들이기를 권하고 싶다. 정확히 말하면 이 체계는 영국식이나 미국식은 아니다. 그러나 언어를 공부하는 세상의 모든 학생 백에 아흔아홉은 대륙식 발음 체계를 알고 있다. 따라서 동양뿐만 아니라 세계의 언어학자들이 인정하고 공감할 수 있는 체계를 확립하려면 단순 모음의 대륙식 발음 체계를 기본으로 해야 한다.

그러면 'father'의 'a', 'race'에서 'a'가 내는 발음 'e', 'ravine'의 'i', 'note'의 'o', 'rule'의 'u'가 한국어에 어떻게 적용될지를 살펴보자. 필자가 한국 최초 왕조의 시조 이름을 'Tan Gun(단군)'이라고 발음하면, 영어 두 단어 'tan'과 'gun'이 합쳐진 것처럼 들린다고 누군가 흠을 잡는다. 이러한 비난은 그 사람이 영어 발음이 얼마나 비논리적인지 모르고 있음을 단적으로 말해 준다. 유럽 언어 중 영어만큼 로마자 표기에 부적합한 언어도 아마 없을 것이다. 영어식으로 로마자 표기를 하는 언어학자는 없다. 대륙식 발음 체계는 세계적으로 널리 알려졌고, 아마도 영국인이나 미국인들도 웹스터 사전의 발음 구별 부호보다 훨씬 더 대륙식 발음 체계에 친숙할 것이다. 좀 더 자세히 들여다보자.

한국어 '아'는 현재 'ä', 'ah', 'a' 등으로 다양하게 표기한다. 한국어 로마자 표기에서 'a(아)'는 긴소리를 표현할 때와 짧은소리를 표현할 때를 구분하여 두 가지로 표기해야 한다. 그래야 모음 구별점이 없는 단순한 'a'는 'father'에서의 긴 'a' 발음이라는 것을 쉽게 기억할 수 있다.[2]

'오'에 대해서는 이견이 별로 없다. 일반적으로 모음 구별점이 없는 단순 모음 '오'를 'note'의 긴 'o' 소리로 여기며, 'o' 위에 모음 구별점이 필요 없다고 생각한다. '오'가 언제든지 'ŏ' 소리가 난다는 말은 옳지 않다.[3] '숑도(송도)'를 예로 들어 보자. 이 말을 영어 'song'처럼 발음하면 잘못이

---

2. 점이 있을 때는 짧은 '아' 발음이라는 뜻이다.
3. 베어드 씨가 그렇게 주장했다는 말로 들린다.

다. 이때의 '오' 소리가 'note'에서와 같은 평범한 'o' 소리가 아니라는 것은 인정하지만, 영어의 'ŏ'보다는 훨씬 길다.

'이'는 'machine'의 대륙식 'i' 혹은 'hit'의 짧은 'ĭ'이다.

'어'는 모음 중 가장 표기하기 어렵다. 어떤 이들은 독일어의 움라우트 umlaut를 써서 항상 'ö'로 표기한다. 다른 이들은 'ŭ' 또는 'û', 또는 'ä'를 쓴다. '어'가 독일어 움라우트 'ö', 짧은 'ŏ', 짧은 'ŭ' 세 가지 소리를 다 가지고 있음을 예를 들어 보여 주겠다. 한국어 '업소', '벗', '거지'의 '어'는 순수한 독일어 'ö'와 같은 발음이라고 볼 수 있다. 'ö'가 'Purr'의 'û' 소리와 거의 비슷하다는 점은 인정하지만, 영어 'u'를 이처럼 발음하는 경우는 상대적으로 드물다. 아마 영어에서 강세가 붙는 'û'를 아는 사람이 한 명이라면 독일어 'ö'를 아는 사람은 스무 명은 될 것이다.

다음으로 '것', '법', '섯', '젓' 등의 단어를 보자. 이 단어들은 'hot', 'not', 'got' 등에서처럼 단순한 짧은 'o'다. ≪한국소식≫ 5월호에서 베어드 씨는 '법'을 영어 'pup'처럼 발음해야 한다고 하였으나 이는 잘못이다. '법'은 위에 언급한 'hot' 등에서의 'o' 발음과 같다. 이 부분에서 미국인들은 'hot', 'not', 'God', 'sod' 등을 발음할 때 'far'에서의 'a' 소리를 내는 실수를 범한다는 점을 명심해야 한다.

그다음 '병(물을 담는 병의)', '경', '청('충청도'의)'을 보자. 이 단어들에서 '어'는 영어 'sun', 'fun' 등에서와 같은 'u' 소리를 낸다.[4]

---

4. 당시 외국인들은 'ㅓ'와 'ㅕ' 사이에는 사실상 발음 차이가 없다고 보아 일반적으로 '어'로 발음하였다. 헐버트는 '것'과 '병'은 차이가 있다고 주장한 것이다.

'fate'의 'a'가 모음으로 발음되는 경우는 매우 예외적이며, '어'의 동사 어근 뒤에 사역 접미사 '이'가 따라오는 경우를 제외하고는 거의 찾아볼 수 없다. 이는 한국인들이 '어'와 '이'를 묶어 발음하면 'fate'의 'a' 소리가 난다는 점에서 쉽게 이해될 것이다.[5]

'우'는 단순히 'u'로 써도 큰 어려움이 없다. 베어드 씨는 '우'는 특별하게 'pull'의 'oo' 소리로 읽히는 'u'를 제외하고는 절대 영어의 'u' 소리와 같지 않다고 말한다. 그렇다면 'rule', 'rune', 'rude', 'ruse', 'sure', 'brute', 'tube', 'truce', 'truant', 'cure', 'dune', 'nude', 'rumor', 'stupid', 'superior', 'tuber'를 비롯한 수천 개의 영어 단어들은 어떠한가? 이들이 가끔 쓰이는 단어들이란 말인가? '우'를 'ou'로 쓰자는 주장도 마찬가지로 문제이다. 영어 'ou'는, 프랑스 어에서 바로 온 'route', 'rouge', 'troup', 'routine' 등과는 다르게 발음하지만 대체로 'out', 'stout', 'about', 'knout', 'trout', 'proud', 'cloud', 'loud', 'shroud', 'pout', 'gout', 'spout'의 'ou'처럼 발음하기 때문이다. 또한, 프랑스 어에서 단순한 'u'는 '우'와 거의 같은 소리를 낸다. 그렇다면 'u'로 충분한데 왜 더 복잡한 'ou'를 쓰려 하는가? 베어드 씨는 '우'를 로마자로 표기할 때 'oo' 위에 '대시dash'[6] 부호를 붙이자고 한다. 이 역시 '우' 소리가 틀림없지만, 단순한 'u'에 대한 베어드 씨의 반대는 근거가 없으며 그의 주장은 너무 복잡하다고 이야기할 수밖에 없다. 'oo' 위에 별도로 곡절 강세 부호circumflex[7]를 붙이자는 베어

---

5. '에'를 말한다. 뒤에 '에'에 대한 설명이 나온다.

6. '―'를 말한다.

7. '대시'를 말한다.

드 씨의 주장도 논리가 빈약하다. 'oo'는 짧은소리나 긴소리나 별반 차이가 없기에 'oo' 위에 별도의 부호를 추가하여 사람들의 기억력에 부담을 줄 만한 가치가 없기 때문이다.

다음으로 모음 '으'를 보자. '으' 소리는 영어에서도 지속해서 쓰이고 있지만 독립된 모음으로는 인정받지 못하고 있다. '으'는 모든 모음 소리 중 가장 간단한 소리이다. 혀는 입안의 평상시 위치에 있고 입술과 이는 살짝 연 상태에서 특정 소리를 내기 위해 어떤 형태를 이루지 않으면서 내는 소리이다. '으'는 'The man'에서 'The'를 발음할 때의 'e' 소리이다. 'the'에서의 'e'는 무한정 변천하면서 계속 쓰이는 소리이지만, 로마자 표기에서 다른 소리와 구분하여 사용하기에는 쉽지 않은 소리이다. 베어드 씨는 '으'를 프랑스 어 'eu'로 표기한다. 이 방법은 그가 정한 정확도의 원칙에 어긋나긴 하지만 더 나은 방법이 없으니 우리가 수용해야 한다. 그러나 '으' 소리는 절대 프랑스 어 'eu' 소리와 같지 않다. 프랑스 어 'eu'는 'rude'를 발음하는 입술 모양에서 입술을 뒤로 빼지 않은 채 'reed'를 발음하듯이 입술은 살짝 튀어나오고 혀는 살짝 앞으로 던져진 상태에서 발음한다. 반면 한국어 '으'를 발음할 때는 입술은 평상시 위치에 두고, 혀는 앞으로 내미는 대신 보통의 위치에 두거나 조금 뒤로 뺀다. 하지만 여기서는 정확도보다 간결함을 선택하여 'eu'를 써야 한다. 'eu'는 한국어 '으'의 실제 소리와 그리 많이 다르지 않을뿐더러 이미 많은 사람이 'eu'에 익숙해 있기 때문이다.

'ㅇ'는 당연히 서양인의 귀에는 '아'와 다를 바 없다.

필자가 단순 모음의 대륙식 발음을 이렇게 옹호하고 있지만, 이는 동양에서 가장 많이 사용하는 방법을 따르고 있을 뿐이다. 일본의 지명을 보자. 쓰시마를 어떤 이들은 'Tsooshïmä'라 쓰고, 다른 사람들은 'Tsousheemah' 등으로 쓴다. Nagasaki(나가사키)를 어떤 미국인들은 첫 번째 음절이 'nag', 세 번째가 'sack'인 것처럼 발음한다. Nagoya, Saga, Fukuoka, Imabara, Goto, Mikado, Shogun을 비롯한 수많은 단어를 동양에 사는 서양인들은 모음의 대륙식 발음을 이용하여 비교적 정확하게 발음한다. 중국에서는 혼란이 더 크다. 누구는 'Fuchow', 누구는 'Foochou', 누구는 'Fuchou', 또 다른 이는 'Foochow'라고 다양하게 쓴다.

한국어의 이중 모음은 어려움이 매우 크다. '애', '에', '외', '의', '위', '와', '워' 등 여러 개의 이중 모음이 있다. 마지막 세 개는 쉽게 처리할 수 있다. '위', '와', '워'는 단순히 'u'와 'i', 'o'와 'a', 'u'와 'ŏ'의 조합이다. '위'는 영어 'we'를 읽듯이, '와'는 'was'의 'wa'처럼, '워'는 'water'의 'wá'처럼 읽는다.

이중 모음 '애'는 'ä'와 'ai' 등 다양하게 표기한다. 'ä'가 더 바람직하다. 왜 'ai'를 써야 하나? 영어의 보편적 발음을 고려한다면 써야 할 이유가 없다. 영어에서 'air', 'fair', 'stair', 'lair', 'pair' 등 'ai' 뒤에 'r'이 붙을 때 짧은 'a' 소리가 나는 경우가 몇 단어 있는 것은 사실이다. 하지만 이들은 법칙의 예외일 뿐이고, 보편적 발음은 'aim', 'stain', 'brain', 'fail', 'tail', 'sail', 'main', 'waist', 'waif' 등에서 내는 발음이다. 반면 유럽에서는, 프랑스 어는 'ai'를 짧은 'a' 소리로 발음한다. 독일어는 그렇게 발음하지 않으며 합의된 방법도 없다. 이러한 이유로 필자는 명확성을 돕기 위해 강세 부호가 있는 글자를 쓰자고 주장한다.

'에'는 'met'의 'e'와 'fate'의 'a' 두 가지 소리를 가지고 있다. 필자가 알기로는 한국어를 공부하는 사람들 사이에서 'met'의 'e'에 해당하는 '에' 소리는 'ĕ'로 표기해야 한다는 데에 거의 이견이 없다. 유일한 다른 방법은 'eh'를 쓰는 것이다. 'eh'는 일부 계층에서는 쓸지 모르지만 언어학자들은 절대 쓰지 않을 것이다. 너무 어설프기 때문이다. 'fate'의 'a'에 해당하는 '에' 소리에 대해서는 이견의 여지가 더 크다. 세 가지의 로마자 표기 방법이 있을 수 있다. 첫째는 웹스터의 'ā', 둘째는 'day', 'say', 'may', 'clay' 등 다수의 단어에서 쓰이는 것과 같은 두 글자인 'ay', 마지막으로 'régime'이나 'resumé'에서와 같은 'é'이다. 필자는 마지막 방법을 강력하게 주장한다. 영어는 아니지만 모든 영어권 사람들과 유럽인들이 쉽게 이해할 수 있기 때문이다. 또한, 'ā'나 'ay'는 영어권 밖 사람들에게는 미지의 세계이고 특히 'ā'는 많은 영어권 사람들조차 모를 수 있다. 필자는 최대한 여러 사람이 수용할 수 있는 체계를 지지한다. 로마자 표기법이 영국인이나 미국인만을 위한 것이라고는 생각하지 않기 때문이다. 언어학자들이 이 두 나라에만 국한되어 있지는 결코 않다. 우리는 최대한 많은 사람이 새로운 기호 체계를 학습하지 않고도 쉽게 이해할 수 있는 체계를 만들어야 한다.

'외'는 조금 특이한 형태로, 베어드 씨는 'a'자 위와 아래에 대시(−) 부호를 붙여서 표기하고자 한다. 이 특이한 글자는 세계의 주요 금속 활자 제조자들이 판매하는 어떤 활자 목록에서도 찾을 수 없기에 애초부터 이 방법은 불가능하다는 것이 명백하다. '외'는 독립된 모음이고 수직 획을 아예 발음하지 않는다는 말도 있다. 이는 순전히 듣는 이의 귀에 달려 있다. 조선인이 '회당'이라는 단어를 발음할 때 필자의 귀에는 분명히 첫음절에서 두 개의 모음 소리가 들린다. 발음을 시작할 때는 입술과 혀가 'o'를 말하는 위치에 있지만 발음하는 도중에 혀가 갑자기 앞으로 밀쳐져서 마지막에는 'ĕ' 소리가 난다. 'went'의 'we'까지의 소리와 같다고 할 수는 없지만 거의 그렇다. 이러한 이유로 난 'oĕ'로 표기하자고 주장한다.

이중 모음 '와'와 '워' 그리고 삼중 모음 '왜'와 '웨'를 'w'를 사용하여 표기하는 방법은 영어권 사람들에게 가장 쉬운 방법임을 인정할 수밖에 없다. 하지만 이 방법은 철저하게 비과학적이고 오해를 낳을 소지가 있다. 우선 이 방법은 지역적으로 제한적이며 보편적으로 사용되기가 힘들다는 점을 주목하라. 오직 영국인과 미국인만 'w'를 모음처럼 쓴다. 독일인은 이를 'v'로 발음할 것이고, 프랑스인은 아예 사용하지 않는 발음이다. '와'는 'oa'로 써야 하고 '워'는 'uĕ', '왜'는 'oă', '웨'는 'uĕ'로 써야 한다. 하지만 'w'는 너무 뿌리 깊게 쓰여 왔기에 이제 와서 그만 쓰길 바라기도 힘들다. 이 부분을 다음과 같이 정리해봤다.

```
아 and 으 —a—as in "father."     외 -oĕ nearly as we in "went."
오—          o— „  „  "note."      위 —ui—as              "we."
우-          u— „  „  "rule."       와 -oa — as wa in "was."
어 {         ŏ— „  „  "könig."      위 { uŏ— „  wa in "water."
            ō— „  „  "bot."           { uô— „  in German.
            ŭ— „  „  "tub."        의 —eui—not the French.
이 {         i— „  „  "machine."    왜 —oă—as wa in "wax."
            ī— „  „  "tin."         웨 — ué—as wa in "wail."
으 — eu—not the French
익 and 애 -ă— as in "hat."
애 - { é—      as in "régime."
       ŏ—      „  „  "met:"
```

조선에 사는 외국인이 한국어로 말할 때 부딪치는 가장 큰 어려움은 모음이 아니라 자음에 있다. '단'을 어떤 사람은 'dan'이라 하고 누구는 'tan'이라 한다. '죄'를 어떤 사람은 'choĕ'라하고 누구는 'joĕ'라고 한다. '가'를 어떤 사람은 'ka'라 하고 누구는 'ga'라고 한다. 논란이 있는 글자들 은 이래와 같다.

```
ㄱ is sounded k or g.
ㅂ „      „    p or b.
ㅈ „      „    ch or j.
ㄷ „      „    t or d.
```

이 글자들의 영어 발음을 분석해서 문제의 해결책을 찾아보자. 영어 에서 이 글자들은 모음 소리를 동반하지 않고는 전혀 발음할 수 없는 '진 성 자음true consonant'이라는 점을 주목하자. 진성 자음은 발성 기관이 모 음 소리를 낼 때 생기는 일종의 파열음이거나 모음 소리를 갑작스럽게 멈 추면서 나는 불파음이다. 'ㄱ'의 'ka'와 'ga'는 연구개음 파열음, 'ㄷ'의 'ta'

와 'da'는 치음 파열음, 'ㅈ'의 'cha'[8]와 'ja'는 설음 파열음, 'ㅂ'의 'pa'와 'ba'는 순음 파열음이다. 반면 'ak'와 'ag'는 연구개음 불파음, 'at'와 'ad'는 치음 불파음, 'ack'와 'aj'는 설음 불파음, 'ap'와 'ab'는 순음 불파음이다.

그럼 영어에서 둘 다 연구개음인 'ka'와 'ga' 소리는 어떻게 다른가? 'ka'는 파열음인 'k' 직후에 발성이 시작되지만, 'ga'는 파열음인 'g' 직전에 발성이 시작된다는 데에 그 차이가 있다. 단어 'cane'과 'gain'을 완전히 멈춰가면서 여러 번 하나씩 하나씩 발음해보면, 'gain'을 발음하려면 'g' 소리가 시작되기 전에 성대 소리를 내야 한다는 것을 알 수 있다. 't'와 'd'도 마찬가지다. 'to'와 'do'를 연달아 읽어보면 'do'에서는 발성이 자음 소리 전에 시작된다는 것을 알 수 있다. 'ch'와 'j'도 마찬가지이며 'chew'와 'jew'에서도 명백히 알 수 있다. 'pay'와 'bay'에서 'p'와 'b'도 마찬가지이다. 우리는 이러한 글자들에서는 발성이 자음 소리 직전이나 직후에 이루어진다는 점을 하나의 법칙으로 만들어야 한다. 그런데 문제는 한국어는 발성이 파열 전후가 아니라 파열과 동시에 일어난다는 사실이다. '가'는 'ka'도 'ga'도 아닌 그 둘의 중간이다. 그래서 어떤 이는 'ka'로 어떤 이는 'ga'로 듣는다. '도'는 'to'도 'do'도 아니고 바로 중간이다. 조선인들에게 이러한 단어 중 하나를 여러 번 연달아 발음해보라고 하면 필자가 위에서 말했듯이 발성이 자음의 전후가 아니라 동시에 일어난다는 사실을 알 수 있다.

필자의 말이 옳다면 'k'도 'g'도 정확히 '가' 소리를 내지 못한다. 하지만 우리는 다른 선택의 여지가 없으므로 둘 중 하나를 골라야 한다. 자음이 단어 앞에 있을 때는 선택이 거의 완전히 임의적이지만 필자는 'g', 'd', 'j',

---

8. 'ch'는 대기음 성격이 약간 있으므로 예외이다. ['ㅈ'을 세게 발음하면 'ㅊ'처럼 되기에 대기음이 된다는 뜻으로 들린다. 옮긴이]

'b'보다 'k', 't', 'ch', 'p'를 선호한다. 자음이 단어의 중간에 올 때는 선택이 임의적이지 않다. 예를 들어 '아조'라는 단어를 'ajo'라고 해야 할까 'acho' 라고 해야 할까. 전자를 택해야 한다. 첫 음절에서 시작된 발성이 둘째 음절로 이어지면서 'ㅈ' 소리가 발성 직후에 나기 때문에 'ch' 소리가 아닌 'j' 소리가 난다. 따라서 '본다'에서는 발성이 'ㄴ'을 통해서 '다'로 이어지기에 'pon-da'라고 해야 한다.

또한, '단군'을 'Dan Koun'이나 'Dan Kun'으로 쓰면 안 된다. '군'을 'k' 로 시작하면 첫음절의 'n'이 발성을 끊는다는 뜻인데 사실은 발성을 끊지 않기에 'g'로 시작해야 한다. 'Dan' 혹은 'Tan'으로 쓰는 것은 취향에 달렸지만 'kun'과 'gun' 중 고르는 일은 그렇게 할 수 없다. 바로 여기에서 단어 중간에 가끔 'g', 'd', 'j', 'b'를 써야 하는 데서 오는 혼란과 애매함을 방지하기 위해 단어의 시작은 'k', 't', 'ch', 'p'를 쓰자는 논거를 어느 정도 찾을 수 있다. 물론 단어의 중간에도 '막보=mak-po', '놉다=nop-ta'처럼 'ㄱ'과 'ㅂ'이 발성을 끊는 완전한 불파음을 이루는 음절 뒤에서는 'k', 't', 'ch', 'p'를 쓰는 것이 좋다.

한글(The Korean Alphabet)

≪한국소식(The Korean Repository)≫ 1896년 6월호

한글 창제자가 모음이 모든 말하기의 근간이라는 사실을 인식한 것은 천재성의 증거이다. 결과적으로 현존하는 문자 중 가장 단순하고, 가장 이해하기 쉬운, 가장 완벽한 문자를 만들어냈다.

It is a mark of the genius of its inventor that he recognized the fact that the vowel is the basis of all speech. The result is the most perfect because the most simple and comprehensive alphabet that can be found.

만약 한민족이, 지적 과부하를 낳고, 시간을 낭비하고, 반상제도를 고착시키고, 편견을 부추기고, 게으름을 조장하는 한자를 내던져 버리고 한글 창제 직후부터 자신들의 새로운 소리글자 체계인 한글을 받아들였더라면 한민족에게는 무한한 축복이 있었을 것이다. 하지만 허물을 고치는 데 너무 늦었다는 법은 없다.

If the people of Korea had then and there thrown away the intellect-overloading, time-wasting, caste-conserving, prejudice-confirming, indolence-breeding Chinese character and adopted their new phonetic system it would have been an immeasurable blessing to Korea. But it is never too late to mend.

한글(The Korean Alphabet)

1892년에 《한국소식》 편집장은 친절하게도 필자에게 조선의 고유 문자인 '언문'[1]에 대해 글을 발표할 기회를 주었다. 이때 필자는 '언문'이 조선의 사찰에 수두룩한 불교 서적에 나와 있는 티베트 문자를 기반으로 만들었어졌을 것이라는 주장을 한 바 있다. 물론 이러한 주장은 명백한 역사적 진술에 근거한 것이 아닌 필자의 추론에 의한 것이었다.

필자의 주장에 대해 이익습[2] 씨는 필자와 거의 같은 사료를 가지고 연구했음에도 불구하고 'ㅂ'과 티베트 어 'ད', 'ㅅ'과 티베트 어 'ས' 사이에 아무런 유사성이 없다면서 필자의 이론을 신랄하게 비판했다. 그런데 이익습 씨는 유감스럽게도 문자 진화 법칙을 잘 모르는 것 같다. 물론 이는 그에게는 용납될 수 있는 일일지도 모른다. 이익습 씨는 세종이 어금니를

---

1. 헐버트가 특정하여 '언문'이라고 기록한 부분은 원문대로 '언문'으로 옮겼다. 그 외에는 통일성을 위해 '한글'로 옮겼다.

2. 이익습(李益習)은 《한국소식》 1892년 11월호에 〈반절(The Alphabet(Panchul))〉이라는 글을 발표하면서 한글은 발성 기관을 본떠 만들었다며, 헐버트가 1892년 초 〈한글〉이라는 논문에서 한글 자음 대부분을 티베트 문자에서 따왔다고 추론한 데 대해 강한 반론을 폈다. 물론 헐버트는 1940년에 발견된 《훈민정음 해례본》을 보지 못한 채 그렇게 추론했다. 그러나 헐버트는 다른 글에서 "이러한 추론은 나의 연구에 따른 것이며, 누군가 한글 창제 때의 책 《훈민정음》을 발견하기 전까지는 한글이 티베트 문자에서 유래했다는 절대적인 증거는 없다고 보는 것이 옳다."라고 했다. 이익습이 한글은 발성 기관을 본떠 만들었다는 사실을 명백하게 주장한 것을 보면 그가 《훈민정음 해례본》을 그 당시 보았을 수도 있다고 여겨진다. 이익습은 《한국소식》 1892년 11월호에 〈세계지도(A Map of the world)〉, 1895년 4월호에 〈호랑이(A Tiger)〉라는 글을 영어로 발표하기도 했다.

가리키는 열린 입의 모양을 본떠 'ㄱ'자를 만들고, 'ㄴ'은 입천장에서 떨어지는 혀의 모양을 본떠, 'ㅅ'은 두 쪽으로 갈라진 모양에서 치찰음 's' 소리를 내도록, 'ㅁ'은 발음할 때 입술 모양을 상징하기 때문에 'm' 소리를 내도록, 'ㅇ'은 콧소리 'ng'를 발음할 때의 열린 목구멍을 나타내도록(콧소리 'ng'는 목구멍을 완전히 닫은 채 코로 숨을 들이면서 내는 소리임에도 불구하고) 만들었다고 우리가 믿길 바란다. '아라이소'가 외국에 있다는 게 아쉽다.[3]

  지금까지는 필자의 이론을 뒷받침하기 위해 특별히 내세울 만한 새로운 증거가 없었다. 그러나 이제는 기쁘게도 필자의 주장을 뒷받침할 만한 사료를 인용할 수 있게 되었다. 현재까지 조선 왕조에 관한 역사책은 제대로 출판된 것이 없다. ≪국조보감國朝寶鑑≫은 일종의 관보이지 역사책이 아니다. 그러나 아버지가 아들에게 물려준 필사본 야사들을 모으면 그것들도 정식 조선 사학의 기반이 될 수 있다. 이러한 종류의 가장 유명한 두 책이 ≪朝野會通(조야회통)≫과 ≪燃藜室記述(연려실기술)≫[4]이며 그다음으로 널리 알려진 책이 ≪國朝編年(국조편년)≫이다. 이 책들은 조선 초기 을축년에 세종이 한글을 만들었다는 점에 모두 동의한다. 필자가 관련 내용의 전문을 인용하기 전에 짚고 넘어가고자 하는 것은, 조선 초기에 불교가 배척되고 강제로 혁파되었다고 말하는 이들은 근거 없는 이야기를 하는 사람들이라는 점이다. 조선 건국 이후 수 세기 동안 웅장한 사찰

---

3. '아라이소'는 중국어 역관 김득련(金得鍊)의 러시아 이름이다. 그는 1896년 러시아 황제 니콜라이 2세의 대관식에 참석한 특사 민영환의 수행원으로 출국하여 세계 일주를 한 뒤 〈環璆日記〉, 〈環璆唫艸〉 등을 남겼다. 김득련이 외국에 나가 있어 이익습의 글에 반론을 펴지 못했다는 뜻으로 들린다.
4. 원문은 '燃藜記述(연려기술)'이나 이는 '練藜室記述(연려실기술)'의 오류이다. 혹시 당시 그렇게 불렀는지도 모르겠다.

들이 도성 안에 즐비했고 때때로 임금의 지원으로 화려한 연등 행렬도 벌어졌다. 다만 최근에 와서야 승려들의 한양 출입이 금지되었다. 물론 국교는 유교였지만 한양의 사회생활에서 불교는 여전히 중요한 역할을 하고 있었다. 지면이 허락한다면 이에 대한 수십 개의 사례를 드는 것도 어렵지 않다. 하지만 하나로도 충분할 것이다. 임진왜란 직후 광해군 시대에 일본 사절단이 한양에 왔을 때 호화롭고 장대한 불교 축제가 열렸다. 이때 승려들은 음악에 맞춰 입불상立佛像을 이리저리 끌고 다녔다. 이를 본 일본 사신들은 입불상을 만드는 일은 신성 모독이기에 언젠가 파괴될 것이라고 예견했는데, 입불상이 지방 사찰로 보내진 다음 해에 입불상이 실제로 파괴되었다.

필자의 역사책 인용에 대해 문제가 없도록 정확한 원문을 제공하니 누구든 번역하여 필자의 해석을 검증해 볼 수 있을 것이다. ≪국조편년≫에는 다음과 같이 적혀 있다.

昔新羅薛聰始作吏讀官府民間至今行之然
皆假字而用或澁或窒非但鄙陋無稽而已世宗以
爲諸國各製字以記國語獨我國無之御製子母二
十八名曰諺文設廳禁中命申叔舟成三問等撰之
名曰訓民正音初終聲八字初聲八字中聲十一字
其字體倣古篆梵字爲之諸語音文字所不能記者
悉通無礙洪武正音諸字亦皆以諺文書之遂分五
音而別之曰牙舌齒喉唇音有輕重之殊舌音有反
正之別字亦有全淸次淸全濁次濁不淸不濁之差
雖無知婦人無不瞭然曉之中朝翰林黃瓚謫遼東
命三問等見瓚質問音韻凡往返遼東十三度

이를 풀이하면,

"옛날 신라시대에 설총이 만든 이두[5]를 관리와 평민 모두가 여태껏 써왔다. 하지만 이두는 단지 빌려온 문자에 불과하고, 단어 사이의 연결이 종종 불분명하며, 가끔은 의미 전달이 안 되기도 한다. 이두를 쓰는 것은 저급하게 여겼고, 뜻도 애매했다. 그리하여 임금은 '나라마다 책을 쓸 고유의 문자가 있으나 우리만 없다'라며 손수 28개 글자의 자모[6]를 만들고 이를 '언문'[7]이라 불렀다. 임금은 궁 안에 특별히 건물을 짓고 신숙주와 성삼문을 비롯한 신하들에게 과업을 맡겼다. 이들은 문자를 정비하라는 명령을 받아 시행에 옮겼고, ≪훈민정음≫[8]을 편찬했다. 글자는 첫소리와 끝소리로 쓰는 글자 여덟 개, 첫소리[9]로 쓰는 글자 여덟 개, 가운뎃소리로 쓰는 글자 열한 개였다.[10] 글자의 형태는 고대 한자와 범자[11]에서 따왔다. 언문은 표현 못 할 생각이나 소리가 없으며 의미 전달을 방해하지도 않는다. 세종은 또 한자로 된 책 ≪홍무정운≫[12]을 언문으로 바꿔 편찬할 것을 명했다. 언문에는 다섯 가지 소리, 즉 어금닛소리, 혓소리, 잇소리, 목구멍소리, 입술소리가 있다. 임금은 가벼운 소리와 무거운 소리, 단순한 소

---

5. '이두'는 '공식 문자'라는 뜻이다. 정부 문서의 의미를 분명히 하기 위해 만들었기 때문이다. 이두는 뜻과 상관없이 쓰이는 특정 한자들로 이루어지며, 음(音)은 동사의 어미와 연결어를 표현하는 데만 쓰였다. 또한, 한문과 관련해서만 쓰였다.

6. '자모'는 '아들과 어미'라는 뜻의 한자로서 처음과 끝, 원인과 결과를 의미한다.

7. '언문'은 '백성의 문자'를 뜻한다.

8. '훈민정음'은 '백성을 가르치는 바른 소리'라는 뜻이다.

9. 원문은 '끝소리(finals)'이나 이는 '첫소리'의 오류이다.

10. 이 글자들을 합하면 27개다. 한글 창제 시 28개 글자였는데 ≪국조편년≫이 왜 27개라 했는지는 알 수가 없다. 한글 창제 직후에 '여린히읗(ㆆ)'이 없어졌기에 27개라 하였는지도 모르겠다.

11. '범자'란 순수한 티베트 문자인 불교 문자를 말한다. ['범자'의 원문은 'pöm Sö(범서)'이나 헐버트가 '범자'를 '범자'와 혼동하였다고 보았다. ≪국조편년≫에도 梵字로 나와 있다. 옮긴이]

12. 원문은 'Hong Mu Chöng Eum(홍무정음)'이나 '홍무정운(洪武正韻)'의 오류로 보았다. 현재 ≪홍무정운≫이란 책만 알려졌기 때문이다. 그러나 헐버트가 인용한 ≪국조편년≫의 한자 문구를 보면 분명 '洪武正音(홍무정음)'으로 나와 있다. 헐버트가 인용한 한자 문장이 ≪국조편년≫ 원문과 일치하는지는 확인하지 못했다.

리와 복잡한 소리를 분리하고, 명료한 소리, 덜 명료한 소리, 불분명한 소리를 구분했다. 글을 배우지 못한 아낙네들조차 명료하게 알아들을 수 있다. 요동에 황찬黃瓚이라는 중국인 학자가 유배되어 살고 있었다. 임금은 성삼문을 황찬에게 보내 새 문자에 대한 비판과 제안을 받아 오도록 했다. 성삼문은 일이 끝날 때까지 요동에 열세 번 다녀왔다."

이 글을 통해 몇 가지 명백한 추론을 할 수 있다.

첫째, 고대 신라시대 설총이 만든 이두는 언문과 아무 관련이 없으며, 오히려 이두에 결점이 너무 많아 이두를 대체하기 위해 언문을 만들었다. 설총이 문자 창제를 위한 첫걸음을 내디뎠다고 주장하는데, 설총은 한자의 형태는 전혀 바꾸지 않고 한자의 뜻은 무시한 채 음만 사용하였을 뿐이다. 이두는 언문의 형태나 형식을 만드는 데 아무런 영향도 주지 않았음이 분명하다.

둘째, 언문은 고대 한자와 중국-티베트 문자Chino-Thibetan를 바탕으로 만들어졌다. 조선에 돌아다니는 범서가 중국을 통해 들어온 티베트 문자라는 사실을 의심할 사람은 아무도 없을 것이다. 잠깐만 비교해 보아도 알 수 있다. 1892년 초에 필자는 조선에서 쓰였던 티베트 문자를 입수하지 못해 고유의 티베트 문자를 바탕으로 글을 발표하였다. 그러나 조선의 한 사찰에서 발견한 활자판을 근거로 만든, ≪한국소식≫ 1892년 12월호에 발표한 '티베트 문자와 한글 비교표'[13]를 보면 조선에서 쓰인 티베트 문자와 고유의 티베트 문자가 사실상 같다는 점을 알 수 있다.

---

13. ≪한국소식≫ 1892년 12월호에 티베트 문자를 한글과 비교한 표가 나와 있다.

셋째, 언문을 만들 때 앞에서 언급한 두 문자를 참고한 사실은, 발음할 때 글자 모양이 발성 기관의 위치를 가리키기 때문에 세종이 발성 기관을 본떠 만들었다는 이익습의 주장을 반박하기에 충분하다. 중국의 상형문자를 만들 때 발성 기관의 위치를 고려했을 리 없으며, 산스크리트 문자에서 온 티베트 문자 또한 그러한 바를 전혀 암시하지 않고 있다.[14]

한글의 어떤 부분이 한자에서 오고 또 어떤 부분이 티베트 문자에서 왔는지에 대한 흥미로운 의문이 생긴다. 1892년에 필자는 한글의 모음은 티베트 문자와 비슷한 점이 없지만 자음은 눈에 띄게 닮았다고 주장한 바 있다. 한글을 만들 때 자음과 모음을 신중히 구별한 점에 주목하자. 자음과 모음은 '아들과 어머니'라는 뜻의 '자모'라 불린다. 다시 말해 모음이 기본을 형성하고 모음에 자음을 붙인다. 이러한 사실이 한글은 본질적으로, 모음이 단순한 발음 구별 부호인 만주어, 몽골 어, 티베트 어, 산스크리트 어, 팔리 어,[15] 모든 셈 어(이들 중 몇몇 언어는 히브리 어나 아랍 어처럼 애초부터 모음이 거의 없었다) 등과는 다른 유성음 언어라는 점을 확인해주고 있다. 한글 창제자가 모음이 모든 말하기의 근간이라는 사실을 인식한 것은 천재성의 증거이다. 한자와 티베트 문자에서 맹목적이고 독창성 없이 빌려온 것이 아니라 유용한 부분을 신중하게 선택하여 과학적인 방법에 따라 재구성하여, 결과적으로 현존하는 문자 중 가장 단순하고, 가장 이해하기 쉬운, 가장 완벽한 문자를 만들어냈다. 단순한 수직선과 수평선이 글자

---

14. 한글학자 최현배는 그의 저서 ≪고친 한글갈≫(정음사, 1961, 631쪽)에서 "세종은 한글을 발성기관을 본떠 만들었지만 다른 글자를 참조하시지 아니하였다함은 결코 아니다."라고 했다.

15. '팔리(Pali) 어'는 고대 인도에서 불교 경전에 쓴 언어이다.

형태의 두드러진 특징임을 볼 때 한글 모음의 형태는 고대 한자에서 왔음을 쉽게 알 수 있다.

결론적으로, 자신의 의견만을 고집하지 않고 요동의 중국인 학자에게 열세 번이나 사람을 보내 비판과 조언을 구한 세종은 모든 위인들의 특징인 겸손함을 지녔음에 주목하라. 또한, 백성의 관습을 배려하고 백성에게 익숙한 한자 필법에서 최대한 적게 벗어나게 하기 위해 음소를 삼각 구조로 배열하여 음절을 이루게 할 만큼, 탁월한 실용성을 지녔음에 주목하라. 이러한 점에서 세종은 참으로 독창적인 인물이었다.

만약 한민족이, 지적 과부하를 낳고, 시간을 낭비하고, 반상제도를 고착시키고, 편견을 부추기고, 게으름을 조장하는 한자를 내던져 버리고 한글 창제 직후부터 자신들의 새로운 소리글자 체계인 한글을 받아들였더라면 한민족에게는 무한한 축복이 있었을 것이다. 하지만 허물을 고치는데 너무 늦었다는 법은 없다.

조선인들은 결국 한자를 버릴 것이다!

(Koreans will eventually discard the Chinese.)

≪한국소식(The Korean Repository)≫
1896년 10월호 통신란(Correspondence)

나는 영국인들이 라틴어를 버린 것처럼 조선인들도 결국 한자를 버리리라 믿는다. 그러므로 위대하고도 멋진 한글의 기원 연구는 흥미로울 뿐만 아니라 참으로 중요한 일이다.

I believe that the Koreans will eventually discard the Chinese just as the English did the Latin and for this reason the study of the origin of the magnificent Korean Alphabet is interesting and important.

조선인들은 결국 한자를 버릴 것이다![1]
(Koreans will eventually discard the Chinese.)

조선인들이 여기저기서 자신들의 언어인 한국어 역사에 관심을 보이고 있다. 참으로 즐거운 일이 아닐 수 없다. 비록 이러한 시도가 처음이라서 다소 서툴고 혼란스럽더라도 ≪한국소식≫은 올바른 지식을 추구하려는 조선인들에게 도움을 주고 용기를 북돋워 주기 위해 최대의 노력을 기울여야 한다. 그리하여 필자는 한글의 기원에 관한 이익습李益習 씨의 몇몇 질문에 기쁜 마음으로 답하고자 한다.

첫 번째로 이익습 씨가 말하는 '언문 음절 문자 체계Unmun Syllabary'에 대해 알아보자. 그런데 한국어에는 음절 문자 체계라는 것이 없다. 음절 문자 체계란 음절 혹은 소리의 조합이 한 글자로 표현되고, 각 음절 내의 요소들은 구분되지 않는 체계를 뜻한다. 예를 들어 일본어 'の'는 'no'로 발음되지만 'n' 소리와 'o' 소리가 구분되지 않는 반면, 한국어 음절 '노'는 'ㄴ'과 'ㅗ' 두 개의 음소로 이루어진다. 이익습 씨는 언문이 음절로도 쓰인다는 사실에 오도되었다고 보이나, 언문은 실제로는 순수한 자모 체

---

1. 이 글은 헐버트가 ≪한국소식≫ 편집자에게 보낸 투고 형식의 통신란에 게재된 글로서 이익습의 주장에 대한 반론의 글이다. 원래 제목이 없으나 옮긴이가 임의로 이 글의 마지막 구절을 인용하여 붙였다.

계이다. 그는 왜 '훈민정음'을 한자어인 '반절'로 부르겠느냐고 묻는다. 영어권 사람들이 처음 백금을 발견하면서 이를 칭할 단어를 찾아야 했을 때, 새로 단어를 만들기보다는 다른 언어에서 이름을 빌려오는 것이 편리하다고 생각하여 그 귀금속을 '플래티넘platinum'이라고 부른 것처럼, 음절 단위로 쓰이는 한글을 그냥 '반절'이라는 말로 부른 것이다.

이익습 씨는 세종과 그의 신하들이 무엇 때문에 고려의 패망을 불러온 불교에 손을 대 국가의 안위와 선조들의 존엄이 흔들리는 위험까지 감수하려고 했는지 알고 싶어 한다. 이 질문에는 두 가지 논점이 대두한다. 첫째는 그들이 국가의 안위를 위험에 빠트렸다는 점, 둘째는 불교에 손을 댔다는 점이다. 필자는 《한국소식》 1896년 6월호에서 불교가 조선에서 배척된 종교가 전혀 아니었다고 지적했다. 당시 불교는 광범위한 특권은 어느 정도 줄었지만 그래도 아직 백성 대부분이 믿는 종교였다. 태종의 재위가 거의 끝나갈 무렵에야 《오륜행실도五倫行實圖》[2]를 편찬하기 시작했고, 이는 한글이 창제되기 고작 몇십 년 전이었다. 따라서 이익습 씨가 세종이 티베트 서적의 문자를 베낌으로써 나라를 위험에 빠트렸다고 말하는 것은 그가 사실 확인을 꼼꼼히 하지 않았음을 말해 준다. 또한 한글의 자모를 만들면서 범서를 참조한 것을 두고 불교를 끌어들였다고 말한다면, 도마뱀 모양의 찻주전자 손잡이를 보고 우상 숭배에 빠졌다고 말하는 것과 같다. 조선인 열의 아홉은 훌륭한 유생이지만 돈을 빌릴 수만 있으면 어떻게든 큰돈을 마련해 승려에게 헌물을 바쳐 자신의 근심

---

2. 《오륜행실도(五倫行實圖)》는 《삼강행실도(三綱行實圖)》와 《이륜행실도(二倫行實圖)》를 합한 책으로 정조 때 편찬되었다. 《삼강행실도(三綱行實圖)》는 세종 때 편찬되었다.

거리를 해소해 달라고 기도를 부탁하는 사실이 말해주듯이, 공자와 부처
는 상극이 아니고 제한적인 협력관계였다.

    필자는 이익습 씨의 세 번째 질문에 특히 주목하고 싶다. 그는 ≪국조
편년國朝編年≫이 '범梵을 언급한 유일한 사서'이며, 권위를 인정받고 있
는 ≪연려실기술燃藜室記述≫[3]은 '오직 전篆에 대해서만 이야기 하고 있
다'고 주장했다. 그런데 ≪연려실기술≫에도 '범'이라는 글자가 쓰였다는
구절이 분명히 있다. 이에 대해 우리는 무어라고 결론지어야 하는가? 이
조선인 학자가 '범' 자를 보고서도 못 봤다고 했거나, '범' 자가 나오는지
안 나오는지 찾아보지도 않고 의도적으로 이 책에 나오지 않는다고 주장
한 것이다. 그가 외국인이라면 선생이 잘못 가르쳤다고 이해해 줄 만하지
만 조선 선비로서는 참으로 기이한 일이다.
    의문의 여지를 남기지 않도록 여기에 ≪연려실기술≫의 전문을 글자
그대로 인용한다. 전문의 내용은 다음과 같으며 제3권의 〈찬술제작纂述
制作〉이라는 제목 아래 세 번째 장에서 찾을 수 있다.

          終聲八字初聲八字中聲十一字其字體倣古篆梵字爲之[4]

    같은 내용을 ≪조야회통朝野會通≫에서도 찾을 수 있지만 우리의 조
선인 친구 이익습 씨는 ≪국조편년≫ 외의 책에서는 찾을 수 없다고 하니

---

3. 원문은 'Yen Ye Keui Sul'이나 ≪연려실기술≫을 말한다.
4. 이 한문은 '끝소리 여덟 개, 첫소리 여덟 개, 가운뎃소리 열한 개, 글자체는 고대의 전자(篆字)와 범
   자(梵字)를 본떠 만들었다.'라는 뜻이다.

≪조야회통≫에 나와 있는 원문 그대로를 인용해 줘야 할 것 같다. 그가 원하면 ≪한국소식≫ 편집장을 통해 개인적으로 알려 주겠다.

마지막으로 'ㄴ'이 티베트 문자 'ᚢ'에서 왔다는 점에 대해 말하고자 한다. 'ㄴ'은 'ᚢ'에서 직접 오지 않고 조선의 불교 사찰에서 볼 수 있는 변형된 티베트 문자를 통해서 왔다. 이익습 씨에게 게일James S. Gale 씨가 ≪한국소식≫ 1892년 12월호에 제시한 흥미로운 비교표를 참조하기를 권한다. 'ㄴ'이 변형된 티베트 문자가 아닌 원래 티베트 문자 'ᚢ'에서 직접 왔다고 해도, 티베트 문자가 어떻게 쓰이는지 잘 아는 사람들마저 믿을 정도로 그 유사성이 현저하다. 이익습 씨는 이 티베트 문자의 위쪽 가로획이 엄밀히는 글자 일부가 아니라 티베트 문자의 모든 자음이 붙는 기준선의 일부일 뿐이라는 점을 분명 알 것이다. 이 점은 히브리 어, 고대 시리아 어, 몽골 어, 만주어에서도 똑같으며, 몽골 어와 만주어는 경교도들을 통해 고대 시리아 어에서 유래했음이 명백하다.

이제 앞서 언급한 티베트 문자에서 밑으로 뻗는 획 하나와 오른쪽으로 고리를 이루는 곡선 하나가 어떻게 되었는지를 살펴보자. 세종이 'ㄴ'을 만들 때 오른쪽의 고리를 없애고 곡선 대신 간단한 직선을 그려 정사각형 형태로 만들었으니 이 얼마나 자연스러운가.

나는 영국인들이 라틴 어를 버린 것처럼 조선인들도 결국 한자를 버리리라 믿는다. 그러므로 위대하고도 멋진 한글의 기원 연구는 흥미로울 뿐만 아니라 참으로 중요한 일이다.

이두(The ITU)

≪한국소식(The Korean Repository)≫1898년 2월호

다음 한자 '㪌(분)'은 이두에서 '뿐'이며, 이 말이 '오직'이라는 뜻의 '샏'
으로 현재까지 내려왔다. 그다음 '덜(빼다)'이라는 뜻의 除(제) 자가 있다.
이 '덜'과 그다음의 '어지(어질다)'라는 뜻의 良(량) 자가 합쳐져 '덜어지'가
되고, '어지'에서 '어'만을 가져와 '덜어'가 되었다. 다시 '덜어'는 한국어의
자연 진화에 따라 '더러'가 되고, 이를 종합하면 이두 '이살뿐더러'가 된다.

Then 㪌=*ppun*, giving *ppun* in the *itu* and this has come down
to the present in the same form ppun=샏 "only", then 除, *ché*, whose
meaning is töl="subtract". This with the following 良=*ryang* whose
meaning is *ō-jie* gives töl-ojie, in which only the ō of ōjie is used, so we
have töl o which by a common rule in Korean becomes tō-rō. The *itu*
therefore has i-sal-ppun dō-rō.

필자가 보기에 이러한 점들은, 오늘날의 한국어가 고대 신라어라는
사실에 대한 그 어떤 역사적 기술보다도 가장 확실한 증거이다. 이는 또
한 한자가 그리스도 시대 즈음 한국에 전해졌음을 암시한다.

It seems to me that this is a more striking proof that the language
of Korea today is the language of ancient Silla than any more historical
statement to that effect could be. It indicates also that Chinese was
introduced into Korea at or about the time of Christ.

이두(The ITU)

이두는 상형문자인 한자에 적절한 어미를 붙여 한국인들의 한자 읽기를 돕기 위해 도입한 임의의 기호 체계이다. 이미 알고 있듯이 한자는 양극단의 특징을 갖고 있다. 한자는 하나의 개념을 세상에서 가장 복잡한 상형문자로 표기한 글자이며, 문법적으로 보면 세상에서 가장 불완전한 원시적인 글자이다. 어형 변화도 전혀 없다. 한자 문장은 각각의 뜻을 가진 별개의 한자들을 연속적으로 배열하여 만든다. 문맥을 위한 한자의 연결은 연어連語, collocation 방식이나, 또는 그때그때 꿰맞추는 식의 관례에 따른다. 한자를 단순히 암기하는 수고는 한문 문장을 독해하는 데 필요한 수고의 절반도 되지 않는다. 대부분의 한국의 식자층은 한자 하나하나는 많이 알아도 한문 문장은 아주 단순한 문장만 독해할 수 있으며, 많은 경우 아예 독해를 못 하기도 한다.

그렇다면 한국인들이 한문을 잘 이해하려면 무엇이 필요할까? 이두처럼 간단한 어미 체계를 도입하는 것이다. 그리하면 각 한자의 의미만 알고 있어도 된다. 이러한 문제는 한국에서 오랜 세기에 걸쳐 인식되었고, 이두와 같은 새로운 체계를 만드는 노력은 한문 구문의 조잡함과 비효율성에 대한 항의표시였다. 지식인 간의 의견 교류에 한문이 부적격하다고 사실상 선고해버린 것이나 마찬가지다. 남동쪽 신라왕국의 정명 시대(682년~702년)[1]에 왕이 총애한 승려 원효의 아들 설총이 이 문제의 해결을 시도했다. 당시에는 초서[2]시대의 영국만큼이나 사람들이 글을 읽을 수 있는 능력이 없었다는 점을 명심해야 한다. 모든 글쓰기는 중세 유럽의 서기clerk에 해당하는 '아전'이라 불리는 관리들이 맡았다.

설총은 신라의 구어체에서 자주 쓰는 어미의 소리에 대응하는 한자를 찾아내 두 가지 방법으로 한자와 음을 대응시켰다. 첫 번째 방법은 한자 자체의 음을 따왔다. 그 예로 뜻에 상관없이 '며'라고 읽는 '旀'자가 있다. 다른 방법은 한자의 음이 아니라 한자가 신라어로 번역될 때 사용되는 신라 단어의 음을 따왔다. 예를 들어 '白'은 '백'으로 읽지만, 이두에서는 이 한자의 의미 중 하나인 '살위다'라는 동사의 어근이 '살'이기 때문에 '살'로 읽는다. 따라서 이두의 음이 한자의 음과 다른 경우 그것은 순전히 신라어이며, 이두의 음이 오늘날 쓰이는 음과 같으면 이는 신라시대부터 내려온 단어라고 결론지어야 한다.

이 글에 첨부된 단어 목록을 자세히 살펴보면 본 논문에서 소개하고자 하는 사실보다 더 많은 사실을 유추할 수 있다. 필자는 단지 오늘날의 영어가 근본적으로 앵글로색슨 어이듯이 오늘날의 한국어도 신라어라는 점을 보여 주려 한다. 아래에 단어들을 정리하여 비교표를 만들었다. 이 표의 각 난을 왼쪽부터 설명하면, 첫째는 한자, 둘째는 한자의 음, 셋째는 이두의 음, 넷째는 현재의 한국어, 다섯째는 현재의 언문 표기이다. 이두

---

1. 정명(政明)은 신문왕(? ~ 692)을 말한다. 재위 기간을 702년까지로 한 것은 헐버트의 오류로 보인다. 신문왕의 아들 효소왕이 702년 까지 재위했다.

2. 초서(Geoffrey Chaucer, 1343~1400)는 14세기 영국의 대표적 시인이다.

는 한물간 형식이 아니라 지금까지도 지방 각도의 세습 관료라 할 수 있는 아전들이 쓰고 있다는 점을 명심해야 한다. 아전이 세습 관직이다 보니 이두라는 고대 체계가 세대에 걸쳐 쉽게 전해져 내려올 수 있었다. 아전들은 상전을 대할 때 이 딱딱한 형식을 쓸 줄 안다는 점에 엄청난 자부심을 느끼며, 미국의 변호사들이 법률 전문 용어를 이해 못 하는 판사를 조롱하듯이 아전들도 이두를 모르는 현감을 몰래 비웃고는 한다.

이두에서 찾을 수 없는 어미들이 어디에서 왔는지 알아내려면, 고려의 관료인 정몽주가 1380년[3]경 발명한 '구결'이라는 체계를 연구해야 하는데 이는 다음으로 다루겠다.

한자, 이두, 한국어 비교표

한자	한자음	이두	한국어	언문(한글)
Chinese.	N. of char.	Itu	Korean	Unmun
1. 是亦	si myŏ	i myŏ	ha myŏ	후며
2. 是如	si nyŏ	i ta	ha yŏt ta	후엿다
3. 是矣	si eui	i tŏé	ha toé	후되
4. 是遣	si kyun	i ko	ha ko	후고
5. 是喩	si yu	su chi	mu ô sin chi	무어신[자

195

6. 是乎旀　si ho myŏ　î o myŏ　ha si myŏ　호사며

7. 是如乎　si nyŏ ho　î ta on　ha yŏt ta ni　호엿다 [니

8. 是乎謂　si ho wi　i on chi　ha yŏt nan chi　호엿 [는지

9. 是加喩　si ka yu　i tûn chi　ha yŏt tûn chi　호엿 [던지

10. 是乎只　si ol chi　i ol kkeui　ha ol kkĕ　호올째

11. 是白遣　si pák kyûn i sal ko　ha si ko　호시고

12. 是乎矣　si ho eui　i o toé　ha si toé　호시되

13. 是在果　si chá kwa　i kyûn kwa　han kôt kwa　혼것과

14. 是白乎矣　si pák ho　i sal o toé　ha si toé　호시되 [eui

15. 是在加中　si chá ka　i kyûn ta　hal t'ŏ in tá　홀터인 [chung　[chung　[더

16. 是白乎只　si pák ol　i sal ol　ha op ki é　호옵기 [chi　[kkeui　[에

17. 是乎如喩　si ol ka yu　i ol tûn chi　ha yŏt tûn　호엿던 [chi　[지

18. 是置有亦　si ch'i yu　i tu yu yŏ　keu rá to tto　그리도 [yŏk　[또

19. 是良置　siryang ch'i j'ra to　i ra to　이라도

20. 是在如良　si chá nyŏ　i kyûn ta　keu rát ta　그릿다 [中 [ryang chung　[a é　[ha nan tá　호는더

21. 是如可　si nyŏ ka　i ta ka　ha ta ka　호다가

22. 是白叱除　si pák ppun i sal ppun　ha ol ppun　호올분 [良 [ché ryang　[do ro　[do ro　[더러

23. 是白乎叱　si pák ol　i sal ol　ha ol ppun　호올분 [不喩 [ppun pul ya　[ppun an il chi　[an i ra [안이라

24. 是乎只以　si ol chi i　i ol kkui i　ha ol kki ro　호올세 [로

25. 是如是乎　si ryo si ol　i ta i ol ko　ha da ha op　호다호 [遣　[kyun　[ko [옵고

26. 是乎則　si ho cheuk　i on cheuk　ha on cheuk　호온즉

27.	是乎尼	si ho ni	i o ni	ha o ni	호오니
28.	是乞加尼	si ol ka ni	i ol tŏ ni	ha yŏt sap (tŏ ni	호엿습 (더니
29.	是如是乞 加尼	si nyŏ si ol i ta i ol tŏ ni han ta ha (ka ni	(op tŏ ni	hon ta ha	혼다호 (움더니
30.	是如是乞 (置	si nyŏ si ol i ta i ol tu (chi	kcu ri ha (rä tu	그리호 (리두
31.	是白乎所	si pak ho so i sal on pa	ha sin pa	호신바
32.	爲只	wi chi	ha ki	ha ki e	호기에
33.	爲等如	wi teung nyo ha tœu ro mo tu ta	모도다
34.	爲只爲	wi chi wi	ha ki wi	ha ki e	호기에
35.	爲白遣	wi pak kyun ha sal ko ha si ko	호시고
36.	爲白只	wi pak chi ha sal keui ha si ki e	호시기에
37.	爲只白爲	wi pak chi wi ha sal ki wi ha si ki e	호시 (기)에
38.	爲白乎矣	wi pak ha eui ha sal o toi ha si toi	호시되
39.	爲有如乎	wi yu nyo ha ha yu ta on ha sin ta ni	호신다 (니
40.	爲有在果	wi yu cha ha yut kyun ha sin kot kwa kwa kwa	호신 것과
41.	爲白等	wi pak teung ha sal teun Ta ka	대개
42.	爲等良置	wi teung ryang ha teu tulrya ha teu ıa tu [chi	호 드리두
43.	爲乞只以	wi ol chi i ha ol kki ro ha op kki m	호 움세로
44.	爲臥乎事	wi wa ho ea ha nu on sa ha on il ira	호 온일이라
45.	爲白乎所	wi pak bä so ha sal on ra ha sin pa	호신바
46.	敎昧	kyo ıui	i ma	ha n a	호매
47.	敎事	kyo s.	i ra	ha so sa	호소샤
48.	敎是事	kyo si sa	i si sa	(ha si saj	호시샤
49.	敎是加乎	kyo si ka bo	i ha si ta on ha sin ta ni	호

50. 旀除良	ppɐn che ryang	ppɐn to ro	ppɐn to ro	신다니쌀더리
51. 旀不喩	ppɐn pul yu	ppɐn il chi	ppɐn ani ra	쌀안이락
52. 旀不是乎喩	ppɐn pul si ol / yu	ppɐn an i ol keu ri bal / chi	ppɐn an i ra	그리홀분안이라
53. 上下	sang ha	chca ha	chu si tɐn kot	주시던것에
54. 良中	ryang chung	a e	e	
55. 段置	tan chi	ttan tu	to	
56. 向前	hyang chun	a chun	yo chun	요
57. 矣徒	eui to	eui na	cho heui teul i	젼져이집
58. 侉音	ko eɐɯr	ta chim	ta chim	희들다
59. 並只	pyong chi	ta mok ki	mo do ta	모도
60. 亦爲有如(乎)	yo wi yu (nyo ho)	ha yu da (on	ha ra ha on (chenk	홀라홀후
61. 乙用良	eul yong (ryang)	eul sò a	ha on pa	온온바호온바

위 비교표의 처음 31개에는 '是'자가 들어있다. 이 글자는 '시'라고 읽으며, 한국어에서 '이i=이것this'이라는 뜻이다. 자일스[4]는 '~이다'라는 뜻도 있다고 보았다. 이 글자는 존재를 의미하고 이두에서도 '이'로 발음하니, 오늘날 한국어의 '이'라는 어근과 '~이다'라는 동사는 고대 신라의 단

---

4. 자일스(Herbert Giles, 1845~1935)는 영국 외교관이자 중국 연구가이다. 중국어 로마자 표기법을 개발하고 중영사전을 편찬하였으며 중국 고전을 다수 번역했다.

어라고 할 수 있다. 오늘날에는 'ㅎ'가 대신 쓰이는 점이 눈에 띈다. 신라 때에는 오늘날 'ㅎ'가 쓰이는 곳에 어근 '이'가 흔하게 쓰였을 가능성이 농후하기에 'ㅎ' 또한 신라어에 뿌리를 두고 있음을 알 수 있다. 비교표를 차례대로 설명하겠다.

1. '며'는 한자의 중국어 발음이고, 旀(며)는 '계속'을 뜻한다. 이 어미는 신라시대에 한자에서 그대로 가져와 만들어진 것으로 보인다. 어쨌든 이두에 '며'가 있다는 사실은 현재의 어미 '~며'가 신라어에서 유래했음을 말해 준다.

2. 어미 '~다'는 이두에서 그대로 전해졌기에 신라어에서 유래했음을 알 수 있다.

3. 흔히 쓰이는 어미 '~되'가 신라어에서 유래했음을 알 수 있다.

4. 흔히 쓰이는 연결사인 어미 '~고'도 신라어 목록에서 찾을 수 있다.

5. 어미 '~지'가 신라어에서 유래했음을 알 수 있다. 이 점은 16번을 비롯한 다른 곳에서도 알 수 있다.

6. 한자 乎(호)는 한국어 '온'에 해당하며, 이두에서 '오'로 쓰이는 것을 보면 그때나 지금이나 의미가 같음을 보여 준다. 이는 어미로서 단순한 높임말이었고 오늘날에도 그렇게 쓰이지만, 종종 '시'가 대신 쓰이기도 한다.

7. 이두의 '온'은 오늘날 한국어에서 '니'가 되었다.

8. 다른 곳에서도 나타나지만, 오늘날처럼 신라시대에도 한국어 '온'이 한자 '乎'에 속하였음을 알 수 있다.

9. 중요한 어미 '~던'이 그때나 지금이나 같음을 알 수 있고, 한국어로 '더'를 뜻하는 '加(가)' 자가 쓰인 걸 보면 '더' 소리가 신라어에서 유래했

다는 또 하나의 증거임을 말해 준다.

10. '乎乙(올)'은 원래 한자가 아니었으나 설총이 乎(온)과 乙(을)을 합쳐 '올'을 만들었다. 이때 한쪽에서 '오⁵'를, 다른 쪽에서 ㄹ(l)을 따왔다. 여기서 높임말 어미 '~께'는 의심할 여지 없이 이두의 '께kkeui'를 변형한 것이기에 신라어에서 유래했음을 알 수 있다.

11. 11, 14, 16번을 비롯한 여러 곳에서 '白(백)' 자를 볼 수 있다. 이 글자는 이두에서 '살'이라고 부른다. 오늘날 한국어에서 '白'의 의미는 '살위다'인데, 어근 '살'이 신라어에서 왔음을 알 수 있다.

13. 연결사 '과'가 신라어에서 왔음을 알 수 있다. 한국어 '것'이 신라시대에는 '견'으로 발음되었다고 여겨진다.

18. 한자 '置(치)'가 이두에서 '두tu'로 불렸다.⁶ '치'의 한국어 뜻이 '두tu=to place'이기에 이 말이 신라어임을 알 수 있다.

19. '~일지라도'의 어미 '~도'가 신라어에서 유래했음을 보여 준다.

21. 중단을 뜻하는 어미 '~다가'가 신라어에서 왔음을 보여 준다.

22. 우리는 여기에서 신기하고도 흥미로운 조합을 볼 수 있다. 첫 번째 한자 '昰(시)'는 '이'라는 뜻이며, 두 번째 한자 '白(백)'은 '살'이라는 뜻이다.⁷ 다음 한자 '㢱(분)'은 이두에서 '뿐'이며, 이 말이 '오직'이라는 뜻의 '쎈'으로 현재까지 내려왔다. 그다음 '덜(빼다)'이라는 뜻의 '除(제)' 자가 있다. 이 '덜'과 그다음의 '어지(어질다)'라는 뜻의 '良(량)' 자가 합쳐져 '덜어지'가 되고, '어지'에서 '어'만을 가져와 '덜어'가 되었다. 다

---

5. 원문의 '으'는 '오'의 오류로 보았다.

6. 원문에 나오는 '耳'는 필요 없는 말이다. 편집상의 오류로 보인다.

7. 원문의 '昰' 다음에 와야 할 '昰'에 대한 설명이 빠졌고, 그 다름의 '白'자도 빠졌다고 보았다. 편집상의 오류로 보인다. 따라서 빠진 부분을 나머지 문장의 문맥을 바탕으로 추정하여 옮겼다.

시 '덜어'는 한국어의 자연 진화에 따라 '더러'가 되고, 이를 종합하면 이두 '이살뿐더러'가 된다. 오늘날 '이'는 '하'로, 같은 종류의 높임말인 '시'나 '살'은 '올'로 쓰기 때문에 오늘날의 형태로는 '하올뿐더러'가 된다. 그리하여 '이살뿐더러'라는 하나의 이두 형태에서 신라어와 오늘날 한국어에서 흔한 다섯 단어를 볼 수 있다. 그들은 '이것'이라는 뜻의 '이', '말하다'라는 뜻의 '살(위다)', '오직'이라는 뜻의 '뿐', '빼다'라는 뜻의 '덜(다)', '어질다'라는 뜻의 '어지'이다.

23. 한자 '不(불)'이 오늘날처럼 신라시대에도 '아닐'이라는 뜻이었음을 알 수 있다.

24. 어미 '~세'가 고대 한국어나 현대 한국어에서 같음을 알 수 있다.

26. 이두의 어미 '~즉'이 오늘날의 어미 '~즉'과 같다.

27. 가장 흔한 어미인 '~니'가 오늘날과 같은 식으로 신라에서도 쓰였음을 보여 준다.

31. 한자 '所(소)'가 오늘날처럼 신라에서도 '바'를 의미했음을 알 수 있다.

32. 가장 중요한 것 중 하나이다. 동사 '하다'가 신라에서도 쓰였음을 보여 주기 때문이다. '하다'를 표현하기 위해 '爲(위)' 자를 썼다는 사실에서 쉽게 알아챌 수 있다. 또 여기서 어미 '~기'도 오늘날과 같이 신라에서도 쓰였음을 알 수 있다.

37. 흔히 쓰이는 높임말 접미사 '~시'가 신라어 '살'에서 왔다는 증거를 알 수 있다.

42. 요즘 한국어로 '무리'라고 번역하는 한자 '等(등)'이 이두에서는 '들'로 불렸음을 알 수 있다. 이는 복수형 어미 '~들'이 신라어에서 유래하였음을 분명히 보여 준다. 여기서 오늘날 양보를 나타내는 어미 '~도'

앞에서 쓰이는 접미사 '~래'가 아마 신라어 '랴'에서 왔을 것이라고 짐작게 한다.

44. 한자 '臥(와)'를 이두에서는 '누'라고 읽음을 알 수 있다. 오늘날 이 글자는 '눕다'의 '누'를 뜻한다. 신라어와 현대 한국어가 같음을 보여 준다.

46. 어미 '~마'가 신라어이자 한국어임을 보여 준다.

47. 무엇인가를 기원하는 뜻의 어미 '~샤'가 신라어에서 왔음을 보여 준다.

53. '차해'는 이두에만 해당하는 것이 아니라 오늘날에도 '차히줍시오'와 같은 표현에서 자주 쓰인다.

54. 위치를 뜻하는 어미 '~에'가 신라어에서 왔음을 보여 준다.

55. '땐두'는 이두에 국한된 것이 아닌 '놈'과 같은 흔한 낮춤말이며, '너희 썬두무얼ᄒᄂ냐'와 같은 표현에 쓰인다. '이것썬은어듸셔ᄂ냐'와 같은 표현에서는 '두'가 없이 '땐'만이 쓰인다. 이 말은 아주 자주 쓰인다.

56.[8] 옛날을 뜻하는 단어 '젼'이 현대 한국과 신라에서 똑같이 쓰였음을 보여 준다.

57. 이두 'ᄂᆡ'가 요즘은 '들'로 불리는 것을 알 수 있지만, 'ᄂᆡ'는 '소인ᄂᆡ', '이ᄂᆡ', '우리ᄂᆡ', '자네ᄂᆡ' 등의 단어에서처럼 요즘도 흔히 쓰이는 복수형 어미이다. 이 '~ᄂᆡ'는 흔한 복수형 어미인 '~들'보다 더 낮춤말이다.

---

8. 원문의 'No. 55'는 56의 오류이다.

58. 단어 '다짐'이 고대 한국어와 현대 한국어에서 같음을 알 수 있다.

61. 한자 '用(용)'이 오늘날과 마찬가지로 이두에서도 '써(쓰다)'로 쓰였음을 알 수 있다.

위의 비교 결과를 요약하면 신라어 어미가 오늘날 한국어 어미와 완전 같거나 거의 비슷한 형태가 최소한 38개임을 알 수 있다. 또한, 동사나 어형 변화에 쓰이는 어미 중 가장 중요한 어미들은 사실상 같아 보인다. 필자가 보기에 이러한 점들은, 오늘날의 한국어가 고대 신라어라는 사실에 대한 그 어떤 역사적 기술보다도 가장 확실한 증거이다. 이는 또한 한자가 그리스도 시대 즈음 한국에 전해졌음을 암시한다. 어쩌면 조금 앞서 중국 진나라 멸망 무렵일지 모른다. 이보다 더 앞서 의미 있게 한자가 전해졌으리라고는 믿기 힘들다.

위 주장의 타당성이 인정된다면 이는 한국어 기원의 해답을 향한 또 하나의 발걸음을 내디뎠음을 의미한다. 그렇다면 남은 의문은 신라는 자신의 언어를 어디에서 가져왔느냐이다.

한국의 세계적 발명품(Korean Inventions)

≪하퍼스(Harper's New Monthly Magazine)≫ 월간지 1899년 6월호

이상 다섯 가지 발명품(금속활자, 거북선, 현수교, 폭발탄, 한글)은 한국의 자랑거리인 동시에 불명예이기도 하다. 이러한 위대한 발명품들은 한국 인들이 곤경에 처했을 때 발휘되는 발명에 대한 잠재 능력을 잘 말해 주지만 한국인들을 칭찬만 할 수는 없다. 한국인들은 그토록 놀라운 발명의 성과를 이뤘지만, 그 성과를 더 발전시키지 못하고 오히려 위대한 발명품 들을 사장시켜버렸기 때문이다.

The invention of these five things, the metal type, the ironclad, the suspension bridge, the bomb and mortar, and the alphabet, is both to Korea's credit and discredit. It demonstrates her latent ability to originate when sufficient pressure is brought to bear upon her, but it proves likewise her intellectual apathy, that even in the face of the splendid results obtained she has never followed up her achievements, but has let the products of her skill fall into desuetude.

헐버트와 스테드(William T. Stead)

이 글이 실린 ≪하퍼스≫지는 1850년에 미국 뉴욕에서 창간하였으며, 미국에서 두 번째로 오래된 현존하는 월간지이다. ≪하퍼스≫지는 문학, 정치, 문화, 예술, 재정 등에 대한 세계 주요 인사들의 글을 게재하는 권위 있는 잡지로서 19세기 영국의 대문호 디킨스Charles Dickens, 영국의 처칠Winston Churchill 수상, 미국의 윌슨Woodrow Wilson 대통령도 기고한 잡지이다.

이 글은 한국의 세계적 발명품을 국제 사회에 소개한 최초의 글로서 당시 세계적인 주목을 끌었다. 주요 서적, 논문, 기고문을 전문적으로 소개하는 영국 런던에서 발행하던 ≪Review of Reviews≫라는 잡지는 1899년 6월호 '주요 글 소개The Leading Articles in the Reviews' 난에 〈발명의 나라 한국Inventive Korea〉이라는 제목으로 헐버트의 이 글을 소개하였다.

≪Review of Reviews≫ 지 발행인은 영국 언론인 스테드William Thomas Stead로서, 그는 1907년 헤이그만국평화회의 당시 한국 특사들이 발표한 한국의 독립을 호소하는 '공고사控告詞'를 자신이 발행하던 ≪만국평화회의보Courrier de la Confe'rence≫에 게재하였다. 헐버트가 스테드와 사전에 교감하였는지는 확인하지 못했다. 스테드는 1912년 영국에서 미국 뉴욕으로 가던 중 타이타닉Titanic호의 침몰로 사망하였다.

옮긴이

한국의 세계적 발명품(Korean Inventions)

The earliest armor-clad war-ship.

한국이 발명한 세계 최초의 철갑선

필요가 발명의 어머니라면 필요의 인식은 발명의 아버지다. 이론상으로는 인류가 완벽한 문명사회를 이루지 못하는 한 필요의 욕구는 계속 존재하며, 완벽한 문명사회를 이루기 위해서는 필요에 대한 인식이 계속되어야만 한다.

지구촌의 다양한 민족들은 문명사회를 향해 각자 최대한의 노력을 쏟는다. 그러나 노력의 결과에는 큰 차이가 있다. 그 차이는 무엇이 인류에게 필요한 것인가를 정확히 찾아내고, 그 필요의 개념을 명확히 확정하는 능력에서 비롯된다. 극동 민족 대부분은 그 능력이 두드러지게 부족하다. 오직 격변이 그들을 덮쳐올 때만 자기 보호 본능이 발동하여 잠들어 있던 힘이 순식간에 솟구친다. 예를 들면 1868년에 일본에서 봉건제도가 사라지자 수많은 사무라이와 가신들은 자신들이 무장해제 되었음을 깨닫고 평민으로 추락할 수도 있다는 절박한 위기감에 사로잡혔다. 그들은 총명하게도 자신들의 사회적 위상을 지키기 위한 유일한 방법은 서양 문명을 받아들여 새로운 시대의 승리자가 되는 것뿐이라는 사실을 깨달았다. 이와 같은 자신의 신분을 지키기 위한 강한 의식이 지난 30년 동안 일본이 이룩한 경이로운 발전의 비밀한 배경이다. 흔히들 시대적 위기가 인간을 자극하여 시대적 위기를 극복하게 만든다고 한다. 그 말은 사실이나 특별한 환경이 인간의 정신적 활동을 특별하게 촉발해야만 가능한 일이다.

인류가 위대한 업적을 쌓아오기까지 거대한 국가들만큼이나 작은 국가들도 공이 컸다. 우리는 거대한 국가가 무기력한 타성에 젖어 있을 때 개인의 성취욕이 방해받는다고 말한다. 적어도 중국의 경우 이 말은 사실이다. 중국인들은 과거의 영광과 영웅 숭배에 취해, 누군가 자신의 기술이 선조들의 기술보다 앞선다고 자부하면 그를 불경스럽게 생각한다. 노트르담 성당에서 이야생트 신부[1]는 '작은 국가[2]들에 대해 이렇게 말했다.

---

1. 프랑스 신부인 이야생트(Pere Hyacinthe)는 종교상 이름이며 원명은 로이종(Charles Jean Marie Loyson, 1827~1912)이다. 파리 노트르담 성당에서 명 강론을 많이 남겼으며, 가톨릭에 현대적 사고를 불어넣은 신학자이다.
2. 원문은 'The little states'이다. 지중해 연안의 작은 국가들을 통칭한 것으로 보인다.

"작은 국가들이야말로 아이스킬로스Aeschylus, 소포클레스Sophocles, 아리스티데스Aristides, 플라톤Plato을 배출한 고대 그리스로부터 학문을 부흥시킨 근대 이탈리아 공화국들로 이어지는 위대한 문명의 빛나는 중심이었다."

작은 국가라 할 수 있는 한국도 세계의 위대한 발명 대열에 이바지했다고 자부해도 좋은 나라다. 그런데 특이하게도 한 가지를 제외하고는 그 발명품들이 전 세계나 한국 자신에게 계속 이익을 가져다주지 못했다. 한국은 발명의 귀재들을 불러들여 위기를 극복했지만 이러한 정신을 계승하지 못하고 무기력한 과거로 퇴보했으며, 역사에 혁명을 일으킬 수도 있었던 수많은 발명품은 기록 보관소로 사라져버렸다. 한국이 자랑할 만한 세계적 발명품들을 알아보자.

한국은 세계 최초로 이동식 금속 활자movable metal type를 발명했다.

불교가 국가와 왕에게 크게 영향력을 행사하던 수백 년 동안 한국은 온 나라가 극단적인 성직 특권 주의에 고통받고 있었다. 셋째 아들은 모두 법에 따라 승려가 되어야 했다. 말하자면 그들은 사회의 비생산적인 구성원으로 치부된 것이다. 소를 죽이는 일은 사람을 죽이는 일보다 더 큰 죄악이었다. 백성들은 그리 공익적이지도 못한 사찰 건립을 위해 집을 빼앗겼다. 이러한 시대적 상황에서 한 장군이 나타났다. 무모한 왕이 중국을 침략하라고 비상식적인 임무를 부여하자 이성계 장군은 그의 병사들에게 물었다. "도성으로 돌아가 이 나라의 형언할 수 없는 부패를 척결하는 것이 어떻겠는가?" 그는 대단한 갈채를 받았다. 시저Julius Caesar처럼 말이다. 하지만 시저보다는 더 나은 명분으로 한국의 루비콘 강인 압록강을 건너 도성으로 돌아와 부패한 불교를 숙정했다. 1392년[3] 새 왕조가 건국되자마자 유교가 부흥하고 고전 작품에 관심이 깊어지면서 문학은 새로운 활력을 얻었다. 그동안 오랜 역사에 걸쳐 학문의 보고였던 사찰은 불교의 난해한 용어로 가득 찼고 문헌은 거의 불교 의식에 관한 내용으로 국한되었다. 그러나 이제 서원이 세워지고, 서적의 수요가 발생하고, 유생들은 유서 깊은 고전 문학작품을 갈구하였다.

이러한 변화 속에서 조선의 세 번째 임금 태종의 재위 기간에 조선은 세계 최초로 금속 활자를 발명하였다. 목판술은 이미 여러 세기 동안 존재했고 점토 활자 역시 일본에서 사용하고 있었지만 보다 영구적이고 내구성이 강한 금속 활자의 필요성을 최초로 인식한 나라는 조선이었다. 조선은 활자 제조 계획을 훌륭하게 수행하여 매우 견고한 금속 활자를 만들었으며, 그때 만든 활자가 오늘날에 이르기까지 거의 손상되지 않은 채로 보존되었다.

각 활자는 아치arch의 원리에 따라 만들고 밑 부분이 오목한 원통형이다. 이렇게 원통형으로 한 이유는 소위 '형form'을 구성하는 밀랍 틀을 더 단단히 고정하기 위해서다. 인쇄 과정을 보면 먼저 얕은 통에 밀랍을 채우고 활자를 그 안에 단단히 끼워 넣은 뒤 활자판을 편평하게 다듬는다. 인쇄공은 그 앞에 책상다리하고 앉아 활자판 위에 종이를 가볍게 얹고 부드러운 붓으로 인쇄용 액체를 바른다. 오른손은 천 조각으로 다공질多孔質 종이를 부드럽게 쓸고, 왼손은 인쇄된 면을 걷어낸다. 이런 방식으로 하루에 1,500판 정도의 인쇄가 가능했다고 한다.

---

3. 원문은 1492년이나 이는 편집상의 오류로 보인다.

완벽하게 증명할 수는 없지만 여기 삽화에서 보여 주는 활자 조각들이 활자 원본이라는 점은 꽤 명백한 사실이다. 역사 기록에 의하면 두 벌의 활자가 있었다고 한다. 하나는 1406년쯤의 것이고,[4] 다른 하나는 그

THE EARLIEST METAL TYPE.
한국이 발명한 세계 최초의 금속활자

로부터 두 세기 후의 것이다. 이 두 벌의 활자 유물이 오늘날에도 존재한다. 나중의 활자는 현재 한국 정부의 인쇄국에서 사용하고 있다. 옛 활자는 사용하지 않아 버려졌으나 유물이 폐허가 된 창고의 파편 더미에서 발견되었다. 누군가는 활자 원판이 1592년 임진왜란 때 일본이 야만적 파괴행위를 자행하여 남아 있지 않다고 주장할지 모른다. 하지만 그 주장은 근거가 없다. 왜냐하면, 일본군이 한양 성곽에 도착하기도 전에 궁과 정부 건물들이 모두 불탔기 때문이다. 궁궐 안에 있던 인쇄국도 다른 건물들처럼 불에 탔다. 대부분 진흙과 기와로 만든 조선의 건축물은 청동 활자도 녹일 수 있는 거센 불을 막아내지 못했다. 그러나 큰 화재가 오히려 조선인들의 활자를 지켜 준 셈이 되었다. 만약 인쇄국이 불에 타지 않고 활자가 그대로 보존되었더라면 분명 일본인들이 활자를 가져가 버렸을 것이기 때문이다. 일본 침략자들이 물러나고 조선인들이 화재 잿더미에서 거의 원형대로 보존된 귀중한 활자를 찾아내 다시 원래처럼 사용하였을 것이라고 상상하기란 그리 어려운 일이 아니다.

---

4. 이 구리 활자는 1403년 계미년에 만든 '계미자'를 말하는 것으로 보인다.

TYPE-SETTING IN KOREA.
활자 조판 광경

한국은 세계 최초로 철갑선ironclad warship을 발명하였다.[5]

1592년에 일본의 히데요시[6]가 보낸 함대가 조선의 남쪽 해안에 상륙하여 조선 국경을 넘어 명나라를 무너뜨린다는 명분으로 한반도 북쪽으로 진격하였다. 조선인들은 제대로 저항하지 못했다. 왜냐하면, 조선이 여러 세기 동안 평화로운 상태에 있었기에 전쟁 기술에 상대적으로 관심이 적었기 때문이다. 반면 일본 열도는 한 차례 큰 전쟁을 치렀을뿐더러 조선 땅에 상륙한 16만 명의 군대는 모두 노련한 전사들이었다. 일본군은 조선인들이 한 번도 본 적이 없는 화포를 보유하였으며 이 화포들은 일본군에게 절대적인 힘이었다. 일본군이 수도를 향해 북진하자 조선 왕은 명나라 국경까지 야반도주하는 등 조선은 절체절명의 현실에 직면했다. 침략자들을 막을 새로운 방법을 찾지 못하면 조선은 죽음의 벼랑으로 몰릴 수밖에 없었다. 이것이 오히려 충분

---

5. 거북선이 철갑선이었는지에 대해서는 아직도 논란이 있다. 헐버트가 어떤 근거로 철갑선(iron-clad warship)이라고 표현하였는지는 확인할 수 없으나, 그의 역사에 임하는 자세로 보아 역사 사료에 근거하였다고 보아야 할 것이다.

6. 도요토미 히데요시(豊臣秀吉, 1537~1598)는 일본의 무사이자 정치가로서 임진왜란을 일으킨 장본인이다.

한 동기부여가 되어 조선의 이순신 장군은 이 문제에 대한 해결책을 찾아 냈다.

평양까지 밀고 올라간 일본군은 그곳에서 명나라 정벌을 위해 10만 명으로 구성된 일본 본토의 지원군을 기다리고 있었다. 이순신 장군은 일 본군에 대항하는 유일한 방법은 바로 이 지원군의 조선 상륙을 막는 것이 라고 판단했다. 더 나아가 지원군이 조선 땅에 발을 들여놓는다면 모든 희망이 사라진다고 보았다. 이 냉혹한 필요성이 '귀선', 혹은 거북의 모양 을 닮았다고 하여 이름 붙인 '거북선tortoise boat'의 발명으로 이어졌다. 지 금까지 보존되어 온 이순신 장군 일대기에 의하면 거북선은 철판으로 만 든 곡선 모양의 갑판으로 덮여 있으며, 뾰족한 쇠붙이, 즉 충각衝角을 갖 췄다. 이 두 가지가 방어와 공격의 도구였다. 속력이 매우 빠른 거북선을 이용하여 이순신 장군은 600척의 일본 함대를 좌우로 들이받으며 대담 하게 공격했다. 이순신 장군은 죽음으로 맞서며 저항하는 일본군을 바다 에 머물게 하였고, 결국 일본군은 보통급의 함선만을 가진 조선 수군에 게 섬멸당했다. 일본군은 거북선을 '신이 만든 배'라 불렀으며, 그들의 뼈 는 거북선에 녹아들었다. 산산이 조각 난 일본 함대 중 간신히 살아남은 몇 척만이 죽을힘을 다해 일본으로 도망쳤으나 침략의 중추는 이미 격파되었 다. 세계 최초로 철갑선의 위력을 선보인 이 해전은 한국의 살라미스[7] 대 첩이라 할 수 있다. 결국, 조선 땅에 남아 있던 일본군이 재정비를 단념하 고 본국으로 되돌아갈 때까지 조선은 연이은 승리를 거두었다. 그런데 참 으로 이해할 수 없는 일은, 전쟁에 대한 압박이 사라지자마자 한국인들은

---

7. 살라미스 해전(Battle of Salamis)은 기원전 480년에 아테네 함대를 주력으로 한 그리스 연합해군이 살라미스 해협에서 강력한 페르시아 해군을 괴멸시킨 전쟁이다.

자신들의 습성대로 철갑선을 한국의 남부 해안에 녹슨 채로 방치하였다. 그러나 아직도 조선인들은 방치한 철갑선이 있던 곳에서 매년 축제를 열고 있다. 마을 사람들은 그 유명한 이순신 장군의 거북선을 닮은 배를 비롯하여 화려하게 장식한 배들을 타고 항구 주위를 항해하며 거북선의 위용을 기린다.

한국은 세계 최초로 현수교suspension bridge를 건설하였다.

다리라고 부를 수도 없는 안데스 산맥의 밧줄 다리를 제외하면 현수교라는 이름에 부합하는 세계 최초의 다리는 1592년에 조선의 임진강에 세워졌다. 이 다리 역시 위기에 대처하는 긴박한 필요에서 나왔다. 평양에 있던 일본군은 지원군의 대패를 알게 되자 철수를 결정하였다. 명나라가 조선 편에 서면서 중국과 조선의 연합군에 의해 평양에서 내몰린 일본군은 서울을 향해 남쪽으로 서둘러 퇴각하였다. 그러나 연합군 추격대가 임진강에 다다랐을 때 명나라 장수는 도강을 거부했다. 그는 조선이 명나라 군사 12만 명이 안전하게 강을 건널 수 있을 만큼 크고 튼튼한 다리를 놓아 주지 않으면 추격을 계속하지 않겠다고 버틴 것이다. 조선은 일본에 대한 복수를 목말라했기에 그 어떠한 장애물도 조선인들의 도전 의지를 꺾을 수 없었다. 조선은 방방곡곡에 장정들을 보내 대량의 칡을 모았다. 조선의 칡은 거친 섬유질의 덩굴로, 조선에는 길이가 100야드 정도 되는 칡도 흔하다. 조선 병사들은 칡을 꼬아 8개의 거대한 동아줄을 만들고, 그 동아줄들을 이용하여 다리를 만들었다. 먼저 동아줄을 거대한 나무에 단단히 묶어 고정한 채 땅에 늘어뜨린다. 그리고는 다리를 전문으로 놓는 사람들이 나룻배로 동아줄을 강 건너편으로 날라 반대편 쪽에서도 같은 방식으로 동아줄을 나무에 묶는다. 물론 동아줄은 강 중간에서 물에 닿게 되지만 조선인들은 임기응변으로 이러한 상황을 충분히 감당한다. 단단한 참나무를 동아줄 사이에 끼워 넣고 수면에서 10피트 정도 간격이 생길 때까지 동아줄을 비틀어 꼰다. 그런 다음 여덟 개의 평행한 동아줄 위에 나무를 얹고, 그 위에 찰흙을 으깨 자갈을 깐다. 노반을 견고하게 다지고 다리의 안전 실험을 마치자 명나라 장수는 더는 진격을 거절할 수 없었다. 그리하여 12만 명의 명나라 군사는 군용 장비를 메고 조선 군사와 함께 150야드 길이의 세계 최초 현수교를 걸어 안전하게 강을 건넜다. 거북선과 마찬가지로 이 현수교 또한 쓰임새를 다한 뒤 제 하중에 무너질 때까지 방치되었다.

TWISTING THE FIRST CABLE.

흙을 꼬아 만든 동아줄을 엮어 다리를 만들고 있다.

한국은 세계 최초로 폭발탄bomb and mortar을 발명하였다.

그 무엇도 조선인들의 복수 의지를 꺾을 수 없었다. 특히 적군을 만났을 때는 복수의 열망이 배가되었다. 임진왜란이 발발한 지 1년이 지나지 않아 조선인들은 비록 자갈만을 투사체로 이용하였지만, 적군의 화기를 모방하여 병기를 만들었다. 조선인들은 화약의 사용에서는 일본 침략자들을 여러모로 능가하였다. 기록에 따르면 어느 장군이 특별한 화기를 발명하였다.[8] 이 화기를 발포하면 폭탄의 몸체가 포위된 요새의 성벽 안쪽으로 날아가 폭발하여, 떨어진 물건이 무엇인지 조사하러 달려든 일본군이 폭탄 파편에 몸이 찢어지거나 유황 연기에 숨이 막혀 죽었다고 한다. 놀라운 이야기이다. 화기의 몸체가 성벽 안으로 날아간다는 말은 발사에 사용한 장치와 투사되는 물체를 혼동하게 하면서 흥미로운 상상을 불러일으킨다. 이 화기의 발명의 비밀은 발명가의 죽음과 함께 사라졌다고 한다. 하지만 당시 사용한 화기는 수도의 남쪽을 수호하는 '남한산성'의 창고에 아직도 남아 있다.

한국이 발명한 세계 최초의 폭발탄

8. 조선 선조 때 이장손(李長孫)이 발명한 비격진천뢰(飛擊震天雷)를 말하는 것으로 보인다.

한국은 순수한 소리글자의 발명을 자랑한다.

한글이 세계 최초의 문자는 아니지만, 독창적으로 발명한 참으로 위대한 발명품이다. 한글의 발명은 조선이 중국 한자의 불편함에 대해 항거한 세 가지 위대한 저항 중 가장 마지막 저항이다. 15세기 초반에 세종[9]은 백성을 위한 소리글자가 있어야 한다고 생각하여 문자를 고안하기 위해 성삼문 등 학자들을 동원하였다. 학자들은 참고할 만한 문자를 찾아보았으나 조선의 사찰에 보관된 중국에서 온 티베트 서적을 제외하고는 그 어떤 소리글자도 발견하지 못했다. 하지만 티베트 문자는 산스크리트 문자나 셈 족 문자처럼 자음 중심 문자였다. 자음이 근간이고 모음은 그저 자음과 자음 사이의 간격을 메워 주는 역할에 지나지 않았다. 성삼문은 자음 중심 문자는 탁월한 문자가 될 수 없다는 점과 모음이 모든 발성의 근간이라는 사실을 발견함으로써 그의 천재성을 드러냈다. 그는 글자의 기호를 모母와 자子 두 가지 종류로 나누면서 모음은 어미라 하고, 자음은 자식이라 했다. 이러한 발명은 절대적인 독창성과 절대적으로 과학적인 방법의 산물이었다. 티베트 문자는 한글 자음의 기초를 제공했다. 하지만 오늘날의 완성된 티베트 문자가 아닌 한국의 티베트 불교 서적에서 볼 수 있는 옛 티베트 글자가 기초가 되었다. 모음에 있어서는 중국의 고대 전자에서 가장 단순한 한자 부수 6개를 뽑아 한글의 모음으로 발전시켰다. 말하자면 음절을 이루는 글자의 조합에는 세 나라가 관련된 셈이다. 글자가 합쳐진 음절의 형태는 한자 모양을 닮게 했다. 이는 평행하게 배열하는 한자 문장을 쉽게 한글로 옮기기 위해서였다.

---

9. 원문에는 세조로 잘못 나와 있다.

한글의 단순성은 세상 어느 문자도 따라올 수 없을 만큼 탁월하다. 한
글이 한국의 격자문에서 창안되었다는 전설이 전해지고 있다. 한국의 격
자는 사각형 형태도 있고 사각형을 비스듬하게 누인 형태도 있다. 이 글
왼편의 격자문 그림과 오른편의 세 나라 글자를 비교한 도표를 보면 이
전설에 믿음이 갈 것이다.

KOREAN LATTICE.
From which the alphabet is said to have been derived.
VOL. XCIX.—No 589.—13

한국의 격자문. 이로부터 한국의 문자가
고안되었다고 전해지고 있다.

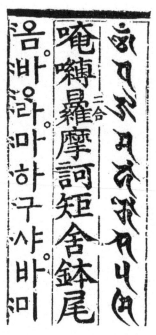

한글, 한자, 티베트 문자.
고대 불교 의식의 문구에서 따왔다.

한글 창제는 매우 불편한 중국 문자에서 한국의 식자들을 해방하였으
므로 가히 노예해방 선언이라고 할 수 있는 경이로운 발명이다. 그런데도

한국은 결코 한글이 주는 특권을 누리지 못하고 있다. 중국 한자가 여전히 한국의 공식 문자이고, 관료들은 자신들의 글자인 한글을 읽을 수 있다는 사실 자체마저 화를 내며 부인한다. 영국의 시인 초서가 현대 영어를 위해, 세르반테스[10]가 현대 스페인 어를 위해, 단테[11]가 현대 이탈리아 어를 위해 이바지한 것처럼 한국에서도 위대한 문필가가 하루빨리 탄생하여 한글 발전에 기여해야 한다.

이상 다섯 가지 발명품(금속활자, 거북선, 현수교, 폭발탄, 한글)은 한국의 자랑거리인 동시에 불명예이기도 하다. 이러한 위대한 발명품들은 한국인들이 곤경에 처했을 때 발휘되는 발명에 대한 잠재 능력을 잘 말해 주지만 한국인들을 칭찬만 할 수는 없다. 한국인들은 그토록 놀라운 발명의 성과를 이뤘지만, 그 성과를 더 발전시키지 못하고 오히려 위대한 발명품들을 사장시켜버렸기 때문이다.

---

10. 세르반테스(Miguel de Cervantes Saavedra, 1547~1616)는 스페인의 작가이다.
11. 단테(Dante Alighieri, 1265~1321)는 이탈리아의 시인이다.

한국어(The Korean Language)
게재 신문 및 발행 일자 미상

글자 구조상 한글에 필적할만한 단순성을 가진 문자는 세상 어디에도 없다. 모음은 하나만 빼고 모두 짧은 수평, 수직의 선 또는 둘의 결합으로 만들어진다. 'ㅏ'는 'a'의 긴 발음, 'ㅗ'는 'o'의 긴 발음, 'ㅣ'는 'i'의 대륙식 발음, 'ㅜ'는 'u' 발음과 같다. 이렇게 글자를 모두 쉽게 구별할 수 있기에 읽기 어려운 글자 때문에 발생하는 끝없는 골칫거리가 한글에는 없다.

The Korean alphabet has not its equal for simplicity in the construction of letters. The vowels are, with one exception , made either by a short horizontal line, or a perpendicular one, or a union of the two. Thus 'ㅏ' represents the broad sound of a, 'ㅗ' the broad sound of o, 'ㅣ' the continental sound of i, 'ㅜ' the sound of u. These can all be instantaneously distinguished and all the endless difficulty in regard to illegible writing is avoided.

감히 말하건대 아이가 한글을 다 떼고 언어생활을 제대로 시작하기까지 걸리는 시간이, 영어 'e' 하나의 발음 및 용법의 규칙과 예외를 배우는 시간보다 더 적게 들 것이다.

I venture to say that a child could learn the whole Korean alphabet, and get a fair start in the language, in fewer hours than he could learn the rules and the exceptions for the pronunciation and use of the single letter 'e' in our own.

한국어(The Korean Language)[1]

한국에는 모든 소리를 자신들이 창제한 고유의 글자로 표기할 수 있는 완벽한 문자가 존재한다. 음소문자인 한국 문자는 음절문자인 일본 문자와 매우 다르며, 각 음절은 자음과 모음의 조합으로 이루어진다. 한국 문자는 영어뿐만 아니라 중국 문자인 한자와도 크게 다르다. 중국 한자는 한국 문자와 달리 글자와 발음 사이에 아무런 연관이 없다. 한국은 아시아의 두 대국 일본과 중국 사이에 자리 잡고 있지만, 한국 문자는 일본 문자나 중국 문자와는 근본적으로 다르고 오히려 철자법 구조상 영어의 알파벳과 비슷하다.

한국 문자인 한글을 산스크리트 문자와 비교하기도 하지만, 세밀히 연구해보면 한글은 완벽한 문자가 갖춰야 하는 조건 이상을 갖추고 있다. 훌륭한 문자는 간단해야 하고 소리의 미묘한 차이를 정확하게 혼란 없이 표현할 수 있어야 한다. 다시 말해 모든 소리를 모호함 없이 표현할 수 있을 정도만 글자 수가 있어야 한다. 즉 최소의 글자 수로 최대의 표현력을 발휘해야 한다.

---

1. 이 글은 신문 기고문이다. 헐버트의 손자(Bruce W. Hulbert)가 2009년에 신문 기사 스크랩을 헐버트박사기념사업회에 기증하여 입수하였다. 신문 스크랩은 기사 부분만 스크랩하였기에 신문 이름과 날짜가 나와 있지 않다. 신문 기고일은 헐버트의 여타 글과 비교해봤을 때 1900년 전후로 추정되며, 신문은 활자체 등으로 보아 '뉴욕 트리뷴(New York Tribune)'지로 추정된다.

잠시 글자의 조합과 순열의 원리를 살펴보자. 12개의 자음 'b', 'd', 'g', 'k', 'l', 'm', 'n', 'p', 's', 't', 'v', 'z'에 조합과 순열의 공식을 적용하면, 이 12개의 자음으로 2글자에서 8글자로 구성된 단어 4,905,332개를 만들 수 있다. 12개의 자음에 4개의 모음을 더하여 조합하면, 16개의 음소로 수백만 단어를 만들 수 있는 문자가 탄생한다. 인류의 관습에서 가장 큰 낭비가 바로 여기에 있다. 쓸데없는 자음을 사용하여 글을 쓰고 다음절 단어를 발음하느라 시간을 낭비한다. 낭비하는 시간이 아까울 뿐이다. 그러나 우리는 지금 어떻게 되어야 하느냐의 당위보다 현상만을 이야기할 수밖에 없다.

글자 구조상 한글에 필적할만한 단순성을 가진 문자는 세상 어디에도 없다. 모음은 하나만 빼고 모두 짧은 가로선과 세로선 또는 둘의 결합으로 만들어진다.[2] 'ㅏ'는 'a'의 긴 발음, 'ㅗ'는 'o'의 긴 발음, 'ㅣ'는 'i'의 대륙식 발음, 'ㅜ'는 'u' 발음과 같다. 이렇게 글자를 모두 쉽게 구별할 수 있기에 읽기 어려운 글자 때문에 발생하는 끝없는 골칫거리가 한글에는 없다. 자음도 거의 비슷하게 단순하다. 'm(ㅁ)'은 작은 정사각형, 'k(ㄱ)'는 정사각형의 오른편 위쪽에서 각을 이루고, 'n(ㄴ)'은 왼편 아래쪽에서 각을 이룬다. 't(ㄷ)'는 정사각형에서 오른쪽 수직선을 뺀 것과 같다. 'p(ㅂ)'는 정사각형 양쪽의 두 변이 위로 솟아오른 모양이다. 's(ㅅ)'는 'x'에서 왼쪽 위로 뻗어 있는 선을 뺀 것이다. 더는 예를 들 필요 없이 이 정도만으로도 한글의 제반 모양과 한글을 글자로 사용하기가 얼마나 쉬운가를 알 수 있을

---

2. 하나의 예외는 'ㆍ(아래아)'를 말한다.

것이다. 그뿐만 아니라 이 글자들을 결합하여 단어를 만들면 훨씬 더 흥미로운 사실이 나타난다. 한국어 철자법은 철저히 발음 중심이다. 영국이나 미국에서 그토록 오랫동안 갈망하고 식자들이 심혈을 기울였으나 그다지 성공을 거두지 못한 과제가 이곳 한국에서는 수백 년 동안 현실로 존재했다. 즉, 글자 하나당 발음이 딱 하나씩이다. 음절 앞부분의 자음이 생략될 때 동그라미로 표시하긴 하지만, 묵음이라는 게 전혀 없다. ...(스크랩이 헤져 한 줄 정도 해독 불가)

표음문자 체계의 모든 장점이 여기 한글에 녹아 있다. 영어는 모음 5개를 각각 여러 개의 다른 방법으로 발음하기 때문에 이러한 체계가 절대 불가능하다. 영어는 자음이 필요 이상으로 많지만 모음은 턱없이 부족하여 모음 하나가 둘, 셋, 아니 넷의 역할을 한다. 한국어는 모음이 자음만큼 많아서 아이들이 처음 외울 때는 더 많은 노력이 필요하지만, 결국에는 엄청난 양의 보이지 않는 수고를 덜어 준다. 감히 말하건대 아이가 한글을 다 떼고 언어생활을 제대로 시작하기까지 걸리는 시간이, 영어 'e' 하나의 발음 및 용법의 규칙과 예외를 배우는 시간보다 더 적게 들 것이다.

그럼 이제 불필요한 자음을 쓰지 않으려는 방법들을 살펴보자. 영어에서 'y'는 뒤에 모음이 붙지 않는 이상 항상 묵음이다. 한국어는 묵음이 없으므로 'y' 발음에는 항상 모음이 따라붙으며[3], 'ㅑ' 등의 이중 모음을 만들기 위해서는 매번 글자를 하나 더 쓰는 대신 간단하게 획 하나만 추가

---

3. 'y' 발음은 'ㅇ'에 'ㅓ'가 붙어 나는 소리를 말한다.

하면 된다. 예를 들어 긴 'a' 발음은 'ㅏ'이고, 긴 'ya' 발음은 'ㅑ'이다. 긴 'o' 는 'ㅗ', 긴 'yo'는 'ㅛ'이다. 아주 간단한 이 방법은 한국어를 복잡하게 만들지 않고, 간결성을 크게 높여 준다. 도대체 글자 'q'가 영어 알파벳에 무슨 품위 또는 가치를 더해 주는가? 이미 혹사당하고 있는 영어 'u' 옆에 항상 붙어 있는 꼴이 영락없는 기생충이다. 단어 'quick'의 발음을 들으면 'kuik'으로 써야 하는데도 영어에서 그러지 않는 것이 한국인에게는 단어 'fun'을 'phugn'으로 쓰는 것만큼 어리석게 느껴질 것이다. 한국어에서 자음을 대기음으로 발음할 때(오직 자음 3개 또는 4개에만 그런 현상이 있다.[4])는 글자 위에 짧은 선이나 점을 붙여 그 변화를 표시한다. 한국어에서 활음조 현상은 영어에서와 매우 유사하다. 입술소리 2개가 이어질 때는 흔하게 같은 소리가 되거나[5], 또는 겹친 잇소리two dentals, 또는 목구멍소리가 되기도 한다.

구문론으로 넘어가면 한국어와 영어의 차이가 더 두드러진다. 한국어 문장의 일반적 구조는 라틴 어와 흡사하여 동사가 끝에 온다. 주어의 수식어는 모두 주어 앞에 오고 동사의 수식어도 모두 동사 앞에 온다. 술어의 시제, 조건, 원인, 양보 등을 나타내는 절들도 주어 앞에 온다. 영어 문장 하나를 한국어식으로 배열해보겠다.

'If there is anything to be done, I think the servant who is at the gate, had better do it(만약 어떤 해야 할 일이 있다면, 나는 문 앞에 서 있는 하인이 그 일을 하는 것이 좋다고 생각하오).'

---

4. 'ㅋ', 'ㅌ', 'ㅍ', 'ㅊ' 등을 말한다.
5. 예를 들어 '법명'을 발음할 때 'ㅂ', 'ㅁ'이 합쳐져 똑같이 'ㅁ' 소리가 난다는 뜻으로 들린다.

한국인은 이 문장을 다음과 같은 순서로 말한다.

'Any to-be-done work is-if, my opinion-in the gate-at being servant it do-it[6] will-be-good(어떤 해야 할 일이 있다면, 내 생각은 문 앞에 있는 하인이 그것을 하면 좋겠다).'

상당히 어색하게 들리고 영어보다 간결하게 보이지도 않지만, 이 의사를 표현하는 데 영국인들은 스무 단어를 써야 하지만 한국인들은 열세 단어만 쓰면 된다. 위의 문장을 예로 들어 한국어의 구조적 아름다움과 단순성을 보여 주겠다. 우선 전치사들이 모두 역설적이게도 뒤에 놓여 있음을 알아챘을 것이다. 영어에는 격 어미case ending와 전치사가 있지만, 한국어는 격의 구분, 숫자의 구분, 명사와 동사의 관계 등을 후치사로 표현한다. 주격 명사를 만드는 데는 한 종류의 불변 어미만 필요하며[7], 또한 속격屬格, 여격與格, 대격對格, 호격呼格, 탈격奪格, 조격造格 등은...(스크랩이 헤져 한 줄 정도 해독 불가) 대격은 자체적으로 불변 어미를 지니는 특성이 있다.[8] 더욱이 활음조 현상이 일부 존재함에도 불구하고 모든 명사의 어형 변화declension는 한 가지 방법으로만 이루어진다.[9] 한국어는 이처럼 후치사가 많아 모호한 구석이 거의 없다. 물론 이는 공부해야 할 것들이 많다는 뜻이기도 하지만, 후치사는 각각 하나의 뜻만을 가지며 배우기가 영어의 접두·접미사만큼이나 쉽다. 영어 단어 'that'이나 'to'의 용법이 얼마나 다양한지 생각해 보라. 필자는 3개의 단어를 배우는 것이 한 단

---

6. 원문의 'if'는 'it'의 오류이다.
7. 예를 들면 명사에 '가' '는' 등의 조사만 붙이면 '주격 명사'가 된다는 뜻이다. 헐버트는 이때의 '가'를 '불변 어미(invariable ending)'라 부른 것이다.
8. 명사에 불변 어미 '을', '를'을 붙이면 체언이 목적격이 되는 대격의 특성을 말하는 것으로 보인다.
9. '격 조사(格助詞)'를 붙이는 경우를 말하는 것으로 보인다.

어의 3가지 용법을 배우기보다 쉽다고 본다. 영어 단어 'up'이 동사와 함께 쓰였을 때 갖는 의미가 몇 가지인지 세어본 적이 있는가? 20개가 넘는다는 데 동의할 것이다. 영어는 개선해야 할 점이 분명 너무 많다.

한국어 동사를 잠깐 살펴보자. 이는 한국어 문법에서 가장 중요한 부분이다. 한국어는 수(단수, 복수) 또는 인칭의 구분이 없다. 생각해보면 모든 동사에 주어가 있는데도 불구하고, 동사 자체에 숫자와 인칭의 구별 부호를 반복적으로 사용할 이유는 무엇인가?[10] 이 점에서 한국어는, 영어가 라틴 어보다 앞서 있는 만큼 영어보다 앞서 있다. 한국어에 불규칙 동사 따위는 없다. 어미를 한번 배우고 나면 누구든지 곧바로 모든 동사의 어형 변화표를 어간만 가지고 만들어낼 수 있다. 바로 여기에서 나타나는 한국어의 엄청난 장점을 이해하기 위해 필자는 영미인들에게 영어에 불규칙 동사가 얼마나 많은지를 떠올려보라고 말하고 싶다. 프랑스 어와 독일어, 특히 히브리 어의 불규칙 동사들과 씨름해본 사람이라면 누구나 불규칙 동사가 전무한 언어를 찬양하지 않을 수 없을 것이다.

필자는 한국어 동사 어형 변화 형태 전체를 쭉 연구해본 적이 있다. 하지만 여기서는 그 형태 및 구조를 대략적으로만 제시할 수밖에 없다. '주'라는 한국어 단어는 '준다to give'라는 뜻의 동사 어근이다. 현재시제의 어근도 그냥 '주'이다. 음절 '게'를 더하면 '주게'가 되며 이는 미래시제의 어근이 된다. 음절 '어'를 더하면 '주어'가 되고 과거시제의 어근이 된다. 직설법 형태의 어미는 모두 '다'이지만 어간과 어미 사이에 음절 '난'이 들어

---

10. 영어에서 숫자나 인칭에 따른 동사의 변화를 의미한다.

가서 '주난다'가 되고, 이를 '준다'로 줄여서 말한다. 이는 곧 영어 'I give'
와 같다. '주게난다'는 '주겠다'로 줄여서 말하며 영어 'I will give'와 같다.
'주어난다'는 '주었다'로 줄여서 말하며 영어 'I gave'와 같다. 어간이 자음
으로 끝날 때는 당연히 현재시제에서 '난'이 그대로 유지된다. 현재 분사
는 단순히 현재시제 어간에 '난'을 추가하여 만든다. 미래 분사는 현재시
제 어간에 글자 'ㄹ'을, 과거시제는 'ㄴ'을 추가해서 만든다.

분사는 관계절relative clauses을 대신하면서 아주 특이하고 흥미로운
방법으로 쓰인다. 예를 들어, '갈 사람'은 'the man who will go(갈 예정
인 사람)'를 뜻한다. '가Ka'는 동사 'go'의 어간이며 여기에 단순히 'ㄹ'을
추가하면 'who will go(갈사람)'의 의미를 갖는다. 이는 'the about to go
man(예정인, 갈, 사람)'이라고 말하는 것과 같다. 같은 방식으로 '간'은 'who
went(간 사람)'를 뜻한다. 한국인은 'Bring the large book which is in the
house, in the study, on the floor behind the table(집안 서재 책상 뒷바닥
에 있는 큰 책을 가져와)'를 'The house in, study in, floor on, table behind
being large book bring(집 안, 서재 안, 바닥 위, 책상 뒤에 있는 큰 책 가져와)'
라고 말한다.

양보, 원인, 조건을 나타내는 절은 단순히 동사 뒤에 각각 '도', '니까',
'면'이라는 어미를 추가하여 만든다. 영어의 동명사 형태는 어간에 '기',
'미', '지'를 덧붙여서 만든다. 따라서 '보기 좋다'는 'It is good to see'를 말
한다. 다만 위 세 가지 어미는 각각 별개의 의미를 갖는다.

한국어 간접화법에는 라틴 어, 독일어, 프랑스 어, 영어에서 접할 수
있는 함정이나 위험이 없다. 사실 다음의 예에서 볼 수 있듯이 한국어 간

접화법은 엄밀히 말해서 간접화법이 아니다. 한국인들은, 'He said that he would go if it did not rain(그는 말했다 그는 갈 것이라고 만약 오지 않는다면 비가)'이라고 하지 않고, 'He if it does not rain will go made(그는 만약 비가 오지 않는다면 갈 것이라고 했다)'라고 말한다. 바꾸어 말하면, "He made the statement, 'If it does not rain I will go'(그는 말을 했다, '만약 비가 오지 않는다면 나는 갈 것이다')"가 된다. 이는 매우 특이한 구조이지만 영어보다 훨씬 간단하고, 필자가 지금까지 연구한 바로는 모든 형태의 간접화법에 적용할 수 있다.

일본어와 한국어의 높임말이 어렵다고 많이들 이야기하지만, 결론은 간단하다. 한국어 높임말은 대부분 동사 어간에 한 음절인 '시' 또는 두 음절인 '옵시'만 추가하고, 필요에 따라 음조를 부드럽게 해주면 끝이다. 한국어를 수박 겉핥기식으로 공부하면 존댓말이 큰 장벽처럼 느껴지겠지만, 높임말 체계의 기초에 관해 몇 시간만 끈기 있게 공부하면 비교적 쉽다고 느낄 것이다.

한국어 어원 연구(Korean Etymology)

≪한국평론(The Korea Review)≫ 1901년 6월호

예를 들면 한국의 일상어 '방room'은 순수 한자어다. 그러나 틀림없이 한국에 한자가 들어오기 전에 '방'을 뜻하는 순수 한국어가 있었을 것이다. 지금 한국의 방바닥을 만드는데 사용하는 넓고 편평한 돌들을 '구들장'이라고 부르는 것을 볼 수 있다. 또한, 한국의 남쪽 경상도 지방에서 쓰는 '구들'이라는 단어는 전적으로 방을 뜻하는 단어이다. 그렇다면 '구들'이 방의 순수 한국어라고 결론지을 수밖에 없다.

For instance the ordinary word for 'room' in Korea is 'pang(방)', which is of course pure Chinese. Surely there must have been a Korean word for this, before the introduction of Chinese. But we notice that the broad flat stones that are used in making a Korean floor are called '구들장=ku-deul-jang'. At the same time among the country districts of Kyöng-sang Do in the south the word '구들=ku-deul' is used almost exclusively to mean room. Thus we conclude that 'Ku-deul' is the pure native word for room.

한국어 어원 연구(Korean Etymology)

한국어 어원 연구는 매우 흥미로운 주제이지만 아직 세인의 이목을 끌지 못하고 있다. 한국어 어원에 대해 의미 있는 연구서가 나오려면 앞으로도 여러 해가 흘러야 할 것 같다. 한국어는 교착어이며 어형 변화가 매우 심하다. 특히 동사의 어형 변화가 그렇다. 아마도 순수 한국어 전체 단어의 3분의 2는 동사 어간의 추적이 가능하리라고 본다.

필자는 한국어 어원을 이 글의 주제로 삼고자 함이 아니다. 다만 한국어 어원 발전의 한 단계를 예시하여 언어학을 전공하는 학생들에게 도움을 줄 수 있는 연구 방법의 일단을 보여 주고자 한다. 이러한 목적으로 필자는 영어 'm'과 소리가 같은 한국어 'ㅁ'의 명사형 기능을 언급하고자 한다. 그러나 'ㅁ'의 명사형 기능 전체를 다루려면 너무 많은 지면을 차지하기에 'ㅁ'의 어간이 영어 'l' 소리를 내는 'ㄹ'로 끝나는 동사에 한정하여 논하고자 한다.

'ㅁ'의 명사형 기능이란 동사 어간에 단순히 글자 'ㅁ'을 붙여 명사 구실을 하는 형태를 말한다. 예를 들면 '보to see'가 '봄'이 되고, 'ㅎto do'가 '홈'이 되고, '밑to believe'이 '밑음(믿음)'이 되는 경우이다. 명사형 기능을 정확히 알기 위해서는 '기', '지', 'ㅁ'으로 끝나는 세 가지 명사형 형태를 이해해야 한다.

현재의 행위를 뜻하는 '기'에는 먹고 있는 행위를 말하는 '먹기', 붙잡는 행위를 말하는 '잡기' 등이 있다. '지'는 '가지마라', '내가가지안켓소'처럼 미래형이나 부정형에 쓰인다. 'ㅁ'은 과거의 행위나 과거의 행위를 이은 현재의 상태를 뜻한다. '밋음'은 동사 '밋'의 과거시제 명사형이다. 이말은 단지 믿고 있는 행위뿐만이 아닌, 믿음 전체의 상태를 뜻한다. 즉 우리가 그 사람의 믿음이 어떠하냐고 묻는 것처럼 그 사람 마음속에 남아 있는 믿고 있는 상태를 뜻한다. 영어 'l'과 소리가 같은 'ㄹ'로 끝나는 동사로 한정할 때 'ㅁ'은 조동사 없이는 사용할 수 없다는 점을 알아야 한다. 이때 두 개의 약한 모음 '◦'와 '으'가 보조 역할을 한다. 동사 '밋'에서 '밋ㅁ'이라는 단어를 바로 만들 수 없으며, 조동사 '으'를 'ㅁ' 위에 놓아야만 '밋음'이라는 단어가 완성된다. 마찬가지로 동사 '놀'에 '음'을 더하고 어간의 끝 음소 'ㄹ'을 두 번째 음절에 옮겨 영어 'gambling'을 뜻하는 '노름'을 완성한다. 영어 'hope'를 뜻하는 '바름'은 '바르다'에서, 'difference'를 뜻하는 '다름'은 '다르다'에서 왔다. 어간이 '걸'인 동사 '것다'에서 영어 'a pace'를 뜻하는 '거름'이 왔다.

위의 예를 보면 동사가 파생하여 명사형 과거시제past verbal noun가 되고, 한국어 어휘에는 '룸' 또는 '름'으로 끝나는 많은 단어가 있음을 알 수 있다. 이들 '룸'과 '름'은 평범한 파생으로 보이지 않는다. 따라서 그들이 어디에서 어떻게 파생되었는지 궁금하지 않을 수 없다.

파생을 의심할 여지가 없는 예는 이미 인용하였다. 이제 연결이 평범하지는 않지만, 파생을 합리적으로 추론할 수 있는 경우를 살펴보자. '어름'이라는 단어를 보자. 이 단어는 '어는freezing' 결과로서 얻어지는 '얼다

to freeze'의 명사형 과거시제가 분명하다. '서름'이라는 단어를 살펴보자. 슬픔을 뜻하는 이 단어는 분명히 동사 '서르다'에서 왔다. '다름'은 '달린다 to run'라는 뜻의 동사 '다ᄅᆞᆫ다'에서 왔으며, 복합어 '다름박질' 과 '다름 쥐squirrel'에도 '다름'이 들어 있다.

어간이 '알'인 동사 '안다'에서 '아름'이 왔으며, '아름'은 영어 'acquaintance(알기)'를 뜻하는 복합어 '아름아리'에도 들어 있다. 아울러 영어 'an armful(한 아름)'을 뜻하는 '아름'이 '껴안다(to take in the arms 또는 to embrace)'를 뜻하는 '안다'에서 왔다고 믿지 않을 수 없다.

영어 'fruit'을 뜻하는 '여름'[1]과 'summer'를 뜻하는 '여름'의 어원에는 특별한 연관성이 있어 보인다. 필자는 이 두 단어가 영어 'to open'을 뜻 하는 '열다'에서 왔으며 언어의 진화 과정에서 오늘에 이르렀다고 본다. 물론 '열'이 영어 'heat(더위)'을 뜻하는 한자[2]의 한국어 음과 같다는 점에 서 앞 단어들이 한자 '열'에서 파생했을 가능성을 보여 주고 있기는 하다. 필자도 우연의 일치가 충분히 놀랄만하다고 인정은 하지만 '여름'이 한자 '열'에서 왔다는 주장은 언어학 특성상 있을 수 없다.

어간이 '무러' 또는 '물'인 동사 '뭇다'에서 '무름'이 왔다. 복합어 '무름 맛침ᄒᆞ다'에서 질문을 뜻하는 '무름'과 영어 'matching and comparing(조 화와 비교)'을 뜻하는 '맛침'을 볼 수 있다. 성질이나 특성을 말하는 명사 '나름'은 '태어나다 또는 생기다'를 의미하는 '나다'에서 왔다고 보는 것이 합리적이다. 지금은 동사 '나다'에 'ㄹ'이 들어있지 않지만 말이다. 영어

---

1. 열매를 뜻하는 옛 말로 보인다.
2. '熱(열)'을 말한다.

'thread(가닥)'를 뜻하는 '바름'과 'needle(바늘)'을 뜻하는 '바늘'의 어원 사이에는 어떤 밀접한 관계가 있는 것 같다. 그러나 어떤 동사에서 파생하였는지는 찾을 수 없었다. 아마도 이들은 지금 사용하지 않는 동사에서 파생한 듯하다.

'보름'이란 단어는 영어 'a sign(표시)'의 뜻과 'full moon(보름달)'이라는 두 가지 뜻이 있다. 'a sign'을 뜻하는 '보름'은 '보다to see'의 '보'에서 파생하였고, 보름달을 뜻하는 '보름'은, 한국에서 시간을 말할 때 달이 가장 중요한 역할을 하기에 설명이 필요 없다.

필자는 앞의 짧은 설명을 결론짓기 위해 매우 흥미 있는 세 가지의 예를 설명하고자 한다. 먼저 구름을 뜻하는 '구름'을 보자. 한국인 학자에게 물어보니, 그는 이 단어는 구름의 움직임을 연상하는 구르다to roll의 의미인 '굴다'에서 왔다고 했다. 굴러가는 구름The Rollers! 가장 아름다운 자연현상을 묘사하는 말로서 그럴싸하지 않은가.

남쪽 지방에서 대개 부람pu-ram이라 발음하고, 어간이 '불'인 '바름'은 '분다to blow'에서 왔음이 틀림없다. 이 단어는 영어 'wind(바람)'를 뜻한다.

영어 'man'을 뜻하는 '사름'은 가장 중요하고도 가장 보편적으로 사용하는 순수 한국어로서 그 말의 어원을 추적하는 데 전혀 어려움이 없다. '사름'은 어간이 '살'인 동사 '산다to live'에서 왔으며 이는 한국어 파생 법칙의 가장 두드러진 예이다. 이브Eve는 '인류의 어머니Mother of all living'를 뜻하나 한국어 사람man은 '살아 있는 사람living one'만을 뜻한다.

한국어 어원 연구에서 굳이 연구 가치를 따진다면, 여러 세기 동안 수

많은 언어의 침식 작용과 한자의 도입 때문에 생긴 언어의 손실에 관한 연구는 권장하고 싶지 않다. 이러한 주제들은 문제를 더 복잡하게 할 뿐만 아니라 끝없는 이론적 다툼만을 불러일으킨다. 물론 이러한 복잡하고 어려운 주제가 진정으로 이 분야를 연구하고자 하는 학자들에게는 연구 의욕을 불태울 수도 있지만 말이다.

반대로 한국어 어원 연구에서 가치 있는 주제 하나를 제안한다면, 예전에는 순수한 한국어로 존재했으나 지금은 한자어로 존재하는 단어들의 목록을 확보한 다음, 그 단어들의 파생 과정을 연구하여 독창적인 순수 한국어 단어들을 발견하는 연구를 들고 싶다. 그러한 연구야말로 흥미진진할 것이 틀림없다. 예를 들면 한국의 일상어 '방room'은 순수 한자어다. 그러나 틀림없이 한국에 한자가 들어오기 전에 '방'을 뜻하는 순수 한국어가 있었을 것이다. 지금 한국의 방바닥을 만드는데 사용하는 넓고 편평한 돌들을 '구들장'이라고 부르는 것을 볼 수 있다. 또한, 한국의 남쪽 경상도 지방에서 쓰는 '구들'이라는 단어는 전적으로 방을 뜻하는 단어이다. 그렇다면 '구들'이 방의 순수 한국어라고 결론지을 수밖에 없다.

한국어와 에파테 어(Korean and Efate)

≪한국평론≫ 1901년 7월호, 8월호

에파테 어에서는 한 방언을 제외하고는 'h'가 발견되지 않으며 'h'는 's'가 대신한다. 그러나 한국어에서 'h'와 's'는 자주 혼동된다. 예를 들어 한국어 '형'은 'hyŭng(형)' 또는 'sŭng(성)'으로 발음한다. '힘' 역시 'him(힘)' 또는 'sim(심)'으로 발음한다. '흉'은 'hyung' 또는 'sung'으로 발음한다. 이 점은 남방계 우랄알타이 어족의 특징이기도 하다. 또한, 에파테 어에는 한국어에 없는 'f'가 있다.

In Efate, except in one of its dialects the letter 'h' is not found, its place being taken by 's'. But in Korean the letters 'h' and 's' are very often confounded. For instance '형' is pronounced either 'hyung' or 'sung', '힘' is either 'him' or 'sim'. '흉' is either 'hyung' or 'sung'.

한국어와 에파테 어(Korean and Efate)

만약 한민족이 인도를 거쳐 말레이 제도 및 태평양 군도로 흩어진 거대한 아리안 족의 일부라면, 현대 한국어와 남양 군도 언어들 사이에 우연한 유사점 이상의 인과 관계가 틀림없이 존재할 것이다. 어휘 연구로 모든 이론을 명백하게 결론지을 수는 없지만, 한민족이 북방계라기보다는 남방계라고 주장한 지금까지의 논거를 어느 정도 뒷받침할 수 있다고 본다. 이러한 주장을 증명하기 위해 필자는 한국어와 태평양 남서부 뉴헤브리디스New Hebrides 군도의 에파테[1]족 언어와의 놀랄만한 유사점을 보여 주고자 한다. 이 과정에서 태평양 섬들의 여타 언어[2]에 대해서도 곁들여 언급하겠다.

먼저 한국어와 에파테 어의 발성 체계가 거의 똑같다는 점을 말해두고자 한다. 두 언어에는 모두 대륙 계통의 모음인 'a', 'e', 'i', 'o', 'u'가 있으

---

1. 에파테(Efate) 섬은 지금의 바누아투(Vanuatu) 공화국의 일원이다. 에파테 족의 언어는 말레이폴리네시아 어 계통(Malayo-Polynesian language family)의 핵심 언어로서 현대에도 에파테 어에 대한 연구서가 발행되고 있다.
2. 태평양상 섬들의 언어에 대해 지면 관계상 다음과 같은 약어를 사용하였다. An.=Aneityum, Ef.=Efate, Er.=Eromanga, Fi.=Fiji, Ha.=Hawaiian, Ma.=Maori, Mg.=Malagasy, Ml.=Malekula, My.=Malay, Pa.=Paama, Sa.=Samoan, Ta.Sa.=Tangoan Santa, Tah.=Tahiti, To.=Tonga, Ta.=Tauna, dd.=Dialects(방언)

며, 'b'와 'p'를 나타내는 데는 단지 하나의 글자만 존재한다.[3] 또한, 두 언어의 'k, 'l', 'm', 'n', 'r', 's', 't' 소리가 모두 영어의 음과 같다.

한국어와 에파테 어 사이에는 세 가지의 다른 점이 있다. 에파테 어의 'g'는 일본의 특정 지역처럼 'ng'로 발음한다. 에파테 어에서는 한 방언을 제외하고는 'h'가 발견되지 않으며 'h'는 's'가 대신한다. 그러나 한국어에서 'h'와 's'는 자주 혼동된다. 예를 들어 한국어 '형'은 'hyŭng(형)' 또는 'sŭng(성)'으로 발음한다. '힘' 역시 'him(힘)' 또는 'sim(심)'으로 발음한다. '흉'은 'hyung' 또는 'sung'으로 발음한다. 이 점은 남방계 우랄알타이 어족의 특징이기도 하다. 또한, 에파테 어에는 한국어에 없는 'f'가 있다.

한국어의 뿌리를 아래와 같이 에파테 어와 비교해 보았다. 에파테 어 단어들이 한국어의 기초basis를 형성함을 알 수 있다. 에파테 어 단어를 알파벳 순서에 따라 설명하고 이어서 각 단어에 상응하는 한국어를 소개했다.[4] 대괄호([ ]) 안은 태평양 섬들의 상응하는 단어이다.

A : 가끔 'e' 또는 'i'로 발음되며, 'in, at, to, of'를 뜻한다. 한국어 '에e'는, '의of'를 제외하고는 이 말과 같은 뜻이다.

Ab : '아버지father'를 뜻한다. 한국어 '아비ab-i' 또는 '아바지ab-a-ji'와 같다. [Ma.=pa ; My.=pa ; Mg.=aba][5]

---

3. 에파테 어 'b'는 'b'와 'p' 둘을 나타내나(이 글에서 에파테 어 'Ba' 설명 참조) 한국어는 'ㅂ'과 'ㅍ'이 따로 있다. 헐버트가 이를 모를 리 없다. 정확한 의미 전달이 안 된다.

4. 비교표에 나오는 한국어는 헐버트가 옛 한글을 영어로 옮겼기에 현대 한국어와 다른 경우가 많다. 원문의 한글은 그대로 옮겼고, 헐버트가 영어로 옮긴 한글을 다시 한글로 옮길 때는 영어 음에 따라 옮기는 것을 원칙으로 하였다.

5. Ma., My., Mg.는 태평양상의 섬들을 말하고, pa, pa, aba는 앞에 설명한 단어에 상응하는 태평양상 섬들의 언어이다.

Afa : '사람을 등에 지고 나르다'라는 뜻이다. '아이를 등에 업는다'는 한
국어 '업ŭp'과 상응한다. 한국어에서 'p'는 에파테 어 'f' 역할을 한
다. 에파테 어에서 'Afa'의 수사학적by metonymy[6] 의미는 '무엇인가
를 나르다'는 뜻이며, 이 말의 근원적 의미는 한국어와 같거나 그
이상이다. [Sa.=fafa(사람을 등에 지고 나르다) ; Mg.=babi(등에 지고 날랐
다) ; Fi.=vava(등에 지고 나르다)]

Afaru : '날개wing'를 뜻한다. '날개 치다to flutter'라는 뜻의 한국어 '펄펄
p'ŭl-p'ŭl'과 같다. 에파테 어 'f' 와 'r'은 한국어 'ㅍ(p)'와 'ㄹ(l)'에
상응한다. [Tidore=fila-fila ; Torres Id.=peri-peri ; Mg.=ma-bur]

Aga : '에게(to 또는 that to)'를 뜻한다. 때때로 소유 의미의 접사possessive
particle로 사용한다. '에게to'를 의미하는 한국어 '에게E-ge' 또는 '의
게Eui-ge'에 상응하며, '나의게 잇소na-eui-ge is-so'에서처럼 소유를
의미한다.

Al-o : '울타리An inclosure', '안inside' '배belly'를 뜻한다. '안inside'을 뜻하
는 한국어 '안an'에 상응한다. 많은 우랄알타이 계통 언어에서 'l',
'n', 'r'은 매우 약하게 쓰이거나 다른 글자로 교환할 수 있다. 한국
어는 'l'과 'r'을 나타내는 글자가 하나밖에 없으며 대체로 'n'으로 발
음한다.[7] [Sa.=alo, belly, inside ; Ha.=alo, belly]

Alo-alo : '얼룩진spotted 또는 marked'을 뜻한다. '줄무늬를 넣는streaking'
이라는 뜻의 한국어 '아룽아룽arung-arung[8]에 상응한다. 이 말

---

6. 원문의 'metonomy'는 metonymy의 오류이거나, metonymy의 고어로 보인다.

7. 'l'과 'r'은 'ㄹ'을 말하며 'n'은 'ㄴ'을 말한다.

8. 지금의 표준말은 '아롱아롱'이다.

에서 'r'과 'l'이 교환되었음을 볼 수 있다.

Amo-amo : '부드러운to be soft or smooth'이라는 뜻이다. 같은 뜻의 한
국어 '함함ham-ham'에 상응한다. [Sa.=ma-ma, smooth or clean ;
Tah.=ma-ma, clean ; To. and Ma.=ma, 부드럽다는 느낌에서의 clean]

Ani-na : '자녀son or daughter'를 뜻한다. '낳는다to be born'라는 뜻의 한
국어 '나na', 그리고 '낳았다has been born'라는 뜻의 한국어 '나니
nani'에 상응한다. [My.=anak ; Mg.=anaka ; My.=kanak]

Anu : '나I'를 뜻한다. 한국어 '나na'에 상응한다. [Ef. 방언=anu, enu ;
An.=ainyak ; Epi.=nagku ; Ta. Sa.=enan ; My. =ana ; Papuan=nan.]

Ata : '알다to know'를 뜻한다. 같은 뜻의 한국어 '알al'에 상응한다. 한국어
'ㄹ(l)'은 때때로 'd'에 가까운 '뇌에서 나오는 lcerebral l'이라 불리는
강한 'l' 소리를 갖는다. 'l'을 'd'로 발음하는 경우가 너무 많아 외국
인들은 자주 한국어 '이리'를 '이디idi'로 발음한다.

Ba : '비가 내린다to rain'라는 뜻이다. 한국어 '비pi'에 상응한다. 에파테어
'b'는 'b'와 'p' 둘을 나타내는 말이라는 점을 기억하라. [Epi.=mboba ;
Ta.=ufu.]

Ba : '가다to go', '밟다to tread'라는 뜻이다. '짓밟다tread upon'라는 뜻의 한
국어 '밟palp'에 상응한다. [Fi.=va-ca]

Babu : '뺨cheek'이라는 뜻이다. 방언은 'bamu'이다. 한국어 '뺨byam'에 상
응한다. [My.=pipi ; Tah.=papa]

Bago-bago : '구부러졌다crooked'라는 뜻이다. 한국어 '구불구불kubul-
kubul'에 상응한다. 여기에서 자음consonants의 이동 현상을 볼 수
있다. 에파테 어 'b'와 'g'가 한국어 'ㄱ(k)'과 'ㅂ(b)'이 되었음을 보여

준다. 이 현상은 단지 글자 위치의 변화이며 언어의 발전과정에서 나타나는 공통적 현상이다.

Bagota : '사다to buy'라는 뜻이다. 문자 그대로는 '분리하다to separate'라는 말이다. 한국어에서 무엇을 사려고 바꾸는 '바꾸pak-ku'에 상응하며, 이 말은 문자 그대로 '바꾸다to change'라는 뜻이다. '분리하는 separating', '바꾸는changing or exchanging' 등에서 '산다buying'라는 생각이 유래했음을 보여 준다. 두 단어 모두 '바꾸다barter'와 관련한 말이다.

Baka : '장벽, 울타리a barrier or fence'라는 뜻이다. '정지시키다to stop up', '막다obstruct'라는 뜻의 한국어 '막mak'에 상응한다. 에파테 어 'b'가 한국어 콧소리[9] 'ㅁ(m)'으로 바뀌었다고 여겨진다. [Ha.=pa, a fence ; Ma.=pa, to block up 또는 obstruct]

Balo : '문질러 씻다to wash by rubbing'라는 뜻이다. '옷을 씻는다to wash clothes'라는 뜻의 한국어 '빨래ballä'에 상응한다. [Sa.=fufulu, to rub, to wash]

Bani : '난폭하게 행동하다to act violently', '강제로 재산을 빼앗다to take away property violently'라는 뜻이다. '몰수하다to seize', '강제로 빼앗다take away violently'라는 뜻의 한국어 '빼Bä'에 상응한다.

Bolo : '일work'이라는 뜻이다. 같은 뜻의 한국어 '벌이pö-ri'[10]에 상응한다. 에파테 어 'b'와 'l'이 한국어 'ㅂ(p)'과 'ㄹ(r)'이 되었음을 알 수 있다.

---

9. 'ㅁ'은 입술소리이나 공명음으로서 콧소리이기도 하다.
10. 원문의 'pö-ri'를 '벌이'로 보았다.

Be : '크다to be great', '넓히다to extend'라는 뜻이다. '부풀다to swell', '크게
하다enlarge'라는 뜻의 한국어 '부pu'에 상응한다.

Bila : '햇빛shine'이라는 뜻이다. '불fire'이라는 뜻의 한국어 '불pul'에 상응
한다.

Bile : '빠르게to be quick'라는 뜻이다. 같은 뜻의 한국어 '빨리balli'에 상
응한다. 이 말을 중복하여 영어 'hurry'와 같은 뜻의 '빨리빨리balli
balli'로 사용하기도 한다. [Ef. 방언=bel-bel ; 에파테 어에 '빠르다(to be
quick)'라는 뜻의 'bili bili'가 있다.]

Bite : '자르다to cut'라는 뜻이다. 한국어 '비다cut'의 '비pi'에 상응한다.
[My.=potong, to cut. 이 말은 '자르다(to cut)'라는 뜻의 한국어 '부어진다
(puŭjinta)'¹¹의 '부(pu)'와 연관이 있다고 본다.]

Bor-ia : '부러지다to break'라는 뜻이다. 한국어 '부러지다purŭ-jita'에 상응
한다.

Bu : '보다to see'라는 뜻이다. 같은 뜻의 한국어 '보po'에 상응한다.

Bu : '묶음bundle'이라는 뜻이다. '옷을 싸는 보a cloth wrap'라는 뜻의 한국
어 '보po'에 상응한다. [Fi.=vau]

Bua : '나누다to divide or cut open'라는 뜻이다. '부서진to be cut'이라는 뜻
의 한국어 '부어지다puŭ-jita'에 상응한다.

Bua : '비어 있다to be empty'라는 뜻이다. 같은 뜻의 한국어 '비다pui-ta'에
상응한다.

Buele : '잃는다to be lost'라는 뜻이다. '잃다to lose'라는 뜻의 한국어 '잃어

---

11. 원문의 'puŭjinta'를 '부어진다'로 가정하였다.

버리다ilhŭ-pŭrita'에 상응한다. '잃다to lose'라는 뜻의 말레이 어 'il-ang'에서 더 유사점이 발견된다. 이 단어들의 뿌리는 똑같이 '일il'이라는 음절이다.

Buka : '채워진다to be filled'라는 뜻이다. '부풀다to swell, to be distended'라는 뜻의 한국어 '부pu'에 상응한다.

Buma : '꽃 피다to blossom'라는 뜻이다. 같은 뜻의 한국어 '피어piu'에 상응한다. [Ml.=pug, to blossom ; Sa.=fuga, flowers ; My.=bunga, blossoms; Mg.=vony, flower]

Bur-ia : '불을 만들다to make a fire'라는 뜻이다. '불fire'이라는 뜻의 한국어 '불pul'에 상응한다.

Busi : '불다to blow'라는 뜻이다. 같은 뜻의 한국어 '부pu'에 상응한다. [Tah.=puha, to blow; Ha.=puhi, to blow]

E : '에in', '위에on'라는 뜻이다. '에게to', '에at', '의in' 등을 뜻하는 한국어 '에e'에 상응한다. [Sa.=i, in, at, with, to, for, on, on account of, concerning. (한국어가 이러한 뜻을 가장 많이 가지고 있다)[12] ; Ma. =i, of; Fi.=e or I, with]

Ei : '예yes'라는 뜻이다. 같은 뜻의 한국어 '녜nye'에 상응한다. [Mg.=ey ; Sa.=e]

Eka : '가족a relative'이라는 뜻이다. 같은 뜻의 한국어 '일가ilga'[13]를 말한다.

Elo(방언은 alo) : '해sun'라는 뜻이다. 한국어에 같은 뜻의 '날nal'이 있다.

---

12. 원문의 'K.'를 '한국어'라는 뜻으로 보았다.
13. '일가(一家)'는 한자어이기에 의문이 간다.

Emai : '멀다far'라는 뜻이다. 같은 뜻의 한국어 '머mö'에 상응한다.

    [Sa.=mas, far]

Enu : '나'라는 뜻이다. 같은 뜻의 한국어 '나na'에 상응한다.(에파테 어 방

    언은 'anu'이다.)

Erik : '여기here'라는 뜻이다. 같은 뜻의 한국어 '이리iri'에 상응한다.

Fasi : '밟다tread upon'라는 뜻이다. 같은 뜻의 한국어 '밟palp'에 상응

    한다.

Fira : '빌다pray'라는 뜻이다. 같은 뜻의 한국어 '빌pil'에 상응한다.

    [Tah.=pure, to pray]

Ga : '제삼자3rd person', '그것it'을 뜻한다. 한국어 '그keu'에 상응하며 '제

    삼자, 그것'을 뜻할 때 주로 쓴다.

Gi, Ki : '게to'라는 뜻이다. 같은 뜻의 한국어 '게ke'에 상응하며 사람

    human beings에 대해서만 쓴다.

Go : '그리고and'라는 뜻이다. 같은 뜻의 한국어 '고ko'에 상응한다.

    [Ml=ga, ka and ko ; Fi.=ka]

Goba : '자르다to cut'라는 뜻이다. '칼knife'이라는 뜻의 한국어 '칼kʹal'에

    상응한다. [Mg.=kafa, cut]

Gko 또는 Goko : '자르다to cut'라는 뜻이다. 같은 뜻의 한국어 '깍gak'에

    상응한다.

Gore : '코nose'라는 뜻이다. 같은 뜻의 한국어 '코kʹo'에 상응한다.

    [Fi.=ucu ; Ma.=ihu]

I : '이것this'이라는 뜻이다. 같은 뜻의 한국어 '이I'에 상응한다.

I-gin : '여기here'라는 뜻이다. 같은 뜻의 한국어 '이리iri'에 상응한다.

[Sa.=i'inei ; Fut.=ikunei]

In : '이것this'이라는 뜻이다. 같은 뜻의 한국어 '이i'에 상응한다.

[Mg.=iny, this ; My.=ini. this]

Inin : '여기here'라는 뜻이다. 같은 뜻의 한국어 '이리iri'에 상응한다.

Ita : '오다come, come now'라는 뜻이다. '여기 있다here!'라는 뜻의 한국어 '엣다etta'에 상응한다.

Ka : '가까운 거기there, near'라는 뜻이다. '가까운 그것that, near'이라는 뜻의 한국어 '그keu'에 상응한다. [My.=ik : ika, iku, this, that ; Ta Sa.=aki, ake, this]

Kabe : '게a crab'라는 뜻이다. 같은 뜻의 '게kue'에 상응한다.

Kaf : '굽은to be bent'이라는 뜻이다. '굽었다crooked, bent'라는 뜻의 한국어 '꾸불꾸불kubul-kubul'에 상응한다. [Ma.=kapu, curly]

Kalumi : '거미spider'라는 뜻이다. 한국어 '거미komi'에 상응 한다.

Kami : '잡다to seize, grip'라는 뜻이다. '잡다to seize'라는 뜻의 한국어 '잡chap'에 상응한다.

Kam-kam : '가위scissors를 뜻한다. 같은 뜻의 한국어 '가위kawi'에 상응한다. [My.=cubi[14] ; Ja.=juwit, to nip, pinch ; Ha.=umiki, to pinch ; Fi.=gamu, to take with pincers ; Ef. agau=tongs, nippers]

Kar-ia : '문지르다to scratch, scrape'라는 뜻이다. '가렵다to itch, and also'를 뜻하는 한국어 '가려워kariawa'에 상응한다.

Kars-karoa : '가려운itchy, scratchy'을 뜻한다. '가렵다itch'를 뜻하는 한국

---

14. 원문이 희미하여 알아보기가 힘드나 'cubi'로 추정하였다.

어 '가려워kariũwa'에 상응한다.

Kasau : '나뭇가지branch'를 뜻한다. 같은 뜻의 한국어 '가지kaji'에 상응한다.

Kata : '것a thing'을 뜻한다. 같은 뜻의 한국어 '것kŭt'에 상응한다. [Fi.=ka, thing]

Ke : '이것this'이라는 뜻이다. '저것that'을 뜻하는 한국어 '그keu'에 상응한다.

Kei[15] : '이것this)', '가까운 그것near that'을 뜻한다. '가까운 그것near that' 을 뜻하는 한국어 '그keu'에 상응한다.

Ki-nau : '나'를 뜻한다. 같은 뜻의 한국어 '나na'에 상응한다. [방언 anu or enu=I, also nau=I ; An.=ainyak, I ; Epi.=nagku ; Ta. Sa.=enau ; My.=aku]

Kita : '점치다to divine'라는 뜻이다. '미신 의식ceremony of exorcism'을 뜻 하는 한국어 '굿kut'에 상응한다. [Ma.=kite, discover, foresee, divine]

≪한국평론≫ 1901년 8월호

Ko : '얼굴face'이라는 뜻이다. 얼굴의 일부인 '코nose'라는 뜻의 한국어 '코 K'o'에 상응한다. [에파테 어 'Ko'를 문자 그대로 해석하면 '앞부분(the part before)'을 뜻한다.]

Kori : '개dog'를 뜻한다. 같은 뜻의 한국어 '개kǎ'에 상응한다. [Ma.=kuri, a dog ; To.=kuli ; Fut.=kuli ; Epi.=kuli ; El.=kuli]

---

15. 원문이 희미하여 알아보기가 힘드나 'Kei'로 추정하였다.

Kota : '시간time'이라는 뜻이다. '즉시immediately, instantly'를 뜻하는 한국어 '곧got'에 상응한다.

Lu : '나다rise up'라는 뜻이다. 같은 뜻의 한국어 '나na'에 상응한다.

Luaki : '말utterance, proverb'이라는 뜻이다. '이야기talk, story'를 뜻하는 한국어 '이야기niagi'에 상응한다.

Ma(방언 nanum, nanu, nanofa) : '날day'이라는 뜻이다. 같은 뜻의 한국어 '날nal'에 상응한다.

Ma. : '함께with, and'를 뜻한다. 동사 어미에 붙는 '그리고and'를 뜻하는 한국어 '며myŭ'에 상응한다. [Ha.=me ; Ma.=me ; Mota.=ma, me]

Ma-nia : '갈다grind'를 뜻한다. '물레방아a mill', '맷돌mill-stone'을 뜻하는 한국어 '매mă'에 상응한다.

Mabe : '밤chestnut'을 뜻한다. 같은 뜻의 한국어 '밤pam'에 상응한다. [Tah.=mape ; An.=mop ; Malo[16] Mai 또는 me : '줄(rope)'을 뜻한다. '묶다(to bind, tie)'를 뜻하는 한국어 '매(mă)'에 상응한다. [Sa.=maea ; To.=maia]

Maler : 투명한transparent을 뜻한다. '맑은clear', '맑은 물처럼 순수한pure' 등을 뜻하는 한국어 '맑malk'에 상응한다.

Malo : '하기 싫은to be unwilling, averse'을 뜻한다. '아니don't' 같은 부정과 금지를 나타내는 한국어 '말mal'에 상응한다.

Manu : '많음a multitude'을 뜻한다. 같은 뜻의 한국어 '만man'에 상응한다. [Sa.=mano, a great number]

---

16. 헐버트의 섬 약어 명단에 나와 있지 않은 지방이다.

Manua : '끝나는to be finished'이라는 뜻이다. '정지stop'를 뜻하는 '그만둬 keu-man-tu'에서처럼 '더는 없다only, no more'라는 뜻의 한국어 '만man'에 상응한다.

Maritan : '시들다wither'를 뜻한다. '마른to be dry', '시드는to wither', '목 마른thirsty'을 뜻하는 한국어 '말mal' 또는 '마르mar'에 상응 한다.

Ma[17] : '홀로alone'라는 뜻이다. '다만alone, only'을 뜻하는 한국어 '만man' 에 상응한다.

Matu-ki : '받쳐 지탱한다to strengthen or support with posts'라는 뜻이다. '받치다, 버티다to support, bolster'를 뜻하는 한국어 '벝pūt'에 상 응한다.

Matru : '목마른to be thirsty'을 뜻한다. 방언은 manru, mandu, maru이 다. '말라to be dry', '목마른thirsty'을 뜻하는 한국어 '말mal'에 상 응한다. [Ml.=meruh]

Ma[18] : 모호하게 사용되는 의문대명사interrogative pronoun이다. 이와 비 슷하게 사용되는 한국어 '무어muŭ'에 상응한다.

Man[19] : '매우very'라는 뜻이다. 같은 뜻의 한국어 '매우mao'에 상응한다. [Fi.=ban, very ; Fut.=ma]

Mauta : '솟은 땅a rising ground'을 뜻한다. '산mountain'을 뜻하는 한국어 '뫼moi'에 상응한다. [Sa.=mauga, a hill]

---

17. 'Ma'뒤에 알파벳이 빠진 것으로 보인다.
18. 'Ma'뒤에 알파벳이 빠진 것으로 보인다.
19. 'Man'은 알파벳 순서로 보아 오타로 보인다.

Mea-mea : '먼long'이라는 뜻이다. 같은 뜻의 한국어 '멀(mör 또는 möl)'에 상응한다.

Mina : '기쁜pleasant, nice'이라는 뜻이다. '볼만하다pol-man-hata'에서 처럼 '기쁘고 좋다'라는 뜻의 한국어 동사 어미 '만man'에 상응한다. [Tah.=mona ; My.=manis ; Mg.=manitura]

Miu : '축축한wet'이라는 뜻이다. '젖은wet' '반죽하다daubed with anything' 등의 뜻을 가진 한국어 '뭍mut'에 상응한다. [에파테 어 'mota'는 '더럽 다(dirty)'라는 말이다(So the Ef. mota=dirty).]

Uma : '구멍the hole', 즉 집의 안을 뜻한다. 땅에 구멍을 파서 만든, 짚으로 씌운 옛집의 형태를 말하는 한국어 '움um'에 상응한다.

Mua : '흐르다to flow'라는 뜻이다. '붓다pour를 뜻하는 한국어 '부pu'에 상응한다.

Na : '동의assent)'란 단어의 부사adverb이다. '예yes'를 뜻하는 한국어 '네 ne'에 상응한다.

Nabo : '냄새 맡다to smell'라는 뜻이다. '냄새(a smell, 특히 나쁜 냄새)'라는 뜻의 한국어 '냄새năamsă' 또는 '내na'[20]에 상응한다. [Sa.=namu, bad smell ; To.=namu ; a good or bad smell]

Nai : '물water'이라는 뜻이다. '시내a brook or small stream'를 뜻하는 한국어 '내nă'에 상응한다.

Namu : '모기mosquito'라는 뜻이다. 같은 뜻의 한국어 '모기mogi'에 상응한다. [Mg.=moka ; Ta-sa.=moke ; Malo=mohe ; My.=namok ;

---

20. 'na'는 'nă'의 오류로 보인다.

Bu.=namok]

Ni : 소유격 어미genitive ending이다. 한국어 소유격 어미 '의eui'에 상응한
다. [Fi.=ni, i or e, of; Ma.=i, of ; Battak=ni, of ; Bu. =ri, of ; Tag.=ni, of
; Mg.=ny, of]

Ore : '그거야yes, that's it'라는 뜻이다. '맞아it is true, right'라는 뜻의 한국어
'옳or, ol'에 상응한다.

Sa : 금지를 의미하는 문구prohibitive clauses에서 부정 부사negative adv.
역할을 한다. '서stop', '아냐don't'를 뜻하는 한국어 '아서asū'에 상응
한다.

Sai : '앞으로 나가다to come forth'라는 뜻이다. '새로운new'을 뜻하는 한국
어 '새sä'에 상응한다.

Sana : '화살an arrow'이라는 뜻이다. 같은 뜻의 한국어 '살sal'에 상응
한다.

Sela : '나르다to carry'라는 뜻이다. '싣다to load'라는 뜻의 한국어 '실sil'에
상응한다.

Sera-ia : '쓸다to sweep'라는 뜻이다. 같은 뜻의 한국어 '쓸(seur 또는 seul)
에 상응한다.

Si : '불다to blow'라는 뜻이다. 바람을 말할 때 쓰는 '거세게 불다violently
to blow'라는 뜻의 한국어 '세게se-ge'에 상응한다.

Sog : '강한 힘compulsion, force, constraint'을 말한다. 갑자기 힘 있게 당길
때 쓰는 한국어 '쑥suk'에 상응한다.

Tabos : '좁은narrow'이란 뜻이다. 같은 뜻의 한국어 '좁(chob 또는 chop)'에
상응한다.

Tagoto : '도끼axe'를 뜻한다. 같은 뜻의 한국어 '도끼tokeui'에 상응 한다.

Taku : '뒤에at the back'를 뜻한다. '돌다back, turn'를 뜻하는 한국어 '돌(tol 또는 tor)'에 상응한다. [Sa.=tua; Malo=tura; Motu=dolu, 모두 같은 의 미이다.]

Talo : '돌아round about'를 뜻한다. '돌다turn about, to revolve'라는 뜻의 한 국어 '돌tol'에 상응한다. [Ef. tili-mar=revolve]

Talu : '떼a crowd, herd'를 뜻한다. 한국어에서 복수를 만드는 공통 어미인 한국어 '들teul'에 상응한다.

Tama(방언 taba) : '덮다to cover'를 뜻한다. 같은 뜻의 한국어 '덮tŭp'에 상 응한다.

Tano(방언 tan) : '땅earth, soil'이라는 뜻이다. 같은 뜻의 한국어 '땅tang'에 상응한다. [Sa.=tanu ; My.=tanem]

Tari-a : '문지르다rub'라는 뜻이다. '닳은to be rubbed' '반반한smoothed'을 뜻하는 한국어 '닳tar'에 상응한다. [Sa.=tele]

Taru-b : '떨어진다to fall'라는 뜻이다. 같은 뜻의 한국어 '떨어진다 tŭrŭjinta'에 상응한다.

Tan : '견디다to abide, be fixed'라는 뜻이다. '계속하다more, continually, further'라는 뜻의 한국어 '더tŭ'에 상응한다. 에파테 어에서 'tan'은 계속되는 행위를 의미하는 동사 앞에 놓는다. 이 법칙은 한국어 '더' 에서도 마찬가지다.

Tau : '따다to pluck'를 뜻한다. 같은 뜻의 한국어 '따ta'에 상응한다.

Tatu : '막대기a stake'를 뜻한다. 같은 뜻의 한국어 '타리tari'에 상응한다. 한국어 '타리'는 '울타리' 같은 합성어에서만 사용한다.

Tiko 또는 tuba : '집 짓는 데 쓰는 나무post in a house'를 뜻한다. 한국어 '들보teulpo, a crossbeam in a house'에 상응한다.

Tiko : '막대기staff, walking-stick'라는 뜻이다. 한국어 합성어 '막대기Mak-tagi'의 '대기tagi'에 상응한다. 통가Tonga 어로 'toko'라 하며 이는 카누를 묶는 막대기를 뜻한다. 이 말은 말이나 동물을 매는 데 쓰는 한국어 합성어 '말뚝mal-tuk'에서의 '뚝tuk'과 비슷하다.

[My.=takan, staff ; Mg.=telaina, staff]

Toki : '도끼axe'를 뜻한다. 같은 뜻의 한국어 '도끼toki'에 상응한다.

Tok : '힘을 쓰다violence, force'라는 뜻이다. '독poison'을 뜻하는 한국어 '독tok'에 상응한다. '독毒'은 한자이기에 의문이 간다.[21] 이 말은 한국어에서 강압을 뜻하는 여러 단어에 사용된다.

Tu : '서다to stand'를 뜻한다. '두다to place, set'를 뜻하는 한국어 '두tu'에 상응한다.

Tuku : '내려 보내다go down, send down'를 뜻한다. 내려가는 동작을 의미하는 동사에 사용되는 강조 부사intensive adverb인 한국어 '쑥suk'에 상응한다.

Turuk : '허락하다to permit'라는 뜻이다. 같은 뜻의 한국어 '허락Hūrak'에 상응한다.[22]

U : '우리we, they'를 뜻한다. 같은 뜻의 한국어 '우리U-ri'에 상응한다.

Ua(방언 ba) : '비rain'를 뜻한다. 같은 뜻의 한국어 '비pi'에 상응한다.

Uago 또는 Uigo : 일종의 감탄사an exclamation'이다. 같은 뜻의 감탄사인

---

21. '독(毒)'은 한자이기에 의문이 간다.
22. '허락(許諾)'은 한자이기에 의문이 간다.

한국어 '애고ăgo'에 상응한다.

Ulna : '자란다to grow up'라는 뜻이다. '오르다up'라는 뜻의 한국어 '올라
olla'에 상응한다.

Um : '솥oven'을 뜻한다. 무엇으로 덮여 있는 땅속 굴을 뜻하는 한국어
'움um'을 뜻한다.

Uru-ura : '으르렁거린다to growl, grumble, murmur'라는 뜻이다. 한국어
'으르렁으르렁ururŭng-ururŭng'에 상응한다.

Usi : '서두르다to hasten'라는 뜻이다. '서둘러hurry!, quick!'라는 뜻의 한국
어 '어서ŭssa'에 상응한다.

레뮈자 씨의 한국 문자에 관한 글에 대해

(Remusat on the Korean Alphabet)

≪한국평론(The Korea Review)≫ 1902년 5월호

한글이 부분적으로 티베트 문자에서 왔음이 거의 확실해 보이지만, 누군가 한글 창제 당시 만들어진 책 ≪훈민정음訓民正音≫을 운 좋게 발굴하지 않는 이상 그러한 견해가 절대적으로 확실하다고는 말할 수 없을 것이다.

It seems therefore practically sure that the Korean alphabet was formed partly from the Thibetan but there will probably be no absolute proof of it until someone is fortunate enough to unearth a copy of the Hun-min Chong-eum(訓民正音) the book that was made at the time the alphabet was invented.

레뮈자 씨의 한국 문자에 관한 글에 대해
(Remusat on the Korean Alphabet)

며칠 전 1820년에 출판된 레뮈자[1] 씨의 저서 ≪타타르 어 연구≫[2]를 훑어보다가 한국 문자에 관한 흥미로운 구절을 발견했다. 이 책은 오늘날에도 유용하며, 매우 가치 있는 책으로 인정받고 있다. 레뮈자 씨는 한국 문자에 관한 정보가 많지 않았지만 몇몇 흥미로운 견해를 남겼다. 레뮈자 씨는 위대한 언어학자이며, 그의 견해는 거의 한 세기가 지났어도 학문적 가치가 작지 않다고 생각한다. 따라서 필자는 그의 글을 번역하여[3] 한국 문자와 관련한 그의 견해를 ≪한국소식≫ 독자들에게 알려 주자고 마음 먹었다. 혹자는 한국 문자인 한글이 어디서 왔는지 궁금하지 않을 수 있지만 궁금한 독자도 분명 있을 것이기 때문이다.

레뮈자 씨는 ≪타타르 어 연구≫ 제3장에서 타타르 부족들이 경교도들에게 고대 시리아 어를 전해 받기 전부터 문자를 가지고 있었느냐는 질문을 하면서 만약 그들에게 그러한 문자가 있었다면 이는 분명 소리글자이지 뜻글자는 아니었을 것이라고 했다. 그는 다음과 같이 이어갔다.[4]

---

1. 레뮈자(Jean-Pierre Abel-Rémusat, 1788~1832)는 프랑스의 중국어 학자이다.
2. 원문은 ≪Recherches sur les languages tartares≫이다. 이 책은 헐버트가 1892년에 발표한 논문 〈한글〉에서 참고문헌으로 소개한 ≪Recherches de la langue tartare≫와 같은 책으로 보인다.
3. 프랑스 어로 된 ≪타타르 어 연구≫를 영어로 번역한다는 뜻이다.
4. 레뮈자의 글에서 상당한 오류가 발견되었다. 일일이 열거하지 않았다.

"타타르 족의 속국이었던 어느 나라에, 위에 언급한 조건들을 정확히 만족하나 기원이 불분명한 문자가 존재한다.[5] 한민족이 한자대신 사용하는 문자가 바로 그것이다. 이 문자는 한자처럼 뜻글자도 아니고 일본 문자 같은 음절문자도 아닌 진정한 음소문자 즉 낱소리 글자이다. 아홉 개의 모음과 열다섯 개의 자음으로 이루어졌으며, 글자 모양과 음절을 이루는 방법은 우리가 알고 있는 어떤 문자에서도 유사점을 찾아볼 수 없다. 내가 한민족에 대해 의견을 교환한 중국의 학자 중 누구도 한국 문자에 관해 언급한 바 없고, 한국 문자가 창제된 시점을 알아낼 만한 어떤 단서도 암시하지 않았다. 내가 위에서 말한 것처럼 이 문자는 타타르 족의 힘이 정점에 이르렀을 때 그들의 이웃이자 속국인 한민족이 받아들인 '거란' 또는 '여진'의 문자일 수 있다. 더 이상 확실한 증거가 없는 상태에서 나는 우리가 알고 있는 어떠한 것도 이러한 추론과 상충하지 않는다는 점을 보여 주려 한다.

한국의 동쪽에 일본이 있지만, 한민족은 절대 일본에서 문자를 가져오지는 않았다. 앞에서 말했듯이 두 민족의 문자 사이에는 근본적 차이가 있을 뿐만 아니라, 같은 소리조차 완전히 다른 방식으로 표현한다.

– 중 략 –[6]

한민족은 한반도 남서쪽에 있는 중국에서는 오직 간접적으로만 문자를 받아들인 것 같다. 한국 문자 발명가들이 중국 한자를 한국 문자의 기본으로 삼았다 해도 엄청난 문자의 변형이 있었을 것이고, 변형의 정도가 너무 커 한국 문자 어떤 글자가 어떤 한자에서 유래했는지 인식하기가 불

---

5. '타타르(Tartar) 족'은 몽골 족을 말하며, '어느 나라'는 한국을 말한다.
6. 원문 자체가 그러하다.

가능하다. 반면 일본 문자는 그렇지 않다. (이 부분에서 저자인 레뮈자 씨는 가타카나와 히라가나 몇 자를 인용하며 어떤 한자에서 그 글자들이 유래했는지를 보여주었다.) 위에 인용한 일본 문자의 예처럼 'ク'가 '己(기)'에서 'ㅊ'이 '初(초)'에서 왔을 수도 있지만, 한국 문자는 한자와 너무 다르다. 한국 문자가 한자에서 왔다고 추측하는 것은 한민족이 문자를 완전히 새롭게 고안했다기보다 이미 존재하는 문자를 모방했다는 선입관에서 오는 단순한 유추에 불과하다. 대체로 중국 학자들이 거란 문자 또는 한민족이 본떴을지도 모르는 문자에 관해 논하면서 언급한 문자의 변형이 한국 문자의 기원을 밝히는데 직면하는 어려움을 잘 대변해 준다.

글자 모양 및 정자법에 있어서 한국 문자와 그래도 어느 정도 비슷한 문자는 티베트 문자밖에 없다. 한국 글자 'ㅁ'과 티베트 글자 'ᷢ', 한국 글자 'ㅂ'과 티베트 글자 'ᷗ', 한국 글자 'ㄹ'과 티베트 글자 'ᷞ', 그리고 기타 몇몇 글자들은 확실히 어느 정도 닮았다. 한국 글자 'ㅿ'는 티베트 문자에서처럼 두 가지 용법이 있다. 하나는 끝소리일 때 나는 콧소리 'ng'이고, 또 하나는 첫소리일 때 나는 일종의 약한 목구멍소리이다. 하지만 한민족이 이름으로밖에 알지 못하는, 중국 너머에 있는 티베트 족의 문자를 본뜬 것으로 생각할 만큼 유사점이 많거나 두드러지지는 않는다.

그렇다면 한국 문자가 유래했을 곳은 한국 북쪽의 나라밖에 없는데, 그곳이 바로 거란과 여진 땅이다. 우리는 이제 타타르 족이 한반도를 완전히 지배하던 11세기 또는 12세기에 타타르 문자가 아마도 약간의 변형과 함께 한민족에 전해졌고, 그러한 변형이 한민족이 한자를 본떠 문자를 만들면서 생긴 변형과 혼재되면서 한국 문자의 유래를 알 수 없게 되었다고[7]

---

7. 한자에서 유래되었음을

상당한 확신을 가지고 결론지을 수 있을 것이다.

　나는 한국 문자를 한민족이 온전히 창제했다고 믿기보단 이 가설을 받아들이겠다. 왜냐하면, 한민족이 온전히 창제했다면 중국의 역사서들이 거란 문자의 창제에 대해 기록했듯이 한국 문자의 창제를 기록하지 않았을 리 없기 때문이다. 물론 이미 창안된 문자 체계를 단순히 전파하는 경우에는 별다른 중요성이 없다는 이유로 기록으로 남기기를 생략할 수는 있었을 것이다."

　이제 레뮈자 씨의 견해를 간략히 살펴보고, 그가 만약 한국의 개항[8] 이후 밝혀진 일정한 사실들에 대해 알았더라면 어떤 관점을 취했을지도 생각해보자. 그는 한국 문자가 순전히 독자적으로 만들어졌다기보다 이전의 어떤 체계에서 변형되었다고 믿는 것이 더 안전하다고 주장하면서 한국 문자의 원래 출처 또는 이전 체계가 과연 무엇인지 추측하려 했다. 레뮈자 씨는 현대 만주 문자의 기초가 된 고대 시리아 문자와 일본의 음절 문자는 가능하지 않다며 제외하였다. 그는 또 한국 문자가 중국 한자에서 왔다고 추측하는 것은 유사성을 군이 찾으려는 욕심에 지나지 않으며, 그 유사성이란 억지로 갖다 붙인 것이고 사실상 무의미하다고 했다. 레뮈자 씨는 이어서 티베트 문자를 언급하면서 글자 모양뿐만 아니라 다른 부분에서도 한국 문자와 몇몇 현저한 유사점들이 있다고 했다. 하지만 그가 생각하기에 한민족은 티베트에 대해 아무 것도 몰랐고 티베트가 한국에서 중국 제국의 너비만큼 멀리 떨어져 있기에 티베트 문자도 제외하였다.

---

8. 19세기 후반의 개화기를 말하는 것으로 보인다.

그러나 레뮈자 씨가 다음의 사실들을 알았더라면 어떠했을까. (1) 한국은 불교를 통해 티베트 서적으로 가득 차 있었다는 점, (2) 한글 창제 당시 북쪽의 타타르 족은 이미 명나라에 철저히 진압당했다는 점, (3) 당시 한국의 학문은 동시대 유럽의 학문이 수도원에 국한되어 있었던 것만큼 사찰과 불교에 국한되어 있었다는 점, (4) 조선에 대한 최고의 사서 ≪연려실기술燃藜室記述≫[9]이 한글은 티베트 문자와 중국 고대 전자篆字를 본떠 만들었다고 명확히 적고 있다는 점, (5) 마지막으로 티베트 문자가 한국인들이 표본으로 삼을 수 있었던 유일한 소리글자 체계였다는 점. 레뮈자 씨가 이 모든 사실을 알았더라면 그가 어떤 결론을 내렸을지는 쉽게 답이 나오지 않는가?

설명해야 할 부분이 한두 개 더 있다. 한국의 불교 서적에서 쓰인 티베트 문자는 한글과 비슷한 정방형 티베트 문자가 아니다. 한국의 불교 서적에 쓰인 문자는 근본적으로는 정방형 티베트 문자와 같다. 하지만 정방형 티베트 문자는 한글처럼 각을 이루고 있지만 한국의 불교 서적에 쓰인 문자는 곡선으로 이루어져 있다. 중국인들이 전자를 정방형 서체로 바꾼 것처럼, 한민족도 당연히 붓으로 쓰기에 더 적합한 각이 지거나 정방형 문자를 찾았을 것이다. 따라서 한민족이 불교 서적에 나오는 티베트 문자를 참조하면서 문자의 모양을 구상할 때, 자연스레 둥글거나 곡선인 티베트 글자와는 다른 네모진 글자를 찾다가 그러한 글자를 중국에서 쉽게 찾았다고 봐야 한다. 세종이 한글을 완성하기 위해 열세 번이나 중국으로

---

9. 원문에는 ≪연례기술(燃例記述)≫로 쓰였지만, ≪연려실기술≫을 말한다.

사람을 보낸 것도 그런 연유일 것이다. 이보다 더 합리적이고 간단한 설명은 없다고 생각하며, 두 문자를 비교해보면 이 문제를 쉽게 매듭지을 수 있다. 레뮈자 씨가 지적하였듯이 글자 모양에 현저한 유사점이 있을 뿐만 아니라, 한글 'ㅇ'의 옛 자모인 'ㅿ'같은 특수한 글자들은 티베트 문자와 한글에서 모두 두 가지 용법을 가지고 있다. 따라서 이는 우연의 일치가 아니라 둘 사이에 어떤 중대한 연관이 있다고 사실상 확신할 수 있다. 도대체 어떤 우연의 일치로 'ㅿ'가 한글과 티베트 문자 모두에서 끝소리일 때 나는 콧소리final nasal이자 첫소리일 때 나는 목구멍소리initial guttural 일 수 있겠는가?

한글의 자음과 모음 사이에는 근본적인 차이가 있으며, 자음과 모음은 각기 다른 형편에서 만들어졌다. 티베트 문자는 히브리 어나 아랍 어처럼 제대로 된 모음이 없다. 한민족은 티베트 문자로부터 자음을 가져온 뒤 모음 체계를 만들기 위해 다른 출처를 참조할 수밖에 없었으며, 결국 모음은 중국 고대 전자의 단순한 자획에 의존하였다.

혹자는 한국의 일부 역사책에서 한글을 만들 때 중국 고대 전자를 기초하였다고만 나와 있지 티베트 문자에 대해서는 언급하지 않았다는 점을 들어 반론을 제기할 수도 있을 것이다. 그러나 대표적인 역사책의 명료한 문장 하나가 열댓 개 역사책의 침묵보다 더 무게가 있는 법이다. 어느 요리책 하나가 빵을 밀가루와 효모균으로 만든다 하고 열댓 개 요리책들은 빵을 밀가루로 만든다고 했을 때, 열댓 개 요리책들이 효모균을 언급하지 않았다고 해서 앞의 요리책 하나의 주장이 틀렸다고 할 수 있는가? 그렇지 않다고 생각한다. 더군다나 많은 요리책 저자들이 효모균에 대한 편견을 가졌거나 어떤 식으로든 효모균의 사용을 부끄러워했다는 점을 안다면 더욱 그렇지 않다고 확신해야 하는 것 아닌가.

한글이 부분적으로 티베트 문자에서 왔음이 거의 확실해 보이지만, 누군가 한글 창제 당시 만들어진 책 ≪훈민정음訓民正音≫을 운 좋게 발굴하지 않는 이상 그러한 견해가 절대적으로 확실하다고는 말할 수 없을 것이다.

한국어(The Korean Language)

≪한국평론(The Korea Review)≫ 1902년 10월호 및
미국 '스미스소니언 협회 1903년 연례보고서' 학술란
(Smithsonian Institution, Annual Report for 1903)

왜냐하면, 우선 한국어는 모음 중심의 언어로 소리가 잘 울려 퍼진다. 한국인들은 모든 음절에서 모음이 '어미'이고 자음이 '아들'이라고 말한다. 이는 한국인들이 모음이 발성의 근간이라는 필수적인 개념을 이해했음을 말해 준다.

For, in the first place, it is a sonorous, vocal language. The Koreans say that in any syllable the vowel is the 'mother' and the consonant is the 'child', showing that they have grasped the essential idea that vowel sounds from the basis of human speech.

이러한 관점에서 한국어는 대중 연설 언어로서 영어보다 우수하다.

In this respect the Korean surpasses English as a medium for public speaking.

한국어(The Korean Language)

한국어는 매우 광범위하게 분포된 우랄알타이 어족에 속한다. 그러나 학계가 아직 우랄알타이 어족의 분포 범위를 정확히 확정하지 못했기에, 우랄알타이 어족이란 용어를 한국어에 갖다 붙여도 괜찮을 만큼 우랄알타이 어족의 개념이 충분히 명료하지는 않다. 우랄알타이 어족은 넓게 보면 터키어, 헝가리 어, 바스크 어, 라플란드 어, 핀란드 어, 위구르 어, 오스탸크 어, 사모예드 어Samoyed, 몰도바 어Mordwin, 만주어, 몽골 어(여러 타타르 어와 시베리아 어 방언을 포함한), 일본어, 한국어, 타밀 어, 텔루구 어, 카나라 어, 말라얄람Malayalam 어(여러 드라비다 어 방언을 포함한), 말레이 어, 그리고 필리핀 군도와 대만을 포함한 아시아 해안의 북쪽과 뉴기니, 뉴헤브리디스[1], 오스트레일리아에 이르는 남동쪽의 다수의 폴리네시아 어 및 오스트레일리아 어 방언들을 포함한다.

아리아 어족Aryan[2]이나 셈 어족Semitic을 우랄알타이 어족과 구분하는 주된 요소는 교착성의 법칙이다. 교착성의 법칙은 어형 변화와 동사 활용이 어간을 변형하지 않고 조사와 접미사[3]를 추가함으로써 일어나는 현상

---

1. 뉴헤브리데스(New Hebrides)는 지금의 바누아투(Vanuatu)를 말한다.
2. 인도이란(Indo-Iranian) 어파를 말한다.
3. 원문은 'positions and suffixes'이다. 'positions'를 '조사'로 보았다.

이다. 우랄알타이 어족의 모든 언어에서 단어의 어간은, 여러 형태의 '문법적 조절 기능grammatical manipulation'을 통해 기본적으로 변형이 없이 그대로 유지된다. 한국어가 우랄알타이 어족에 속함은 한국어의 철저한 교착성에서 알 수 있다. 교착성의 법칙을 벗어난 경우가 전혀 없으며 예외도 없다. 한국어 동사는 어간의 변화가 전혀 없이도 천 가지 형태로 변형될 수 있다. 한국어와 만주어를 비교해도 같은 어족 간의 유사점이 금방 드러나며, 한국어와 드라비다 어의 어떤 방언과 비교해도 더욱 가까운 동족 관계가 나타난다. 흥미로운 사실은 중국어의 어떤 방언도 우랄알타이 어족의 특징이 전혀 없다는 점이다. 중국어와 영어의 유사점이 중국어와 여타 우랄알타이 어족의 유사점보다 많다. 다시 말해 중국은 사회적으로 고립된 상태보다 더욱 철저히 언어학적으로 고립되었다. 아주 먼 옛날에 원시 중국인이 중앙아시아 산맥과 태평양 사이의 그 광대한 원형극장에 입장한 이래, 뒤따라온 민족들에게 둘러싸여 모든 부분에서 영향을 받고 한두 번도 아닌 여러 번 정복을 당했건만 중국 특유의 언어에는 타민족의 어떠한 흔적도 남아 있지 않다. 중국을 둘러싼 어족이 우랄알타이 어족이고, 한국어는 우랄알타이 어족 사슬의 한 고리를 형성한다. 한국어와 중국어의 관계는 영어와 라틴어의 관계와 거의 똑같다. 영어는 로맨스어[4] 방언에서 언어적 아름다움과 정확성을 더해주는 수많은 단어를 빌려오면서도 고유의 문법 구조를 유지하였다. 한국어도 마찬가지다. 한국어는 중국어 문법에 한 치도 양보하지 않았지만, 편리나 필요에 따라 중국어 용어들은 열심히 빌려왔다. 중국어는 극동의 라틴 어다. 문명이 더 발

---

4. 로맨스 어(Romance)는 라틴 어에서 분기하여 발전한 이탈리아 어, 프랑스 어, 스페인 어 등을 말한다.

달한 로마가 국경 근방에서 배회하는 미개인들에게 수천 단어를 빌려주었듯이 중국도 주변의 모든 민족에게 과학적, 법적, 철학적, 종교적 용어들을 제공했다. 그러나 중국어는 상형문자이기에 일찍부터 문법이 발전할 수 없었다. 따라서 중국은 문법적 굴절[5]에서는 이웃 국가들에게 도움을 줄 만한 것이 없었다.

한국과 일본의 문법은 거의 같지만, 이상하게도 중국에서 공통으로 빌려온 단어들을 제외하고는 두 언어의 단어들은 믿을 수 없을 만큼 다르다. 이는 극동의 가장 어려운 언어학적 수수께끼 중 하나이다. 그러나 문법적 구조의 동일성을 보면 두 언어는 자매어라 할 수 있다.

우랄알타이 어족의 두 갈래가 중국을 에워싸면서 한반도에서 만나 기나긴 여정을 마감하였다는 사실에서 한국어 문법 연구는 참으로 흥미롭다. 한반도 북부에는 우랄알타이 어족이 북쪽에서 내려와 정착했고, 한반도 남부에는 우랄알타이 어족이 남쪽에서 올라와 정착했다. 그들은 기원전 193년에야 서로의 존재를 확실히 인지했다. 처음에는 상호 연관성을 인정하지 않으려 했지만, 한반도 남쪽의 신라가 한반도 전체를 지배한 기원후 690년[6]에 이르러서는, 1066년 이후 잉글랜드인들과 노르만인들 사이에 널리 퍼졌던 사회적 분열은 존재하지 않았다. 이는 언어와 인종적 성향의 내재적 유사성이 금세 틈을 좁히면서 한국이 오늘날과 같은 하나의 공동체를 이루었음을 말해 준다.

한국어는 다음절 교착어로서 발달 과정이 놀라울 만큼 완벽하고, 동

---

5. 원문은 'grammatical inflection'이다. 어형 변화 등을 말한다.
6. 정확하게는, 신라는 676년에 삼국을 통일하였다.

시에 놀라울 만큼 대칭적이다. 인도유럽 어족 언어 연구자들이 골머리를 앓는 수많은 예외를 한국어에서는 찾을 수 없다. 대부분의 우랄알타이 어족 언어들이 그렇듯이 한국어도 성별의 개념은 불완전하게 발달하였다. 이는 어쩌면 성별에 대한 상상력의 부재에서 오는 결과일 수도 있다. 한국어에서 인칭과 수의 개념은 주로 문맥에 따라 결정되지만, 동사는 황홀하다 할 만큼 최상으로 발달하였다. 특히 논리적 연계성에서 그렇다.

사회적 신분을 구별하는 한국인들의 빈틈없는 의식이 철저한 높임말 체계를 탄생시켰다. 한국어를 합리적으로 구사하기 위해 높임말 체계는 필수적인 존재다. 한국어에 높임말이 많긴 하지만 관습법을 워낙 충실히 따르고 예외가 적어, 인도유럽 어족에서 동사의 인칭에 따른 어미변화를 외우기보다 훨씬 쉽다. 서양 언어들과 비교하여 한국어의 문법적 우월성은, 서양 언어들은 성, 수, 인칭의 차이를 문맥상 완벽하게 일일이 표시해야 하지만 한국어는 이를 말하는 자와 듣는 자의 통찰력에 맡기면서 의견을 간결하고 명쾌하게 연결하는 데에 주의를 집중한다는 점에 있다. 반면에 서양 언어는 장황하고 에두른 표현을 통해서만 의견 전달이 가능하다.

한국어의 위대성은 동사에 보조 동사 등의 별개의 법 형태a separate modal form를 붙여 모든 동사적 표현을 가능하게 한 점에서도 드러난다. 동사적 표현이 어느 정도의 범위까지 가능한지는 예시를 통해서만 보여줄 수 있다. 다양한 시제, 다양한 법, 직설, 가능, 조건, 명령, 부정 등을 표현하는 형태가 간단할 뿐만 아니라, 영어에서는 완곡한 표현이나 여러 부사를 써야 할 미묘한 동사의 형태도 한국어에서는 모두 간단하게 표현할 수 있다. 예를 들어 한국어에는 필요, 우연, 놀람, 나무람, 대립, 접속, 시간의 순서, 논리적 연계, 중단, 시간의 지속, 시간의 제한, 묵인, 훈계,

의문, 약속, 충고, 저주, 욕망, 의심, 가설, 만족, 예절, 양보, 의도, 결정, 확률, 가능, 금지, 동시, 계속, 반복, 드묾, 풍문, 대리 행위, 경멸, 능력, 기타 여러 관계를 나타내는 표현법이 따로따로 있다. 이러한 각각의 개념은 능동태 동사에 하나 또는 그 이상의 접미사를 단순히 붙여서 표현할 수 있다. 이러한 접미사의 절대다수는 한 음절이며, 접미사는 독립적으로는 쓰이지 않는다.

접미사를 붙여 생각의 미묘한 차이를 표현할 수 있는 예를 영어 문장을 통해 알아보자. 'I was going along the road, when suddenly——!(나는 길을 따라가는 중이었는데, 그때 갑자기-----!)'. 이 영어 문장은 단순히 '가는 행위'가 어떤 예기치 못한 상황 때문에 중단되었다는 의미이다. 이를 한국어는 '내가=I,' '길에=along the road,' '가다가=was going, when suddenly——!'라고 단어 셋으로 짧게 표현한다. 동사의 어간은 '가'이고 행위의 갑작스러운 중단은 '다가'라는 어미로 나타낸다. 그리고 더 중요한 사실은 이 어미는 다른 용법이 전혀 없다는 점이다. '~다가'는 오직 이 '갑작스러운 중단'이라는 미묘한 생각을 표현하기 위해 존재한다. '갈까'라는 짧은 단어는 'go'라는 뜻의 '가'가 어간이며, 이 단어는 영어 문장 'I wonder now whether he will really go or not(난 이제 그가 정말 갈지 안 갈지 궁금하다)'의 모든 의미를 포함한다. 누군가 당신에게 '가는 중인가'라고 묻는다면, 당신은 '가나'[7]라는 한마디로 '내가 도대체 무엇 때문에 가겠나? 어리석은 소리!What in the world would I be going for? Absurd!'라는 생각을 전부 전달할 수 있다.

---

7. 원문은 'ka-na'이다. 오늘날로 보면 '왜 가나'가 문맥상 더 적합할 것 같다.

한국어와 서양 언어의 또 다른 차이는 문어와 구어의 관계에 있다. 두 언어에서 문법 형태는 문어와 구어가 모두 비슷하나, 한국어는 책에서만 쓰는 문어체 어미 한 무더기가 있고, 또 인쇄물에는 절대 쓰지 못하면서 일상 대화에만 쓰는 어미들이 별도로 있다. 일상 대화를 부득이하게도 말 그대로 옮겨 적을 수 없다는 점이 안타깝다. 책에만 쓰는 문어체 어미는 모두 간접 화법으로 바꾸어야 하고, 구어체 어미는 대부분 문어체 어미로 바꾸어야 한다. 이를 한국인의 잘못이라고 해서는 안 된다. 이는 중국에서 들어온 한자 때문이다. 이러한 현상은 중국의 막강한 영향력이 한국의 지적 발달을 방해한 수천 가지 예 중 하나에 불과하다. 물론 중국인들이 한국에 해준 것이 많긴 하지만 말이다. 이러한 문어체 어미들이 중국어에서 왔다는 뜻은 아니다. 그런 경우는 드물다. 하지만 한국에는 중국의 날개 아래서 형성된 것 말고는 문학이라 할 것이 거의 없기에, 한국인들은 어떤 어미는 온전히 책을 쓰기 위해, 어떤 어미는 입에서 입으로 말을 주고받을 때만 쓴다는 인식을 할 수밖에 없었다. 한국이 스스로 문학을 발전시킬 수 있는 자유가 있었다 해도 무엇을 성취했을지는 물론 알 수 없지만, 지금 있는 것보다는 훨씬 더 자연스럽고 생동감 있는 문학으로 발전하였을 것이다.

언어학적 관점에서 볼 때 한민족은 같은 위도상에 있는 중국의 어느 민족보다도 훨씬 더 많이 단일민족의 동질성을 지니고 있다. 한국에는 방언이랄 것이 없다. 영어의 아일랜드 방언 정도의 사투리는 한반도 내에도 여럿 있고, 서울 사람들은 지방에서 올라온 사람의 말투만 듣고도 그가 어느 지방 출신인지 대체로 구분할 수 있다. 따라서 한국 내 다른 지방 사람들끼리 서로 쉽게 알아들을 수 없다는 말은 사실과는 거리가 있다. 물론 지방마다 특이한 단어들이 몇 개 있긴 하나 그마저도 'guess', 'reckon', 'allow', 'calculate'의 네 단어[8]가 각각 미국의 특정 지역에서 특이하게 쓰이는 단어라고 미국인들이 보편적으로 인식하고 있는 것처럼, 한국인들은 서로 다 알아들을 수 있다.

마지막으로 한국어 음조가 얼마나 듣기 좋은지 한마디 해야겠다. 음조를 아름답게 하는 방식에서 한민족처럼 자연의 법칙을 절대적으로 따르는 민족은 없다. 위대한 이름 '카이사르 아우구스투스Caesar Augustus'를 추접스러운 '사라고사Saragossa'[9]로 바꾸어버린 그런 경망스러운 방식이 아니다. 우랄알타이 어족의 특징인 무성음과 유성음의 빼어난 전환법이 한국어에서 최상의 결정체로 대미를 장식했다. 한국인은 무의식적으로 발성 기관을 적절히 조절하여 충돌하는 소리를 조화롭게 어울리도록 수정하는 기술이 있다. 누가 한국인에게 '압녹'의 입술소리 무성음 'ㅂ'을, 뒤따르는 콧소리[10] 앞에서 '입술소리이자 콧소리'[11]인 'ㅁ'으로 바꾸어, 듣기도 좋게 '암녹'으로 발음하라고 했는가? 또 누가 '인피'의 '혓소리이자 콧소리'[12]인 'ㄴ'을, 입술소리 무성음 'ㅍ' 앞에서 '입술소리이자 콧소리'인 'ㅁ'으로 바꾸어, 음성학적으로 옳은 '임피'로 발음하라고 했는가? 음조를

---

8. 네 단어는 모두 추측하다, 생각하다 등의 비슷한 뜻을 지니고 있다.

9. '사라고사(Saragossa)'는 스페인 북동부 지방의 주와 그 주도를 말한다. 로마 황제 카이사르 아우구스투스(Caesar Augustus, 63 B.C.~14 A.D.)가 기원후 24년에 세웠기에 그의 이름을 따 명명된 후 점점 변형되어 현재의 이름에 이르렀다.

10. 원문은 'nasal(콧소리)'이다. 뒤따르는 '녹'의 'ㄴ'은 혓소리이나 콧소리이기도 한 공명음이다.

11. 'ㅁ'은 입술소리이나 공명음으로 콧소리이기도 하여 '입술소리이자 콧소리(labial nasal)'라 표현한 것으로 보인다.

12. 'ㄴ'은 혓소리이나 공명음으로 콧소리이기도 하여 '혓소리이자 콧소리(lingual nasal)'라 표현한 것으로 보인다.

아름답게 하려는 경향은 때때로 어휘를 무너뜨리지만, 한국어에서는 그렇지 않다. 뮐러 교수가 말한 음성 퇴화 법칙은 로망스 어에서는 옳은 이야기지만 한국어에서는 이 법칙을 음성 조절phonetic adjustment의 법칙이라고 부르는 것이 더 나을 것이다. 거친 돌멩이들을 모아 길의 재료로 쓸 때, 좋은 재질의 돌멩이들은 서로 같이 마모되면서 모서리들을 깎아내 단단하며 내구력 있는 표면을 형성한다. 하지만 돌멩이가 질이 나쁘면 서로 바수어 가루로 만들어버리고 도로는 쓸모없어진다. 여기서 전자는 음성 정화를, 후자는 음성 퇴화를 의미한다. 음성 퇴화에도 불구하고 프랑스어, 이탈리아 어는 변증법적 혁신 덕분에 비교적 생식능력이 왕성하지만 포르투갈 어는 그러한 활력을 전혀 보이지 않는다. 좋은 과일을 생산하기 위해 접붙이기가 필요하듯이 언어의 생명력에도 교배가 필요하다.

한국어의 또 다른 특징은 의태어 및 의성어가 무수히 많다는 점이다. 한국의 색깔 이름들이 자연 자체에서 왔듯이, 자연에 대한 대다수의 한국어 단어는 자연현상의 음성 묘사phonetic descriptions이다. 한국어와 같이 고도로 발달한 언어에서 아직도 원시적인 자연 단어들이 남아 있는 이유는 우랄알타이 어족의 공통적 특징인 중복의 법칙이 한국어에서 꽃을 피웠기 때문이다. 중복된 흉내를 표현하는 의태·의성어[13]는 말 자체에 흉내를 내는 성질이 있고, 결과적으로 그러한 성질이 단어의 변화를 막았다. 의태·의성어는 사물 또는 행위의 음성 묘사로 존재하기에 그 소리가

---

13. 원문은 'mimetic'이다. 이 단어는 오늘날 의태어를 뜻하나 헐버트는 이 단어를 의성어의 의미를 포괄하여 썼다. 당시는 그렇게 표현하는 것이 조류였다. 따라서 'mimetic'을 문맥에 따라 의태어, 의성어, 또는 의태·의성어로 옮겼다.

변화하는 경우는 매우 드물다. 예를 들어 한국어 단어 '철벅철벅'은, 영국이나 미국 아이가 흉내를 예리하게 표현하는 단어인 'Ker-splash!(쿵 튀기다)'와 같은 뜻이다. 한국어 음절 '철'과 영어의 'ker'는 무거운 물체가 물의 표면을 날카롭게 때리는 현상을 나타내고, 한국어 '벅'은 물이 물체 위로 모이면서 내는 무거운 소리를 나타낸다. 영어 'splash'는 물의 충돌로 생기는 물보라의 의미에 더 가깝다. 한국어는 '철벅'을 중복시켜 그 발음의 영구성을 확보하려는 경향이 있음을 쉽게 알 수 있다. 영어의 의태·의성어는 흉내의 특성을 대체로 상실했다. 한 예로 'sword'라는 단어는 처음에는 칼이 바람을 가르는 소리를 흉내 내어 'w' 발음을 넣어 읽었으나 지금은 'w' 발음이 사라져 음성학적 의미가 없어졌다.

한국어는 또 의성어의 뜻을 아는 데 사전이 전혀 필요 없다. '젱그렁젱그렁'[14]이 종鐘이나 말고삐의 쇠고리가 연달아 젱그렁거리는 소리jingle-jangle 말고 무엇을 뜻하겠는가? '물씬물씬'은 만지기에 부드럽다는 뜻이고, 인간의 말 중 가장 부드러운 소리인 'm'과 'l'을 사용한 영어 단어 'mellow(감칠 맛이 나는)'와 같은 느낌에서 왔다. 반면 '박박'은 굳고, 세고, 단단하다는 뜻으로 영어의 'brittle'과 비슷한 분명한 의태어이다. 어간이 '치'인 한국어 단어는 치거나 때린다는 뜻이며 음성학적으로 영어의 통속어 단어인 'chug(통통 소리를 내는)'에 해당하며, 'chug'이 흉내의 태생을 지녔다는 것은 의심할 바가 없다.

모든 언어에 의성·의태어가 널리 퍼져 있는 것은 언어학 연구의 심각한 장애물이라고 말하지 않을 수 없다. 왜냐하면, 널리 산재한 여러 민족

---

14. 원문은 'jing-geu-rung jang-geu-rung(징그렁 장그렁)'이나 오늘날의 단어를 택했다.

이 사물, 사물의 성질, 또는 이와 관련한 시늉에 대해 새로운 음성 표현을 시도한다 해도, 결국은 그 단어가 대부분 현존하는 단어와 비슷한 발음으로 귀결될 것이 빤하기 때문이다. 이는 또 열심히 노력하지만 철저하지 못한 언어학자가 언젠가 쉽게 빠질 수 있는 위험한 함정이기도 하다.

한국어가 대중 연설에 적합하냐고 물을 수도 있겠다. 매우 그렇다고 답하겠다. 왜냐하면, 우선 한국어는 모음 중심의 언어로 소리가 잘 울려 퍼진다. 한국인들은 모든 음절에서 모음이 '어미'이고 자음이 '아들'이라고 말한다. 이는 한국인들이 모음이 발성의 근간이라는 필수적인 개념을 이해했음을 말해 준다.

한국어는 일본어보다 치찰음 요소가 아주 덜하다. 일본어 연설과 한국어 연설을 한 번씩 들어보기만 하면 누구나 한국인이 즐기는 언어의 혜택을 금세 발견할 수 있다. 일본어는 단어에 거의 강세가 없다는 점에서 웅변의 관점에서 볼 때 심각한 단점을 지니고 있다. 누가 보아도 한국어는 영어나 그 밖의 서양 언어들보다 대중연설에 더 적합하다. 키케로[15]나 데모스테네스[16]의 웅변에서와같이, 많은 절로 구성된 한국어는 끝에 오는 동사에서 문장의 절정에 이른다. 또한, 영어 문장을 대개 용두사미로 만들어버리는 현상, 즉 문장 끝에서 약해지는 현상이 한국어에는 없다.

이러한 관점에서 한국어는 대중 연설 언어로서 영어보다 우수하다.

---

15. 키케로(Marcus Tullius Cicero, 기원전 106~43)는 고대 로마의 정치가이자 웅변가이다.
16. 데모스테네스(Demosthenes, 기원전 384~322)는 고대 그리스의 정치가이자 웅변가이다.

훈민정음(The Hun-min Chong-eum)

≪한국평론(The Korea Review)≫ 1903년 4월호, 5월호

매우 과학적인 방법으로 배열한 글자들이 시선을 끈다. 그 글자들은 음성학의 법칙을 거의 완벽할 정도로 정확하게 따랐다. 자음은 세 개의 묶음을 이루고, 각 묶음은 같은 성질의 자음끼리 무리를 이룬다.

It is interesting to note the very scientific manner in which the letters have been arranged. The laws of phonetics have been followed with almost perfect accuracy. The consonants are arranged in groups of three and each group deals with consonants of a single class.

한국인들은 아직도 '니tooth', '녜yes', '닝금 혹은 님군king', '녯ancient', '니야기story', '니마brow' 등 수많은 단어를 완전한 'ㄴ(n)' 소리가 아닌 이 애매한 반 콧소리로 낸다. 이 소리가 원래 ㅿ로 표현됐음은 의심의 여지가 없다.

And yet we still find the Koreans pronouncing the word for'tooth'(니), 'yes'(녜), 'king'(닝금) 혹은 (님군), 'ancient'(녯), 'story'(니야기), 'brow'(니마), and a host of others, not with the proper n sound but with this obscure half nasal. We believe there can be little doubt that this sound was originally represented by the ㅿ.

훈민정음(The Hun-min Chong-eum)

≪한국평론 The Korea Review≫ 1903년 4월호

≪訓民正音(훈민정음)≫[1]은 한국의 가장 진귀한 책 중 하나다. '백성을 가르치는 바른 소리'라는 뜻의 ≪훈민정음≫은 한글을 창제할 때 발행한 책으로, 한글의 의미와 용법을 설명하였다. 이 책은 몇 부가 남아 있다고 알려졌지만 이 책을 실제로 본 외국인은 아직까지 없다. 그러나 ≪훈민정음≫의 서문은 백과사전이나 다름없는 한국의 위대한 사서 ≪문헌비고文獻備考≫에 보존되어 있다. ≪문헌비고≫는 ≪훈민정음≫ 서문을 다음과 같이 소개한다.[2]

세종 28년(기원후 1446)[3]에 임금은 훈민정음을 지었다.[4] 임금은 "다른 나라들은 고유 문자가 있는데 우리는 없다."라며 자음과 모음으로 된 28개의 글자를 만들어 '보통의 글자'를 뜻하는 언문諺文이라고 불렀다. 임금은 이 일을 위해 궐 안에 장소를 마련하고 정인지鄭麟趾, 신숙주申叔舟, 성

---

1. 원문에는 '民訓正音'이라 되어 있으나 이는 편집상의 오류이다.
2. 헐버트는 ≪문헌비고≫ 악고(樂考) 19장에 나오는 훈민정음에 관한 내용을 인용하여 이 글을 썼다. 물론 헐버트는 1940년에 발견된 ≪훈민정음 해례본≫은 보지 못하고 이 글을 썼다. 이 글은 ≪훈민정음≫에 관한 외국인 최초의 연구 논문이다.
3. 원문은 1445년이나 이는 1446년의 오류이다.
4. 원문은 'carried out the publication of the Hun-min Chŏng-eum(훈민정음을 출판했다)'이다. 그러나 ≪문헌비고≫에는 '훈민정음을 지었다'로 나와 있어 이에 따랐다.

삼문成三問, 최항崔恒에게 정성껏 문자를 찬정하라고 명했다. 학자들은 중국의 고대 전자篆字와 초서草書[5]를 연구 검토하여 한글을 첫소리, 가운 뎃소리, 끝소리 세 주요 부분으로 나눴다. 글자의 개수는 몇 개 안 되지만 조합은 무한대로 가능하였다. 한글로 표현할 수 없는 소리나 생각은 없다. 중국의 대학자 황찬黃瓚이 당시 요동에서 귀양살이를 하고 있어, 임금은 성삼문 등을 요동으로 보내 황찬에게 자문을 구했다. 훈민정음을 완성할 때까지 요동에 열세 번 다녀왔다.

예조판서 정인지가 ≪훈민정음≫ 서문을 썼다.

"세상에 소리가 있으면 글이 있는 법이다. 그러므로 예로부터 사람들은 소리에 대응하는 문자를 만들었다. 모든 사상은 글로 표현할 수 있으며, 하늘, 땅, 인간의 역할도 글로 드러낼 수 있다. 그리하면 후대에서도 이를 바꾸지 못할 것이다. 하지만 동서남북의 모든 소리와 말이 다르며, 나라마다 자신들의 취향에 따른다. 몇몇 나라는 말은 있으나 글이 없어 중국의 글자를 빌려왔다. 중국 문자는 한국말을 전달하는 수단으로 맞지 않아 많은 문제점과 혼란을 일으킨다. 모든 것은 제 위치에 있을 때 쓸모가 있는 것이지 강제로 옮기면 쓸모가 없어진다. 우리의 많은 풍습과 사상이 중국에서 온 것은 사실이나 우리말은 독특하며 다르다. 우리의 사상을 중국 문자로 표현하기란 몹시 어렵다. 만약 재판관이 사건의 정확한 사실을 이해하지 못한다면 공정하게 판결할 수 없다. 그래서 신라의 설총이 이두吏讀를 처음 만들었으며 지금까지 쓰이고 있다. 하지만 이두 체계

---

5. 헐버트는 원문에서 '전자와 초서'라 하였으나 문헌비고는 '전자'만 언급하였다.

는 빌려온 글자들로 만들었고, 몇몇 글자들은 안 쓰게 되거나 버려졌다. 이두는 빈약하고 불완전하며 말을 표현할 때는 무용지물이다."

"이 일은 세종 25년에 시작하여 28년에 완성했다. 계획은 발전을 거듭하고 논의 끝에 훈민정음이라 이름 지었다. 글자의 모양은 사물의 형상과 중국의 전자에서 따왔다. 글자의 모양과 소리가 상응한다. 글자는 7음과 천지인 3위[6]를 기반으로 하고 모든 소리와 사상, 이치를 포괄한다. 높고 낮음, 중요함과 중요하지 않음을 분명하고 정확하게 표현한다. 지혜로운 사람은 하루아침에 다 배울 수 있고 어리석은 사람도 열흘 안에 배울 수 있다. 한글은 모든 한자의 뜻을 설명할 수 있다. 모든 송사나 청원을 쉽고 분명한 언어로 전할 수 있다. 음악의 높고 낮은 소리도 모두 명료하게 알아들을 수 있다. 이 글자가 쓰일 수 없는 곳은 없다. 어딜 가든 이 글을 써서 의사소통할 수 있다. 바람 소리, 학 울음소리, 닭 울음소리, 개 짖는 소리도 모두 적을 수 있다."

"설명과 함께 글자를 여기 전부 적어놓았다. 누구든지 이를 보면 선생 없이도 익힐 수 있지만 우리는 여기에 더 깊고 심오한 뜻을 설명하지 못했다. 전하는 하늘에서 온 현자와 같으시고 전하의 치세는 선왕 100명의 치세보다 더 위대하다. 여태껏 누구도 '훈민정음 즉, 백성을 가르치는 올바른 소리'를 만들지 못했으나 이제 만들었고, 하늘의 이치는 하나도 어기지 않았다. 우리 동방의 나라가 오래되지 않은 것은 절대 아니다. 때가 되어 행동을 개시하고, 지혜로운 생각을 구체화하기 위해 이제껏 기다려왔다."

---

6. 원문은 'the trinity of heaven, earth, man'이다.

"한국의 말은 중국의 말과 많이 다르고 단어 또한 매우 다르므로 둘을 비교하기는 힘들다. 백성들은 한자를 쓰지 못한다. 나는 이를 매우 딱하게 여겨 백성들이 쉽게 배우고 쓸 수 있도록 28글자를 만들었다."[7]

ㄱ은 어금닛소리이며, 군君자의 첫소리와 같다.

ㅋ은 어금닛소리이며, 쾌快자의 첫소리와 같다.

ㆁ은 어금닛소리이며, 업業자의 첫소리와 같다.

ㄷ은 혓소리이며, 두斗자의 첫소리와 같다.

ㅌ은 혓소리이며, 탄呑자의 첫소리와 같다.

ㄴ은 혓소리이며, 나那자의 첫소리와 같다.

ㅂ은 입술소리이며, 보步자의 첫소리와 같다.

ㅍ은 입술소리이며, 표漂자의 첫소리와 같다.

ㅁ은 입술소리이며, 미彌자의 첫소리와 같다.

ㅈ은 잇소리이며, 즉卽자의 첫소리와 같다.

ㅊ은 잇소리이며, 침侵자의 첫소리와 같다.

ㅅ은 잇소리이며, 술戌자의 첫소리와 같다.

ㆆ은 목구멍소리이며, 읍挹자의 첫소리와 같다.

ㅎ은 목구멍소리이며, 홍洪자의 첫소리와 같다.

ㅇ은 목구멍소리이며, 욕欲자의 첫소리와 같다.

ㄹ은 반혓소리이며, 려閭자의 첫소리와 같다.

ㅿ는 반잇소리이며, 양穰자의 첫소리와 같다.

ㆍ는 탄呑자의 가운뎃소리와 같다.

---

7. 이하 세종의 말씀이다.

ㅡ는 즉卽자의 가운뎃소리와 같다.

ㅣ는 침侵자의 가운뎃소리와 같다.

ㅗ는 홍洪자의 가운뎃소리와 같다.

ㅏ는 담覃자의 가운뎃소리와 같다.

ㅜ는 군君자의 가운뎃소리와 같다.

ㅓ는 업業자의 가운뎃소리와 같다.

ㅛ는 욕欲자의 가운뎃소리와 같다.

ㅑ는 양穰자의 가운뎃소리와 같다.

ㅠ는 술戌자의 가운뎃소리와 같다.

ㅕ는 별彆자의 가운뎃소리와 같다.

"끝소리는 첫소리로도 쓸 수 있다. 입술소리 ㅂ, ㅍ, ㅁ 중 하나가 끝소리일 때는 첫소리일 때보다 더 가볍게 발음한다.[8] 글자를 쓸 때 모음 ㅡ, ㅗ, ㅜ, ㅛ, ㅠ는 항상 첫 자음 밑에 쓰지만 ㅣ, ㅏ, ㅓ, ㅑ, ㅕ는 오른쪽에 쓴다. 자음과 모음 없이는 음절을 만들 수 없다. ㅓ와 같이 왼쪽에 점 하나가 있는 모음은 거성去聲[9]이고, 점이 두 개 있는 ㅕ는 상성上聲[10], 아무 점도 없는 ㅣ는 평성平聲[11]이다."

위 글에 대해 ≪문헌비고≫는 다음과 같이 설명한다.

"나는 세종께서 만드신 ≪훈민정음≫을 보았는데, 거기에는 목구멍,

---

8. 이 문장은 ≪문헌비고≫에 나와 있지 않다.
9. 한자의 사성(四聲), 즉 네 개의 성조 중 하나이며 가장 높은 소리를 말한다.
10. 사성의 하나로 처음은 낮고 나중이 높은 소리이다.
11. 사성의 하나로 가장 낮고 평순한 소리이다.

입술, 이, 혀의 소리와 궁, 상, 각, 치 네 개의 음이 다 있음을 알게 되었다. 분명하거나 불분명하고, 높거나 낮은 소리의 모든 조합이 가능하다. ≪훈민정음≫은 본디 음악에서 비롯되어 문자로 이어졌다. 음악은 아니지만 음악을 만들어내기 때문에 본 주제를 이 책의 음악 관련 부분에 첨부했다."

≪문헌비고≫는 대학자 이수광李睟光이 1550년경에 쓴 다음과 같은 글을 덧붙인다.

"한글은 티베트 문자를 본떠 만들었다.[12] 티베트 문자를 본떠 문자를 만드는 일을 오랫동안 고심해 왔지만, 세종 때 와서야 그 계획이 실행에 옮겨졌다."[13]

초창기 한글을 연구해보면 여러 가지 흥미로운 점을 발견할 수 있다.

첫째, 겹닿소리, 즉 ㄲ, ㅆ, ㅉ, ㅆ, ㄸ에 대한 언급을 찾을 수 없다. 한국말이 이렇게 이중으로 된 글자의 도입이 필요할 만큼 변화한 것인지 또는 된소리 자음이 있었으나 따로 언급할 만큼 중요하지 않다고 여겼는지는 알 수 없지만, 한국어에서 이러한 특성이 워낙 명백하여 겹닿소리가 한글 창제 후에 생겼다고는 믿기 힘들다. 하지만 이보다 더 강력한 논거는 한국어와 같은 어족 언어들에서 똑같은 특성을 볼 수 있다는 점이다. 그러나 한국어는 과거 여러 세기 동안 같은 어족의 언어들과 교류가 없었기에 이중 형태, 즉 된소리 자음은 한국어 발성 체계의 중요한 특징의 하나라고 결론지어야 한다.

---

12. 헐버트는 ≪문헌비고≫에 나오는 '梵字'를 '티베트 문자'로 해석하였다.
13. 이 문장은 ≪문헌비고≫에 나와 있지 않다.

둘째, 초창기 한글에는 실제로 그 후 더는 쓰이지 않았지만 한 세기가 되지 않은 책들에서 가끔 발견되기도 하는 두 글자가 있다.[14]

이 사라진 글자들이 어떤 소리를 표현했는지에 대해 의문이 있었지만 ≪문헌비고≫가 그 소리들에 대한 실마리를 제시한다.

셋째, 매우 과학적인 방법으로 배열한 글자들이 시선을 끈다. 그 글자들은 음성학의 법칙을 거의 완벽할 정도로 정확하게 따랐다. 자음은 세 개의 묶음을 이루고, 각 묶음은 같은 성질의 자음끼리 무리를 이룬다.

예를 들어 첫 묶음은 한국인이 어금닛소리, 즉 서양인들이 후두음이라고 부르는 것들로 무리를 이루고, 둘째 묶음은 혓소리, 셋째 묶음은 입술소리, 넷째 묶음은 목구멍소리, 즉 거센소리이다. 각 묶음은 기본적으로는 같지만 강한 소리, 중간 소리, 약한 소리로 구분되는 세 개의 자음으로 구성되어 있다. 따라서 첫 번째의 어금닛소리 묶음에는 자음 ㄱ, ㅋ, ㅇ이 있나. 이 중 첫 글자 ㄱ은 강한 소리로서 특별한 경우를 제외하고는 첫소리일 때는 영어의 'k', 가운뎃소리일 때는 'g'에 해당한다. 둘째 글자 ㅋ은 거센소리인 'k'이고 종종 'kh'로 쓴다. 그러나 주로 'k'로 쓰며 이 묶음의 중간 소리이다. 셋째 글자 ㅇ, 즉 'ng'는 이 묶음의 약한 소리이다. 'ㅁ(m)'은 '입술소리이자 콧소리labial nasal'이고 'ㄴ(n)'이 '잇소리이자 콧소리dental nasal'이듯이, 'ㅇ(ng)'은 '후두음이자 콧소리guttural nasal'가 확실하기에 이러한 분류법은 정확하다.

---

14. ㅿ와 ㆆ을 말한다.

둘째 묶음인 혓소리에는 ㄷ, ㅌ, ㄴ, 즉 't(d)', 't´', 'n'이 있다. 'n'은 단순히 't'의 콧소리 형태이기에 이들은 분명 같은 무리이다.

셋째 묶음엔 ㅂ, ㅍ, ㅁ, 즉 'p(b)'[15], 'p´', 'm'이 있다. 여기서 입술소리의 무리를 볼 수 있다. 이 묶음에는 콧소리이기도 한 ㅁ이 들어 있다.

넷째 묶음은 잇소리 무리로서 ㅈ, ㅊ, ㅅ, 즉 'ch', 'ch´', 's'가 있다. 이 때 'ㅅ(s)'의 발음은 'ㅈ(ch)'의 부드러운 형태라고 할 수 있다. 이는 두 글자의 모양에도 나타나는데, ㅅ은 ㅈ에서 위의 막대기를 뺀 것이다. 한글이 과학적으로도 정확한 문자임을 증명하려면 ㅅ의 정확한 음역은 영어 's'가 아니라는 사실을 밝히는 것이 필요하다. 왜냐하면, ㅅ은 날카로운 치찰음인 영어 's'와 독일어 단어 'Ich'에서의 'ch' 발음의 중간이기 때문이다. 한국어 ㅅ은 영어 's'의 혀짤배기소리라고 할 수 있다. 다시 말해 혀끝을 치아에 대고 발음하는 것이 아니라 치아 바로 위의 잇몸, 혀끝보다는 조금 뒷부분에 대고 발음한다. 즉, ㅅ 소리를 내기 시작할 때 혀의 위치는 ㅈ 소리를 낼 때와 같다. ㅈ과 ㅅ의 유일한 차이는 전자는 진정한 자음, 즉 무성음인데 반해 후자는 치찰음이라는 것이다. 한국어 ㅅ이 영어의 's'와 'sh'의 중간 정도라는 사실 때문에 어떤 이는 ㅅ을 항상 's'로 쓰고 어떤 이는 항상 'sh'로 쓰며, 또 다른 이는 어떤 때는 's', 어떤 때는 'sh'로 쓴다. 대부분의 외국인은 둘 다 섞어 쓴다. 정신의 '신'이라는 단어를 'sin'이라고 쓸 사람은 거의 없지만, '산'을 'shan'이라고 쓸 사람은 더 없다. 물론 두 경

---

15. 원문의 p(p)는 p(b)의 오타로 보았다.

우 모두 ㅅ의 소리는 같다.

이제 목구멍소리인 거센소리에 대해 알아보자. 이 묶음에는 더는 쓰이지 않는 글자 ㆆ이 있다. 이 묶음은 ㆆ, ㅎ, ㅇ 세 글자로 이루어지고, 앞에서 말했듯이 각 묶음의 첫소리는 강한 소리, 둘째는 중간 소리, 셋째는 약한 소리이다. ㅎ은 영어 'h'와 정확히 상응하고, ㅇ은 특정한 소리 없이 첫 자음의 자리를 채운다. 음절이 모음 소리로 시작할 때는 항상 이 ㅇ이 앞선다. 한국어 음절은 자음이나 자음의 역할을 하는 글자가 맨 앞에 와야 하기 때문이다. 그런데 강한 소리로 짐작되는 ㆆ는 무엇인가? ㆆ를 묘사하기 위해 쓰인 음절들을 살펴보자. ㆆ은 '읍'이라는 음절의 첫소리라 하고, ㅎ은 '홍', ㅇ은 '욕'의 첫소리라 한다. ㆆ은 모음 소리를 시작할 때 발생하는 목구멍의 깨짐을 표현하는 것으로 보인다. 'Ah,' 'Oh,' 'I', 'in,' 'ear' 등의 단어를 날카롭게 발음해보면 각각 목구멍의 파열로 시작함을 알 수 있다. 이 목구멍의 파열로 시작하는 소리가 자음 ㆆ이 처음에 표현한 소리이다. ㆆ은 '욕'의 첫소리인 ㅇ과 완전히 다르며, 음절 '욕'은 파열음으로 시작하는 것이 불가능하다는 것을 알 수 있다. ㅇ은 자체적으로는 파열음으로 시작하는 것이 불가능하기에 첫소리 ㅇ은 원래 'y' 소리가 있는 음절에서만 쓰였을 것으로 보인다. 하지만 한국인들은 파열음이나 비파열음 모두를 모음과 함께 썼을 수도 있다.

《훈민정음》에 나오는 자음 중 두 개가 남았다. ㄹ과 ㅿ이다. 이 두 글자는 한국인들의 음성학적 분류를 힘들게 했으나 그것은 전혀 이상하지 않다. ㄹ은 확실히 양 떼 우리 안의 검은 양과 같고, ㅿ는 아무래도 너무 골칫거리라서 버려졌다. ㄹ은 넓게 보면 영어의 'l'이다. 물론 영어 'l'도 문제를 일으켜왔다. 'l'을 '흐름소리liquid'라고 부르지만, 이는 'k'를 '된소리solid'라고 부르는 것만큼 옳지 않다. 사실 'l'은 'e', 'u', 'i', 'y', 'w'만큼이나 순수한 모음이고, 'e'를 뺀 나머지 모음보다 확실히 더 열린 모음 소리이다. 한국인들 역시 영어에서 그랬던 것처럼 이를 고민하여 ㄹ을 '반혓소리'라 부르며 어떤 때는 영어 'l', 어떤 때는 영어 'r', 어떤 때는 영어 'y'의 역할을 하도록 만들었다. ㄹ은 하인 역할을 하며 필요한 아무 일이든 하는 것이다.

사라진 ㅿ는 '반잇소리'라 부른다. 이 글자의 본래 쓰임은 추측에 맡길 수밖에 없지만 아마 상당히 가깝게 맞출 수 있을 것 같다. 이 글자는 '반잇소리'라 부른 것으로 보아 'ㅈ(ch)'이나 'ㅅ(s)'과 같은 '잇소리'를 발음하는 혀의 위치와 거의 비슷하게 발음했을 것으로 추측된다. 오늘날 한국말에서 혀를 거의 같은 위치에 두고 내는 소리를 찾을 수 있지만, 이는 일종의 애매한 콧소리이지 치찰음이 아니다. 이는 'ㄴ(n)'에 힘을 다 주지 않고 발음하는 치아라는 뜻의 단어 '니nyi'에서 찾을 수 있다. 즉, ㅅ을 발음할 때와 똑같이 혀를 잇몸에 직접 대지 않고 조금 떨어지게 놓는다. 동시에 숨을 내뱉기 위해 남겨둔 구멍은 너무 작아져 반 콧소리 효과를 낳는다. 누구나 영어 단어 'knee'를 혀를 잇몸이나 입천장에 대지 않은 채로 발음해 보면 '이tooth'를 뜻하는 한국어 단어 '니'를 완벽하게 발음할 수 있을 것이다. ㅿ는 이러한 애매한 소리를 나타내기 위해 썼지만 'ㄴ(n)' 소리에 너무 가까워서 결국 버려지고 대신 ㄴ을 쓰게 되었다고 믿는다.

한국인들은 아직도 '니tooth', '녜yes', '닝금 혹은 님군king', '녯ancient', '니야기story', '니마brow' 등 수많은 단어를 완전한 'ㄴ(n)' 소리가 아닌 이 애매한 반 콧소리로 낸다. 이 소리가 원래 ㅿ로 표현됐음은 의심의 여지가 없다. ㅿ가 발견된 티베트 문자를 꼼꼼히 살펴보면 아마 이 문제에 대한 실마리를 찾을 수 있을 것이다. 한국어 자음이 티베트 문자에서 유래했음은 의심의 여지가 없기 때문이다.

《훈민정음》에 나오는 모음들은 오늘날 쓰이는 모음들과 같다. 모음에 있어서는, 한국어뿐만 아니라 일본어, 여러 우랄알타이 어, 특히 인도의 드라비다 어에서 중요한 모음인 'a', 'e', 'i', 'o', 'u'의 길고 짧음에 대한 언급이 없다는 점 외에는 특별히 주목할 사항이 없다.

특별히 관심을 가져야 할 부분은 티베트 문자를 본떠 한글을 만들었다는 학자 이수광의 주장을 《문헌비고》가 인용한 부분이다. 《훈민정음》이 한 부라도 발견되기 전까지는, 《훈민정음》은 한글이 티베트 문자에서 왔다는 점을 기록하지 않았다고 우리는 결론지어야 한다. 이수광은 한글 창제 후 한 세기 또는 그보다 약간 후에 처음으로 한글이 티베트 문자를 본떠 만들었다고 주장한 것으로 보인다. 당연히 이수광도 이 말을 전파하기 전에 어디서 보거나 들었겠지만 우리가 아는 한 그가 이 주장을 퍼뜨린 첫 인물이다. 《훈민정음》 서문에 '학자들은 중국의 고대 전자와 초서를 연구 검토했다.'라는 말이 인용되어 있지 않은가. 한글이 티베트 문자를 본떴다는 것뿐만 아니라, 문자의 모태를 세종이 이 일에 본격적으로 착수하기 훨씬 전부터 심사숙고하였다는 점을 자기 책임으로 주장한 것을 보면 이수광은 참으로 대담한 인물이었음이 틀림없다.

《훈민정음》 서문의 내용이 어떠하든 이수광이 자신의 주장을 뒷받침할만한 어떤 근거가 있었다고 본다. 만약 세종이 임명한 집현전 학자들이 티베트 문자를 본떴다면 왜 《훈민정음》 서문은 그렇게 이야기하지 않았을까? 학자들이 그렇게 말하지 말아야 할 꽤 타당한 이유를 찾을 수 없다면 티베트 문자가 고려되지 않았다고 결론지어야 할 것이다. 고려가 불교 숭배와 너무 유착되어 멸망했다는 것을 기억하자. 누구도 종교와 국가를 구분하지 못하는 듯 보였고, 이는 역사에서 언제나 그러했듯이 고려의 기반을 약화했다. 비열한 신돈은 불교가 인간에게 할 수 있는 못된 행동의 극치를 보여 주었고, 그의 시대는 불교가 국가에 어떤 해악을 끼칠 수 있는지를 보여 줬다.

새로 탄생한 조선의 주요 강령 중 하나는 불교를 본래의 자리로 되돌리는 것이었다. 불교를 없애거나 백성에 대한 불교의 영향력을 실질적으로 줄일 수는 없어도, 조정은 불교에 단호하게 맞서면서 불교의 잘못된 점을 알리기 위해 할 수 있는 모든 일을 다 했다. 이러한 상황은 세종이 건국 26년 후인 1418년에 즉위할 때도 마찬가지였다. 조정이 공식적으로 배불 정책을 펼쳤는데, 불교 서적에서만 찾을 수 있는 티베트 문자를 바탕으로 문자를 만들었다고 어떻게 밝힐 수 있었겠는가? 이는 애초부터 한글에 사형 선고를 내리고 조정을 바보로 만들어버리는 일이었을 것이다. 따라서 한글 창제자들은 아주 지혜롭게도 티베트 문자에 관한 부분은 아무 말도 하지 않고 한글의 모음을 만들 때 분명히 본뜬 중국 문자만 언급했다. 그들은 티베트 문자를 언급하는 대신 초서에 대해 말했는데, 초서는 상당히 불명확한 용어인 것이 한국에서 쓰인 티베트 문자 자체도 초서의 일종일뿐더러 티베트 문자가 중국을 통해 들어오지 않았는가.

글자 자체의 구조를 살펴보면 단번에 티베트 문자가 한글 창제자들에게 끼친 영향에 대한 신빙성 있는 단서를 발견할 수 있다. 오늘날에 쓰이는 한글 자음이 상응하는 티베트 글자들과 비슷할 뿐만 아니라, 사라진 글자들도 티베트 글자에서 찾을 수 있고, ㅿ 도 티베트 글자와 모양이 같다는 것을 알 수 있다.

≪훈민정음≫ 서문의 한 대목에서 한글의 모양은 사물의 형상과 중국의 전자에서 가져왔다고 한다.[16] 다른 대목에서는 글자의 소리에 기초했다고 한다. 초서가 언급된 부분에서는 단순히 전자와 초서를 '연구 검토했다'고만 할 뿐 한글 창제에 초서가 결정적으로 쓰였다고는 이야기하지 않는다. 여러 상황을 고려해보면 바로 여기에 매력적인 모호함이 있다. 이는 분명히 의도적이었고, 경멸하는 불교 글자가 한글 창제에 어떤 역할을 했다는 사실을 숨기기 위한 것이었다.

---

16. ≪문헌비고≫에서 그렇다는 말이다. 한편 ≪훈민정음 해례본≫의 정인지 서문에도 '象形而字倣古篆(글자의 모양은 옛 전자를 모방하였다)'라는 구절이 있다. 오늘날 '전자(篆字)'에 대해 다양한 해석을 한다. 중국의 옛 서체라고도 하고, 범자라고도 한다. 훈민정음연구소 반재원 소장은 이를 단군 시대의 가림다문(加臨多文)으로 해석하고 있다. (≪한글 창제원리와 옛글자 살려쓰기≫, 도서출판 연락, 2007, 38쪽)

한국어와 대만 토착어(Korean and Formosan)
≪한국평론(The Korea Review)≫ 1903년 7월호

이러한 비교 연구만으로 절대적 확신은 할 수 없지만, 어휘 50개 중 30%에서 대만 토착어와 한국어 사이에 근본적인 유사점이 발견된 사실은 두 언어 사이에 단순한 우연을 넘어선 근원적인 유사점이 존재한다고 봐야 할 것이다.

While we can not hope to reach any absolute certainty in such a manner we would submit that a radical similarity, in thirty per cent of the Formosan words available, must be more than a mere coincidence.

한국어와 대만 토착어(Korean and Formosan)

한국어와 비교해 보기 위해 대만 원주민들이 사용하는 토착어 어휘를 확보하려 오랫동안 노력하였다. 대만 원주민 대부분이 말레이Malay 계통이라고 알려져 왔기에 만약 한국어가 남쪽에서 왔다면 대만 토착어와 한국어 사이에 어떤 유사점이 있을 수 있다는 기대 때문이었다. 서울 주재 일본 공사관에 근무하는 오토리T. Otori 씨의 도움을 받아, 운 좋게도 대만 원주민 9개 부족의 어휘를 제한적으로나마 확보하여 비교하여 보았다. 이 글에 첨부한 대만 원주민 9개 부족의 어휘 비교표를 참고하기 바란다.

결론적으로 말하면 대만 토착어와 한국어의 비교 결과는 실망할 수준이 아니다. 이번 비교에서는 명백하게 음성적 동질성을 보여 줄 때만 유사점이 존재한다고 보았고, 대만 토착어와 한국어가 속하는 어족의 특성과 연관된 것이 아닌 단순한 활음조 법칙euphonic laws에서 오는 동질성은 유사점으로 인정하지 않았다. 이러한 원칙에 따라 대만 토착어와 한국어 사이에 어떤 유사점이 존재하는지를 간단하게 설명하고자 한다.

비교표를 보면 '둘two'이라는 말이 모든 대만 토착어에서 거의 같게 사용된다는 점을 알 수 있다. 대만 원주민 부족들은 '둘'을 'tu-sa' 또는 'du-sa'로 부르며, 이 말은 한국어 '두tu'에 상응한다. 이를 볼 때 'rusa, tusa, dusa'가 같은 말이라는 점이 명백하며, 많은 우랄알타이 계통 언어에서 'r'

은 권설음捲舌音, single roll인 프랑스 어 'r'처럼 뇌에서 나오는 소리라는 것도 더욱 확실해졌다. 이 'r'는 영어 'd'에 상응하며, 한국인들은 'ㄹ'을 외국인이 혼란스러울 정도로 흔하게 'ㄷ(d)'에 가깝게 발음한다.

숫자에서는 '둘' 말고는 한국어와 대만 토착어 사이에서 더 이상의 유사점을 발견하지 못했다. 흥미로운 사실 하나는 대만 토착어 대부분에서 '다섯five'이라는 단어가 '손hand'이라는 단어와 같다는 점이다. 이는 '다섯five'이라는 단어가 다섯 손가락에서 왔음을 말해 준다.

'머리head'를 뜻하는 단어는 대만의 하나의 토착어에서만 한국어와 유사점이 발견되었다. '뇌brain'를 뜻하는 한국어는 '골kol'이며, 대만의 한 부족은 머리를 'koru'라고 발음한다.

대만 토착어는 '코nose'를 'gaho, gutos, gutsu, gurus, aterguran, godos' 등으로 발음한다. 이는 '코'의 어간이 'go' 또는 'gu' 임을 뜻한다. 이 말은 한국어 '코K´o'와 거의 같음을 알 수 있다.

'입mouth'을 뜻하는 대만 토착어는 'agat, angai, garu, gurus' 등이다. 이 말들은 한국어 '입mouth'과는 유사점이 없다. 그러나 한국어에는 '아가리agari'라는 단어가 있으며 이는 '입, 주둥이, 동물의 내민 코snout'등을 뜻한다.

'이tooth'를 대만 토착어로 'niepon'이라 하고 한국어는 '니ni'라고 한다. 두 단어 사이에 유사점이 거의 없어 보이지만, 대만 토착어 'niepon'의 첫 음절을 어간으로 인정한다면 유사점이 있다고 볼 수도 있다.

대만의 두 부족이 '손hand'을 각각 'kava', 'kayam'이라고 발음하며 어간은 'ka'이다. 이 말들은 한국어 '손son'과는 유사점을 찾을 수 없으나 한국어에 손가락을 뜻하는 '가락ka-rak'이라는 말이 있으며, 접미사 '락rak'은

'무엇을 늘인다extension or elongation'라는 뜻임을 다음 글[1]에서 보여 주겠다. 한 때 한국어 '가ka'가 손을 뜻하였으며, '가락ka-rak'은 단순히 손가락을 설명하는 단어였음을 믿을 만한 근거도 있다. 인도의 드라비다 어에서 손hand은 'ke'이다. 이는 한국어와 드라비다 어 사이에 놀랄만한 유사점이 있음을 말해 준다.

'배belly'를 뜻하는 대만 토착어는 'tteyan, tteyat, tteyai, teyas' 등이다. 이 말들의 어근은 'tte' 또는 'te'라 여겨지며, 이는 자궁womb을 뜻하는 한국어 '태t′a'[2]와 별반 다르지 않다.

몇 년 전에 '마을'을 뜻하는 드라비다 어 'or'와 'ur', 공동체를 뜻하는 'pillei'란 단어에 주목할 필요가 있다고 말한 바 있다. 이 두 단어는 한반도 남쪽 해안의 많은 공동체 이름에서 끝말을 형성하고 있다.[3] '비리piri'는 드라비다 어 'pillei'와 연관이 있다고 보았다.

대만 3개 부족의 토착어에서 마을을 뜻하는 단어가 'rukal, rulal, ramu'임을 볼 수 있다. 여기에서 'ru'와 'ra'는 어간이며, 이는 원래의 한국어가 남쪽에서 유래했음을 말해주는 놀랄만한 단서이다.

대만 토착어에 '땅earth'을 뜻하는 말로 'darak, dal, rejik-ddahhu'가 있다. 'da' 또는 'dda'는 이 말들의 어간이 명백하며, 'dda(따)'는 한국어에서 땅을 뜻하는 말이다.

'하늘heaven'은 드라비다 어로는 'van'이며 한국어로는 '하날hanal'이

---

1. 다음 글은 발견하지 못했다. 헐버트가 이 주제에 대해 계속 글을 쓸 예정이었던 것으로 보인다.
2. '태'는 한자어이기에 헐버트의 주장에 의문이 간다.
3. 헐버트는 1895년에 쓴 〈한민족의 기원(The Origin of the Korean People)〉에서 옛 삼한의 마을 이름에 '로(ro)'와 '비리(piri)'가 많이 들어있다고 했다. '로(ro)'는 드라비다 어에서 마을을 뜻하는 'or'이 음성 퇴화 과정에서 나타난 전치일 수 있다고 보았다. '비리(piri)'는 드라비다 어 'pillei'와 연관이 있다고 보았다.

다. 참고로 한국어에는 'v'가 없다. 하늘을 뜻하는 말로 대만 토착어에 'ran, ranget'가 있으며, 대만의 두 부족은 하늘을 'karuru-van, kakaru-yan'이라고 한다. 여기에서 음절 'ran, van, yan'이 하늘을 뜻하는 단어의 어간임을 추정하는 것은 전혀 무리가 아니다. 그러나 'van'과 'yan'은 단어의 마지막 음절이기에 어간으로 볼 수 없고, 'ran' 만이 홀로 하늘을 뜻한다는 말임을 알 수 있다. 이러한 점에서 'karuru-van'과 'kakara-yan'은 복합어이며, 두 단어의 끝말 'van'과 'yan'은 원래 하늘을 뜻하였고, 또한 두 단어는 한국어 '하늘hanal'과 밀접하게 연관되어 있다고 믿지 않을 수 없다. 인도 남쪽의 드라비다 어 'van', 대만 토착어 'van', 그리고 한국어 '하늘hanal'의 유사점이 단순한 우연을 넘어서지 않았는가.

'별star'을 뜻하는 말로 대만의 한 토착어에 'teol'이라는 단어가 있다. 이 말은 한국어 '달tal'과 연관이 있어 보이기도 하고 없어 보이기도 한다.

'구름cloud'은 한국어로 '구름kureum'이다. 뇌에서 나오는 소리 한국어 'ㄹ(r)'을 고려할 때 이 단어는 구름을 뜻하는 대만 토착어 'kutum'과 같다고 볼 수 있다.

'바람wind'이라는 대만 토착어 'porepe'와 한국어 '바람param'이 비슷함을 발견할 수 있다. 이는 의성어 요소로 인한 우연의 일치로 보인다.

한국어에서 '불다blow'를 뜻하는 단어는 입으로 무엇을 불 때 내는 소리인 '부pu'이다. 영어 'blow(불다)'에도 비슷한 의성어 요소가 있다고 할 수 있다. 한국어 '바pa'와 '부pu'는 대만 토착어 'po, va, wa, vai, heu'와 같다는 점을 알 수 있다. 그러나 이 중 어느 단어도 의성어의 유사점에 기초하였다고 볼 수 없다. 한국어 '개ka'와 똥개나 들개를 뜻하는 영어 'cur'는, 반 수 가까운 아시아 언어에 널리 퍼진 옛 단어 'ku'에서 왔을 개연성이 충분하다. 이러한 유사점만으로 이들 언어가 공통적인 기원을 가졌다고 주장할 수는 없지만, 세계적으로 개가 짖는 모습이 같다는 점은 말할 수 있다.

대만 토착어에서 '불fire'은 'pujju, pounyak, sapui, sapoi, ha´apoi' 등으로 불린다. 이 단어들에서 첫음절 또는 끝음절 역할을 하는 'pu, po, pui, poi' 등이 한국어 '불pul'과 강한 유사점을 보여 준다.

'개dog'를 말하는 단어에서 대만 토착어와 한국어 사이에는 유사점이 없다. 그런데 한국인들이 개를 부를 때는 언제나 '워리 워리ware-ware'라고 한다. 이 말은 대만 토착어 'wasu, wazzo, walso, vatu' 등과 관련이 있다고 한때 주장하였을 것으로 보이는 단어의 유물이라는 추정이 가능하다.

결론적으로 50개의 단어 중 15개의 단어가 한국어와 대만 토착어 사이에 다소나마 유사점이 발견되고, 이 15개 중 적지 않은 단어에서 실질적인 유사점이 발견되었다. 한국어와 대만 토착어가 속하는 어족을 지배하는 언어의 변화 법칙에는 어떠한 변칙도 없었다. 이러한 비교 연구만으로 절대적 확신은 할 수 없지만, 어휘 50개 중 30%에서 대만 토착어와 한국어 사이에 근본적인 유사점이 발견된 사실은 두 언어 사이에 단순한 우연을 넘어선 근원적인 유사점이 존재한다고 봐야 할 것이다.

[다음의 표는 '10개 대만 토착어 어휘 비교표'로서 제일 왼쪽은 헐버트가 선정한 50개의 단어이며, 오른쪽은 왼쪽 단어들에 상응하는 대만의 10개 부족의 토착어이다. 이 글 본문에는 9개 토착어라 하였으나, 이는 10번째 토착어의 단어 수집이 완벽하지 않아 그리 표현한 것으로 보인다. 옮긴이]

OF

TEN SAVAGE GROUPS IN FORMOSA.

	ATAIVAL	PAIWAN	PUYUMA	AMIS	VONUM	TSO-O	TSARISEN	PAZZEHE	KIWARAWA	BOTEL TABAGO ISLANDERS
One	Koto	Ita	Sa	Tsutsai	Tasi-a	Tsune	Ita	Ida	Isa	Asa
Two	Sajin	Rusa	Rua	Tusa	Rusya	Rusu	Rusa	Dusa	Rusa	Roa
Three	Tungal	Tsru	Tero	Toro	Tao	Toru	Toru	Turu	Tusu	Atoro
Four	Paiyat	Spat	Spat	Spat	Pä-ät	Siputo	Sipat	Supat	Supat	Ap-pat
Five	Mangal	Rima	Rima	Rima	Hima	Rimo	Rima	Hasuv	Rima	Rima
Six	Teyu	Unum	Unum	Unum	Noum	Nomu	Urum	Hasuv-da	Unum	Annm
Seven	Pitu	Pitu	Pitu	Pitu	Pitu	Pitu	Pitu	Hasuve-dusa	Pitu	Pito
Eight	Sipät	Aru	Waro	Waro	Vao	Woru	Waru	Hasuve-duro	Waru	Wao
Nine	Kairo	Siva	Iwa	Siwa	Siva	Siyo	Siwa	Hasuve-supal	Siwa	Shiem
Ten	Mappo	Purrok	Purru	Puro	Massan	Massok	Puru	Is'iit	Tahai	Po
Hair	Sinonohu	Kovaji	Aruvo		Koruvo	Housu	Oval	Vukkus	Vokko	
Head	Tounohu	Köru	Tangal	Wongoho	Vongö	Ponngo	Uru	Ponõ	Uho	Voboya
Eye	Raoyäk	Matsa	Mata	Mata	Mata	Mutso	Matsa	Dacrek	Mata	Mata
Ear	Papäk	Tsaringa	Rangera	Taringa	Tainga	Körn	Tsaringa	Sangera	Kayal	Taregan
Nose	Gaho	Gurus	Atenguran	Goso	Gutos	Gutsu	Godos	Mujin	Unom	Momosa
Mouth	Nokoäk	Angai	Imdan	Goyos	Gurus	Garu	Angat	Rahhal	Goyok	Bebe
Tooth	Gennohu	Aris	Ware	Wares	Niepon	Hisi	Haresi	Rupun	Wangan	
Beard	Gorus	Gisgis	Gisi Gisi	Gis Gis	Gisingisi	Maomao	Gisi Gisi	Moddos	Mumus	Vanim (?)
Hand	Kava	Rima	Rima	Kayam	Ima	Mutsu	Nunn	Rima	Rima	Tarere
Nipple	Vovo	Tutu	Susu	Tsutsu	Tsitsi	Nunu	Tutu	Nunoho	Sisu	Soso
Belly	Ruvoas	Tteyai	Tteyal	Teyas	Tteyan	Vüro	Tteyat	Tyal	Tteyan	
Foot	Käkai	Kura	Dapal	Saripa	Vantas	Tta-ango	Küra	Kärao	Rapal	—

Comparative Vocabulary.—Continued.

	ATAIVAL	PAIWAN	PUYUMA	AMIS	VONUM	TSO-O	TSARISEN	PAZZEHE	KIWARAWA	BOTEL TABAGO ISLANDERS
Blood	Rammo	Yamok	Modomok	Irau	Kaidan	Hampul	Damo	Damo	Renan	—
Father	Yava	Ama	Ama	Ama	Tama	Amuu	Kamma	Ava	Tama	—
Mother	Yaya	Kina	Ina	Ina	Tena	Euuu	Kinna	Ina	Tena	—
Son	Rakei	Anyak	Wara	Wawa	Uwa'a	Okku	Arra	Rakehal	Sones	—
Man	Murekoi	Ohayai	Utu	Vainai	Vanatak	Hahutsun	Arai	Mamarun	Rinnanai	Shichi
Woman	Kunairin	Vavayan	Omos	Vavayan	Vennoa	Mamespinge	Vavayan	Mamayus	Turungan	Vamits
Child	Rakei	Kakryan	Rarak	Kamangai	Uwa'a	Okku	Unu-unu	Rovarovan	Sunis	—
Chief	Taoki	Mazageran	Ayawan	Kokita-an	Syatvina	Purongosi	Mazangeran	Huzumusav	Nakkeyan	—
Village	Karan	(?)	Rukal	Mananyaro	Vau	Hösya or Nohen	Inaran	Rutol	Ramu	Nahmen
Heaven	Kayal	Kajunangan	Ranget	Kakarayan	Yakanen	nGutsa	Karuruvan	Vavno-kawas	Räu	—
Earth	Heyal	Ppepo	Dal	Sra	Darak	Tsoros	Kadunangan	Rejikddahhu	Wanan	—
Sun	Wage	Kadao	Kadao	Tiaral	Ware	Hire	Adao	Rezahu	Mata-no-kän	—
Moon	Vuyatsin	Keras	Vuran	Urät	Voan	Porohu	Iras	Iras	Vüran	—
Star	Mintoyan	Vitukan	Teol	Uwes	Mintokan	Tsongoha	Vituan	Mintol	Waturun	—
Cloud	Yurum	Karupus	Kntum	Tonum	Ruhon	Tsuntsum	Arupus	Ruron	Ränum	—
Rain	Kwaralu	Muyal	Mandal	Ulas	Koranan	Vutsu	Udad	Udaru	Uran	—
Wind	Vaihui	Ware	Vare	Vare	Heuhen	Porepe	Vare	Vare	Vare	—
Fire	Ponnyak	Sapoi	Apoi	Ramal	Sapos	Pujju	Sapui	Hapoi	Ramah	—
Winter	Kusiya	Zayon	Nnai	Nanom	Ranum	Tsömo	Zarum	Darün	Rarum	—
Mountain	Regyahu	Gädu	Runan	Tukos	Rivos	Purongo	Gädo	Vinayu	Iravso	Woro
River	Ririon	Pana	Inayan	Aru	Haul	Tsoroha	Panna	Rahon	Vokahal	—
Rice	Voahu	Vat	Vurras	Vurät	Terras	Puressi	Vatä	Iyezaraha	Vokas	—
Dog	Hoyel	Vatu	Soan	Watso	Atso	Avou	Vunnan	Wazzo	Wasu	—
Deer	Wokannohn	Vunuan	(?)	Gavol	Kurun	Uwa	Vunnan	Ruhot	Apol	—
Ox	Kätsiu	Agungan	Gun	Kurun	(?)	(?)	Roan	Noan	Waka	—
Monkey	Yungai	Putsawan	Ruton	Ruton	Hutton	Gohö	Karan	Rutöpo	Hogoton	—
Clothing	Rukos	Itom	Kepen	Reko	Hurus	Risi	Rikurao	Syato	Kurus	—
Cap	Kovovo	Tsarupun	Kavon	(?)	Tamohon	Tsoropongo	Taropun	Kakosmos	Küvö	—

한글 맞춤법 개정(Spelling Reform)

≪한국평론(The Korea Review)≫ 1904년 9월호

하지만 문자를 이왕 다듬을 거라면 미래 세대를 위해 확실히 작업하여 거의 완벽함에 가까운 맞춤법을 만들어 줘야 하지 않겠는가?

But if we are to manipulate the alphabet in favor of the coming generations why not make a thorough job of it and give them something that will be approximately perfect?

당연히 수채화가 그리기는 더 힘들지만 결국에는 더 만족스럽다. 마찬가지로 맞춤법을 배우는 일은 조금 더 힘들지만, 맞춤법을 통해 더해지는 시각적 요소는 문장 자체를 더 풍부하게 하면서 그림의 색깔과 같은 역할을 한다.

Of course the painting is the more difficult to produce but it is more satisfactory in the end. So, there is some difficulty in learning to spell, but the visual element thus added gives a richness to the text and does for it something of what color does to the picture.

한글 맞춤법 개정(Spelling Reform)

이 글은 맞춤법이라는 아주 중요한 주제에 관해 어느 한 사람의 견해를 전하려는 것이 아니라 지금까지 제시된 모든 찬반 주장을 전하려는 데에 목적이 있다.[1]

15세기 중반 무렵 세종이 한국의 문자를 소리글자로 바꾸는 일을 수행할 신하들을 임명한 사실은 널리 알려진 바이다. 그들은 일본 문자 같은 음절문자와 순수 소리글자 사이에서 하나를 선택해야 했다. 그들은 결국 소리글자를 택했고, 만주에 귀양 중인 고명한 중국인 학자에게 자문을 구하기 위해 열세 번이나 중국을 다녀오는 등 집념어린 작업 끝에 완벽한 소리글자 체계를 완성했다. 이 문자는 모음과 자음이 분명히 구분되며, 모음은 음절의 '어머니', 자음은 음절의 '아들'이라고 부른다.

본 주제에 접근하기 전에 한글 창제자가 완벽한 음성학적 기준에 얼마나 가까이 다가갔는지를 알아보자. 맨 처음 글자를 완성한 이후 버려진 글자는 단 두 글자다. 하나는 모음을 약간 강렬하게 발음할 때 목구멍에서 약해지는 소리이고, 다른 하나는 희미하게 내는 소리이다.[2]

---

1. 이 글이 발표된 다음 해인 1905년에 지석영이 ≪신정국문(新訂國文)≫을 썼고, 1906년에 주시경이 ≪대한국어문법≫을 출간하였다.
2. 'ㆆ'과 'ㅿ'을 말한다.

오늘날 쓰이는 한글의 모든 글자는 각각 소리가 하나밖에 없다. 모음마다 길고 짧은 음량은 있지만, 단모음의 경우를 제외하면 음질에 영향을 주지 않는다. 무성음 'k(ㄱ)', 'p(ㅂ)', 't(ㄷ)', 'ch(ㅈ)'는 활음조 현상이 나타날 때는 유성음 'g', 'b', 'd', 'j'로 발음되기에 같은 글자가 무성음과 유성음 둘 다로 쓰이기도 한다. 'l'과 'r' 소리를 나타내고 가끔은 'n'으로 발음하기도 하는 약한 글자도 하나 있다.[3] 이는 한글의 음성학적 구조상 심각한 결점이다.

그러나 영어는 단순성과 일관성에서 한국어와 비교가 안 된다. 한국어에도 예외적으로 몇몇 불규칙성이 있긴 하지만 영어에 비하면 아무것도 아니다. 한국어의 불규칙성 요인은 겉으로는 영어와 비슷해 보인다. 오늘날의 영어 단어 철자법은 과거에 존재했으나 현재는 사라진 발음도 그대로 표기한다. 'right'라는 단어를 보자. 요즘은 'gh'가 묵음이나 옛날에는 발음했다. 한국어에 영어 'father'의 'a(아)'[4] 소리를 표시하는 두 가지 방법이 있는데, 이 두 가지 방법이 각각 다른 소리를 나타내던 시절이 있었다.[5] 따라서 현재 나타나는 모든 불규칙성은 수백 년이 지나면서 언어의 사용에 따른 음운 변화의 결과이지, 한글 창제자가 일을 소홀히 했기 때문이 아니다.

현재의 맞춤법에 대한 논의는 불필요한 부분을 없애 한글 맞춤법을 손질하자는 데에 목적이 있기에 이 글을 읽는 독자들은 맞춤법에 대한 찬반

---

3. 'ㄹ'을 말한다.
4. 원문의 'aa s'는 'a as'의 오류이다.
5. 'ㅏ'와 'ㆍ(아래아)'를 말한다. 'ㆍ(아래아)'는 원래 짧고 깊은 '아' 소리이다.

주장에 주목하기 바란다. 현재 제안된 개정안은 다음과 같다.

1. 'father'의 'a(아)' 소리를 나타내는 두 가지 방법 중 하나를 버리자. 둘은 소리 상 차이가 없기에 하나를 없애서 맞춤법을 간단하게 하자.[6]

2. 'ㅈ(ch 또는 j 소리)'으로 발음하는 곳에 'ㄷ(t)' 자를 쓰지 말고 원래 그 소리를 나타내는 글자를 쓰자.[7]

3. 'ㅅ(s)', 'ㄷ(t)', 'ㅈ(ch)' 자 뒤에 오는 모음은 점 두 개를 쓰지 말자. 이러한 자음들 뒤에서는 점 두 개가 나타내는 'y'[8] 발음이 절대 들리지 않기 때문이다.[9]

위 세 가지 제안을 볼 때 한글이 적어도 쓰기에서는 음성학적으로 완벽하지 않다는 점에 모두가 동의할 것이다. 따라서 한글의 창제자가, 또는 창제 후 사용하는 과정에서, 이러한 부조화 및 부적절한 부분을 피했더라면 좋았을 것이라는 아쉬움이 남는다. 그러나 무엇보다도 당면한 문제는 기독교계 및 여러 교육기관이 문서를 작성할 때 위에 제시한 안처럼 더욱 완벽한 음성학적 기준을 채택하는 것이 좋을지, 아니면 타협을 시도하여 제안된 안 일부만 수용할지, 그것도 아니면 아예 한글 맞춤법을 지금 있는 그대로 둘지를 결정하는 일이다. 개정을 열렬하게 주장하는 이들도 개정의 필요성을 입증할 책임이 자신들에게 있다는 점은 인정한다. 왜냐하면, 관성의 법칙은 물리적 현상에만 국한하지 않기에 만물은 누군가

---

6. 'ㅏ'와 'ㆍ(아래아)' 중 하나를 없애자고 주장한 것이다.

7. '지치다'를 '디치다'로 쓰지 말자는 것이다. 'ch', 'j'는 모두 'ㅈ'을 말한다.

8. 'ㅕ', 'ㅛ' 등의 이중 모음을 말한다.

9. 'ㅅ', 'ㄷ' 'ㅈ' 뒤에서는 'ㅕ'를 쓰지 말자는 뜻이다. 예를 들어 '저'와 '져' 사이에 발음상 차이가 없어 '져'가 '저'와 구별되어 들리지 않는다는 뜻이다.

가 다른 것이 더 좋거나 더 낫다고 증명하지 않는 이상 현재 상태가 최고라고 보기 때문이다.

첫 번째로 대두한 논점은 현재 한글 맞춤법에 제대로 된 기준이 없다는 주장이다. 보수론자들은 이를 부인하고 현재 적어도 맞춤법의 기초는 존재한다고 주장한다. 한국어 어휘를 폭넓게 담은 사전이 아직 나오지 않았고, 한자에 심취해 있는 한국인들이 한글을 경멸하면서 순 한국말 단어의 맞춤법에 대해서는 무관심하다 보니 한글 맞춤법은 아주 후진적인 상태에 놓여 있는 것이 현실이다. 그러나 맞춤법의 기준이 존재한다고 주장하는 사람들은 옥편을 증거로 든다. 옥편은 모든 한자의 정자법을 담고 있고, 영어에 라틴어가 많이 있는 만큼 한국어에는 한자어가 많이 있기에 그들은 옥편이 그래도 어느 정도의 기준은 제공한다고 주장한다. 그러나 순 한국말 단어에 대해서는 문제가 적지 않다. 일반적인 동사 및 명사 어미는 대체로 정형화되어 있어 정해진 기준이 있다고 말할 수 있으나, 명사 및 동사는 현재 제각각 다양한 방법으로 쓰이고 있다. 개정을 열망하는 사람들은 설사 맞춤법에 대한 어느 정도의 기준이 있다 해도 사람들이 기준에 따라 쓰지 않고 있다고 주장한다. 제멋대로 쓰고 있다는 것이다. 물론 이는 사실이다.

논쟁이 되는 단어들의 옛날 발음을 알면 왜 지금처럼 철자하는지 분명히 이해할 수 있다. 그러나 음성학적 변화는 사람들이 일상어를 사용하는 과정에서 발생하기 때문에 맞춤법에 불변의 법칙은 존재하지 않는다. 이는 모든 언어에서 일어나는 공통적인 현상이다. 수백 년 전에는 영어 'thorough'의 모든 글자를 발음했다. 'know', 'psalm' 등의 단어들도 마찬가지로 다 발음했다. 일상어의 음성학적 변화는 정해진 법칙을 따르지 않는다. 따라서 맞춤법을 원래대로 가져간다면 필연적으로 점점 혼란에 빠진다. 말하자면 일상어의 변화와 맞춤법이 조화를 이루지 못하게 된다.

문제는 발음과 일치하도록 맞춤법을 바꿔야 하는가이다. 이는 한국인들의 머리에 현재의 맞춤법이 얼마나 각인되어 있느냐에 달려 있다. 미국에서 영어 철자법을 대폭 바꾸려는 사람을 괴짜라고 한다. 영어 철자법에는 많은 기준이 정해져 있기에 사람들은 철자법이 지금까지 써오던 방식에서 너무 급격하게 비틀리는 것을 허락하지 않는다. 이러한 보수적 성향을 한국인들이 얼마만큼 가졌느냐는 질문에, 사람들은 저마다 다양하게 답한다. 어떤 사람은 새로운 맞춤법을 만들어도 아무도 상관하지 않을 것이라고 한다. 어떤 사람은 모두가 반대할 것이라고 하고, 어떤 사람은 몇몇 학자들이 결점을 찾아내 비난할 것이라고 하고, 또 다른 사람은 거의 아무도 변화를 알아채지 못할 것이라고 한다.

보수적 태도에 유리한 상황 하나는 아직 맞춤법 개정이라는 문제 자체가 철저히 검토되지 않았다는 점이다. 아직도 논란이 되는 문제들이 너무도 많으며, 양쪽이 논쟁을 벌일 공통 기반도 찾지 못했다. 누구는 기준이 있다고 하고, 누구는 없다고 한다. 누구는 대다수가 개정을 싫어할 것이라고 하고, 누구는 개정을 지지한다고 한다. 누구는 모두가 차이를 깨달을 것이라고 하고, 누구는 아무도 모를 것이라고 한다. 가장 큰 문제인 맞춤법 기준과 관련하여, 그 누가 한국의 모든 평범한 책들까지 다 읽어보면서 맞춤법이 일정한지 또는 정해진 법칙을 따르는지를 알아보았겠는가? 기준이란 언어를 현재 어떻게 쓰고 있는가에 따라 결정해야 하는데, 이에 대한 조사, 연구가 너무 미흡하다. 한편으로 어느 한국인도 한글을 일관성 있게 쓰지 못한다는 과격한 주장도 들려온다. 핵심은 한국어를 하나의 오류도 없이 완벽하게 쓰는 한국인이 있는가가 아니라, 모든 이름난 저자들이 대부분의 일상적 단어를 공통으로 인정된 맞춤법에 따라 쓰는가이다. 누구는 이름난 저자들이 그렇게 한다 하고, 누구는 그들이 그렇게 하지 않는다고 한다. 이 문제가 우선 어떤 식으로든 결론이 나야 한국에 맞춤법 기준이 없다는 주장도 할 수 있다. 기준이란 사전辭典에 구체적으로 성문화된 것만을 뜻하지는 않는다. 기준은 사람들의 글에서 드러나는 의견의 합의를 말한다. 한글로 글을 쓰는 한국인 저자 사이에 이러한 합의가 있는지 없는지를 아는 사람은 없어 보인다.

개정론자들의 소망은 맞춤법을 발음과 완전히 일치하도록 만들어, 단어의 소리 자체가 단어 철자를 표시하여 실수의 여지를 남기지 않는 맞춤법을 한국인들에게 선사하는 일이다. 이러한 방식의 장점은 명백하다. 아이들이 더욱 쉽게 읽기를 배울 수 있고, 쓰기 또한 매우 쉬워진다. 옛 방식에 의하면 영어처럼 각 단어의 철자법을 따로 익혀야 한다. 이러한 수고는 분명 단점이다. 개정 반대론자들은 언어에는 단순한 맞춤법보다 훨씬 더 많은 무엇이 있다고 주장한다. 그들은 단어의 모양 자체가 단어의 의미를 암시해야 한다고 믿는다. 어떤 양반 한 사람은, 한자는 하나하나가 독립적으로 의미 전체를 나타낸다는 점에서 극단적이긴 하지만 순수한 표음문자 역시 거의 모든 것을 문맥에 맡겨둔다는 점에서 극단적이라는 논리를 폈다. 영어 'write', 'rite', 'wright'를 모두 똑같이 철자하고, 'sight', 'site', 'cite'도 똑같이 철자한다고 치자. 만약 이 단어들을 똑같이 철자한다면 문맥을 통하지 않고서는 아무도 이해할 수 없을 것이다. 그 양반은, 같은 발음의 모든 단어를 똑같이 철자하는 것은 한국어를 피폐시킬 것이니, 한편으로는 모든 것을 문맥에 맡기는 극단적인 음성학적 단순성과 다른 한편으로는 아무것도 문맥에 맡기지 않는 완전한 구어의 독립성 사이에서 중간을 취해야 한다고 주장한다. 그러면서 현재 쓰는 방식이 바로 그 중간이기에 개정할 필요가 없다고 한다. 단어 철자법을 외우는데 필요한 노력이 언어의 풍요를 위해 감수할 만한 큰 가치는 아니라는 것이다.

그러나 한글 맞춤법은 영어 철자법만큼 예외가 많지 않다는 점을 명심해야 한다. 한국어는 묵음 글자가 거의 없다. 한국어의 골칫거리는 'ㅏ(a)', 'ㄷ(t)', 'ㅈ(ch)'을 두 가지 방법으로 쓰는 것과, 묵음 'y'[10]를 어떻게 쓰느냐가 전부이다. 이러한 골칫거리는 문제를 일으키기에 충분하지만, 영어에 비하면 단순한 편이다. 물론 맞춤법의 단순화가 한국어를 피폐시킬지는 따져볼 문제지만, 개정론자들이 이 문제에 대해 충분한 검토를 해보지 않았음은 이를 논의한 회의에서 분명히 드러났다.[11] 보수론자들은 바로 이 점에 매달리고 있다. 제시된 안과 같은 과감한 개정을 하려면, 확실한 결론에 도달할 수 있을 정도로 개정의 정당성을 확보해야 하는데 그러한 준비가 안 됐다는 것이다. 보수론자들은 아직 언급이 없었지만, 문제의 다른 측면을 들고 나올 수도 있다. 예를 들어 모든 언어의 음성 체계란 지속적인 변화를 거치기에, 한글 맞춤법을 지금의 발음 형태로 바꾼다 해도 수십 년 안에 사실상 다시 개정해야 한다는 사실은 어찌할 거냐고 질문을 던질 수도 있다. 맞춤법은 정형화되고 정지한 상태로 있지만, 언어

---

10. 이중 모음 'ㅕ' 등은 사실상 들리지 않는다는 뜻이다. '져'는 '저'로만 들린다는 뜻이다.
11. 한글 맞춤법과 관련하여 실제로 회의가 있었음을 말해준다. 1896년부터 헐버트, 주시경, 김가진, 지석영 등이 한글과 관련한 회의를 했다는 기록이 헐버트의 관립중학교(현 경기고등학교) 제자 오성근의 일기에 담겨 있다.

는 항상 살아 있고 또한 발전한다. 아직 생각해보거나 깨닫지 못한 이와 같은 문제가 있을 수 있다. 보수론자들이 원하는 바는 우리가 스스로 무엇을 원하는지 확신이 설 때까지 기다리자는 것이다.

새로운 무엇을 추가하는 것도 맞춤법 개정안을 발전시키는 데 도움이 될 수 있다. 대체적인 의견은 한글의 가장 심한 결점은 장모음과 단모음의 구분이 없다는 점이다. '눈'은 'eye'일 수도 있고 'snow'일 수도 있다. '산'은 'mountain(산)'일 수도 있고 'mathematics(수학의 산)'일 수도 있다. '김'은 'steam'일 수도 있고 어느 '김' 씨의 이름일 수도 있다. 두 가지 별개의 소리를 가진 모음 '어'는 특히 그렇다.[12] 문자의 단순성을 위해 지금 있는 글자를 문자에서 뺄 거라면, 다른 한편으로 정확도를 위해 새로운 글자를 추가하지 못할 이유가 있겠는가? 그러나 개정안을 옹호하는 사람들은 완벽한 문자 체계를 만들려는 어떤 의도도 부인하며, 단순히 불필요한 몇몇 요소를 없애자고 한다. 하지만 문자를 이왕 다듬을 거라면 미래 세대를 위해 확실히 작업하여 거의 완벽함에 가까운 맞춤법을 만들어 줘야 하지 않겠는가? 그러나 관습에 얽매여 있다 보니 아직은 실행하기에는 이르다는 생각이 만연되어 있다. 개정론자든 반대론자든, 그 중간에 있는 사람이든, 아무도 이처럼 너무나 중요하고 원대한 문제에 관해 결정할 준비가 되어 있지 않다.

발음의 각 지방 간의 차이는 아직 제대로 논의한 바가 없다. 한국의

---

12. 두 가지 소리는 ' ㅓ '와 ' ㅕ '를 말한다.

어느 큰 지방에서는 'y'가 점 두 개짜리 모음에서 묵음이 아니며[13], 'ㄷ(t)' 과 'ㅈ(ch)'도 서로 대체할 수 없다. 'y'[14]를 쓰지 않고 'ㄷ(t)'과 'ㅈ(ch)'도 서울 발음에 따라서 쓴 책을 이 지방 사람들 손에 쥐여 주면 그들이 어떻게 반응할지에 대해 아직은 아무 이야기도 듣지 못했다. 그 지방 사람들에게 새로운 맞춤법에 따라 지금의 발음을 바꾸라고 할 수는 없는 노릇이다. 한편 그 지방 사람들을 제외한 모든 한국인은 'ㄷ(t)'이 점 두 개짜리 모음[15] 이나 'ㅣ(i)'와 함께 쓰이면 'ㅈ(ch)'으로 발음한다는 것을 알고 있다. 아무도 이에 대해 어려움을 갖지 않으며, 어린애도 10분이면 배울 수 있다. 읽기에서는 옛 방식도 별문제가 없다. 하지만 맞춤법에서는 새로운 방식이 더 간단하다. 그러나 개정론자들이 현재의 맞춤법대로 발음하는 한국인들에게 어떻게 새로운 맞춤법을 설득할 수 있을지는 알 수가 없다.

개중에는 다른 개정안에는 반대하면서 '아래 놓인 아(a)'[16]만 없애자는 사람들도 있다. 이 점에서는 각 지방 간의 차이도 문제가 되지 않는다. '아(a)' 발음의 두 글자는 전국에 걸쳐 모두가 똑같이 발음하기 때문이다.[17] 이 주장에 대한 유일한 반론은 앞서 제시한 일반론으로서, 즉 문맥에만 의존하지 않게 하려면 같은 소리를 가진 단어들의 철자를 달리하여 눈으로 보기에도 구분이 돼야 한다는 점이다. 영어 몇 문장을 상상해 보라.

'The last rain[reign] was an important one, characterized by

---

13. 예를 들어 '뎌' 소리가 '더' 소리와 구별되어 들린다는 뜻이다.
14. 'ㅕ' 등의 이중 모음을 말한다.
15. 'ㅕ' 등의 이중 모음을 말한다.
16. 'ㆍ(아래아)'를 말한다.
17. 두 글자는 'ㆍ(아래아)'와 'ㅏ'를 말한다.

unusual severity, but on the whole salutary to the people. If he hasn't the cents[sense] to come on thyme[time] he can't expect a daze[day's] wage. Is led[lead] oar[ore] mind[mined] hear[here]? He nose[knows] awl[all] about the matter.'[18]

앞의 예는 물론 과장이 있긴 하지만, 단순한 발음 위주의 맞춤법은 읽는 사람이 문장의 의미를 파악하기 위해서는 현재 방식보다 훨씬 세밀한 주의가 요구된다는 점을 보여 준다. 맞춤법 공부는 처음에는 조금 힘들겠지만, 문장의 내용을 빠르고 정확히 해석해내는 능력을 계발하기 때문에 평생 이득이 된다. 가장 열렬한 맞춤법 개정론자 중 한 사람은 한글의 큰 어려움으로 시각적으로 명확하지 않은 점을 꼽는다. 다시 말해 눈으로 한 번 보는 것만으로는 의미 파악이 어렵다는 것이다. 맞다. 같은 발음의 모든 단어를 비슷하게 철자하면 어려움이 가중되고 읽는 사람은 한층 더 주의를 기울여야 한다.

다 말해놓고 보니 맞춤법을 개정하면 결국 '쓰기'는 더 쉬워지나 '읽기'는 더 어려워진다는 것 아닌가. 미국에는 신문을 읽고 의미를 완벽하게 이해하면서도, 편지를 쓸 때는 한 쪽 당 열두어 개씩 철자법 실수를 하는 사람이 수두룩하다. 읽기와 쓰기 중 무엇이 더 중요한가? 읽기가 분명 더 중요하다. 보수론자들은, 제시된 개정안이 읽기를 숙달하기는 조금 더 쉽지만, 독자들은 지금 맞춤법으로 읽을 때보다 더 큰 정신적 수고를 하게 되므로 이는 어려움을 한 곳에서 다른 곳으로 옮기는 것에 불과하다고 주

---

18. 이 문장은 발음은 같으나 단어가 다른 경우의 영문 예이다. 대괄호 안의 단어는 같은 발음의 다른 단어로 원문에는 없으나 옮긴이가 추가하였다.

장한다. 두 주장의 차이는 강판 조각과 수채화의 차이와 비슷하다. 전자는 모든 효과를 단순한 명암을 이용하여 흑백으로 만들어내지만, 후자는 색깔이라는 추가적 요소가 더해진다. 당연히 수채화가 그리기는 더 힘들지만 결국에는 더 만족스럽다. 마찬가지로 맞춤법을 배우는 일은 조금 더 힘들지만, 맞춤법을 통해 더해지는 시각적 요소는 문장 자체를 더 풍부하게 하면서 그림의 색깔과 같은 역할을 한다. 보수론자 중에도 이 점에 동의하는 사람들이 있다. 그러나 그들은, 이 모든 문제에 대해 훨씬 더 광범위한 연구가 진행되지 않는 이상 확실하고 구속력 있는 개정은 아직 이르다고 생각한다.

맞춤법 개정은 헌법 개정과 같은 급진적인 성격을 띠기에 이에 동의하는 압도적인 찬성표를 전제로 해야 한다. 만장일치에 가까운 찬성표라야 소수파들도 스스로 틀렸다고 생각하여 개정을 허용하겠지만, 반반 정도의 찬반이라면 개정의 가능성이 쉽지 않다고 본다.

이러한 방식으로든 아니면 다른 어떤 방식으로든 한국인을 이롭게 하고자 하는 소망을 공유하지 않을 사람은 없다. 아무리 고집 센 보수론자라도 유익하다고 생각하는 개정에 대해서는, 그것이 아무리 급진적이라 할지라도 흔쾌히 동의하리라고 본다. 이 문제는 한국의 교육 전체와 관련된 문제이다. 만약 가르치는 사람과 배우는 사람의 수고를 참으로 덜어줄 수 있고 한국과 한국인을 잘 이해하는 사람들의 폭넓은 동의를 얻어낼 수 있는 어떤 안이 제시된다면, 모든 이가 이를 열렬하게 환영하리라고 확신한다.

한국 교육은 혁명적 변화가 필요하다!
(The Educational Needs of Korea)
≪한국평론(The Korea Review)≫ 1904년 10, 11, 12월호

상층 계급과 하층 계급 사이의 장벽을 허물 수 있는 유일하고 또 유일한 방법은, 평민들에게 훌륭한 한글 문학을 선사함으로써 한자 시대를 뒤집어 진정한 교육이란 소수가 아닌 다수에게 있다는 인식을 널리 퍼뜨리는 일이다.

There is one and only one way to attack this barrier and that is by giving the common people such a good literature in their own native character that the position will be reversed and it shall come to be acknowledged that genuine education lies with the many rather than with the few.

만약 아니라면 한국인들에게 지금 가장 필요한 것이 무엇인가? 나라 전체가 자랑스러워하고 훌륭한 본보기가 될 수 있는 진정으로 완벽한 학교 말고 무엇이 있겠는가?

If not, what does this people need most, if it be not a genuinely and thoroughly good school as an object lesson, a school of which the whole nation can be proud?

한국 교육은 혁명적 변화가 필요하다!

(The Educational Needs of Korea)

≪한국평론(The Korea Review)≫ 1904년 10월호

어느 나라나 교육 제도 전반을 혁명적으로 변화시키기란 참으로 힘든 일이다. 변화의 장애 요인을 모두 열거하려면 상당한 지면이 필요하겠지만, 그중 몇 가지만 구체적으로 살펴보아도 한국 교육에 무엇이 필요한지를 명확히 하는 데에 크게 도움이 되리라고 본다.

먼저, 한국 교육에 혁명적 변화가 필요한 이유는 무엇인가? 이 질문에 짧게 답할 수 있다. 지금까지 한국 교육은 문학과 역사에만 치중해왔고, 한국보다 중국에 관한 공부가 훨씬 많았다. 실생활에 필요한 교육을 실시하지 않았고, 자연의 이치를 알려 주지 않았으며, 미래지향적이지도 못했다. 한국 교육은 산 사람에게는 현재가 가장 중요한 시간임을 깨우쳐 주지 못했고, 오히려 흘러간 과거의 영광을 한탄하는 것이 전반적인 기류였다. 한국 청년들은 현재의 발전을 가로막는 장애물과 당당히 맞서며 미래의 꿈을 키우기보다는, 흘러간 영광의 망령에 눈물겨운 작별 인사나 고하면서 험난한 인생 항로를 거꾸로 시작했다. 이러한 현상은 중국도 마찬가지이며, 이는 사회 전체가 개인을 경시하고 집단을 중시하는 풍조에서 오는 결과라고 설명할 수밖에 없다. 한국인들은 한국의 산을 하나하나 따로 보지 않고, 백두산에서 반도를 따라 내려오는 거대한 산맥의 연결로만 생

각한다. 그렇게 생각하지 않으면 용의 등을 부러뜨리는 신성모독의 죄를 범하는 것으로 간주한다. 한국인들이 자손을 두는 주된 이유는 조상의 무덤을 온전하게 보존하기 위함이며, 딸의 죽음은 증조부 무덤이 훼손되는 것보다도 못한 일로 치부한다.

교육의 참된 목적이 개인의 지성을 계발하여 부패한 환경에서 오는 퇴폐풍조와 싸울 수 있도록 정신 무장을 시키는 것이라면, 교육 혁명은 사회 환경을 180도 바꿔야만 결실을 기대할 수 있다. 그렇지 않으면 아무리 좋은 의도로 부단히 노력한다 해도 모든 시도는 물거품이 되고, 단발성의 결과만 낳을 것이다. 이 말은 교육 혁명이 얼마나 어려운지를 말해준다. 사회 환경을 바꾸는 유일한 길은 교육뿐이라는 점에서 교육 혁명이 결국 제자리걸음만 한다고 비난받을 수도 있겠으나, 다양한 방법으로 노력하면 어떻게든 교육의 변화는 촉진될 수 있다고 본다.

한국 교육의 변화를 선도하는 강력한 주체 중 하나가 기독교 선교회다. 기독교 전도는 보통교육[1]과 함께 추진되었으며, 기독교 선교사들은 전국 각지에 학교를 설립하였다. 그러나 우리는 지금 신앙에 상관없이 국민 전체에 대한 보통교육을 논하기에, 기독교 학교는 좋은 본보기이긴 하지만 여러 접근법 중 하나에 불과하다. 신문도 교육의 변화를 위해 중요한 역할을 하고 있다. 신문은 한국인들에게 신학문이 왜 필요한지를 교육하고 있으며, 많은 한국인이 신학문의 길이 진정 가치가 있는지를 저울질하고 있다.

---

1. 원문은 'general education'이다. '보통교육'은 모든 사람에게 공통으로 실시하는 일반적이며 기초적인 교육으로서, 근대식 교육을 말한다.

분명한 사실은 한국인들은 두뇌가 매우 명석하고 스스로 무엇을 원하는지를 알고 있다는 점이다. 상당한 물질적 이득이 뒤따르지 않는 교육은 한국인들에게 동기 부여가 되지 못한다. 한국인들은 교육의 기본적 가치 측면에서 교육을 바라보지 않기에, 당장은 그들에게 무엇을 기대할 수는 없다. 교육이란 덕처럼 자신을 위한 것이지만, 한국에서든 어디에서든 교육을 받기 위해 들어가는 돈과 시간에 대해 부가적인 물질적 보상을 요구하지 않는 사람은 거의 없다. 다르게 말하면 한국인들은 근대식 교육이 더 나은 수입과 더 나은 사회적 지위를 가져다주지 않는 이상 이를 원하지 않을 것이다. 이는 유럽이나 미국에서도 백 사람 중 아흔아홉 사람에게 똑같이 적용되는 사실이다. 그렇다고 이를 유감스러워 할 필요도 없다. 이러한 물질적 이익을 얻는다고 해서 지식을 쌓는데서 오는 오묘하고 순수한 즐거움이 사라지지는 않을 것이기 때문이다. 교육을 관장하는 학부가 각 기관의 장들에게 서울의 여러 학교 졸업생들을 고용할 것을 촉구한 일은 칭찬할 만하다. 이는 방향을 제대로 잡은 올바른 처사이며, 한국에 사는 외국인들도 신뢰할만한 자리에 사람을 추천할 때 학력이 중요한 잣대가 된다는 사실을 강조함으로써 이러한 움직임을 도와야 한다. 안타깝게도 한국에서 조금이라도 교육을 받은 사람을 대할 때는 어느 정도 의심을 하고 대해야 한다는 인식이 널리 퍼져 있다. 일부 한국인이 약간의 지식으로 지나친 우월감을 과시하여 오히려 사회적으로 해악을 초래했기 때문이다. 그러나 모든 국가가 이러한 단계를 거쳐야 함을 기억해야 한다. 일본도 이제야 겨우 이 단계를 벗어나고 있다. 만약 이러한 단계를 허용하지 않고 또한 한국인들에게 뇌만 키우고 머리는 조금도 키우지 말라고 한다면[2], 그들에게 당장 필요한 동기를 부여하지 못할 수도 있다. 교육적 우월감이라는 병을 앓고 있는 사람을 치료하는 유일한 길은 동종요법을 이용하여 우월감을 일으킨 바로 그 동기를 훨씬 더 많이 불어넣는 것이다.

필자는 한국인 천만 명이 교육적 우월감의 열병을 앓았으면 좋겠다. 필자가 보기에는 현재 아마도 거의 같은 숫자의 한국인들이 서양식 교육에는 발도 담그지 않았다는 자부심으로 고상하게 글방에 앉아 한자책이나 읊고 있을 것이다. 그러는 동안 총명하고도 열정적인 일본인들은 새로운 시대의 모든 물질적 혜택을 누리고자 기를 쓰고 있는데도 말이다. 자만심에 빠져 있는 한국의 지적 미라들은, 언젠가 깜깜한 어둠에 갇힌 자신들을 발견하고는 비탄에 빠져 이를 갈며 울부짖을 것이다.

한 사람이 나에게 찾아와 건강은 괜찮은지 등 안부를 묻고는 말했다. "저에게 자리 하나 구해 주세요." 나는 흥미롭다는 듯이 되물었다. "막일하는 자리는 아니 되겠지요?" 그는 머리를 갸우뚱하더니 방 구석구석을 이리저리 둘러보고는 중얼댔다. "막일하는 자리, 막일하는 자리, 저는 그런 말 모릅니다." 알 리가 없다. 그에게 가장 잘하는 일이 무엇이냐고 묻자 그는 단숨에 아무거나 좋다고 답했다. 물론 이는 아무것도 잘하는 일이 없다는 뜻이다. 나는 광산에서 금을 캐는 일이나 하와이에서 사탕수수를 베는 일을 제안했다. 그는 손을 크게 설레설레 흔들면서 이는 심각한 일이니 농담하지 말라고 했다. 당연히 이는 그가 생각하는 것 이상으로

---

2. 뇌는 지식이나 교양을 말하고, 머리는 교육으로 얻어지는 이득을 말한다.

심각한 일이다. 나는 갑자기 생각을 떠올려(아니 일부러 지어냈는지도 모르지만), 양반들이 짚신을 신고 다니고 사투리가 아주 심한 저 멀리 남도지방 어느 고을의 자리 하나를 제안하면서 그를 떠보았다. 그는 심사숙고하는 태도를 보이다가 결국에는, 내가 제안하는 자리가 아무리 좋은 자리라도 아버지의 집을 떠나는 것은 아들의 도리에 어긋나는 일이기에 받아들일 수 없다고 털어놓았다. 다음으로 나는 내 친구 사무실에 자리가 하나 있는데, 아주 편하고 깨끗한 펜대만 놀리는 사무직 일이며 아침 9시부터 오후 6시 정도까지만 일하면 된다고 그를 떠보았다. 그는 의자에서 거의 나자빠지더니 다시 고쳐 앉고는 화제를 바꾸려 시도하다가, 사실은 자기 형님이 현직의 한 대신이 사임하는 대로 정부 부서의 자리 하나를 확실히 꿰찰 수 있다고 했다면서 그리되면 자리 걱정을 할 필요가 없다고 말했다. 그리고는 별일 없었다는 듯이 마무리되는 미코버Micawber[3]식 결론을 끝으로 그는 자리를 떴다.

이게 바로 문제의 핵심이다. 그는 나와의 약간의 친분을 이용하여, 내놓을 자격이 없으면서도 꽤 괜찮은 급여를 받을 수 있는 자리 하나를 얻으려고 한 것이다. 앞으로 한국에서도 이러한 구직자에게 '어디 신뢰할만한 교육기관에서 받은 졸업장이나 자격증이 있나요'라고 물어볼 수 있고 이러한 졸업장이나 자격증 없이는 지원할 체면도 서지 않는 날이 온다면 매우 기쁘겠다.[4] 한국에 사는 외국인들은 한국인들에게 노동의 금전적 가치가 학력에 의해 크게 좌우된다는 점을 꾸준하게 각인시켜야 한다. 교실

---

3. 미코버(Micawber)는 디킨스(Charles Dickens, 1812~1870)의 소설 ≪David Copperfield≫에 등장하는 하숙집 주인으로 낙천적 인물로 대표된다.
4. 당시는 근대식 학교에 가는 학생이 거의 없고 모두가 한문 공부에만 몰두하던 시대였다.

에서 배운 것이 반드시 실제 일에서도 유용한 것은 아니지만, 교육 과정을 견디고 졸업장을 얻는 데까지 필요한 용기와 끈기 자체가 최소한 그가 어디서든 성공할 수 있는 어느 정도의 자격을 갖추었다는 명백한 증거이기 때문이다. 나아가 이는 그가 과거를 떠나 계몽주의 근대사상으로 통하는 길을 택했음을 보여 주는 것이기도 하다. 그의 실제 학식은 어떨지 몰라도 자세는 되어 있지 않은가. 학생은 교육에서 돌아올 미래의 보상을 확신하되, 너무 한쪽으로 치우치거나 기술에만 치중하는 교육은 진정한 교육의 목적에 부합하지 않는다는 점을 명심해야 한다. 기술에 치중하는 교육은 분명 안정된 직장을 보장하지만, 어떤 직종의 최고위직에 오르는 데 필요한 폭넓은 사고를 길러 주지는 못하기 때문이다.

현재의 학교 교육에서 가장 큰 걸림돌은 개탄스럽게도 제대로 된 교과서가 없다는 점과 진정한 근대 문학이 없다는 점이다. 그러나 이러한 것들은 다 해낼 수 있다. 한국은 지금, 잉글랜드가 라틴 어만 쓰던 시대를 갓 벗어났지만 아직 영어로 된 책이 거의 없던 때와 비슷한 시기에 와 있다. 사람들은 누군가가 이제 한국인들도 자신들의 문자인 한글로 근대 소설을 써야 한다고 제안하면 웃고 만다. 말도 안 되고 어리석은 얘기 같지만, 이는 영국의 초서가 편견이라는 거인의 수염을 잡아 넘어뜨렸던 때와 크게 다르지 않다. 한국인들은 매력적인 이야기꾼들이다. 한국에 사는 모든 외국인은, 사고를 전달하는 수단으로서 자신들의 문자가 그들이 오랫동안 매달려온 한자보다 훨씬 유용하다는 점을 한국인들에게 설득하는 데에 모든 역량을 집중해야 한다. 그들이 한자를 고집하는 한 한국 문학은 자연스러움과 활력은 물론이고, 짜릿함이나 번뜩임도 있을 수 없다.

한국인들의 대화를 한자로 표기하면 얼마나 어색한 지는 누구나 다 안다. 오늘날 한국인들이 한글로 글을 쓰면서 한자로 쓴 글처럼 딱딱하고 애매한 문체를 따라 하고 있지만, 한국인들도 이제 이러한 문체를 버리고 영미인들이 하듯이 따옴표를 써서 대화를 말 그대로 옮기지 않을 이유가 없다.

무엇보다도 먼저 필요한 것은 교과서이다.[5] 이와 관련하여 외국인들과 한국인들로 구성된 '국민교육회'[6]가 조직된 것은 매우 고무적인 일이다. 국민교육회는 바람직하게도 산하에 용어 체계에 관한 위원회를 여럿두었다. 각 위원회는 특정 주제를 선택하여 그 주제와 관련한 전문용어사전을 임시로 만들어 이를 전체 회의에 보고하고, 의논과 수정을 거쳐모든 학문적 연구에 쓰일 표준 용어로 채택하기로 했다. 이는 철저하고도 신중한 과학적 접근 방법으로서 앞으로 닥칠 많은 혼란과 시간 및 힘의 낭비를 예방할 것이다. 이렇게 만들어진 용어 체계는 장차 더욱 진화할 것이고, 이를 한국에 사는 외국인들이 받아들여야 함은 아무리 강조해도 지나치지 않는다. 물론 원래 쓰던 체계에 익숙해 있는 외국인들은 새 체계에 얼마 동안은 약간의 불편함을 느낄 것이고, 개별적 사항에서 위원회의 의견에 동의하지 못하는 경우도 있을 것이다. 그러나 용어 체계의 통

---

5. 헐버트는 실제로 사비를 들여 '헐버트 교과서 시리즈(Hulbert Series)'라는 사업계획 아래 교과서 편찬사업을 펼쳤다. 그는 ≪뉴욕 헤럴드(New York Herald)≫지 1907년 7월 22일 자 회견기사에서 15,000달러의 사비를 들였다고 밝혔고, 후일 다트머스대학에 제출한 신상기록부에 '헐버트 교과서 시리즈' 사업 아래 1908년 여름까지 15권의 교과서가 만들어 졌다고 기록하였다.

6. 1904년 9월에 조직된 애국계몽단체이다. 학교를 설립하고 근대적 학문에 응용할 서적을 편찬 또는 번역하여 발간하는 등의 목적으로 이준, 전덕기, 최병헌, 유성준 4인이 조직한 단체로서 회장은 이원긍이었다. 헐버트는 이 글에서 지금까지 알려지지 않았던, 외국인도 '국민교육회'에 함께 하였다는 사실을 기록하고 있다. 이준은 헐버트와 함께 1907년 헤이그만국평화회의 특사로 활약하였으며, 전덕기는 상동교회 목회자로 헐버트와 매우 가까운 사이였다.

일성을 위해 이 정도의 양보는 당연히 해야 한다.

위원회의 구성은 워낙 대표성이 뛰어나 옹졸한 편견 때문에 발생하는 어려움은 없을 것으로 본다. 위원회에서 추천하고 국민교육회 전체 회의의 수정을 거친 결론들은 누가 보아도 합리적이고, 최상의 표준에 가장 가까울 것이기 때문이다. 더구나 학부에 동경제국대학교 출신의 유능한 고문이 오기로 예정되었으니, 국민교육회가 정한 용어 체계가 모든 관립 학교 교과서에 틀림없이 쓰이리라고 기대한다. 그리되면 이는 교육 발전의 큰 동력으로 작용할 것이다.

한국 교육에서 현재 가장 큰 어려움 중 하나는 완전하면서도 보편화한 문필의 수단이 없다는 점이다. 한글은 거의 완벽한 문자이고 사상을 전달하는 데 있어서 영어만큼 유용하지만, 현재로서는 학술 서적에 사용되는 용어 중 상당수가 아직 말 자체만으로는 쉽게 용어로 인식되지 못하고 있다. 한국인들은 외국인이 보기에 문맥상 의미가 분명하여 전혀 애매함이 없는데도 한자를 보고 싶어 한다. 그렇다고 외국인들은 이러한 어려움을 극복할 수 없다는 잘못된 생각에 빠져서는 아니 된다. 시각을 상실한 사람이 촉각을 예민하게 곧 발달시키듯이, 한국인들도 일단 한자에서 벗어나야 말로 표현하는 문장의 뜻을 한자 없이도 쉽게 파악할 수 있을 것이다. 나는 이러한 비유가 한자를 고수하길 원하는 사람들에게 악용될지 모른다고 걱정하지 않는다. 옛 제도하에서 보통교육이 가능하다고 믿을 수 있는 시대는 이미 지났기 때문이다. 만약 그렇게 믿는 사람이 있다면 그와는 애초에 논쟁해야 할 공통분모가 존재하지 않는다. 그런 사람은 램[7]이 풍자한 "돼지구이를 먹는 유일한 방법은 돼지를 잡기 위해 집을 불태워야 한다."라는 말에 딱 어울리는 사람이다. 서양에서 일부 식자들이 그리스 어와 라틴 어를 공부하고 싶어 하듯이, 한국의 식자 중에서도 한자를 배우고 싶은 사람은 계속 존재할 것이다. 이러한 사람들을 위해 근대식 학교에서도 한자를 가르쳐야 하지만, 대부분의 사람, 즉 백 중 아흔 아홉에게는 무엇보다도 순수한 한글로 쓰인 문학작품이 필요하다. 여기에서 아주 중요한 문제에 직면한다. 어떻게 한국인들을 한자에서 한글로 넘어오게 할 수 있을까? 모든 문학과 사상이 한자를 매개로 중국에서 한반도에 들어왔다. 현재 한국인들의 종교이자 또는 적어도 공식적인 숭배의 대상이라고 할 수 있는 공자의 사상도 역시 한자로 기록되어 있다. 한자와 한자 공부는 상층 계급과 하층 계급 사이에 거대한 장벽을 만들며, 상층 계급은 이 장벽을 절대 허물려 하지 않는다. **상층 계급과 하층 계급 사이의 장벽을 허물 수 있는 유일하고 또 유일한 방법은, 평민들에게 훌륭한 한글 문학을 선사함으로써 한자 시대를 뒤집어 진정한 교육이란 소수가 아닌 다수에게 있다는 인식을 널리 퍼뜨리는 일이다.**

이 점이 워낙 중요하기에 강조하는 의미로 굵은 글씨[8]로 썼으니 양해해 주기 바란다.

한글로 쓴 작품도 방식은 다르지만 한자로 쓴 작품만큼 뜻이 오묘할

---

7. 램(Charles Lamb, 1775~1834)은 영국의 수필가이자 비평가이다. 그는 '구운 돼지고기에 관한 박사 논문(A Dissertation Upon Roast Pig)' 등 유머와 해학이 담긴 많은 수필을 남겼다.
8. 원문은 'italics(이탤릭체)'이나 여기에서는 굵은 글씨로 표시하였다.

수 있다. 어느 부유한 젊은 아랍 사람이 보석에 관한 이야기를 듣고는 보석을 갖고 싶은 욕망이 너무 강력해진 나머지 자신의 땅과 집을 모두 팔고 보석을 찾아 떠났다. 중동 곳곳을 떠돌며 전 재산을 탕진하고도 원하던 보석을 구하지 못하고 결국 집으로 돌아온 그는 자기 땅을 산 사람이 그 땅의 샘에서 보석 광산을 발견한 사실을 알게 되었다. 이 이야기는 한국인들에게도 적용된다. 한국인들이 자신들의 문자를 발전시키지도 사용하지도 못한 것이 얼마나 엄청난 손해인지 깨달을 때가 분명 올 것이다. 그 손해는 단순한 손해가 아니라 아마도 한국이란 나라 자체를 잃어버리는 손해일지도 모른다. 왜냐하면, 보통교육을 통해 더욱 계몽되었다면 한국인들이 오늘날의 풍전등화 같은 처지를 피했을 지도 모를 일이기 때문이다.[9]

한국인들의 지적 성장에 관심을 가진 이들에게 각종 양서의 공급을 서둘러야 하는 필요성을 아무리 강조해도 이는 절대 지나친 일이 아니다. 양서라 하면 당연히 학교 교과서가 가장 먼저지만 생각이 여기에 멈춰서는 아니 된다. 한국인들이 직접 글을 쓰도록 장려해야 한다. 최고의 필진들이 기고할 수 있는 한글로 발행하는 잡지가 있어야 하고, 경쟁력 있는 작품에 상도 주어야 한다. 한국인들이 폭풍우가 몰아치는 바다와 같은 소설의 세계로 뛰어들어, 여러 실험을 거쳐 문학적 위업이라는 미지의 대륙을 탐험하도록 용기를 북돋워 줘야 한다.

이러한 변화들이 모두 어디를 중심으로 일어나야 하는가에 대한 아주

---

9. 한국이 배우기 쉽고 쓰기 쉬운 한글을 매개로 일찍이 교육을 넓혔다면, 한국은 문명국이 되고 강해져 나라의 운명이 풍전등화였던 당시(1904년 말)의 현실을 피했을지도 모른다는 의미로 들린다.

핵심적인 질문이 생긴다. 구심점이 어디여야 하며, 누가 주도해야 하는 가? 정부에 기대할 수는 없다. 한학자들에게 의존할 수는 더욱 없다. 중산층에서 시작하여 위아래로 퍼져나가야 한다. 여태까지는 개신교 선교 사들이 거의 주도적으로 변화에 앞장서 왔으며, 한글 신약성서의 출판은 가장 의미 있는 활약이라고 인정하지 않을 수 없다. 요즘 상황을 보면 한국 기독교의 주축인 건실한 교인들에게서 이 운동의 구심점을 찾아야 할 것 같다. 이는 한쪽 관점으로만 보면 불만일 수도 있지만 다른 한편으로는 큰 이득이 될 수도 있다. 물론 기독교에서 구심점을 찾는 것은 불가피하게 여러 사람에게 선입견을 주어 저항을 불러일으킬 수도 있다. 그러나 한편으로는 여러 사람을 끌어당겨 기독교를 접하게 할 수도 있다. 의도적으로 부정하지 않는다면 솔직히 한국의 개신교에는 이 땅에서 가장 총명하고, 가장 진보적이고, 국가에 가장 충성하는 많은 한국인 인재가 모여 있음을 부인할 수 없다.

독선적인 자기만족에 빠져 현실에 안주하고 있는 기득권층 관료 계급만 접해본 외국인들은 한국인들이 얼마나 교육에 목말라하는지 알기 힘들 것이다. 서울에는 적절한 동기만 부여되면 즐겁게 공부할 청소년들이 그야말로 넘쳐난다. 그들은 빈둥거리며 불만에 가득 찬 나날을 보내면서도 자신들에게 무엇이 필요한지 알지 못한다. 그들의 시야를 가로막는 거미줄을 걷어내고, 그들이 정녕 무엇을 해야 하는지를 명확히 깨닫게 하는 교육을 짧은 기간만이라도 할 필요가 있다. 이를 위해 새로이 설립된 기독교청년회YMCA를 활용하는 것도 한 방법이다.[10] 교육과정도 이미 마련

---

10. 헐버트는 한국 YMCA 창립준비위원장, 창립총회 의장으로서 한국 YMCA를 탄생시켰다(1903년).

되어 있다. 이 과정은 한국인들이 한 번도 개척해보지 못한 새로운 지식을 접하게 하고, 한국 청소년들의 상상력을 자극할 것이다.

한국 교육은 어느 방향으로 가야 하는가? 흔히 말하는 교양 교육, 즉 전인격을 위한 지적 확장을 목표로 해야 한다. 더 나아가 논리적 사고의 전개 능력을 발달시키는 학문을 특히 강조해야 한다. 자연과학 서적은, 단순히 암기력만 훈련시키는 수많은 사소한 내용보다는 과학 전체의 기초가 되는 큰 법칙에 집중해야 한다. 수학책은 원리의 응용을 강조하여, 거의 쇠락해버린 독창적 사고와 지적 창의력을 불러일으켜야 한다. 한국인들은 예시를 먼저 들어 주면 가장 어려운 수학 문제도 정말 놀라울 만큼 쉽게 풀어낸다.

예를 들어 내가 가르치는 한 학급은 10년이 걸려도 해답을 스스로는 못 풀 것으로 여긴 문제를 단 반 시간 만에 풀어냈다. 문제를 예시해보겠다. 단위당 18전인 기름 몇 단위를 단위당 37전인 기름 38단위와 섞어야, 이를 단위당 24전에 팔았을 때 단위당 1.5전의 이익이 발생할까? 학생들은 다음 문제에도 처음에는 어떻게 접근해야 할지 아무런 감을 못 잡았다. 3시 이후 어느 시간에 시계의 두 바늘이 겹칠까? 그러나 문제의 원리를 설명하자 학생들은 이런 문제들을 금방 이해했다. 이는 스스로 생각해낼 정신적 능력이 없기 때문이 아니라, 이러한 문제의 해답을 독자적으로 탐구한다는 개념 자체가 그들에게는 낯설기 때문이다. 학생들은 까다로운 문제를 혼자 해결하라고 요구하는 선생이 마치 장님보고 지팡이 없이 길을 가라고 하는 것처럼 불합리하다고 생각하는 듯하다. 내가 이 상황에 대처하는 방법을 참고로 언급하겠다. 내 방법은, 이미 설명한 문제에 조금 변화를 주어 학생들이 창의력과 독창적 사고를 발휘하게 하는 것이다. 그러면 학생들은 오래지 않아 일반 원리를 여러 다양한 경우에 응용하는 방법을 터득하면서 지적 자극을 받는다. 이는 특히 대수학 수업에서 잘 입증되었으며, 학급의 반 정도가 전혀 새로운 문제들을 방정식을 응용하여 풀어냈다.

한국인들은 뛰어난 지적 능력을 지니고 있다. 그들은 답이 왜 그리 나오는지 이유를 알고 싶어 한다. 바로 이 철저함 덕분에 한국인들은 원리를 설명해 주면 같은 유형의 어떠한 문제도 척척 풀어낸다. 단지 한국인들이 싫어하는 것은 원리를 스스로 터득하라고 요구받는 일이다.

≪한국평론(The Korea Review)≫ 1904년 11월호

앞의 글에서 한국 교육을 확장하는 데에 당면한 어려움과 교육 확장을 위해 무엇이 필요한지를 다루었다. 한국에는 자녀들을 학교에 보내려는 부모들이 많고 또 필요한 교과서를 공급해 주겠다는 단체도 있지만, 교과서 안의 지식을 어떻게 학생들의 머릿속에 주입해야 하는가라는 매우 중요한 과제가 남아 있다. 한 가지 확실한 것은 외국인들은 그 수가 충분치 않고, 가르칠 만한 시간적 여유도 없다는 점이다. 이 과제는 한국인이 해내야 한다. 획기적인 발전을 가져오려면 능력 있고 열정적인 한국인 선생들로 구성된 단체가 있어야 한다.

한국의 전통과 관습에 따르면 누구나 한자만 꽤 알면 선생이 될 수 있다. 교육학 같은 것은 소개된 적이 없고, 강의의 질은 매우 낮다. 선생들의 보수도 보잘것없다. 전통적인 한국의 서당 선생은 한자 지식이 있다고 해서 어느 정도 사회적 지위를 인정받긴 하지만 거의 비렁뱅이 취급을 받는다. 몹시 가난한 사람들이 선생 일을 하며, 선생들은 겨우 굶어 죽지 않을 정도의 수입으로 산다. 선생 일이라는 것이 구걸보다 낫기에 하는 임시변통이라는 생각이 한국의 정서이다. 우리 앞에 놓인 가장 어려운 과제 중 하나가 바로 이러한 정서에 맞서 싸워, 한국인들에게 진정한 선생은 단순한 하층 노동자보다 더 높은 임금을 받아야 한다는 사실을 인식시키는 일이다. 심지어 관립 학교의 임금을 보아도 평균 임금이 한국 돈으로 30환[11] 정도이다. 이는 한 달에 일본 돈 15엔 정도로 거의 정확히 일반 노동자가 받는 금액이다. 물론 임금 외에 고려할 사항들이 있긴 하다. 매달 받는 임금은 노동자와 같으나 선생의 노동 시간은 노동자보다 짧고, 일요일에는 일하지 않는다. 선생의 가치를 이렇게 형편없이 낮게 책정하다 보니 교육 제도 전체가 망가지고 있다. 선생들은 더 나은 일이 없어서 선생을 하며, 불합리한 월급에 대해 가능한 한 일을 적게 하는 방법으로 앙갚음 한다. 선생들의 자질을 고려하면 실제 월급이 딱히 적다고는 할 수 없으나, 최저 수준의 임금으로는 누구도 최선을 다하지 않으며 자신이 하는 일의 질을 향상시키려 하지 않는다.

교육에서 최선의 결과를 얻으려면 선생들에게 교육자로서 필요한 자질을 갖추기 위한 일정한 교육을 받을 기회가 주어져야 하며, 교육자란

---

11. 원문은 '30 Korean dollars'이다. 헐버트가 '환'을 'dollar'로 표기했다고 보아, 이하에서도 그렇게 옮겼다. 이 글을 쓴 1904년에는 환, 원, 냥이 혼합하여 사용되어 정확한 단위는 알 수 없다. 그러나 대한제국 정부가 1901년에 금본위제도를 채택하고, 1903년에 '중앙은행조례', '태환금권조례'를 공포하면서 '환'이라는 화폐 단위를 공식적으로 사용하였기에 '환'을 의미했다고 보았다.

직업도 다른 직업처럼 사회적 가치를 인정받을 수 있다는 인식이 점차 퍼져야 한다. 그렇게 되기 위해서는 교육자란 직업이 실제로 사회적 가치를 인정받을 수 있도록 분위기를 조성해야 한다. 어떻게 하면 선생에 대한 전통적 멸시를 극복할 수 있는지는 알 수 없지만, 수년간의 노력이 필요하더라도 꼭 해내야만 하는 것은 분명하다. 한 가지 방법은 외국인들이 선생을 원하는 사람들을 상대로 교사를 양성하여, 그들에게 충분한 임금과 함께 외국인이 운영하는 학교에 일자리를 주면서 투자한 돈 만큼의 일을 하도록 지도하는 일이다. 이렇게 하는 학교들은 선생들의 자질이 떨어지고 임금도 낮은 여타 학교들보다 반드시 좋은 결과를 낳을 것이다. 그리고 머지않아 그러한 학교가 우수 학교의 표준이 되리라고 본다. 왜냐하면, 그 학교 졸업생들이 다른 학교 졸업생들보다 더 좋은 일자리를 차지하여 경쟁 심리를 자극할 것이기 때문이다. 또한, 다른 학교들은 살아남기 위해 스스로 기준을 높일 것이 틀림없다. 하지만 여기서 우리는 이전과 같은 어려움에 봉착한다. 누가 이러한 학교를 세울 것인가? 현재 각 선교회는 정책상 학교를 철저히 종파의 강령에 따라 운영하고 있으며 자기 종파 성도와 그들의 자녀들만 교육하고 있다. 이에 대해 그들을 비난할 수도 없는 것이 교육예산은 정해져 있고 그들의 최우선 임무는 현지 기독교인들의 자녀들을 가르치는 일이기 때문이다. 현지인 목사를 육성하는 것도 당연히 선교사들이 특별한 관심을 보여야 하는 일이다. 그러다 보니 기독교 선교회에 오는 사람 모두에게 무료로 비종교적 과목에 대한 교육을 제공하라고 요구할 수도 없고, 또 그렇게 기대할 수도 없다. 그런데도 기독교가 한국 교육의 당면 과제인 교양 교육에 앞장서고 있음은 분명한 사실이다. 황해도의 '소래'라는 작은 바닷가 마을이 이러한 성과를 똑똑히 보여 주고 있다. 교회의 설립과 거의 동시에 현지인이 전액 부담하여 학교 건물을 세웠고, 수년째 그 마을의 기독교인 자녀들은 미국과 영국의 보통학교에서 가르치는 초등과정을 공부하고 있다. 선교회에 비종교적 과목까지 교육하는 별도의 업무를 담당할 인력과 자원을 제공하길 기대할 수는 없지만, 교육에 대한 동기를 부여하고 모범을 보이는 활동을 기대할 수는 있다고 본다.

한편 많은 한국인이 단순히 교육에 대한 열정에서 학교에 자식을 보내려고 말로만 기독교 신앙을 고백하는 것은 아니냐는 진지한 의문이 여기저기서 제기되고 있다. 그러나 일자리가 없어 끼니를 거르는 가족을 위해 빵을 훔치는 사람들에게 보내는 동정심과 비슷한 안타까운 마음을 이들에게 갖지 않을 수 없다. 도둑질은 나쁘지만 그 사람을 범죄로 내모는 환경 자체는 더 나쁜 것 아닌가. 이 경우도 교육의 기회를 얻는 방법 자체는 나쁘지만, 그 사람이 미심쩍은 편법을 쓰도록 만든 환경 자체는 더 나쁘다고 할 수 있다.

두 번째 과제는 어떻게 하면 정부가 교육의 중요성을 깨닫는가이다. 군대를 위해 매년 4,000,000환을 배정하면서 교육에는 고작 60,000환을 배정하는 것에 아무런 반발도 없는 상황에서 가까운 장래에 변화를 기대하기란 어렵다. 정부는 교육에 배정된 예산을 조정했어야 하나 기회는 이미 지나버렸다.

이 문제의 해결 방안을 제시하기 전에 청소년 교육 현황이 어떤지 주의 깊게 살펴볼 필요가 있다. 서울에는 예닐곱 개의 소학교에 각각 마흔 명 정도의 학생이 다니고 있다. 이는 가까운 교외를 포함해서 인구

200,000명이 넘는 도시에 학생이 500명에도 못 미친다는 뜻이다. 가장 적게 잡아도 10~16살 사이의 청소년 6,000명은 학교에 다녀야 한다. 이는 사실상 아무것도 진행되는 것이 없다는 뜻이다. 중등교육을 보면 선생 8명에 대략 30명의 학생이 다니는 중학교가 있다.[12] 그 중학교의 건물, 설비, 교직원으로는 학생 400명도 감당할 수 있을 것이다. 외국어학교도 서너 개가 있다. 각각 20명에서 80명의 학생이 다니고 있고 꽤 성공적이긴 하나, 외국어만 공부하는 것은 절대로 전인교육을 위한 정책의 하나로 간주 될 수 없다. 또 다양한 사립학교가 있으나 거의 모두 쇠락하고 있다. 한국인들은 너무 쉽게 사립학교를 세우고 몇 달 운영하다 곧 문을 닫아버린다. 이는 아무에게도 도움을 주지 못하며 몇몇 사람들에게는 슬픈 결과만 초래한다.

근대식 교육을 받고자 하는 청소년 숫자는 근대 교육의 대상이 되는 한국 청소년의 1% 정도에 불과하다. 알만한 위치에 있는 한국인들의 의견인즉슨, 국가시험인 과거가 폐지된 이후로 한문 공부가 많이 끊겼고 현 교육 제도가 사람들의 관심을 끄는 데에 실패하다 보니 서울 청소년들의 행동거지가 빠르게 나빠지고 있다는 것이다. 한문 고전을 꼼꼼히 공부해야 하는 압박감에서 벗어나자 그들은 청소년들이 흔히 그러듯 엉뚱하고 도가 지나친 온갖 비행을 저지르고 다닌다. 외국인들은 이를 못 볼 수 있어도 한국인들은 눈을 뜨고 다니는 이상 이러한 변화를 똑똑히 보지 않을 수 없다. 청소년들이 비행을 저지르는 것은 부도덕해서가 아니라 할 일이 없기 때문이다. 그들의 집은 따분하고 답답하며, 밖에는 참여할 동호회

---

12. 헐버트가 이 글을 쓴 시기에 교관으로 있던 관립중학교(현 경기고등학교)를 지칭하는 것으로 보인다.

나 모임도 없고 사회적 만남의 장소도 없다. 그러니 나쁜 길로 빠질 수밖에 없고 당연히 안 좋은 결과가 뒤따른다. 외국인들에게 어느 화창한 날 길을 걸으며 길가에 쭈그리고 앉아 할 일 없이 빈둥대며 시간이나 때우고 있는 16살에서 22살 사이의 젊은이들을 한번 살펴보라고 권하고 싶다. 이들은 당연히 학교에 있어야 한다. 만약 젊은이들의 열정을 북돋우고 흥미를 불러일으킬 제대로 된 시설이 학교에 갖춰져 있다면 그들은 학교에 있을 것이다. 그들은 또 학교생활이 주는 즐거움을 알지 못한다. 그들이 생각하는 학교란 칠도 안 되고 고통스러울 정도로 불편한 의자, 거의 다 부서진 칠판, 가르치는 문제의 해답을 풀기 위한 관심은 불러일으키지 못하고 문제가 어렵다는 사실만을 겨우 알려 주는 선생이 있는 지저분하고, 음울하고, 따분하고, 비위생적인 한국식 교실일 뿐이다.

특히 유념해야 할 것은 구제도와 신제도 사이의 공백이 계속되고 넓어지는 데서 오는 위험이다. 일본은 봉건제도의 낡은 옷을 벗어 던져버리자마자 새 옷을 입고 거의 광적일 정도의 격렬함과 열정으로 근대 제도를 정착시키는 일에 몰두했다. 그러나 한국은 낡은 옷을 벗어 던졌지만 새 옷을 입지 않았다. 그러다 보니 추워서 동상에 걸려버릴 위험에 처하게 되었다. 새로운 껍질에 대한 준비도 없이 허물을 벗는 뱀처럼 지금 이런 식으로 매사를 질질 끈다면, 차라리 시대착오적일지라도 옛 과거제도로 돌아가는 편이 나을지도 모르겠다.

한국인들은 지금의 교착 상태를 타파할 방안을 스스로 찾아야 하지만 아직 희망이 보이지 않는다. 한국인들은 생각도 깊고 기획 능력도 있으나, 따먹고 싶은 과일이라 할지라도 공자의 숭고한 이상처럼 너무 높이 매달려 있다고 치부하고 나무 밑에 서서 이를 칭송할 뿐이지 직접 나무에 올라 과일을 따낼 기백이 없다. 한국인들은 그들을 진심으로 걱정해 주는 외국인들의 지도편달이 필요하다. 외국인들의 지도편달은 한국인들에게 추진하는 일에 대한 순수성, 제도의 연속성, 옛 이상에 대한 새로운 이상의 점진적 승리 등에 대해 확신을 심어줄 것이다. 과연 누가 이 임무를 맡을 준비가 되어 있을까? 지금 한국에 사는 외국인들은 다들 너무 바빠 이러한 일에 시간을 낼 수가 없다. 그런데 문제 해결의 시작이라 할 수 있는 하나의 안이 나왔다. 이번 호에서는 이를 논할 지면이 부족하니 다음 호에서 공개적으로 이 문제를 논의해보자.

≪한국평론(The Korea Review)≫ 1904년 12월호

바로 앞 11월호에서 한국인들이 현재 처한 교육의 난맥상에서 벗어날 방법이 있음을 언급하였다. 그 해결책은 두 가지이며 이를 달성하려면 정부와 민간이 함께 노력해야 한다. 나라 전역의 보통학교에서 가르칠 교사들을 어디서 구할지를 앞의 글에서 물은 바 있다. 보통학교 교사 자리를 채울 충분한 수의 교사들이 제대로 훈련될 때까지 기다리기란 난망한 일이다. 이 계획은 점진적으로 꾸준히 추진해야 한다. 그렇다고 적은 수의 학교로 시작하여 교사들이 준비되는 대로 최대한 빨리 학교 수를 늘리자는 뜻은 아니다. 좋은 방법이 있다.

한국에는 한자, 역사, 지리를 함께 가르칠 수 있는 유능한 젊은이들이 많다. 지역마다 이 세 과목을 가르치는 교육 과정으로 학교를 시작한다고 치자. 교사들이 산수나 세계 지리 또는 자연과학을 가르칠 능력은 아직 없지만, 이들만 가지고도 청소년들을 학교에 오게 하는 한 가지 목적은 달성할 수 있다고 본다. 이렇게 시작한 학교의 수업은 1년에 8개월만 하고, 나머지 4개월 동안은 교사들이 각 도의 행정 소재지에 모여 서울에서 교사 훈련 목적으로 파견된 우수한 선생의 지도 아래 별도의 교육을 받는다. 충분한 급여만 주면 이러한 여름학교에 참여할 양질의 인력을 충분히 확보할 수 있다. 이 4개월 동안에 교사들은 다음 학년에 학생들을 가르치는 데 필요한 지식을 충분하고도 남을 만큼 배울 수 있다. 또한, 교사들에게 여름학교를 이수할 때마다 수료증을 수여한다. 이러한 교육을 4~5년 정도 하면 상당한 수준의 교사 인력이 만들어질 것은 자명하다. 물론 몇몇은 낙오하겠지만 평균적으로는 꽤나 만족스러운 결과를 가져올 수 있다. 여름학교 교육은 서울에서 준비한 교과서를 중심으로 실시하고, 이 교과서들을 모든 시골 학교에도 공급한다. 교사들이 꼭 서울 사람이어야 할 필요는 없다. 각 지역이 그 지역 학교에 필요한 교사들을 배출하면 부모의 집을 떠나기를 꺼리는 한국인들이 거주지를 이전하는 불편함을 겪을 필요도 없다.

　재정 마련에 있어서는, 정부가 각 도에 학교 운영에 필요한 돈을 정부 예산에서 빼서 쓸 수 있도록 허가해야 한다. 아니면 정부가 교육비에 해당하는 만큼의 세금을 감면하고 그 차액을 직접 국민에게 지방 교육세로 부과하는 방법을 택할 수도 있다. 이 방법은 국민 스스로 지역 학교에 대한 책임감을 느끼게 한다는 점에서 긍정적으로 작용할 것이다. 시간이 지나면 지역마다 학교가 하나로는 부족하고 어떤 곳은 십 수 학교가 필요할 것이다. 시작 단계에서는 여름학교가 그 많은 교사 수를 감당할 수 없기에 모든 문제를 한꺼번에 해결하기란 불가능하다. 하지만 4년쯤 뒤에는 유능한 교사들을 뽑아 해당 지역의 교사들을 위한 여름학교를 운영하게 하면 작은 시골 마을에도 이러한 제도가 정착될 수 있다. 교사들의 월급은 매년 여름학교에서 받은 자격증에 공인한 교육 이수 성적에 따라 결정되어야 한다.

이러한 계획은 별 어려움 없이, 정부의 지나친 지출 부담도 없이 이뤄질 수 있다고 감히 말하겠다. 이 방안은 지금 군대에서 낭비하고 있는 돈 일부만으로도 가능하다. 전국에 360개 정도의 지역이 있다. 교사의 초봉이 20환이라고 가정하자. 이는 1년에 86,400환이 든다는 뜻이다. 연료, 관리비 등 기타 비용까지 합쳐 두 배 정도 더 든다고 치자. 교사는 1년 12개월 동안 월급을 받으니 여름학교 비용은 스스로 지급할 수 있다. 전부 다 합쳐 연간 250,000환 이내로 해결할 수 있다. 이는 군대에 쓰이는 돈의 16분의 1도 안 된다. 이 금액의 두 배가 든다고 해도 정부는 충분히 지급할 여유가 있다. 교과서와 관련한 정부 비용은 전혀 없다. 각 학생이 최소한 책값은 부담할 수 있지 않겠는가. 이와 같은 방안이 가장 이상적이진 않아도 처음 시작하면서 성취할 수 있는 그나마 이상에 가까운 계획의 개요다.

한자 교육 실시를 반대하는 사람도 있을 수 있다. 한자가 이집트 그림문자 같은 고대 유물로 사라지길 나만큼 바라는 사람도 없을 테지만, 이는 한 방에 해결할 수 있는 일이 아니다. 아이들이 신문을 비롯한 한자가 섞인 간행물을 읽을 수 있을 정도로만 한자를 가르치자고 주장해야 한다. 이는 아이들에게 큰 해를 끼치지 않으면서 많은 학교를 확보할 수 있는 방법이다. 이 점이 매우 중요하다. 한자 교육은 없는 것보다는 있는 것이 낫다. 더구나 시골에서는 한자 교육을 안 하면 학교가 안 된다. 한자를 선호하는 백성들의 엄청난 편견을 잊어서는 안 된다. 한자를 교육과정에서 빼면 시골 아이 열 중 하나도 학교에 가려 하지 않을 것이다. 핵심은 학생들에게 한자 이외의 과목을 점점 더 가르치고 시간이 지나면서 새 과목의 비율을 늘리는 일이다. 실용적 학문을 공부하다 보면 학생들이 한자에 대한 집착에서 벗어나리라는 데는 의심할 여지가 없으며, 한자를 아예 버릴 길도 열릴 것이다. 또한, 흥미로운 주제의 책들을 순 한글로 출판하여 학생들에게 순 한글책을 읽게 하여야 한다. 학생들은 처음엔 이해가 쉽지 않을 것이나, 선생들이 도와주면 금방 의미를 깨우치리라고 본다.

전체적인 제도에 대해서는 이 정도만 다루도록 하자. 하지만 서울에 양질의 고등교육기관을 어떻게 세울 것인가라는 중요한 문제가 아직 남아 있다. 서울에는 이런저런 학교를 중퇴했거나, 졸업했더라도 제대로 된 고등교육을 받지 못한 학생들이 수두룩하다. 기독교 계통의 학교들 말고는 고등교육을 하는 학교가 없는 실정이다. 어떻게 하면 좋은 학교를 만들 수 있을까? 한 가지 방법밖에 없다고 본다. 유능한 외국인 지도 아래 기부금으로 운영하는 학교가 생겨야 한다. 이러한 학교는 무엇을 어떻게 해야 할지를 아는 전문적 지식을 가진 사람과, 제도의 지속성을 보장할 수 있는 사람들로 구성된 이사회의 손에 맡겨져야 한다. 자연스레 일본 교토의 도시샤(同志社) 학교[13]를 떠올리게 된다. 도시샤 학교와 비슷한 원칙에서 학교를 세우면 한국의 새로운 학교는 오히려 도시샤 학교보다 더

---

13. 미국의 청교도 정신을 받아들여야 한다는 생각으로 '니이지마 죠(新島襄)'가 1875년에 세운 기독교 계통의 학교이다.

한결같은 역사를 가지리라 확신한다. 학교가 기부금을 기반으로 해야 한다는 주장은 갈팡질팡하는 정부 행정이 일관성 있는 학교 운영을 방해하는 것을 막기 위함이다. 학교는 정치인의 간섭 밖에 있어야 한다. 교수 자리가 정치적 영전을 위한 감투가 되어서는 아니 된다. 학교는 엽관제에 휘둘리지 말아야 하며, 파벌로부터 완전히 자유로워야 한다.

학교가 서양식 학문을 좇다 보면 불가피하게 어느 정도 기독교적 윤리관에 무게가 갈 수 밖에 없다. 그러다보면 기독교와 동양의 숭배 중심 종교 간의 상대적 장단점에 관한 논란도 대두되지 않을 수 없다. 나는 학교 교사들이 최소한 기독교에 적대적이지는 말아야 한다고 서슴지 않고 말하겠다. 이러한 나의 견해를 두고 나를 편협한 사람이라고 생각한다면, 나는 불교, 일본의 신도, 이슬람교가 교육 발전이나 지식수준의 향상을 위해 진지하게 노력하고 있다는 증거는 어디에서도 찾을 수 없다고 답할 수밖에 없다. 터키 교육의 최고봉은 베이루트대학[14]과 로버트대학[15]이다. 동경제국대학교는 불교를 장려하기는커녕, 불교적 숭배에 대한 비관적 시각을 넘어 기독교적 인간 계몽에 앞장서고 있다. 이 점에 대해 불교는 아무런 답을 하지 않는다. 도시샤 학교는 교육학적 관점에서는 동경제국대학교만큼이나 수준 높은 학교이다. 그렇다면 불교는 일본의 교육 발전을 위해 무엇을 했는가? 단언컨대 개신교야말로 가장 넓고, 가장 깊고, 가장 자유로운 교육을 하는 유일한 종교이다. 불가지론과 무신론은 폭넓은 교육을 거부하진 않지만, 사람과 사람 사이에 필수적인 측은지심의 요

---

14. 베이루트(Beyrout)대학은 캐나다 교육자인 맥라클랜(Alexander MacLachlan)이 터키 이즈미르에 1891년에 세웠다.

15. 로버트(Roberts)대학은 미국인 갑부 로버트(Christopher Robert)와 선교사 햄린(Cyrus Hamlin)이 1863년에 이스탄불에 세웠다.

소를 갖지 못한다. 불가지론과 무신론은 또 물질이라는 한계를 뛰어넘지 못할 뿐만 아니라, 만물의 궁극적 가치에 대한 만족스러운 답을 전혀 내놓지 못하기 때문에 활력이나 생명력을 불어넣지 못한다. 교사들이 어째서 기독교에 최소한 적대적이지 말아야 하는지는 이 정도로만 이야기하겠다.

학교의 기부금은 대부분을 한국인들이 감당해야 한다고 생각한다. 한국인들이 그럴 능력이 있는지는 의심의 여지가 없다. 하지만 학교 시설 및 재정의 관리를 한국인이 맡으면 기부자가 없을 것이 분명하다. 이는 불쾌하지만 진실이다. 학교의 존재 가치를 충분히 인정하여 후하게 기부할만한 사람들은, 관리를 맡을 사람들이 자신들과 같은 한국인이지만 일정한 기준에 따라 이사회의 돈을 처리할만한 능력이 아직 턱없이 부족한 수준이라는 것을 잘 안다. 정치판이 이리저리 요동치기에 한국인 단체에 이러한 권한을 맡기는 것도 불가능하다. 현실정치와 완전히 떨어져 있고, 한국에 영구적으로 거주하며, 한국인들에게 깊은 애정을 가진 이들에게 맡겨야 한다. 나는 선교사들 말고는 이러한 사람들을 알지 못한다. 외교관들은 이곳에 영구적으로 와 있지 않다. 정부 관리들은 오늘 이 자리에 왔다가 내일 다른 자리로 가버린다. 다들 왔다가 가버리지만, 선교사들은 평생 거주한다. 다시 말해 도시샤 같은 학교가 필요하다. 학교 수준은 높아야 하고, 졸업생들은 정부를 존중하고 국가에 충성해야 한다. 졸업생들은 후일 중요한 자리에 올라 나라의 운명을 결정하는 데 강력한 영향력을 행사하는 위치에 설 것이기 때문이다.

≪한국소식≫ 독자 대부분은 한국이 자주적 주권을 가진 독립 국가로

이어나가길 바란다고 믿는다. 한국인들이 실상을 깨닫고 일본이 보여 준 발전 과정을 따라간다는 결단력을 보여준다면, 일본 정부도 이해하지 않겠는가.[16] 교육의 확장과 혁신이 아닌 다른 방법으로 현재의 난국을 해결할 수 있을까? 만약 아니라면 한국인들에게 지금 가장 필요한 것이 무엇인가? 나라 전체가 자랑스러워하고 훌륭한 본보기가 될 수 있는 진정으로 완벽한 학교 말고 무엇이 있겠는가? 이를 인정한다면, 한국인 스스로 그러한 학교를 만들 수 있겠는가? 만약 가능성이 없다면 누가 이런 의무를 감당해야 하는가? 정치적으로 불편부당하고, 파벌 싸움에 이용될 수 있다는 의심을 받을 가능성이 추호도 없는 사람들이 감당해야 한다.

이러한 계획을 실행에 옮기도록 어떠한 단계를 밟아야 하는지에 대해서는 제안할 것이 없다. 단순히 무엇을 해야 하고 무엇을 할 수 있을지를 이야기할 뿐이다. 기독교 선교사들은 교회 성도들에게 직접 영향을 주는 교육에만 관심이 있다고 말하는 사람들이 있지만, 기독교와 보통교육은 동맹 관계이지 적대 관계가 아니다. 보통교육의 확장은 틀림없이 기독교에도 득이 될 것이다. 선교사들이 자신의 본래 임무에서 벗어나야 한다는 말은 아니지만, 선교사들은 학교를 확장하는 일에 앞장서야 한다. 물론 쉽진 않을 것이다. 선교본부에서 일할 인력은 외국에서 구해올 수도 있다. 미국의 대학생 선교운동 단체인 '학생자원봉사단Student Volunteer Movement'[17]같은 곳에서 말이다.

---

16. 한국이 자주적인 길을 걷는다면 일본도 간섭하지 못할 것이라는 뜻으로 들린다.
17. 1886년에 미국에서 탄생한 단체로 정식 이름은 'The Student Volunteer Movement for Foreign Missions'이다. 대학생들의 해외 선교 장려를 목적으로 설립되었다.

한글과 견줄 문자는 세상 어디에도 없다!
(Korean alphabet scarcely has its equal in the world for simplicity and phonetic power.)

≪한국사≫ '세종 편'에서 발췌, 1905년 출간
(≪The History of Korea≫, Part Three, Chapter Ⅰ)

세종의 가장 빛나는 업적은 자손만대에 걸쳐 긴히 도움을 줄 순수한 소리글자를 발명한 일이다. 문자의 단순성과 소리를 표현하는 방식의 일관성에서 한국의 소리글자와 견줄 문자는 세상 어디에도 없다.

각고의 노력으로 한자를 완전하게 습득해야만 한문을 이해할 수 있는 백성의 고충을 헤아리는 사람이 세종이 처음은 아니었다. 앞서 살펴보았듯이 신라 시대 학자 설총은 특수한 발음 표기 부호를 삽입하여 한문의 어미를 나타내는 방식을 고안했다. 그러나 이 방식은 구조가 불완전할 뿐만 아니라 쓰기가 복잡하여 '아전'이라 불리는 관아의 서기들만이 이 방식에 익숙했다. 고려 말엽에도 이러한 방식과 비슷한 시도가 있었지만, 일반 백성들에게는 널리 알려지지 않았다.

세종은 어려움을 마다치 않고, 한자를 변형하는 방식이 아닌 전혀 새로운 문자인 소리글자를 창제하여 한자로 인한 백성의 고충을 덜어 준 첫 번째 인물이다.

세종의 위업이 카드머스[1]의 위업과 같은 성격이라고 말하기는 어렵다. 왜냐하면, 세종은 아마도 글자를 창제하기 전에 소리글자의 존재를 알았다고 봐야 하기 때문이다. 그러나 한반도에서 한자를 신성시하고 한민족이 2천 년 넘게 한자만 사용한 점을 미루어보면, 세종은 페니키아의 카드머스 왕자에 조금도 뒤지지 않는 인물이다.

---

1. 카드머스(Cadmus)는 그리스 신화에 나오는 페니키아(Phoenicia) 왕자로 기원전 2000년경에 그리스에 맨 처음 페니키아(Phoenicia) 문자를 전한 인물로 알려졌다. 그리스는 페니키아 문자를 그리스 문자로 발전시켰다.

중국 문자를 간편한 문자로 바꿀 것을 제안

(Plans to Simplify Chinese Alphabet)

'헐버트 교수, 속기법을 이용 문자 개조 시도'

– Homer B. Hulbert would remodel written language on shorthand principle –

게재 신문 및 발행 일자 미상[1]

"중국을 위한 새로운 문자. 현재 사용하는 약 30,000개의 글자 대신 단 38개의 글자. 읽기나 쓰기를 못하는 수백만의 중국인 문맹을 계몽"

위의 세 마디는 이곳에 사는 호머 헐버트Homer B. Hulbert 교수가 새로이 건국한 중화민국에 불러올 개혁을 시도하는 말들이다. 특별 강연을 위해 현재 시카고를 방문 중인 헐버트 교수는 ≪시카고 데일리 뉴스 Chicago Daily News≫ 기자에게 자신의 계획을 밝혔다. 그는 이 계획의 실현을 통해 교육의 수단을 간소화하여 모든 중국인의 지위를 바꾸고, 중국

---

1. 이 글은 신문 기사다. 2009년 헐버트의 손자(Bruce W. Hulbert)로부터 신문 기사 스크랩을 입수하였다. 스크랩에는 신문의 이름과 발행 일자가 없다. 신문은 기사 내용으로 보아 당시 헐버트가 살고 있던 미국 매사추세츠(Massachusetts) 주 스프링필드(Springfield) 시에서 발행되던 ≪리퍼블리컨(The Republican)≫ 지로 추정된다. 신문 발행 일자는 중화민국 건국에 대한 문맥으로 보아 1913년경으로 추정된다. 기사를 보면 'new Chinese republic' 즉 중화민국이라는 이름이 나온다. 중화민국은 1912년에 건국되었으며, 우리나라에 와 있던 위안스카이(袁世凱)가 1913년 중화민국의 대총통이 되었다. 헐버트는 위안스카이와 같은 시기에 조선에서 살았기에 두 사람은 잘 아는 사이였을 것으로 추측된다. 기사에 중국 정부가 헐버트의 제안에 긍정적이라는 표현이 나온 것을 보면 헐버트가 위안스카이에게 직접 제안했을 가능성도 있다. 위안스카이는 대총통이 된 뒤 '조선의 한글을 중국인에게 가르쳐서 글자를 깨우치게 하자'라고 제안하였다고 한다(≪신동아≫ 2012년 1월호 기고문 '한글 세계화 열전', 곽경). 헐버트는 평소 조선이 한자를 쓰는 것보다 오히려 중국이 한자 대신 한글을 써야 한다고 주장하였다. 헐버트가 중국에 제안한 새로운 문자가 한글을 어떻게 변형시켜 만든 문자였는지는 확인할 수 없었다. 한편 이승만은 하와이에서 발행되던 잡지 ≪태평양≫ 1913년 11월호 논설에서 '지금 청국에서 수입하여 청인(淸人)들이 이 국문을 이용하도록 만들려 하는 중이니 국문의 정묘(精妙)함이 이렇습니다.'라고 밝혔다(건국대통령이승만기념사업회 인터넷 통신문 2014년 4월 11일 자 '대통령의 말씀 6회'). 이승만이 글을 쓴 연도가 헐버트의 신문 기고 추정일과 일치한다. 여러 정황으로 보아 당시 중국이 한글을 바탕으로 한 새로운 문자 체계의 도입을 검토한 적이 있었음이 분명해 보인다.

이 새롭게 도약할 것으로 확신하고 있다. 특히 고무적인 사실은 중국 정부가 헐버트 교수의 이러한 제안에 대해 심사숙고하고 있으며, 외국에 사는 중국인 특히 교육을 받은 식자층이 이 제안을 지지하고 있다는 점이다.

새로운 문자 시스템의 궁극적 목표는 뜻글자를 소리글자로 바꾸는 것이다. 현재의 중국어는 소리와 상관없이 단어마다 개별적인 글자가 필요하나, 앞으로는 글자와 상관없이 각 소리를 표현하는 글자만을 필요로 한다. 새로운 소리글자는, 26개의 글자만을 사용하는 아주 간편한 한국어에서 따왔으며 꼭 필요로 하는 38개의 글자로 구성되었다.

헐버트 교수는 현재 중국의 읽고 쓰는 방식을 바꾸는 것은 고려하고 있지 않다. 과학적, 경제적인 이유 때문이다. 그는 새로운 글자 방식 때문에 붓으로 먹물을 사용해 값싸고 얇은 종이에 글을 쓰는 현재의 방식이 바뀐다면 중국인 4백만 명이 일자리를 잃게 될 것이라고 말했다. 따라서 그는 털로 만든 붓으로 먹물을 사용하여 값싼 종이 위에 글을 쓰는 현재의 방식을 유지하기로 했다. 헐버트 교수는 위아래로 읽는 중국의 읽기 방식은 옆으로 읽는 방식보다 눈에 피로를 훨씬 덜 준다고 했다. 또한, 현재의 방식은 글을 쓰고 책장을 넘기는 데에 팔의 움직임이 그다지 많이 필요하지 않다고 했다.

헐버트 교수는 한국 문자를 언급하며, 이미 오백 년 전에 한 중국인 학자가 소리글자를 연구하고 있었기에 대부분의 중국인은 자신이 제안한 방식을 매우 잘 이해할 것이라고 했다. 당시 새로운 문자가 필요했던 조선은 한글을 창제하는 과정에서 중앙 권력으로부터 유배당해 남쪽 향리

에서 지내던 중국인 학자에게 사람을 보내기도 했다고 한다.[2]

헐버트 교수가 제안한 새로운 방식의 기본 원칙은 각각의 소리를 하나의 글자로 나타내며, 단어는 글자의 조합으로 이루는 것이다. 그는 지금의 중국어는 간단한 소리 하나를 표기하는데도 많은 글자가 필요하지만, 새로운 방식은 하나의 글자만 있으면 충분하다는 점을 증명해 보였다. 중국어의 큰 문제점은 한 단어가 네 개의 다른 소리를 가진다는 점이다. 이 소리들을 지금은 점 형태의 부호들로 나타내지만, 헐버트 교수의 제안에서는 피트만 속기법[3]처럼 특정 자획을 다른 자획들보다 힘주어 눌러쓰는 방법으로 나타낸다.

헐버트 교수는 한국 정부를 위해 20여 년 동안 일했고, 한때는 1907년 황제 자리에서 퇴위해야만 했던 한국 황제의 고문이었다. 20여 년 동안 한국에 살았던 그는 일본의 주권 침탈에 반대하다가 목숨이 위태로운 심각한 위험에 빠지기도 했다. 헐버트 교수는 1905년에 일본의 침략을 막기 위해 미국의 루스벨트Theodore Roosevelt 대통령에게 한국 황제의 친서를 전달하는 밀사로 워싱턴에 파견되기도 했다. 헐버트 교수는 한국에 관한 많은 글의 저자이기도 하다.

---

2. 중국인 학자는 황찬(黃瓚)을 말하는 것으로 보인다.

3. 피트만 속기법(Pitman System of Shorthand)은 1837년 영국인 피트만(Sir Isaac Pitman)이 《소리에 따른 속기법(Stenographic Sound Hand)》이라는 책을 통해 발표한 속기 방식으로 현재에도 사용되고 있다.

일본이 한글을 공식 문자로
채택하였더라면 좋았을 것을

(Japan could have done no wiser thing than to have
adopted the Korean alphabet in toto)

≪헐버트 문서(Hulbert Manuscripts)≫[1], 15장 '일본과 종교'에서 발췌
(Hulbert Manuscripts, Chapter 15 'Japan and the Church')

나는 한글을 200개가 넘는 세계 여러 나라 문자와 비교해 봤지만, 문
자의 단순성과 소리를 표현하는 방식의 일관성에서 한글과 견줄 문자는
발견하지 못했다. 한글이야말로 현존하는 문자 가운데 가장 훌륭한 문자
중 하나다. 한국인들은 누구나 한글을 쉽게 배울 수 있으며, 한글을 배운
지 4일이면 한글로 쓰인 어떤 책도 읽을 수 있다. 일본이 이러한 한글을
자신들의 문자로 채택하였다면 참으로 현명한 처사였을 것이다.

그러나 한국인들이 한글을 적절히 활용하였다고는 할 수 없다. 오랜
세기 동안 한국의 상류층은 한자에만 매달렸다. 왜냐하면, 한자를 안다
는 자체가 그들의 위신을 높이는 쪽으로 작용했기 때문이다. 이것은 마치
영국에서 영어가 대중화된 뒤에도 라틴 어가 상당 기간 사용된 것과 같은
현상이다.

---

1. ≪헐버트 문서(Hulbert Manuscripts)≫는 헐버트가 미국에서 남긴 회고록 형식의 저술로 원본이 미
   국 컬럼비아대학교(Columbia University) 도서관에 소장되어 있다. 저술 연도는 표지의 소실로 확인
   이 불가하다. 1930년 전후로 추정된다.

한편으로 한국에서 기독교가 급속히 확장된 데에는 한글이 강력한 요인이었다는 점을 언급하지 않을 수 없다. 많은 한국인이 글을 쓸 때 한자만 사용하지만, 그들은 이미 한글을 잘 알고 있어 기독교 선교회는 한글로 기독교의 교리를 쉽게 알릴 수 있었다. 이는 조선의 불교 배척이 조선인들에게 종교적 분별력을 일깨운 것처럼, 한글의 발명이 한자에만 매달려 있던 식자층을 해방한 것과 같은 이치이다.

3부

조선인들이 아리랑을 노래하면 시인이 된다!

문학, 예술, 민담 관련 논문 및 발표문

- 조선의 설화
- 조선의 속담
- 조선의 성악
- 조선의 시
- 조선의 예술
- 조선의 소설

술먹지마자홍고밍세톨지엇더니
술보고안주보니밍세가허소로다
오히야쳥념이어딘민니져건너힝화촌

I

'Twas years ago that Kim and I
Struck hands and swore, however dry
The lip might be or sad the heart,
The merry wine should have no part
In mitigating sorrow's blow
Or quenching thirst. 'Twas long ago.

II

And now I've reached the flood-tide mark
Of life; the ebb begins, and dark
The future lowers. The tide of wine
Will never ebb. 'Twill aye be mine
To mourn the desecrated fane
Where that lost pledge of youth lies slain.

III

Nay, nay, begone! The jocund bowl
Again shall bolster up my soul

조선의 설화(Korean Folk-lore)

'컬럼비아국제설화학술회의(The International Folk-Lore Congress of World's Columbian Exposition)', 1893년 7월 13일, 헐버트 발표 원고

고대 영웅 탄생의 세 번째 형태는 그리 흔하지는 않으나 한민족이 가장 아끼는 설화 중 하나다. 제주도가 야생 숲에 불과할 때 땅이 갈라지더니 지구 중심까지 관통하는 끝이 보이지 않는 깊은 구멍이 열렸다. 이 구멍에서 천천히 차례차례로 거룩한 자태의 세 명의 현인이 나왔다. 한마디 말도 없이 그들은 숲으로 사라져 높디높은 한라산 봉우리에 올랐다.

The third form of hero origin is not so common, but it is one of he most cherished traditions of the people. In the island of Chay Ju(the modern quelpaert), when as yet it was only a tangled forest, the ground split open, revealing a fathomless abyss piercing to the very centre of the earth. From this abyss there arose, in slow succession, three sages of venerable appearance. Without a word they struck off through the forest, until they reached the slopes of the lofty Hal La San.

조선의 설화(Korean Folk-lore)[1]

조선의 설화를 심도 있게 관찰하려면 우선 한민족의 기원에 관한 설득력 있는 가설을 살펴보아야 한다. 왜냐하면, 한민족의 기원을 살펴보아야 조선 설화의 특징을 분류하는 배경을 이해할 수 있기 때문이다.

중국의 조상들이 언제 어떤 연유로 이란 고원을 떠나, 어떻게 거대한 산맥을 넘어 중국으로 갔는지는 알 수가 없다. 이는 단지 추측의 대상일 뿐이며, 확실한 것은 그러한 대이동이 진정한 문자의 개념이 탄생하기 전인 아주 먼 옛날, 즉 고대에 일어났다는 점이다. 그 후 또 하나의 인종이 이란 고원을 떠나 동쪽으로 향하면서 히말라야 산맥과 알타이Altai 산맥의 정상에 도달했다. 그들이 바로 거대한 우랄알타이 어족의 선조이다. 이들은 산맥을 넘지 않고 두 갈래로 흩어졌다. 한 갈래는 남쪽으로 가 인도 반도에 정착하고, 다른 갈래는 시베리아를 향해 북쪽으로 갔다. 시베리아로 향한 갈래는 그곳에서 다시 갈라져 일부는 서쪽의 우랄 산맥과 그

---

1. 이 글은 미국이 콜럼버스의 아메리카 대륙 발견 400주년을 기념하여 1893년에 개최한 시카고세계박람회(World's Columbian Exposition) 기간에 열린 '컬럼비아국제설화학술회의(The International Folk-Lore Congress of World's Columbian Exposition)'에 헐버트가 참가하여 7월 13일 첫 번째 연사로 조선 설화에 대해 발표한 원고이다. 이때 헐버트는 1891년 말 조선을 떠나 미국 오하이오(Ohio) 주에 살고 있었다. 이는 헐버트가 미국에 살면서도 한민족 탐구에 대한 열정을 이어갔음을 말해 준다. 주최 측은 학술회의가 끝난 뒤 원고를 책으로 남겼으며, 미국의 한 대학에서 이 원고를 확보하였다. 이 발표는 조선 설화에 대한 최초의 국제적 소개라고 여겨진다. 1893년 시카고세계박람회에는 조선도 참가하여 조선의 문화를 국제적으로 소개하였다. 헐버트가 조선의 박람회 참가와 관련하여 어떤 역할을 하였는지는 기록을 찾을 수 없었다.

너머로, 일부는 동쪽의 몽골, 만주, 그리고 결국 태평양 연안까지 다다랐다. 바로 이 우랄알타이 어족의 한 무리가 한반도 북부에 정착하였다.

　인도에 정착한 우랄알타이 어족의 다른 갈래를 살펴보자. 어느 시점에 인도 북동쪽 어딘가에서 산스크리트 어를 쓰는 무리가 나타나 동쪽으로 이동하였다. 이 무리는 거대한 인도 반도에 먼저 정착하여 살고 있던 우랄알타이 어족 무리를 위협했다. 그 결과는 자명했다. 산스크리트 어를 쓰는 무리의 우월한 문명이 빠르게 우랄알타이 어족 무리를 지배했다. 그러자 우랄알타이 어족 무리의 대이동이 시작되었다. 이 우랄알타이 어족 무리의 한 갈래는 브라마푸트라Bramapootra 강, 이라와디Irrawady 강을 건너 동쪽 버마Burma[2]로 도망치거나 남쪽의 데칸 고원으로 흘러들어 갔다. 그들 일부는 고산지대에서 원주민을 만나 그곳에 자리를 잡아 오늘날까지 살고 있다. 또 다른 일부는 실론Ceylon으로 가 그곳에서 말레이 반도와 인근 도서로 흩어졌다. 하지만 이 무리의 이동은 거기에서 멈추지 않았다. 그들은 시암Siam[3], 안남Annam 해안, 필리핀 제도, 대만Formosa, 제주도를 거쳐 궁극적으로 한반도 남부 해안까지 다다랐다.

　한민족의 기원에 대한 발표자의 주장의 옳고 그름을 논하는 것이 이 발표의 목적이 아니나, 한민족의 기원은 오늘의 발표와 깊은 관련이 있기에 언급하는 것이다. 발표자는 운 좋게도 조선 역사에 관한 수준 높은 필사본 희귀 사료들을 접하여, 번역하여 읽을 수 있었다. 이 사료들은 한반도 남부가 먼저 개척되었음을 분명하게 보여 주었다. 한반도 북부에 정착

---

2. 지금의 미얀마를 말한다.
3. 지금의 태국을 말한다.

한 무리는 만주로부터 남쪽으로 내려오고 한반도 남부를 개척한 무리는 북쪽으로 올라가, 두 무리가 한반도의 중심에 위치한 한강에서 만났다. 이러한 논거가 조선의 전설이나 신화를 두 개의 각기 다른 갈래, 즉 북부 설화와 남부 설화로 나누는 큰 배경이다. 그러나 오랜 세기 동안 두 무리는 섞여서 살았기에 지금은 둘의 차이를 명백하게 구분하기란 불가능하다. 어떤 설화가 남부에서 유래했고 설화가 북부에서 유래했는지는 설화의 비교 연구를 통해 얻어질 수밖에 없다.

조선의 설화는 13가지의 주요 유형으로 나눌 수 있다. 발표자는 대표적 특징을 통해 각 유형을 설명하려 한다. 이런 식으로 분류해야만 조선 설화에 관한 개괄적인 시각을 가질 수 있기 때문이다. 13가지 유형은 다음과 같다.

1. 고대 영웅의 초자연적 탄생
2. 육지인과 인어의 소통
3. 땅 위를 걷는 신적 존재
4. 인간이 짐승으로, 짐승이 인간으로 바뀜
5. 단순한 신화
6. 악마가 나타나는 전조
7. 죽은 자가 산 자에게 주는 도움
8. 전설 속의 동물
9. 선행에 대한 보답
10. 동물이 인간에게 주는 도움

11. 예언의 현실화

12. 계략stratagems

13. 기타

고대 영웅 탄생에 대한 세 가지 설화가 조선에서 전해지고 있다.

첫째는 단군신화로 신이 인간이 되는 설화이다. 옛날 옛적 조선이 광활한 대자연이었을 때 놀라운 일이 일어났다. 눈이 하얗게 덮인 백두산 봉우리에서 곰과 범이 만나 대화를 나눴다. "우리가 인간이 될 수만 있다면 좋으련만"이라고 그들이 말했다. 마침 그때 하늘을 다스리는 천제 환인의 목소리가 들려왔다. 환인은 "여기 너희에게 각각 마늘 20개를 주겠다. 이것을 먹고 20일 동안 햇빛을 보지 않으면 인간이 되리라"라고 말했다. 그들은 마늘을 먹고 정해진 시간 동안 암흑 속에서 보내려 동굴로 들어갔다. 하지만 범은 본성이 사납기에 참지 못하고 일찍 나와 나돌아다녔다. 이로 인해 그의 성질은 더욱 사나워졌다. 곰은 큰 믿음과 인내심으로 정해진 시간을 기다린 뒤 햇빛을 보았다. 그리하여 곰은 완벽한 여자가 되었다. 그동안 천국에서는 또 하나의 경이로운 일이 일어났다. 환인의 아들이, 천국 생활이 즐거움을 넘어 지겨워지자, 땅으로 내려가 지상의 왕국을 다스리게 해달라고 아버지를 졸랐다. 그는 마침내 아버지의 허락을 받아, 지상의 몸이 되기 위해 땅으로 내려갔다.

한 여자가 냇가의 침엽수 아래에 앉아 있었다. 그녀의 유일한 생각은 어미가 되고 싶은 마음뿐이었다. "내게 아들이 있으면 좋을 텐데"라고 그녀가 말했다. 그 순간 지상의 몸이 되고자 했던 환인의 아들 신령이 바람을 타고 그녀를 스쳤다. 신령은 홀로 냇가에 앉아 그녀를 바라보았다. 신령은 그녀의 주위를 한 바퀴 돌고는 그녀를 향해 숨을 내쉬고, 그녀를 얻었다. 그리고는 아들을 갖고 싶다는 그녀의 애원을 들어주었다. 그녀는 침엽수 밑의 이끼를 요람 삼아 아기를 눕혔다. 몇 년 뒤 지상에 살던 사람들이 그곳에서 아이가 신성한 자세로 명상하고 있는 모습을 보고는 그를 왕으로 추대했다. 그는 이천 년 동안 지상을 다스리다가 아버지에게로 돌아갔다.

고대 영웅 탄생의 두 번째 형태는 사람이 알에서 나오는 내용이다. 이는 가장 흔하고 전형적인 방법이며, 한반도 북부 및 남부 지역 모두에 존재하는 설화 형태이다. 이 설화는 기원전 2세기경 한반도 남부에 세워진 신라 왕국의 첫 번째 왕의 탄생에 관한 전설에 잘 나타나 있다.[4]

한반도 남부의 다섯 부족의 우두머리들이 만나, 부족들의 연대를 이끄는 중앙 정부를 만들기로 했다. 하지만 가장 큰 장애물은 왕좌에 앉힐 사람을 결정할 수 없다는 사실이었다. 그들은 모두 너무 겸손하여 서로 왕좌를 사양했기 때문이다. 이 문제를 심각하게 논의하던 중 가까운 산에 시선을 돌리니 숲이 우거진 능선에서 어떤 물체가 별처럼 반짝거리고 있었다. 그들은 물체를 확인하기 위해 산 쪽으로 달려갔다. 그들이 가까이 가서 보니 둥글고 반짝거리는 물체 위에 백마 한 마리가 앉아 있었다. 그들이 백마에 다가가자 말은 큰 울음소리를 내며 공중으로 사라졌다. 그런데 말이 사라진 자리에 영롱한 알이 놓여 있었다. 웬 알이란 말인가. 그러

---

4. 신라는 실제로는 기원전 57년에 건국되었다.

나 그것은 분명 알이었다. 그들은 경건하게 알을 집어 들어 마을로 가지고 왔다. 알이 스스로 열리지 않자 망치질을 했으나 알은 끄떡없었다. 그들이 할 수 없이 단념하는 순간 갑자기 알이 스스로 열리더니 알 속에서 잘생긴 아이 하나가 나왔다. 아이가 성숙할 때까지 섭정이 선포되었고, 아이가 어느 정도 나이가 들자 알에서 나온 아이는 신라 초대 왕으로 등극하였다.

고대 영웅 탄생의 세 번째 형태는 그리 흔하지는 않으나 한민족이 가장 아끼는 설화 중 하나다.

제주도가 야생 숲에 불과할 때 땅이 갈라지더니 지구 중심까지 관통하는 끝이 보이지 않는 깊은 구멍이 열렸다. 이 구멍에서 천천히 차례차례로 거룩한 자태의 세 명의 현인이 나왔다. 한마디 말도 없이 그들은 숲으로 사라져 높디높은 한라산 봉우리에 올랐다. 그들이 한라산 기슭의 한 동굴에 들어가자 세 개의 돌무덤이 보였다. 세 명의 현인이 돌무덤에 다가가 각자 무거운 뚜껑을 들자 눈앞에 망아지, 송아지, 아이, 개, 여자가 하나씩 나타났다. 여러 곡식의 낱알도 있었다. 현인들은 각자 망아지, 송아지, 아이, 개, 여자를 꺼내 데리고 가 각자의 가정을 꾸렸다.

이 설화는 제주도 사람의 탄생 유래를 알려줄 뿐만 아니라 초창기 조선 여성의 지위를 말해 주기도 한다.

편집자 주 : 헐버트 씨가 이어서 발표한 다른 유형의 설화는 서울에서 조선 설화에 관한 책 출판을 준비하고 있는 헐버트 씨에게 돌려보냈다.[5] 헐버트 씨가 발표한 설화들의 제목은 다음과 같다.

- 바닷속 사랑 이야기
- 그녀의 처지에서 생각해보기
- 어느 승려의 이야기 풀이
- 지옥의 모습
- 조선의 하룬 알라시드[6]
- 포위된 평양을 어떻게 뚫었는가?
- 맛 좋은 배

---

5. 헐버트가 이 글에 나오는 세 설화 외에도 더 많은 설화를 발표하였음을 말해 준다. 다른 설화에 관한 원고는 확보하지 못했다. 편집자가 헐버트가 서울에 있다고 말한 것을 보면, 헐버트가 1893년 10월에 서울에 왔기에, 이 이후에 조선 설화에 대한 책 출판을 준비하였다고 여겨진다. 헐버트가 설화에 관한 책을 실제로 서울에서 출판했는지는 확인할 수 없었다.

6. 하룬 알라시드(Haroun Al-Raschid)는 8세기 후반 아랍의 아바스(Abbasid) 왕조의 통치자로 그와 관련한 많은 이야기가 설화로 전해지고 있다.

조선의 속담(Korean Proverbs)

≪한국소식(The Korean Repository)≫
1895년 8월호, 1897년 8, 10, 12월호
≪한국평론(The Korea Review)≫1901년 2월호, 9월호

인상적인 조선 속담들을 아래와 같이 정리해보았다. 거의 모든 조선 속담은 평범한 삶에 대한 언급을 통해 고차원적인 진리를 드러내며, 속담이 추구하는 가치가 그저 그런 것이 아닌 현저하게 실용적임을 보여준다.

In the following attempt to tabulate some of the more striking of the Korean proverbs it will be noticed that in nearly every case the higher truth is illustrated by reference to the common things of life, that there is no generalization and that the result aimed at is eminently practical.

헐버트는 ≪한국소식≫ 1895년 8월호에 처음으로 조선 속담을 영어로 소개하였다. 그러나 ≪한국소식≫ 1897년 8월호에 두 번째로 소개할 때부터는 한글과 영어로 소개하고 설명을 곁들였다. 1897년 8월호에 두 번째로 소개한 속담들은 1895년 8월호에 영어로 소개한 첫 번째 속담 12개를 포함하였기에 별도로 소개하지 않았다.

원문 속담이 옛 한글로 쓰였기에, 이해의 편의를 위해 옮긴이가 필요하다고 생각되는 구절이나 단어를 현대문으로 옮겨 소개하였다.

옮긴이

조선의 속담(Korean Proverbs)
≪한국소식≫ 1897년 8월호

　동양인들의 속담과 격언에는 지혜로운 가르침이 담겨 있고, 윤리적이고 유익한 진리 대부분이 속담과 격언을 통해 보존되어 왔다. 조선인들은 유교 경전을 장황하게 들을 때 지루함을 느낀다. 그러나 경전 이외의 일반 사상을 이야기할 때는 조선인들은 제반 지식을 총동원하여 경구를 즐겨 쓴다. 조선인들과 공맹사상을 논하는 일은 지루하기 그지없지만, 그들과의 대화에서 명쾌하게 개념이 정립되고 깔끔하게 표현된 진리를 발견하는 일은 신선한 즐거움이라 아니할 수 없다.

　인상적인 조선 속담들을 아래와 같이 정리해보았다. 거의 모든 조선 속담은 평범한 삶에 대한 언급을 통해 고차원적인 진리를 드러내며, 속담이 추구하는 가치가 그저 그런 것이 아닌 현저하게 실용적임을 보여준다.

　어떤 속담은 서양인의 정제된 감성에는 맞지 않을 수도 있다. 하지만 그러한 속담을 생략하면 조선 속담 전체에 대한 올바른 이해를 심각하게 방해하여 학문적으로 활용하기가 힘들어지기에 결코 빠트릴 수 없다.

　다음의 첫 번째 속담은 매우 눈길을 끈다. 그러나 서양인들에게는 이 속담의 의미가 가슴에 와 닿지 않을지도 모른다.

1. 급히 먹는 밥에 목이 멘다He ate so fast that he choked.

서양인들은 표면적인 의미로만 받아들이겠지만, 조선인들은 누군가가 너무 급히 돈을 벌려다가 도를 넘어서 역효과를 보았을 때 이 말을 쓴다. 이 말은 '햇볕 날 때 건초더미 쌓아 올린다Make hay while the sun shines.'라는 서양 속담과 상통하며, 특히 기회가 왔을 때 한몫 챙기기에 혈안이 된 나머지 과욕을 부리다가 민중 소요 때문에 자리에서 쫓겨난 지방 관리들에게 적용된다. 조선에서는 중국과 마찬가지로 사법제도가 제 역할을 못 하기에 민중 소요가 사실상 최고법원의 역할을 한다.

2. 조화모락[1]

'아침에 핀 꽃이 정오에 시든다A flower that is in full bloom in the morning withers by noon.'라는 말이다. 너무 조숙한 아이는 나중에 커서 어릴 적의 기대치보다 못하게 된다는 진리를 간결하게 드러낸다. 이 속담은 흔히 한자를 외우는데 특별한 재능을 보이는 아이들에게 적용된다. 한자를 외우는 것은 어린 아이의 두뇌를 과로시킬 수밖에 없기 때문이다.

3. 화살은 주워도 말은 못 줍느니라You can recover an arrow that you have shot but not a word that you have spoken.

이 속담의 의미는 글자 그대로다. 조선에서는 활쏘기가 중상류층의 가장 보편적인 야외 운동이기에 조선인들에게는 이 말이 특별하게 다가온다.

---

1. 朝華暮落

4. 울타리 허술하면 도적을 맞는다If you don't keep your fence mended the robbers will get in.

단 한 번의 실수로 명예가 크게 실추될 수 있다는 뜻이다.

> 그대들의 덕행이 신의 은총처럼 순수하고
> 인간이 짊어지기에는 너무 위대하다 해도
> 사람들이 썩었다고 책망할 거야
> 바로 그 한 가지 실수만으로[2]

5. 파경난합[3]

'먼지 낀 거울은 쓸모가 없다A dusty mirror is useless.'라는 말이다. 정신이 타락한 사람은 아무것도 진실 되게 받아들이지 못한 채 왜곡하고 오해만 한다는 뜻이다. 세상 이치를 절묘하게 나타낸다.

6. 정장면이립[4]

'벽 뒤에 선 사람은 벽 외에는 볼 수가 없다A man stands behind a wall can see nothing else.'라는 말이다. 이 속담은 영어의 '책벌레book-worm'와 정확히 같은 뜻이다.[5] 이 말은 평생 다른 것은 등한시하고 오직 한자만 익히고 있는 사람을 가리키며, 한자로 벽을 쌓아버린 나머지 그 너머는 아무것도 볼 수 없다는 뜻이다.

---

2. 셰익스피어의 《햄릿(Hamlet)》 1막 4장에 나오는 구절이다.
3. 破鏡難合
4. 正牆面而立. 《논어》 양화편(陽貨篇)에 나오는 말이다.
5. 오늘날 책벌레는 긍정의 의미가 더 강하다.

7. 유모석이철파[6]

‘모난 돌이 정 맞는다It is easy to hurt yourself on a stone that has sharp corners.’라는 말이다. 성질이 불같은 사람과는 함께 하기가 어렵다는 뜻이다. 안타깝게도 조선에만 국한된 진리는 아니다.

8. 구밀복검[7]

‘입술에는 꿀이 있고 가슴에는 칼이 있다Honey on the lips but a sword in the mind.’라는 말이다. 앞에서는 아첨하는 사람이 등 뒤에서는 중상모략하기 마련이다. 흔히 위선을 격하게 표현하는 말로 쓰인다.

같은 진리를 다르게 표현하는 ‘낮에는 새 밤에는 쥐What are birds by day are rats by night.’라는 말도 있다.’[8]

9. ‘위산구인’에 ‘공휴일궤’라[9]

‘산을 쌓기 위해서는 마지막 한 포대까지 남김없이 모래를 날라야 한다In making a mountain you must carry every load of sand to the very last.’라는 말이다. 마무리의 중요성을 조선의 정서로 표현한 것이다. 완전히 끝나지 않은 일은 제대로 인정받을 수 없다는 뜻이다. 이 속담은 또 조선인들 사이에 만연한 ‘자유방임laissez faire’의 습성을 겨냥하고 있다.

---

6. 원 한자어를 찾을 수 없었다.

7. 口蜜腹劍

8. 이 속담은 1897년 3월호에는 없으나 1895년 8월호에서 ‘구밀복검’과 함께 소개되었다.

9. 爲山九仞功虧一簣. ≪서경(書經)≫ 여오편(旅獒篇)에 나오는 글귀다.

10. 지름길에 도적 만난다 If you try to save time by going across lots you will fall in with robbers.

이 말은 모든 조선 속담 가운데서 조선인들의 특성을 가장 잘 보여 주고 있다. 이 속담에는 조선이 꿋꿋하게 버텨왔던 '금단의 나라Forbidden Land의 보수성'과 관련이 있다. 먼 길로 돌아가는 것에도 어려움은 있겠지만, 이미 밟아 다져진 길을 놔두고 가로지르는 길을 찾는 것에 비할 바는 아니다. 이 속담을 듣고 조선에 노상강도가 흔하다고 유추해서는 안 된다. 오히려 노상강도는 적은 편이다. 가끔 노상강도가 있긴 하지만 그런 경우는 작황이 매우 안 좋을 때, 일부 지역 주민들이 배고픔에 못 이겨 절망하며 불법적인 방법으로 생계를 이어나가고자 하는 경우이다. 직업적인 노상강도는 이 나라에 사실상 없다고 봐야 한다.

11. 산에 사는 것 우물보다 나았소 It is better to live on a mountain than in a well.

이 속담은 조선인들의 민족적 속성인 여행하고 구경하는 것에 대한 뿌리 깊은 사랑을 표현한다. 조선인들의 관습에 익숙하지 않다면 이 속담이 이상하게 들릴 수도 있다. 조선인들은 특별한 용무가 없는 한 자기 나라를 떠나는 일이 드물다. 하지만 조선에는 가볼 곳이 무궁무진하다. 넉넉한 집안의 조선인이라면 누구나 인생에서 한 번쯤은 여행자가 된다. 비슷한 크기의 다른 그 어떤 나라에서도, 온 국민이 제 나라의 지리를 조선인들만큼 세세하게 꿰뚫고 있지는 않을 것이다. 열악한 도로 사정으로 여행하기가 매우 불편한 여건임을 고려하면 이 점은 더욱 놀라운 일이다. 이는 한편으로는 유유자적하며 여행을 하다 보니 여행자가 세세한 것까지 잘 알 수 있는 이점도 있다.

12. 불 아니 땐 굴뚝에 연기 나느냐There is no smoke without some fire.[10]

어떤 훌륭한 행위도 중상하는 사람들과 호사가들의 입방아를 피할 수 없다는 뜻이다. 이 속담이 글자 그대로의 뜻은 아니지만, 초목만을 연료로 사용하는 조선인들의 관점에서는 옳다고 할 수 있다. 조선인들이 위선자들을 향해 드러내는 이런 강한 혐오는 '비단보에 싸인 개똥Dog's dung wrapped in silk'이라는 속담에서도 거칠지만 강하게 표현된다.

13. 주로선행[11]

'물길만 있으면 배는 어떻게든 다닐 수 있다If there is a channel, the ship can go.'라는 말이다. 이 속담은 누군가에게 친절을 베풀면 그 사람이 당신의 진심을 받아들인다는 말이다. 이 속담은 아마 조선의 구불구불한 강의 물줄기나, 무수한 섬들과 심한 간만의 차 때문에 수로를 자주 바꿔야 하는 연안 항해의 어려움에서 기인한 것으로 보인다.

14. '불이규구'면 '불능성방원'이라[12]

'목수가 먹줄을 팽팽하게 해야 똑바른 선이 생긴다If the carpenter stretches the cord tight it will make a straight line.'라는 말이다. 목수가 똑바른 선을 긋기 위해 목재에 얹어 쭉 펴는 먹줄에 대한 속담이다. 거짓말을 일삼는 사람을 꾸짖으면 그 사람이 정직해질 것이라는 뜻이다. 이것이 사

---

10. 1895년 8월호에는 'There is no fire without some smoke.'로 나와 있다.

11. 舟路船行이라 여겨진다.

12. ≪맹자≫ 이루상(離婁上)에 나오는 '不以規矩不能成方圓(불이규구불능성방원)'을 말하는 것으로 보인다. 이는 '원을 그리는 기구와 자를 쓰지 않으면 네모와 원을 능히 그리지 못한다.'라는 뜻이다.

실이라면 사람들은 좀 더 자주 잘못을 꾸짖어야 할 것이다. 큰 수고를 들이지 않고도 사람을 정직하게 이끌 방법이기 때문이다. '예외가 규칙의 존재를 증명한다Exceptions prove the rule.'라는 말에서의 규칙의 존재의미가 제대로 설명되었다고 할 수 있다.

15. 논두렁이 천 자라도 바늘구멍 있으면 쓸 데가 없다Tho a dyke be a thousand yards thick a pin hole is enough to cause its destruction.

'울타리를 단단히 하지 않으면 개떼가 들어온다If you don't keep your fence mended the dogs will get in.'라는 서양 속담과 마찬가지로 단 하나의 실수가 치명적인 결과를 불러올 수 있다는 진리를 달리 표현한 속담이다. 벼농사를 짓는 다른 모든 나라와 마찬가지로 조선에서도 논밭에 물을 대는 것만큼 중요한 문제가 없다. 제방과 배수로에 특히 많은 신경을 써야 한다는 사실을 일깨우는 속담이다.

16. 상탁하부정[13]

'개울 윗물이 진창이면 온 개울물이 진흙탕이 된다If the source of the stream is muddy the whole course will be muddy.'라는 말이다. 이 표현은 서양에서도 흔하지만, 조선인들은 서양 사람들과는 완전히 다른 측면에서 쓰고 있다. 가장이 형편없으면 온 집안사람이 영향을 받아 집안사람 모두가 역시 형편없어진다는 뜻이다. 서양인들은 이 말을 받아들이지 않을 수도 있겠지만, 부모를 거스르는 일은 있을 수 없고 아버지가 자식들의 살

---

13. 上濁下不淨. 윗물이 흐리면 아랫물도 맑지 못하다는 뜻으로, 윗사람이 부패하면 아랫사람도 부패한다는 말이다. 원문에는 '상당하부정'으로 쓰여 있으나, '상탁하부정'의 오류로 보았다.

고 죽는 것을 마음대로 할 수 있는 가부장제 사회에서 이 말은 서양 기준에서 이해하는 것보다 훨씬 더 심각한 말이다. 가장이 잘못된 짓을 하면 나머지 가족들은 그 잘못을 밝히는 것이 아니라 어떻게 해서든지 가장을 감싸고 지켜줘야 한다. 이러한 행위는 범죄자의 가족도 가차 없이 잡아들여 함께 벌을 주는 제도 때문이라는 변명의 구실을 주기도 한다. 가족은 당연히 범죄자의 잘못을 모르는 체 넘겨버리고, 모든 범죄는 집안 전체의 일로 간주한다. 이러한 측면이 범죄를 억제하는 기능을 쏠쏠히 하기도 한다. 나쁜 짓을 저지르려는 사람들 대부분은 자기가 잡혀가면 가족도 함께 곤경에 빠진다는 사실을 알고 있기에 당연히 범법을 자제할 수밖에 없기 때문이다. 없다. 이 속담은 조선 형벌 제도의 근간을 대변하고 있다고 할 수 있다.

17. '향이지하'에 '필유사어'라[14]

'좋은 미끼를 쓰면 물고기는 죽어가면서도 미끼를 문다If you use attractive bait, the fish will bite tho it kills them.'라는 말이다. 조선인들은 하인에게 삯을 후하게 주면 죽을힘을 다해 일해 준다는 뜻으로 이 말을 쓴다. 서양의 하인들은 대부분 미리 정해진 삯을 받기에 이 말이 서양에서는 통하지 않을 것이다. 하지만 조선에서는 양반 대부분이 노비를 적어도 한 명 이상씩은 부리는데, 노비들은 정해진 삯이 없고 주인이 제 마음에 들 때마다 주는 손씻이를 받는다. 노비가 스스로 푸대접을 받고 있다고 생각하면 벌 받지 않을 만큼만 가능한 한 적게 일을 할 테지만, 주인의 인

---

14. 香餌之下必有死魚. 중국의 군사학 서적 《삼략(三略)》에 나오는 말로, 직역하면 '향기 나는 미끼 아래에는 반드시 죽은 물고기가 있다'라는 뜻이다.

심이 후하면 주인 호의에 보답하기 위해 열심히 일한다.

18. 돛대가 부러지면 배가 쓸 데가 없다If the mast is broken the ship drifts.

배는 세상이나 사회를 상징하고, 돛대는 명예를 뜻한다. 명예가 땅에 떨어지면 곧 사회 구조도 붕괴하고 세상이 썩어버린다는 뜻이다.

19. 파기상종[15]

'깨진 꽃병을 슬퍼하지 마라Don't mourn over a broken vase.'라는 말이다. 서양 속담 '엎질러진 우유를 두고 울지 마라Don't cry over spilt milk.'와 정확히 같은 의미이다. 돌이킬 수 없는 일을 두고 너무 슬퍼하지 말라는 간곡한 가르침이다.

20. 소경 단청 구경

'맹인이 붉음과 푸름의 조화를 보고 감탄한다A blind man admiring the contrast between blue and red.'라는 말이다. 어떤 일에 대해 아무것도 모르는 사람이 다 아는 체 하는 것을 비웃을 때 조선인들이 쓰는 말이다. 지혜로운 것처럼 위장하는 사람을 겨냥하고 있다.

21. 자라 보고 놀란 놈이 소도양[16] 보고 놀란다The man who has once been frightened by a tortoise will start whenever he sees a kettle over.

이 말은 서양 속담 '데인 적 있는 고양이는 불을 피한다A scolded cat

---

15. 破器相從. 깨어진 그릇을 다시 붙인다는 뜻이다.
16. '소도양'은 솥뚜껑의 방언으로 보인다.

shuns the fire.'와 거의 같다. 조선의 솥은 보통 상당히 크고 둥근 쇠뚜껑 덮개가 있다. 이 덮개가 땅에 떨어져 있는 모양이 거북이 등과 썩 닮았다.

22. 모로 가도 서울만 가지All roads lead to Seoul.

이 말은 서양 속담 '모든 길은 로마로 통한다All roads lead to Rome.'의 의미와 정확히 들어맞는다. 어떤 식으로 일하든지 결과는 똑같게 된다는 뜻이다.

23. 하늘이 무너져도 솟아날 궁기[17] 있다Tho the Heavens fall there will be found some means of escape.

그 어떤 어려움도 어떻게든 이겨낼 수 있다는 뜻의 조선식 표현이다. 최악의 사태란 일어나지 않는다는 말이다.

24. 새벽달 볼 양으로 어스름부터 나앉아Will you sit from evening until morning to see the old moon rise?

나중의 즐거움을 기다리며 지금 할 일을 내팽개치는 사람을 나무라는 깔끔하고 멋진 표현이다. '하루의 괴로움은 그 날 하루에 겪는 것만으로 충분하다Sufficient unto the day is the evil thereof.'라는 성경 구절과도 통한다.

25. 산 밑 사람이 산에 올라 새 달 보는 셈이라If you are in the valley and want to see the new moon in the west, you must climb the hill.

---

17. '궁기'는 구멍의 방언으로 보인다.

이 말은 다시 말해, 일이 저절로 이루어지기를 기다리지 말고 직접 힘을 써야 한다는 말이다. 뭐든 이루어내기 위해서는 노력을 기울여야 한다.

26. '고목'이 '봉춘'[18]

'죽은 나무에 꽃이 핀다The dead tree blossoms.'라는 말이다. 실패가 빤한 상황에서 성공을 이룬데 대해 이보다 시적인 표현은 떠올리기 힘들다.

27. 먼데 꽃이오 가까운 곰팡이라What looked like blossoms in the distance turned out to be only the white mold of decay.

앞의 속담만큼이나 시적이면서도 정반대의 의미를 지닌 속담이 바로 이 말이다. 조선인의 기질에 대한 시적인 면모는 아마도 속담에서만 찾을 수 있을 것이다.

28. 서울 보름이나 시골 열닷새나'Porum' in Seoul is the same as 'yaltassa' in the country.

'보름'은 한 달의 절반 혹은 한가운데라는 뜻이고, '열닷새'는 각 달의 열다섯 번째 날이다. '보름'은 서울에서만 쓰는 말이고 시골에서는 '열닷새'를 더 많이 쓴다. 이 속담은 '장미는 어떤 이름을 붙이든지 똑같이 달콤한 향기가 난다A rose would smell as sweet by whatever name you called it.'라는 서양의 표현과 같은 뜻이다. 이름보다는 그 이름이 가리키는 대상이 훨씬 중요하다고 역설하는 말이다.

---

18. 枯木逢春. ≪토정비결≫의 첫 구절에 나오는 말로 마른 나무가 봄을 만난다는 뜻이다.

29. 아이 낳기 전에 포대기 장만하다Don't make the baby's outfit before the wedding.

서양 속담 '컵이 입에 닿기 전까지는 언제든 미끄러질 수 있다There is many a slip 'twixt[19] the cup and the lip.'라는 말이다. 알이 부화하기 전에는 병아리를 세어보지 말라고 주의를 시킬 때 조선인들은 이렇게 직접 직설적으로 표현한다.

30. 소경 제 닭 잡아먹는다The blind man stole his own hen and ate it.

달리 말하면 '저 자신을 앞지른다He stole a march on himself.'라는 뜻이다. 이 속담은 조선에는 맹인이 아주 많다는 느낌을 준다. 일본보다는 무척 적지만 서구 국가들보다는 훨씬 많다. 이것은 연주창連珠瘡 같은 병이 널리 퍼져있기 때문이다.

31. 물은 건너보아야 안다If you want to know how deep the river is wade in and see.

어떤 사람의 성격을 알고 싶다면 그 사람과 같이 지내보아야 알게 된다는 깊은 진리를 담고 있다.

32. 우이송경[20]

'가르침을 쇠귀로 흘러버린다He receives instruction into a cow's ear.'라는 말이다. 누군가가 충고를 귀담아듣지 않거나 때맞춘 경고를 무시해버릴

---

19. 'twixt는 시어로서 'between'을 뜻하는 'betwixt'의 단축형이다.
20. 牛耳誦經. 쇠귀에 경 읽기라는 뜻으로 우이독경(牛耳讀經)과 같은 뜻이다.

것 같으면 조선인들은 이렇게 말한다.

33. '녹비'에 '가로 왈'자Nok Bi Kal Wol Cha

이 말을 번역하면 '사슴 가죽에 쓰인 '왈' 자The character 'wol' written on deer's skin'이다. 조선인들이 '왈'이라고 읽는 한자는 바로 '曰'이다. 이 글자가 사슴 가죽에 쓰여 있다는 말은 남의 말에 쉽게 혹하고 아무런 결정도 못 내리는 우유부단한 사람을 빗대는 말이다. 잘 말린 사슴 가죽은 두꺼운 새미chamois 가죽처럼 유연하고 어느 방향으로든 잡아당기면 잘 늘어난다. '曰' 자가 쓰인 사슴 가죽을 세로로 잡아당기면 글자는 '曰' 자와는 완전히 다른 뜻인 '日' 자가 된다. 다시 가로로 또 잡아당기면 원래 모양으로 돌아온다. 어쩔 도리 없이 가죽을 쥔 사람 손에 휘둘리는 우유부단한 사람에 딱 들어맞는 말로 '日' 자보다 더 적합한 말은 찾을 수 없을 것이다.

≪한국소식≫ 1897년 10월호

34. '성복후'에 '약공론'[21]

'환자의 친구들이 곡한 뒤에야 약사가 처방전을 써 줬다The apothecary filled out the prescription after the friends of the patient had assumed mourning.'라는 말이다. 아무리 좋은 것도 때가 너무 늦으면 아무 소용이 없다는 말을 이렇게 표현한다. 조선은 옛적부터 과학 분야에 뛰어난 업적

---

21. 成服後藥公論. 상복을 차려입고 나서야 약 지을 논의를 한다는 말이다. 사후약방문(死後藥方文)과 같은 뜻이다.

이 있었기에 의료인에 대한 속담이 있다는 것은 전혀 놀라운 일이 아니다.

35. 말 잃고 마구 고치다

서양의 '말 잃은 뒤에 마구간을 고친다Mend the stable after the horse is lost.'라는 속담과 완전히 똑같은 의미의 속담이다.

36. 누워 침 뱉으면 제게로 떨어져If a man spit straight up the spittle will fall back on himself.

이 속담은 말뜻만큼이나 우아하지 못한 은유로, 서양의 '제 덫에 걸리다Caught in his own trap.'와 어느 정도 들어맞지만 의미가 더 넓다. 모든 비열하고 이기적인 행동은 당장에는 득이 될지 몰라도 결국은 반사작용으로 잃는 게 많다는 뜻이다.

37. 누워 떡 먹기는 눈에 팥고물이나 들지If you try to eat bread when lying down you will get flour in your eyes.

이 속담은 몇 가지 설명이 필요하다. 먼저, 정확히 말하자면 조선인들은 빵을 먹지 않는다. 조선에서는 커다란 쌀가루 반죽을 만들어 살짝 삶거나 구워서 겉을 노릇노릇하게 떡을 만든다. 떡을 팔 때는 1피트 정도 길이에 1인치 너비로 잘라서 파는데, 곡식 가루를 잔뜩 뿌려두기 때문에 누워서 먹다 보면 이 속담의 참 의미가 드러난다. 이 속담의 뜻은 삶의 모든 것을 즐겁고 편하게만 누리려다 보면 결국 실망할 수밖에 없다는 것이다. 눕는 것은 가장 편한 자세이고 빵을 먹는 것은 기분 좋은 일이지만, 두 가지를 동시에 만족할 수 없다는 걸 깨닫게 하는 말이다. '지금 있는 만큼으로 만족하라Let well enough alone.'라는 서양식 표현과 통하는 바가 있다. 일할 때 편한 것만 찾거나 쉽고 돈 되는 일만 하려고 하는 사람을 가리켜 흔히 쓰인다.

38. 빈계신명[22]

행동이 너무 남자 같거나, 남자들의 권리를 넘보거나, 남편을 다스리려는 여자들을 가리켜 '암탉이 운다The hen crows.'라고 한다.

39. 염통 밑에 쉬스는 줄은 모르고 손톱 밑에 있는 가시는 안다Worms may eat away the heart without its being known but the prick of a finger calls for immediate attention.

옛 아랍 속담 '각다귀는 아까워하고 낙타는 삼킨다Strain at a gnat and swallow a camel.'와 같은 뜻을 생생하게 표현한 속담이다. 이 속담은 겉치레만 그럴듯하게 꾸미는 행태와도 관련이 있다. 심장이 썩어 들어가도 겉모양부터 챙긴다는 말이다.

40. 긁어 부스럼 되다Cut off a wart and it becomes a tumor.

한 가지 어려움에서 벗어나려다 보면 더 큰 곤경을 맞닥뜨리는 법이다. 이 말과 똑같은 '냄비에서 나와 불로 뛰어든다Jump from the frying-pan into the fire.'라는 말이 서양에도 있다. 조선인들은 '현재의 고통을 견디며 사는 것이 또 다른 새로운 곤란에 빠지는 것보다 낫다'라는 주의로 사는

---

22. 牝鷄晨鳴. 암탉이 새벽에 운다는 뜻이다.

것이 분명하다.

41. 구운 게도 다리를 떼고 먹어라Altho the crab is boiled pull off his legs and eat them first.

분명 죽은 게일지라도 다리를 떼면 확실히 달아날 수 없다는 뜻이다. 다시 말해 주의에 주의를 거듭하라는 말이다.

42. 산이 크지 않으면 골도 크지 못해You can't have a large valley without first having a large mountain.

그릇이 작은 사람에게는 큰일을 기대할 수 없다는 뜻을 깔끔하게 표현하였다. 그 누구도 무언가 큰일을 이루려면, 흔히 하는 말로 그에게 뭔가가 있어야 한다.

43. 고슴도치라도 제 자식이 함함하단다Even the hedgehog claims that its young are smooth and graceful.

사람은 제 것의 가치를 부풀려서 생각하기 마련이라는, 거의 전 세계적인 경향을 이보다 더 잘 표현할 수 있을까. 몇 가지 예시를 들어보면, 자신의 요트나 말이 남의 것보다 느리다거나, 자기 잔치보다 남의 잔치에 모인 사람이 더 많았다던가 등 어떤 모임에서 자기의 중요성이 남보다 떨어진다는 이야기를 애써 말할 말 할 사람은 없을 것이다. 세계 어디서나 그렇듯 조선에서도 결국 대중의 존경을 받으려면 자기 자신부터 스스로를 존경해야 하기에, 다들 먼저 자기 처신을 잘해야 한다.

44. '할계'에 '언용우도'리오[23]

닭으로 충분할 축제를 위해 수소를 잡는다Kill a bullock for a feast when a fowl would suffice.'라는 말이다. 이 말은 작은 일을 하는데 너무 크게 일을 벌이는 어리석은 짓을 꼬집는다. 과정이 거창하다고 반드시 결과도 대단한 것은 아니다.

45. 새우 싸움에 고래가 죽다

'레비아단[24] 두 마리가 싸우는 틈에 고래조차 으스러진다Two leviathans fight and even the whale is crushed between them.'라는 말로 두 사람이 싸우는 와중에 딴 사람이 으스러진다는 운명의 장난에 대한 속담이다. 관련도 없는 죄 없는 자가 다른 사람들 싸움에 휘말려 다친다는 뜻 이다.

46. 동작에서 욕먹고 서빙고에서 눈 흘겨The man who is insulted in Tongjag waits till he gets to Sopinggo before he scowls back.

'리머스 아저씨Uncle Remus' 이야기에서 토끼가 여우에게 말대꾸할 때마다, 토끼가 일단 멀찍이 떨어져서 주의하는 모습이 생각난다.[25] 조선에서는 강 이름이 하나가 아니다. 강물이 흘러가는 지방마다 제각기 다른 이름을 붙인다. 동작과 서빙고는 한강을 따라 인접한 지역이다. 이 속담의 쓰임새는 두말할 나위 없을 것이다.

---

23. 割鷄焉用牛刀. ≪논어≫ 양화편(陽貨篇)에 나오는 말로 '닭을 잡는데 어찌 소 잡는 칼을 쓰랴'라는 말이다.

24. '레비아단(leviathan)'은 성서에 나오는 바닷속 괴물이다. 헐버트는 레비아단을 새우로 표현했다.

25. '리머스 아저씨(Uncle Remus)'는 미국 소설가 해리스(Joel Chandler Harris, 1848~1908)가 1880년부터 펴낸 연작 동화집에 나오는 인물이다. 리머스 아저씨가 토끼 군(Br'er Rabbit), 여우 군(Br'er Fox) 등의 동물이 등장하는 이야기를 들려주는 형식이다

47. 호박씨 까서 한입에 넣다He shelled all his .....[26] seeds and then ate them at one mouthful.

단순하지만 함축적인 이 말은 한 해 벌이를 한 달 만에 다 써버리는 젊은이의 어리석음을 완벽히 그려낸다.

48. 소금 먹은 놈이 물켜다The man who eats the salt must drink the water.

자기가 저지른 어리석은 짓의 결과는 자기가 짊어져야 한다는 뜻이다. 서양에서 '자연의 응징nature's retribution'이라고 말하는 바로 그것이다.

49번째 속담은 원문에 나와 있지 않다. 편집의 실수로 보인다.

50. 작사도방[27]

'길가에 집을 짓는다That is like building a house beside the road.'라는 말이다. 이 속담은 조선인의 시각으로 보지 않으면 뜻을 제대로 이해할 수 없다. 시골에서 누군가 길가에 집을 짓기 시작하면 지나가는 사람마다 멈춰 서서 설계가 어떻다느니, 재료나 일하는 방식이 어떻다느니 하면서 이리저리해야 한다고 한마디씩 한다. 그러면 집 짓던 사람은 하나씩 들을 때마다 계획이나 재료와 방식을 바꾸어대 결국은 일을 하나도 못한다. 사람들이 묻지도 바라지도 않는 충고를 계속해댈 때 쓴다.

---

26. 원문의 단어가 보이지 않는다. 호박을 의미하는 단어라고 생각한다.

27. 作舍道傍

51. 호박꽃을 함박꽃이라 한다 He makes believe that his gourd flower is a hyacinth.

이 속담의 쓰임새는 명백하다. 조선인들은 박을 아무 데서나 되는 대로 기른다. 초가지붕이 넝쿨에 완전히 덮여 커다랗고 하얀 박이 주렁주렁 매달린 모습을 쉽게 볼 수 있다. 박은 식용으로 쓰지 않으며 반으로 잘라 말려서 크고 작은 국자로 쓴다.

52. 동냥은 못 주나마 쪽박조차 깨뜨린다 He not only did not give to the beggar but even broke his begging bowl.

도와달라고 부탁했더니 오히려 상처를 주는 사람에게 쓰는 말이다. 여기서 동냥 그릇이란 불교 승려가 집집이 시주를 받기 위해 들고 다니는 그릇을 말한다. 조선인들이 인간 본성을 상당히 꿰뚫고 있음이 다음 속담에서 분명하게 드러난다.

53. 중 퇴식이 동냥 아니 준다 Never beg from a man who has once been a priest and has gone back to the world.

조선에서 먹을 것 없는 사람들을 챙기는 곳은 거의 절 뿐이고 모든 승려는 동냥한다. 이 속담은 다시 말해서 '동냥하던 사람에게 동냥 빌지 마라'라는 말이다. 예전에 동냥했던 사람이 왜 동냥을 주지 않을지 금세 이해하기는 어렵다. 상당히 형이상학적이고 철학적인 문제다. 이 속담이 참이라면, 남들 앞에서 구걸할 만큼 자존감이 적었던 사람은 동냥을 줄 만큼 마음이 너그럽지 못하다고 보기 때문일 수 있다. 불행과 실수로 고통을 겪었던 사람들이 남의 불행과 실수에 결코 관대하지 못한 경우를 주위에서도 흔하게 볼 수 있다.

54. 개 발에 편자What is the use of shoeing a dog.

개는 짐을 지지 않기 때문에 편자를 박아보았자 돈 낭비이다. 서양 속
담의 '돼지에게 진주 던져 주기Casting pearls before swine'와 같은 말이다.
돼지와 진주는 조선 어디에서나 볼 수 있기에 서양 속담을 조선에서 그대
로 써도 쉽게 통할 것이다.

55. 정저와[28]

'우물 안 개구리He is a toad in a well.'라는 말이다. 이 말은 칭찬이 아니
라 둔하거나 못 배운 사람을 있는 그대로 그리고자 하는 표현이다. 서양
의 깊은 우물만 떠올린다면 이 속담을 선뜻 이해하지 못할 수도 있지만,
조선 우물은 깊이가 얕고 돌이 고르지 못하다는 점을 생각하면 좀 더 이
해하기 쉬울 것이다. 조선 우물은 돌로 대충 벽을 둘러놓은 작은 샘에 지
나지 않으며, 깊이도 대개 3피트를 넘지 않는다.

56. 살찐 사람 부러워해서 단복고창[29]된 셈이다He went and caught the dropsy out of envy for the fat man.

뚱뚱한 사람을 도대체 왜 부러워하는지는 말하지 않지만 그 문제는 잠
시 젖혀두자. 이 속담은 유행을 좇기 위해 다른 모든 것을 희생하는 어리
석은 사람이나, 마음먹은 것을 얻기 위해 어떤 대가도 감수하려는 무모한

---

28. 井底蛙
29. 單腹鼓脹. 다른 곳은 붓지 않으면서 배만 몹시 붓는 병을 말한다.

사람을 날카롭게 그려내고 있다.

57. 작점금책[30]

'다른 여관집 빗대 간밤 여관집 흠집 잡다To find fault with the last inn.' 라는 말이다. 조선에서는 여행자들이 세심하지 못한 여관 주인을 넌지시 빗대는 말로 가볍게 힐난하는 일은 흔한 일이다. 여행자는 느긋하게 앉아 있는 주인을 불러 지난번 여관의 지저분한 방 상태 또는 과, 손님 대접이 얼마나 엉망이었는지를 이야기한다. 서양 여관 주인이라면 그 이야기를 듣고 지난번 여관과 자기 여관을 비교하는 말로 알고 우쭐할 테지만, 조선 여관 주인은 손님이 다른 여관 주인을 빗대 자기를 지적하고 있다는 것을 대번에 알아차린다. 이 점이 바로 이 속담의 참뜻이다. 이 속담은 서양의 '다른 사람 어깨로 상대방 메친다To strike one person over another's shoulder.'라는 말과 같은 뜻이다.

≪한국소식≫ 1897년 12월호[31]

많은 조선 속담이 자연을 이야기하지만 다음 속담만큼이나 운치 있고 간결한 속담은 드물 것이다.

58. 솔잎이 버석할 때 가랑잎은 할 말 없다The aspen blamed the pine for

---

30. '어제 묵은 여관집 오늘 꾸짖는다'라는 뜻의 '昨店今責'으로 추정된다.
31. 이 속담들은 대한제국 시기에 발표하였지만 통일성을 위해 'Korea'나 'Korean'을 '조선', '조선인'으로 옮겼다. 이후 모두 그러하였다.

resulting too loudly in the wind.[32]

동양 문학의 척박함 속에서 이렇게 진정 시적이고 보석 같은 속담을 발견하는 것은 참으로 즐거운 일이다. 제비꽃이 밤에 오므라들면서도 향기를 잃지 않듯, 길이는 짧지만 전혀 부족함이 없는 시 구절 같은 속담이다. 이 속담은 머릿속에 다음과 같은 뚜렷한 그림이 그려지게 한다.

"노송은 그 품위와 힘을 상징하듯 가지를 넓게 뻗고, 노송 위를 부드럽게 스치는 바람은 멀리서 파도가 치는 듯 나긋하게 속삭인다. 곁에는 변덕과 천박함과 다혈질의 대명사인 사시나무가 뻔뻔스럽게 서 있다. 바람은 불평 한마디 하지 않는 노송의 잎사귀를 펄럭거리며 그저 돌아선다. 마치 모든 생물은 삶의 권리가 있고 아무것도 아닌 일에도 얼마든지 법석을 떨어도 좋다는 듯이. 자그마한 사시나무가 올려다보며 '여보게 영감, 자네 너무 시끄러운 것 같구먼'이라고 투덜댄다. 여기에 바로 기막힌 해학이 존재한다. 제 눈의 들보는 모르면서 형제 눈의 티끌을 지적한다는 성경 이야기와 통하지 않는가."

59. 호미로 막을 것 가래로도 못 막는다 You can mend with a trowel a little break in a dyke which you could not mend later with a shovel.

동양인들과 동양의 벼농사 짓는 방법에 익숙한 사람에게 이 속담의 의미는 아주 명백하다. 벼농사를 지을 때는 논둑을 가장 신경 써야 한다. 서양 속담 '제때 바느질 한 번이 아홉 바느질을 던다 A stitch in time saves nine.'와 통한다.

---

32. 헐버트가 옮긴 영문을 다시 우리말로 직역하면 '사시나무가 바람에 바스락거리는 소리가 너무 크다고 소나무 나무란다'이다.

60. 거석이홍안[33]

'무거운 돌을 들면 얼굴이 붉어지기 마련이다If you lift a heavy stone you must expect to get red in the face.'라는 말이다. 그럴듯하거나 쓸 만한 결과를 내려면 굉장한 노력이 필요한 법이며, 또 위대한 일을 이루어내기 위해서는 그 일에만 몰두하고 필요하다면 손에 흙도 묻히고 얼굴도 붉혀야 한다. 솔직히 말하자면 이 속담은 한국 상류층을 비판할 때 끊임없이 나오는 말이다.

61. '무호동중리작호'라[34]

'호랑이가 없으면 살쾡이가 호랑이 노릇 한다In those districts where there are no tigers the wildcats play at being tigers.'라는 말이다. 권력자가 없는 곳에서는 변변찮은 관리들이 거들먹거리며 활개를 친다는 뜻이다.

62. 거랭이 제 자루 찢다The mendicant priests broke each others begging bowls.[35]

조선인들은 한집안 내에서 서로 등지면 그 집안이 무너지게 된다는 말을 이런 식으로 표현한다. 탁발승들은 쌀이나 다른 곡식을 시주받기 위해 각자 그릇을 들고 다닌다.

다음 속담은 서양인들에게는 평범해 보일지 몰라도 조선인들에게는

---

33. 擧石而紅顔
34. 無虎洞中狸作虎
35. 헐버트의 영문 번역을 다시 우리말로 직역하면 '탁발승끼리 서로 동냥 그릇을 깨다.'이다.

아주 재미있는 말이다.

63. 며느리 발뒤꿈치 닭의 알 같다As he disliked his daughter-in-law he said she had a heel like an egg.

조선인들이 달걀처럼 생긴 발뒤꿈치가 못생겼다고 생각한다는 말은 딱히 아니다. 며느리가 맘에 들지 않는 시아버지가, 며느리 흠잡을 데가 보이지 않자 막무가내로 발꿈치가 달걀 같다고 나무라는 것이다. 어쨌든 거짓말을 하지 않는 선에서 모호한 말로 이렇게 화를 푸는 것이다. 만날 불평불만만 늘어놓으면서 트집 잡을게 안 보이면 어떻게 해서든 기어코 불만을 토하는 사람들한테 쓰는 말이다.

64. 사랑한 개가 발뒤꿈치 깨문다고The pet dog bit his master's heel.

말할 필요도 없이 은혜를 원수로 갚는, 즉 배은망덕을 뜻하는 속담이다.

65. 죽 떠먹은 자리다

'국그릇에서 한 숟가락 떠먹어봤자 아무 티도 안 난다If you take a single spoonful of soup from the bowl it leaves no impression.'라는 뜻의 단순한 속담이면서도 깊은 뜻이 숨어 있다. 겉보기에는 그릇 안의 국이 조금도 줄어들지 않았다는 말이다. 서양 속담 '로마는 하루아침에 이루어지지 않았다Rome was not built in a day.'라는 말과 가깝다. 하루 치 또는 한 달 치쯤 되는 일이 별것 없어 보일지 몰라도 차곡차곡 쌓이면 큰일이 되는 법이니, 하루하루의 노력을 소중히 여기라는 충고이다.

66. '조족지혈'[36]이다.

'새 발의 피와 같은Like blood in a bird's foot'이라는 말이다. 양이 매우 적다는 표현이다. 조선인들은 돈을 비롯한 무언가가 매우 적다는 말을 할 때 이런 말을 쓴다. 매우 직선적인 비유이다.

67. 강철이[37] 간 데는 봄도 한가지 가을도 한가지다Where the meteor falls autumn is as fruitless as spring.

다른 동양인들과 마찬가지로 조선인들도 별똥별을 불길한 징조로 보아 별똥별이 떨어진 곳에는 땅이 폭발하고 모든 식물이 불타버린다고 믿는다. 이 속담은 항상 운이 없어 어떤 일에 끼든지 간에 좋지 않은 결과를 가져오는 운이 없는 사람에게 쓰인다. 마치 별똥별처럼 그 사람은 언제나 불행과 재앙을 몰고 다니기에 가까이 오기만 해도 두려워서 피한다.

68. 적반하장[38]

'도둑이 매 맞기는커녕 오히려 때린다The thief instead of being beaten did the beating.'라는 말이다. 조선에서 강도질은 사형까지 받을 수 있는 큰 죄이기에 이 속담에 나오는 도둑은 좀도둑을 말한다. 앞뒤가 뒤바뀌는 것을 말하며, 이 속담보다 유래가 명쾌하진 않지만 서양의 표현 '상을 뒤엎다(Turned the tables.)'와 통한다.

---

36. 鳥足之血
37. '강철이(鋼鐵이)'는 지나가기만 하면 초목이나 곡식이 다 말라 죽는다고 하는 전설상의 악독한 용을 말한다. 헐버트는 이를 별똥별로 해석하였다.
38. 賊反荷杖

69. 국수 만들 줄도 모르는 여편네가 피나무 안반 나무란다The cook blames the table because he cannot pile the food high.[39]

조선 관습을 잘 모르면 무슨 뜻인지 전혀 알 수가 없겠지만 조선인들에게는 그야말로 의미심장한 속담이다. 조선에서 축제를 준비할 때 안주인은 음식 접시를 안전하게 그리고 최대한 높이 쌓기 위해 굉장히 애를 먹는다. 음식을 높이 쌓는 것으로 잔치 주인의 넉넉한 인심을 보여 주기 때문이다. 그러다 보니 안주인이 맛있는 음식을 높이 쌓지 못한다면 아무짝에도 쓸모가 없다. 만약 안주인이 아무리 노력해도 음식 더미가 웃음을 살 정도라면 안주인은 상이 고르지 못하다는 둥 다리 하나가 짧다는 둥 제 탓보다는 어떻게든 핑계를 댄다. 서양의 '일꾼이 도구 탓을 한다The workman finds fault with his tools.'라는 말과 엇비슷한 뜻이다.

70. 거지 잔치Even beggars sometimes feast their friends.

서양의 '어떤 개도 하루쯤은 제날이 있다Every dog has his day.'라는 말과 똑같지만 훨씬 더 우아한 표현이다.

71. 고기는 작더라도 바다 끝닿은 데를 본다Even the smallest fish makes a commotion in the farthest limits of the ocean.

이 속담을 보면 아마 조선에서는 아무리 미약한 자라도 힘의 불멸성을 상식적으로 인식하고 있는 것 같다. 성경의 '아주 작은 불씨가 큰 숲을

---

39. 헐버트가 옮긴 영문은 '안주인이 음식을 높게 쌓을 수 없자 상을 탓한다'이다. 의미는 같으나 원래의 우리 속담과는 약간 다르다. 우리 속담 '국수를 못하는 년이 피나무 안반만 나무란다'는 '잔치 때 음식을 만드는 사람이 자기 솜씨가 서투른 것을 떡을 치는 나무판 탓으로 돌린다'라는 뜻이다.

불살라 버릴 수 있다How great a matter a little fire kindleth.'라는 구절이나, '물에 돌을 던지면 저 멀리 기슭까지도 물결이 인다Cast a stone in the water and the ripples will break upon the most distant shores.'라는 말과 같다.

72. 곯은 알 지고 성 밑에 못 가겠다He wouldn't walk under the city wall even with a load of rotten eggs.

조선의 읍성은 수백 년이 지났어도 세월을 거의 타지 않아 지금도 거대한 구조물이다. 따라서 그 아래를 지나더라도 성벽이 머리 위로 무너질 확률은 거의 없다. 게다가 한 등짐의 썩은 달걀 값어치는 그 벽이 무너질 확률의 수치보다 훨씬 적다. 이 속담은 그러니까 어찌나 조심스러운지 썩은 달걀을 지고 성벽이 무너질까 봐 성벽 아래를 절대 가지 않는 사람을 풍자한 말이다. 익살에서 과장이 얼마나 중요한 역할을 하는지를 알 수 있다.

73. 고삐가 길면 듸듸겠다[40]If you tether your horse with too long a rope he is bound to become entangled in it.

방종이 가져오는 결과를 경고하는 말이다. 모든 것을 양심에 맡기고 누군가에게 백지 위임장을 주면 끝이 어떨지는 처음부터 뻔하다. 실행은 서툴지라도 한국인들이 결코 아는 게 없지 않다는 걸 증명하는 속담이다.

74. 안팎에 도배한다He plastered the wall inside the outside.

사람이 어찌나 무지막지한지, 구멍 하나 남기지 않고 벽 안팎으로 회

---

40. 듸듸겠다'는 '지지겠다'를 말하는 것으로 보이며, 결국 들킨다는 뜻으로 들린다.

반죽을 칠한다는 말이다.

75. 원님이 아전의 소매에 들었다The magistrate has retired into his major domo's sleeve.

조선 옷은 소매가 아주 커서 주로 주머니처럼 쓰인다. 이 속담은 아전의 입김이 워낙 세어 제 상전을 마음대로 주무르며 상전 노릇을 한다는 뜻이다. 물론 원님뿐만 아니라 여러 경우에 쓰일 수 있는 말이다.

≪한국평론≫ 1901년 2월호

조선인들의 대화에 속담이나 경구, 풍자가 많은 이유는 대다수 조선인이 문학에 대한 혜택을 누리지 못하기 때문이다. 조선인들이 그들의 말에 흥취를 곁들이는 것은 글로 쓰인 서적을 대신하는 것이나 마찬가지다. 조선인들은 전문적 이야기꾼이 이야기를 풀면서 얼마나 멋들어진 맛을 더하는가를 항상 주시한다. 이는 갑옷을 입은 시인이 유럽의 이 성城 저성을 배회하며 고귀한 물건을 파는 시대를 연상케 한다. 조선 속담 중 일부는 이미 영어로 번역되었으나 그것 말고도 조선 속담은 무궁무진하다. 조선 속담을 어떻게 평가하든 조선 속담에는 의미심장함이 존재한다.

76.[41] 이불 속에서 활개 친다He swings his hands under his blanket.

---

41. 원문에는 번호가 없다. 앞의 글과는 몇 년의 시차가 있어 헐버트는 연속의 글로 보지 않았다. 이 책에서는 앞의 속담과 연결해서 번호를 이어갔다.

걸으면서 활개 치는 것은 거드름을 피우는 모습이나, 이불 속에서 활개 친다는 것은 대중 앞에서는 감히 활개 치지 못한다는 뜻이다. 집안에서는 위압적으로 행동하는 사람이 밖에서는 고분고분한 사람을 말한다.

77. 수청즉무어[42]

'물이 너무 깨끗하여 고기가 살 수 없다The water is so clear no fish can live in it.'라는 말이다. 매사에 완벽하길 요구하는 예의범절이 까다로운 사람이라도 결국은 아무도 그자와 편안히 지내지 못하게 되는 양면적 상황을 말해 주고 있다.

78. 아는 놈 동이듯As one would bind his friend.

친구를 묶으라고 요구받을 때 새끼줄을 느슨하게 묶는다는 뜻의 이 속담은 친구에게 과한 자비심을 베푸는 행동을 말한다.

79. 항우도 댕댕이덩굴[43]에 걸렸다Even King Hang-u got entangled in the tāng-tāngi vine.

이 말은 아무리 강한 자라 할지라도 실패할 수 있다는 뜻이다. 중국의 왕 항우는 힘이 장사여서 산도 넘어뜨릴 수 있는 사람이다. 이 말은 '걸리버 여행기'[44]에서 아주 키가 작은 난쟁이들이 덩치가 큰 걸리버를 묶는 이야기를 연상케 한다.

---

42. 水淸則無漁. 중국 후한시대 반초(班超)라는 무장이 한 말이라고 알려졌다.
43. 담쟁이덩굴을 말한다.
44. ≪걸리버 여행기Gulliver's Travels≫는 영국의 스위프트(Jonathan Swift, 1667~1745)가 쓴 풍자소설이다.

80. 비위는 노래기 회 먹겠다He eats the thousand-legged worm raw.

남의 비판이나 욕을 아무렇지도 않게 태연히 듣는 염치없는 사람을 묘사한 말이다.

81. 암치 뼈다귀에 불개미 덤비듯Like read ants running for a fish bone.

지나가는 행렬을 보고자 어깨를 밀치며 달려드는 무리를 묘사하고 있다.

82. 엎친 데 덮친다He never falls down but someone has to fall over him.

불행이 한꺼번에 온다는 서양의 '비가 오진 않지만 폭우가 쏟아진다It never rains but it pours.'라는 말과 같다.

83. 물고 못 먹는 범이다Like a tiger that bites but does not eat.

서양의 '아무리 짖어 봤자 무는 깃보다 못하다His bark is worse than his bite.'와 같다.

84. 우물에서 숭늉 달란다He wants to draw warm water from the well.

무엇을 성취하는 데 필요한 시간을 건너뛰고자 하는 사람을 멋스럽게 표현한 말이다.

85. 나 먹자니 싫고 개 주자니 아깝다He does not want to eat it himself and it is too good to give to the dog.

굳이 설명이 필요가 없는 말 같다.

86. 신선놀음에 도낏자루 썩는다While the sage plays the axe handle rots.

≪한국평론≫ 번 호의 '잡동사니Odds and Ends' 난에 나오는 '립 밴 윙클'45 이야기와도 관련되는 말이다. 사소한 일만 신경 쓰고 중대한 생업의 문제는 젖혀두는 사람을 빗대는 전형적인 말이다.

87. 까마귀 날아가자 배 떨어진다When the crow starts to fly the pear falls.

마치 까마귀가 배를 훔치다 떨어뜨리는 것처럼 두 가지 일이 동시에 일어나는 것을 말한다. 이 말은 혐의자에게 불리한 외양적 현상만을 보고 혐의자를 부당하게 비난한다는 뜻이다.

88. 대장장이 집에 식칼이 놀다There are no good knives in a blacksmith's house.

대장장이가 칼을 만들고 팔지만, 자신의 집에는 낡고 닳아진 칼만 있다는 말이다. 누구에게나 자신이 만든 것이 사회에 유익한 것이라면 그 물건은 자신에게도 필요한 법이다. 자신이 설교하는 내용을 자신은 정작 실천하지 못한다는 뜻이다.

89. 깨어진 박이요 엎지른 물이다A broken gourd will never again hold water.

한 번 깨어진 약속은 다시는 원상회복이 안 되는 법이다.

90. 하룻강아지 호랑이 무서운 줄 모른다A one day old dog does not fear the

---

45. '립 밴 윙클(Rip Van Winkle)'은 미국의 작가 어빙(washington Irving, 1783∼1859)이 쓴 단편 소설의 주인공으로 시대에 뒤떨어진 사람을 말한다.

fierce tiger.

경험이 미숙함을 효과적으로 설명하였다.

91. 걷지도 못하고 뛴다He wants to leap before he can walk.

논리적 체계 아래 사물에 대한 배움의 필요성을 강조하면서 힘든 일은 하지 않으려는 자들을 비난하는 말이다.

92. 개살구 지레 터졌다The wild apricot breaks itself.

개살구는 원래 단단하나 재배한 살구만큼 물컹물컹하고 좋다는 것을 사람들이 믿을 수 있도록 만지다 보면 개살구가 저절로 터진다. 자신의 이웃만큼 자신이 부자라는 것을 사람들에게 믿게 하는 일은 자신을 망치는 일이 된다는 것을 아주 잘 나타낸다.

93. 법은 멀고 주먹은 가깝다The law is far, the fist is near.

공식적인 사법절차를 무시하고 정의를 부당하게 짓밟으려는 자들을 가장 도발적으로 표현하였다.

94. 동성 아지미[46] 술도 싸야 사 먹는다I will not buy wine even from my own aunt unless it is cheap.

친척이라 할지라도 순전히 영업적 관점에서 대한다는 증거를 발견하는 것은 기운이 저절로 솟을 일이다.

---

46. '아지미'는 아주머니의 방언이다.

95. 먹기는 발장撥長이 먹고 뛰기는 파발이 뛴다 The courier eats while the horse runs.

옛날의 우편제도를 언급하고 있다. 파발꾼들은 파발 역참 사이에서 빨리 가는 기록을 세우려고 서로들 경쟁했다. 또한, 파발꾼들은 실제로는 말에게 공이 가야 하지만 자신들이 공을 가졌다. 따라서 다른 사람이 한 일에 대해 공을 가로채는 사람을 묘사한 말이다.

96. 샌님이 종만 업수이 여긴다 The poor old gentleman can despise no one but the slave.

조선인의 내면세계를 보여 주고 있다. 나이 든 궁핍한 선비는 조선에서 가장 동정받는 대상이다. 궁핍한 선비는 돈 버는 일은 차마 하지 못하며, 빌어먹기에는 자존심이 너무 세고, 품위를 유지하기에는 너무 가난하다.

97. 믿는 나무에 곰이 핀다 Dry rot in trusted wood.

신뢰를 저버리는 것에 대한 강력한 표현이다.

98. 주먹 맞은 감투다A Kam-tu struck with the fist.

말의 털로 만든 모자인 선비들이 쓰는 탕건宕巾을 말한다. 따라서 당연히 쉽게 구겨지고 부서진다. 어떤 사람이 부끄러운 상황에 부닥쳤을 때 그 사람을 주먹으로 맞은 감투라 말한다.

99. 갓바치 내일모레다 The cobbler says 'tomorrow or day after'.

이 말을 통해 조선인들과 서양인들이 적어도 한 가지에서는 서로 긴밀하게 공감하고 있음을 보여 주는 것 같다. 조선인들은 늦거나 꾸물대는 버릇이 시간에 대한 도둑질이라는 것을 서양인들만큼 잘 알고 있다. 이점에서 조선인들은 의관을 잘 차려입은 선비풍의 도둑이다. 그러나 조선인들은 그들이 도둑질하는 물건의 귀중한 가치를 모르고 있다.

≪한국평론≫ 1901년 9월호

1901년 2월호에서 조선의 대표적인 속담 몇 개를 소개하였지만 이는 조선의 수많은 구비 속담에 비하면 맛보기에 지나지 않는다. 사람의 기질을 속담만큼 잘 드러내는 것은 없다. 이 말을 인식하면서 조선의 속담 몇 가지를 살펴보자.

100. 뱁새가 황새 따라가면 다리 찢어진다If the wren tries to keep step with the stork his legs will be torn apart.

이 말에서 조선인들의 삶의 중요한 일면을 읽게 된다. 조선에서는 모두가 벼슬자리 하나 얻기를 간절히 바란다. 부와 권력과 명예 등 모든 것이 벼슬자리를 얻는 것에 달려있다. 하지만 무지한 사람이 높은 자리를 갈망한다면 곧 자기 그릇으로는 그 자리를 감당할 수 없다는 것을 알게 된다. 이 속담은 부정한 수단으로 감투를 얻는 평민 출신에게 주로 쓰인다. 지난 십 년의 역사는 이 속담이 잘 적용되는 시기였다.

101. 애매한 두꺼비 돌에 치인다The innocent toad gets mashed under a stone.

운명의 장난에 대한 속담으로 보인다. 얌전하고 조용한 한 마리 순진

한 두꺼비가 돌 밑에 숨으려고 기어들어갔다가 누군가 돌을 밟는 바람에 깔려 죽는다. 이 속담은 지나친 겸손과 얌전함에 대한 경고일 수도 있다. 제 권리를 찾으려면 뒤에 물러나 있기만 하면 안 된다고 믿는 조선인들의 성품과도 통한다.

102. 빼지도 못하고 박지도 못한다It can neither be pulled out nor driven in.

꽉 막힌 교착 상태를 조선에서는 이렇게 표현한다. 못이 반쯤 박혔는데 어느 쪽으로든 꼼짝도 하지 않는 불편한 상황에 대한 그럴듯한 묘사이다.

103. 발 없는 말이 천 리 간다The footless word will go a thousand 'li'.

라틴 어 'fama volat'[47]의 깔끔한 조선식 표현이다. 특히 풍문이 곧잘 진짜인 양 떠돌아다니는 조선에서는 더욱 잘 들어맞는 말이다.

104. 나무 오르라고 하고 흔든다He told me to climb the tree and then he shook it.

어떤 사람을 실컷 이용하고 그 사람을 다시 교묘하게 문제 속으로 처넣는다는 뜻이다. 불행하게도 이 속담이 조선의 현실에서 나왔다. 공무나 상업적인 급한 일에서 사람과 사람 사이에 신의를 저버리게 하는 일이 적지 않게 일어난다.

105. 드문드문 가도 황소걸음Though he goes slowly it is the pace of a yellow

---

47. 로마 시인 베르길리우스(Publius Vergilius Maro, 70~19 B.C.)의 표현으로, '풍문이 날아다닌다(The rumor has wings.)'라는 뜻이다.

bullock.

수소는 끈기와 힘의 상징이다. 서양에서는 '늦어도 확실하다Slow but sure'라고 표현한다. 왜 하필 누런 소가 까만 소나 갈색 소보다 상징적으로 표현되었는지는 모르겠지만 어쨌든 이 속담에서는 그렇다.

106. 메뚜기가 뛰면 망둥이도 뛴다When the locust jumps 'mang-dung-i', a fish, jumps also.

물고기는 뛸 수 없으므로 메뚜기가 뛰는 것을 따라 하는 건 바보 같은 짓이다. 남들이 하는 것을 보고 자질이 없는 사람이 무턱대고 따라 하는 어리석음을 표현한 말이다.

107. 올챙이 적 생각하여라Think while you are a tadpole.

'뛰어넘기 전에 잘 살펴보라look before he leaps.'라는 충고를 굉장히 멋지게 표현한 말이다. 올챙이 시절의 모든 것을 하나하나 기억해낼 수 있다면 나중에 실수를 훨씬 덜 하게 될 것이다.

108. 송무백열[48]

'소나무가 성공하면 잣나무가 기뻐한다If the pine(song) does well the pine(pak) rejoices.'라는 말이다. 두 나무는 같은 과의 다른 종이다. 서로의 정을 표현하는 속담이다.

---

48. 松茂栢悅

109. 꿀 먹은 벙어리 The deaf and dumb man who has eaten honey.

약간 모호한 말이긴 하다. 침묵을 지키면서도 현명한 것처럼 보이는 자세로, 실제보다 훨씬 많은 것을 알고 있다는 인상을 주는 사람을 가리키는 말 같다. 조선인들은 벙어리가 꿀을 먹고 흡족해하는 표정을 공공연한 비밀을 알고 있으면서도 얘기하지 않는 사람의 표정과 비슷하게 느낀다.

110. 벙어리 냉가슴 앓듯이 Like a deaf man who has a pain in his chest.

조선인들은 잘못을 들켰으나 뭐라 변명할 말도 없이 창피함을 느끼고 있는 사람을 보고 이렇게 말한다. 변명도 못 하고 있다는 것은 분명 나쁜 일에 연루됐다는 뜻일 게다.[49]

111. 남대문입납[50]

'남대문 앞으로 온 편지A letter addressed to the South Gate'라는 뜻으로 모호한 것을 가리키는 간단한 표현이다. 힘을 낭비하는 경우에도 쓰인다.

112. 무리 황새 굶주려 죽지A flock of cranes would starve to death.

두루미[51]는 떼로 다니는 습성이 없기에 여럿이 함께 있으면 먹이를 구할 수가 없다. 명백히 서로 간의 신뢰를 겨냥한 말이다. 연합에 맞서 개인 각자 노력의 중요성을 강조하는 말이다.

---

49. 헐버트의 설명이 옳다고는 할 수 없다. 오늘날에는 딱한 사정이 있어도 남에게 말을 못하고 혼자 속으로 애태운다는 뜻으로 사용되는 말이 아닌가.

50. 南大門入納

51. 'crane'은 학이나 두루미가 더 정확한 해석이다.

113. **업은 아이 삼 년**She hunted three years for the baby that was on her back.

자신이 처한 환경에서는 아무 가치도 발견하지 못하고 다른 상황이나 다른 지역이었더라면 성공했을 것이라고 매일 불평만 하는 사람을 꾸짖는 따끔한 표현이다.

114. **거지도 승지 불쌍하다고**Even the beggar says he pities the palace leader.[52]

승지는 매일 아침 일찍 궁궐로 가야 하며 또 제 몸의 편안함은 완전히 잊어버려야 한다. 조선에서는 각자 몸이 편한 것이 행복한 삶의 가장 중요한 조건이기에, 심지어 거지도 승지에게 아무리 관직이 높아도 불편이 따르기에 불쌍하다고 한다.

115. **무리 꿩 매 논이 같다**Like a man who flies his falcon at a flock of pheasants.[53]

서양의 '불에 너무 많은 쇠를 넣는다Too many irons in the fire'라는 표현과 같다. 해야 할 일이 너무 많아서 어느 것부터 시작해야 할지 모른다는 뜻이다. 매사냥은 여전히 시골 한량들이 가장 좋아하는 취미이다.

116. **촌계관청**[54]

'관청에 수탉이 있다A cock in a government office'라는 말이다. 서양의 '낯선 다락방에 고양이Cat in a strange garret'나 '도자기 가게에 황소Bull in a china shop'와 같다.

---

52. 원문의 'palace reader'는 'palace leader'의 오류이다.
53. 헐버트가 옮긴 영문의 직역은 '꿩 무리에 매 날리는 사람 같은'이라는 뜻이다.
54. 村鷄官廳

117. 왕후장상의 씨가 있는가Can king, general or statesmen be raised from seed?'

서양의 '시인은 만들어지는 게 아니라 태어나는 것이다A poet is born, not made.'와 같은 뜻이다. 같은 성격의 다음과 같은 속담이 있다. '소가 기운만 좋으면 임금 될 수 있나Can an ox, simply because it is strong, become a king?'

118. 임갈굴정[55]

'목이 마르니 가서 우물을 판다Being thirsty he went to work and dug a well.'라는 말이다. 사람들이 원하는 바를 얻으려 할 때만 일을 나가는 것을 돌려서 말하고 있다. 사람이 목이 마를 때만 우물을 파는 것처럼 말이다.

119. 우물 파면 하나만 파If you dig a well, dig only one.

인내를 강조하는 멋진 표현이다. 조금 파 내려가다가 물을 찾지 못해 다른 데를 파는 사람은 절대 우물을 만들 수 없다.

120. 벌거벗고 은 칼 찬다Though naked he carries a silver knife.

필요한 게 여러 가지인데 한 가지만 잔뜩 꾸미는 사람의 어리석음을 나타내는 속담이다. 굶주리는 여인이 10달러가 생기니 곧장 가서 카나리아 새 두 마리와 챙 넓은 부인모를 사는 꼴과 같다.

121. 눈에 안경It is spectacles to me.

자신의 안경은 다른 사람에게는 맞지 않는다. 이 속담은 다른 사람들

---

55. 臨渴掘井

이 좋아하든 싫어하든 자신의 입맛에는 딱 맞는 경우를 가리킨다다.

122. 거동 구경도 만져보나Do you want to feel of the procession?

이 말은 '현재의 상태에 만족하라let well enough alone.'라는 뜻이다. 임금 행차는 굳이 만져보지 않고 보는 것만으로도 충분하다. 이 속담은 일거양득을 한사코 노리는 사람들에게 적용된다.

123. 국이 한강수와 같더라도 숟갈 없이는 못 먹어Even if you have as much soup as the water at Hankang, you can't eat it without a spoon.

이 말은 누릴 수 없는 풍요는 쓸모없다는 뜻이다. 부자나 가난한 사람이나 똑같이 하고 싶은 것을 하고, 누리고 싶은 것을 누려야 즐거운 법이다. 어떤 사람들은 이 속담은 무엇을 얻는 데 필요한 중간 과정을 모두 건너뛰고 그 결실만 누리려는 사람을 가리키는 말이라고도 한다.

124. 참새 굴레 씌우겠다He can bridle a sparrow.

영리해서 무엇이든 할 수 있다는 뜻이다. 참새를 굴레 씌우는 일은 쓸모가 없으므로 비난조로 쓰는 말이다.

조선의 성악(Korean Vocal Music)
≪한국소식(Korean Repository)≫1896년 2월호

제일 먼저 살펴볼 노래는, 현저히 빼어나고 대중적 인기도 높은 대략 782마디 정도의 듣기에도 아름다운 이름을 가진 아리랑이다. 조선인들에게 아리랑은 음식에서 쌀과 같은 존재이다. 다른 노래들은 말하자면 곁가지에 불과하다.

The first and most conspicuous of this class is that popular ditty of seven hundred and eighty-two verses, more or less, which goes under the euphonious title of A-ra-rung. To the average Korean this one song holds the same place in music that rice does in his food - all else is mere appendage.

후렴구에서 부르는 노랫말은 전설, 민간설화, 자장가, 연회, 일상생활, 여행, 사랑 등 다양한 주제를 표현한다. 조선인들에게 이들 노랫말은 서정시요, 교훈시요, 서사시이며 이들이 어우러져 멋들어진 아리랑이 된다. 조선인들이 아리랑을 노래하면 '머더 구스'이자 '바이런'이요, '리머스 아저씨'이자 '워즈워스' 같은 시인이 된다.

The verses which are sung in connection with this chorus range through the whole field of legend, folk lore, lullabys, drinking sons, domestic life, travel and love. To the Korean they are lyric, didactic and epic all rolled into one. They are at once Mother Goose and Byron, Uncle Remus and Wordsworth.

조선의 성악(Korean Vocal Music)

여름 바람을 타고 들려오는 조선의 노래가 서양인의 귀에는 노래 같지 않을 수 있으나 조선에도 분명 음악다운 노래가 있다. 조선의 노래가 기이하고도 처량 맞게 들리는 이유는, 서양인들은 조선인들이 표현하고자 하는 감정을 공감하지 못할 뿐만 아니라 조선의 정서와 음악적 배경을 이해하며 듣지 않고 인공적인 서양의 귀로 듣기 때문이다. 서양인들은 조선의 노래를 듣고 박자가 맞지 않는다고 하지만 이는 마치 셰익스피어의 산문을 보고 운율이 없다고 말하는 것과 마찬가지다. 왜 굳이 박자가 맞아야 하나? 자연을 보면 박자에 맞는 것이란 없다. 개똥지빠귀는 제멋대로 울고, 지저귀는 종달새도 마디나 부점음표附點音標 따위는 신경 쓰지 않는다. 감정을 순수하게 표현해야 하는 음악은 시가 운율에 제한 받지 않아야 하는 것 보다 더 많이 박자에 얽매이지 말아야 한다. 물론 가끔은 박자와 운율이 필요할 때도 있기는 하다. 필자는 이 글에서 조선 음악에도 서양에서 '박자'라 부르는 리듬의 개념이 존재함을 보여 주려 한다.

서양인들이 조선 음악을 별로 좋아하지 않듯이 조선인들도 서양 음악을 그다지 좋아하지 않는다. 그들은 서양인들이 '무엇을 추구하려는 것인지' 공감하지 못하기 때문이다. 이러한 어려움은 서양인들이 서양 음악을 들을 때도 존재한다. '천지 창조'에서 영혼의 죽음에 대한 하이든[1]의 묘사도 전문적 식견이 없으면 의미를 놓친다. 따라서 당신이 조선인의 귀로 들을 수 있기 전까지는 제발 조선의 음악을 평가하려 들지 말기 바란다.

조선의 성악은 세 형식으로 분류할 수 있다. 서양인이 고전 형식 classical style이라 부를 법한 '시조', 대중음악인 '하치'[2], 그리고 그 중간 격으로 응접실에서 들을 법한 형태의 음악이 있다. 물론 실제로는 응접실과는 상관없지만 말이다.

먼저 시조, 즉 고전 형식부터 살펴보자. 시조는 아주 느리고 떨림이 많으며 타악기인 북으로 장단을 맞춘다. 장단을 맞추는 데는 대부분 북 하나만을 쓰며, 시조를 읊는 사람이 음을 길게 끌다가 너무 오래 끌어 듣는 사람들이 지겨워할 때쯤 되면 북을 한 번씩 쳐서 다른 음을 부르게 하는 역할을 한다. 시조의 진행은 매우 느리다. 이를 서양 음악의 속도와 비교하는 것은, 절뚝거리는 조선의 나귀를 타고 여행하는 것과 '엠파이어스테이트 특급열차'[3]를 타고 여행하는 것을 비교하는 것이나 마찬가지다. 중간 빠르기로 부르는 서양 가수가 3절로 된 노래를 다 끝내고 앙코르에 화답할 동안에 조선의 명창은 겨우 한 음절을 끝낸다. 시간이 오래 걸리는 것은 문제가 아니다. 굳이 서두를 필요는 없지 않은가. 문제는 그들이 숨도 쉬지 않은 채 한 음을 오랫동안 멈추지 않고 부른다는 사실이다. 만

---

1. 하이든(Franz Joseph Haydn, 1732~1809)은 오스트리아의 작곡가로서 '천지창조(Creation)'를 작곡했다.
2. 하층민이 부르는 노래를 '하치(Ha Ch'i)'라고 표현한 것으로 보인다.
3. 원문은 'Empire State Express'이다. 1891년 뉴욕에서 개통된 열차로, 당시 세계에서 가장 빠른 속도를 자랑했다.

약 당신이 침대에 누워서 멀리 어디선가 소리꾼이 한 음을 위해 90초 동안 떠는소리를 듣는다면, 그 소리가 조선의 시조라는 사실을 알지 않는 이상, 크루프⁴ 병에 걸린 아이의 우는 소리를 들을 때처럼 언제 다음 숨을 들이쉴까 노심초사할 것이다.

시조는 풋내기들도 자주 따라 하곤 한다. 언젠가 조선에도 만평을 싣는 신문이 발행된다면, 신문은 아마추어 피아니스트들 대신 시조를 어설프게 읊는 풋내기들의 이야기를 흥밋거리로 삼을 것이다. 어설픈 실력으로 고전 음악을 대하는 사람들 때문에 시조에 대한 서양인들의 평판이 나쁘게 됐는지도 모른다. 시조를 부르기 위해서는 오랫동안 꾸준한 연습이 필요하며 오직 기생들만이 완벽의 경지에 이를 수 있다고 조선인들은 말한다. 기생들이 꽤 시조를 한다는 사람들보다 감정 표현을 더 잘해서가 아니다. 그들만이 훈련할 수 있는 시간을 충분히 가졌기 때문이다. 여기에 대충이나마 시조 몇 마디를 채보해보았다. 그러나 고전 형식은 마디가 뒤죽박죽이라는 점을 분명히 기억하라. 시조의 첫 네 단어가 표현하는 가락만을 채보하였다. 시조 전체를 채보하려면 ≪한국소식≫ 이번 호를 다 채우고도 모자랄 것이다.

---

4. '크루프(croup)'는 위막성 후두염을 말한다.

이 악보를 보면 무미건조하다는 느낌이 든다. 필자는 이를 굳이 부정하지 않겠다. 이 노래는 시조, 곧 고전 형식이기에 필자가 이해할 수 있는 범위 밖에 있다. 하지만 필자는 노랫말을 충분히 이해한다. 노랫말은 가락과 맥이 잘 통한다.

이러한 종류의 노래들이 흔히 그러하듯이 이 시조는 초장, 중장, 종장 3장으로 이루어져 있다. 즉, 3막이다. 노랫말을 보자.

청산아무러보자고금ㅅ룰네알니라
영웅호걸들이몃몃치지나더냐
일후에뭇ㄴ니잇거든나도함께

만약 필자가 이 노래의 노랫말을 이해하는 만큼 곡조의 의미도 충분히 이해한 것이라면, 아마도 이 노래가 조선인의 가슴에 와 닿는 느낌과 다음의 시가 서양인에게 주는 느낌이 비슷할 것이다.

391

I

O Mountain blue,
Be thou my oracle.   Thou stumbling-block to clouds,
Years have not marred thee, nor thine eye of memory dimmed,
Past, present, future seem to find eternal throne
Upon thy legend-haunted crest.   O Mountain blue,
Be thou my oracle.

II

O Mountain blue,
Deliver up thy lore.   Name me, this hour, the name
Of him most worthy — be he child or man or sage —
Who, neath thy summit, hailed to-morrow, wrestled with
To-day or reached out memory's hands toward yesterday.
Deliver up thy lore.

III

O Mountain blue,
Be thou my cenotaph; and when, long ages hence,
Some youth presumptuous shall again thy secret guess,
Thy lips unseal, among the names of them who claim
The guerdon of thy praise, I pray let mine appear.
Be thou my cenotaph.

I

오 푸르른 산이여

내게 계시를 주오, 구름도 막아서는 그대여

세월도 그대를 해치진 못하오, 그대 기억의 눈은 아직도 또렷하오

전설이 살아 숨 쉬는 그대 봉우리에서

과거 현재 미래가 영원한 왕관을 찾은 듯하오

오 푸르른 산이여, 내게 계시를 주오

II

오 푸르른 산이여

그대의 신화를 들려주오, 어서 영웅호걸의 이름을 말해 주오

소년이든 사내대장부이든 현인이든

그대 산 정상의 보살핌에

내일을 향해 나아간 이, 오늘에 맞서 싸운 이,

어제를 향해 기억의 손을 내밀던 이

그대의 신화를 들려주오

III

오 푸르른 산이여

그대 나의 기념비가 되어 주오, 오랜 세월이 흘러

주제넘은 젊은이가 또다시 그대의 비밀을 캐려든다면

그대의 입술이 열려

그대의 찬사를 받을 만한 이들의 이름에, 나의 이름도 있기를 기원하오

그대 나의 기념비가 되어 주오[5]

이 시가 바로 조선인의 순수한 모습을 그린 한 폭의 수채화다. 한 젊은이가 자신의 인생을 결정할 과거 시험을 보러 떠나는 모습을 그린 내용이다. 그는 조선의 수많은 웅장한 산 중 하나의 산자락에 누워, 명예와 성

---

5. 헐버트가 우리나라 시조를 바탕으로 재창작한 영시를 우리말로 옮겼다.

공을 위해 같은 길을 걸었을 많은 서생을 떠올린다. 젊은이가 기암괴석의 산을 올려다보자 시의 기운이 그를 사로잡는다. 그는 산에게 성공한 자들이 누구였는지 묻는다. 두 번째 연과 세 번째 연에서, 그가 문득 잠이 들어 꿈결에 산으로부터 영웅호걸들의 이야기를 들었다는 상상이 가능하다. 잠에서 깨어 길 떠날 채비를 하다가 젊은이는 다시 돌아서서 자신의 이름도 방금 꿈에서 들은 명단에 넣어 주기를 부탁한다. 그의 이름이 미리 명단에 추가되면 그 산은 꼭 그가 출중한 인물이 될 수 있도록 도와주지 않겠는가. 산의 정령에 자신을 보살펴 주기를 부탁할 때 이보다 더 치밀하고 기묘한 수법이 어디 있겠는가!

앞의 노래와 같은 부류의 시조를 하나 더 소개하고자 한다. 이 노래는 비난 기사로 쏠쏠한 재미를 보기도 하는 대중지의 만평에서 매년 악의적인 비난을 받는 '봄노래spring songs' 범주에 속한다.[6]

필자는 이 노랫말을 영어로 옮기면서 앞의 노랫말보다 더 원문에 충실하게 직역하였다. 그러나 대학생들이 수업시간에 믿고 공부할 만큼, 원래 한국어 노랫말에 가까운 번역은 되지 못할 것이다.

---

6. 미국에서 어떤 연유로 매년 봄노래가 대중지로부터 악의적인 비난을 받는다는 뜻으로 들린다.

이달이삼월인지버들빗프르럿다
꾀고리깃다듬고호졉펄펄셧겨난다
오히야거문고룰골너라츈흥겨위

The willow catkin bears the vernal blush of summer's dawn
When winter's night is done ;
The oriole, who preens herself aloft on swaying bough,
Is summer's harbinger :
The butterfly, with noiseless *ful-ful* of her pulsing wing,
Marks off the summer hour.
Quick, boy, thy zither! Do its strings accord? 'Tis well.
Strike up! *I must have song.*

겨울의 어둠이 지나가고

버드나무 꽃차례가 초여름의 싱그러움을 드러낸다

산들거리는 나뭇가지 위에서 우쭐대는 꾀꼬리는

여름의 전령이다

소리 없이 훨훨 날개를 펄럭이는 나비는

여름의 시작을 알린다

어서, 소년아 가야금 줄을 조율했느냐

좋다, 풍악을 울려라, 노래가 있어야겠다[7]

조선인들은 참으로 봄을 사랑하는 민족이다. 겨울의 혹독함 때문일
까. 미국인들은 집안에 이글거리는 난로나 아늑한 공간이 있어 매서운 찬

---

7. 헐버트가 재창작한 영시를 우리말로 옮겼다.

바람도 견뎌낼 수 있지만, 조선에서는 그렇지 않다. 조선인들에게 겨울은 어둡고 지저분한 좁디좁은 지하 감옥이나 마찬가지다. 반면에 봄은 해방이자 사색의 공간이며, 기쁨 자체이다. 동물적인 기쁨이라고 해야 할까. 봄의 요염함은 조선인들의 손끝까지 전달되어, 마치 여름 바람이 나뭇잎을 흔들 듯이 조선인들의 시적 감각을 자극한다.

'노래가 있어야겠다.' 이 말은 조선인들에게 음악은 뗄 수 없는 존재임을 의미한다. 종달새도 조선인들처럼 아름다운 선율을 지저귀진 못할 것이다. 어찌 보면 조선인들은 서양인들이 생각하는 것보다 훨씬 더 자연의 심성에 가깝다. 조선인들은 날씨에 아랑곳하지 않고 자연에 다가가 자연이 주는 기쁨을 만끽한다. 이에 반해 서양인들은 대부분 잡지의 사진 속에서나 자연을 본다. 아름다운 겨울 숲 사진들을 상상해 보라. 그 사진과 실제 숲을 직접 비교해본 적이 있는가? 한겨울에 눈 덮인 숲 속에 고요히 앉아 있는 즐거움을 느껴본 적이 있는가? 조선인들에게는 그것이 일상이다.

또 한 부류의 고전 형식은 친목을 다지는 연회에서 부르는 노래들이다. 고전이란 말이 안 어울린다는 생각을 할 수도 있겠지만, 만약 호가스[8]의 그림이 고전이라면 이러한 연회에서 부르는 명랑한 노래들도 고전이라 할 수 있다. 연회에서 부르는 노래 한 곡을 골라보았다. 술 마시는 행태에 대한 노래이지만 필자가 아는 노래 중 가장 애달프다.

---

8. 호가스(William Hogarth, 1697~1764)는 영국의 화가로 당대의 세태를 통렬하게 풍자한 연작 회화로 유명하다. 그림들이 서민들에게 큰 인기를 얻어 풍자화의 아버지라고도 불렸다.

술먹지마자ᄒ고밍세ᄅ지엇더니
술보고안주보니밍세가허스로다
ᄋᄒ이야쳥념이어틱믹니져건너힝화촌

I

'Twas years ago that Kim and I
Struck hands and swore, however dry
The lip might be or sad the heart,
The merry wine should have no part
In mitigating sorrow's blow
Or quenching thirst.　Twas long ago.

II

And now I've reached the flood-tide mark
Of life; the ebb begins, and dark
The future lowers.　The tide of wine
Will never ebb.　'Twill aye be mine
To mourn the desecrated fane
Where that lost pledge of youth lies slain.

III

Nay, nay, begone! The jocund bowl
Again shall bolster up my soul

I

수년 전 김가와 내가 손을 맞잡고 맹세했었지

입술이 마르고 슬픔이 떠나지 않네

이 달콤한 술도

슬픔의 충격을 위로하거나 갈증을 해소하기엔

아무런 역할도 하지 못하네
그게 벌써 한참 전 일이지

II
이제 내 인생 정점에 이르렀네
썰물이 시작하고 어두운 미래가 다가오네
술의 파도는 절대 사라지지 않을 터
옳지, 나에게 오라
젊음의 맹세가 목이 베인 채 누워 있는 그곳
더럽혀진 신전 앞에서 목 놓아 울자꾸나

III
아니다 아니야, 썩 물러가거라
이 보배로운 술잔을 다시 일어나게 하리, 내 영혼과 맞서 싸워
이보게 형씨, 잠시 말 좀 묻겠소
술 파는 곳 아시오
글쎄요, 바로 저기 복숭아밭 너머에나
만수무강은 당신이 가지시오, 나는 그럭저럭 살아가리다[9]

---

9. 헐버트가 재창작한 영시를 우리말로 옮겼다.

이 노래에서 한 사내가 잃어버린 젊은 시절의 꿈을 떠올리고, 현재의 속박 상태를 탄식하며, 모든 것을 잊게 해주는 술에 빠지는 광란을 엿볼 수 있다. 이는 딱히 조선에서만 볼 수 있는 광경은 아닐 것이다.

이제 고전 형식을 뒤로하고 좀 더 대중적인 음악들을 살펴보자. 여기서는 조심스럽게 발을 내디뎌야 한다. 모든 단어의 의미가 두 가지로 해석될 수 있기에 진흙탕에 빠지지 않으려면 조선의 나막신을 신어야 하기 때문이다.[10]

제일 먼저 살펴볼 노래는, 현저히 빼어나고 대중적 인기도 높은 대략 782마디 정도의 듣기에도 아름다운 이름을 가진 아리랑[11]이다. 조선인들에게 아리랑은 음식에서 쌀과 같은 존재이다. 다른 노래들은 말하자면 곁가지에 불과하다. 이 노래는 언제 어딜 가도 들을 수 있다. 미국에서 5년 전쯤 '타라라 붐디에이'[12]가 유행했듯이 오늘날 조선에서 아리랑은 엄청난 인기를 누리고 있다. 하지만 아직은 유행의 정점에 이른 것은 아니기에 이 노래는 매우 오래갈 것 같다. 필자가 알기로 이 노래는 3,520여 일 동안 크게 유행했고, 1883년부터 대중의 마음을 사로잡은 것으로 알고 있다. 아리랑의 '진짜 마지막 공연'은 까마득한 미래의 일로서 아마도 한민족의 영원한 노래가 될지도 모른다. 필자가 앞에서 말한 마디 수를 진짜 믿는 사람은 없길 바란다. 이 곡의 마디 수는 셀 수 없을 정도로 많기 때문이다. 사실 이 노래는 즉흥곡의 명수인 조선인들이 끝없이 바꿔 부를 수

---

10. 가사를 제대로 이해하려면 조선의 정서에 접근해야 한다는 의미로 들린다.

11. 원문은 'A-ra-rŭng'이다.

12. '타라라 붐디에이(Ta-ra-ra boom-di-ay)'는 19세기 후반부터 20세기 초반까지 유행한 보드빌 (vaudeville) 장르의 노래로서 노래와 춤을 섞은 대중적인 희가극이다.

있도록 만들어졌다. 후렴구는 바뀌지 않고 언제나 다음과 같이 부른다.

**아르랑 아르랑 아라리오
아르랑 얼스 바 띄어라**

마지막 단어를 '다 나간다' 또는 이와 비슷한 의미의 어구로 바꾸는 정도는 허용된다. 필자가 미국에서 이 후렴구 노랫말을 해석해달라는 부탁을 받았을 때, 그 의미가 'Hei diddle diddle'[13]로 시작하는 영국의 고전 형식 노래와 비슷하다고 답한 적이 있다. 필자는 많은 조선인에게 아리랑 노랫말의 정확한 의미가 무엇이냐고 물어봤지만 항상 야릇한 미소만 돌아왔다. 그나마 그들이 대답을 짜내더라도 너무 애매해서 이해할 수 없었다. 한 사람이 필자에게 다가와 속삭이기를, 러시아를 뜻하는 한국어 단어의 시작 부분인 '아르'가 러시아 제국이 조선의 운명을 좌지우지할 것을 예견한다고 했다.[14] 또 다른 사람은 이는 특정 한자의 한국어 발음이라며, '내 낭군을 사랑해요, 내 낭군을 사랑해요, 맞아요! 당신을 사랑해요, 내 낭군을 사랑해요'라는 뜻이라고 했다. 노랫말의 마지막 말은 '좋아요! 축제의 배를 띄워요'라는 의미이다. 이는 조선인들이 가장 선호하는 여흥으로서 강에 배를 띄우고 즐기는 풍류이다. 그러나 한 가지 빼놓을 수 없는 것은, 이러한 배에서의 풍류는 특히 연회를 만끽하는 사람들에게는 매우

---

13. 'Hei diddle diddle'은 영국의 전래동요이다.
14. '아르'는 '아르랑'의 앞 두 글자를 말하며, 이 말을 러시아를 뜻하는 '아라사'의 앞 두 글자와 연관하여 말한 것으로 보인다.

위험스런 놀이라는 점이다.

후렴구에서 부르는 노랫말은 전설, 민간설화, 자장가, 연회, 일상생
활, 여행, 사랑 등 다양한 주제를 표현한다. 조선인들에게 이들 노랫말은
서정시요, 교훈시요, 서사시이며 이들이 어우러져 멋들어진 아리랑이 된
다. 조선인들이 아리랑을 노래하면 '머더 구스'[15]이자 '바이런'[16]이요, '리머
스 아저씨'[17] 이자 '워즈워스'[18] 같은 시인이 된다.

어설프게나마 아리랑을 채보해보았다. 떠는 음trills and quavers 표시
는 생략했지만 음마다 한두 번씩 떨면 딱히 틀리지는 않을 것이다.

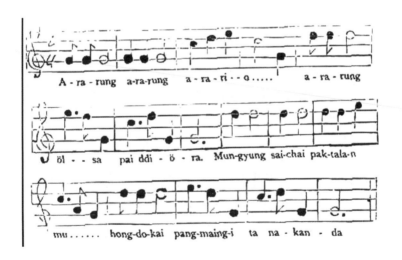

---

15. '머더 구스(Mother Goose)'는 영국 전승 동요집(Mother Goose's Nursery Rhymes)의 상상적 저자
이다.
16. 바이런(George Gordon Byron, 1788~1824)은 낭만주의를 선도했던 영국의 시인이다.
17. '리머스 아저씨(Uncle Remus)'는 미국의 소설가 해리스(Joel Chandler Harris, 1848~1908)의 우
화집에 나오는 가상 인물이다. 아이들에게 동물 이야기를 들려주는 농장에서 일하는 늙은 흑인
이다.
18. 워즈워스(William Wordsworth, 1770~1850)는 영국의 낭만주의 시인이다.

노랫말 :　　　아라링 아라링 아라리오 아라링

　　　　　　얼싸 배 띄워라 문경 새재 박달나무

　　　　　　홍두깨 방망이 다 나간다[19]

이렇게 후렴을 함께 부르고 나면 다음과 같은 노랫말이 이어진다.[20]

문경 마을 새재 고개에서

박달나무 잘라 내어

아낙네들이 주인님 옷 빨래할 때

두들길

매끈하고 윤기 나는 방망이나 만드세

그리고는 재빨리 생각을 바꾸어 용맹스런 아마존 여전사를 연상시키는 연聯이 등장한다.

사랑하는 낭군과 떨어질 수 없네

작별을 고하면 심장이 찢어지네

여길 보게, 낭군 손목을 꼭 쥐고 있네

아무리 돌리고 뒤틀어도

---

19. 헐버트가 역사상 최초로 서양 음계로 채보한 아리랑 악보와 노랫말이다. 한편 헐버트는 조선에
　　도착한 직후인 1886년 10월 동네 아이들이 부르는 노래를 듣고 아리랑 한 소절을 채보하여 누이
　　에게 보낸 편지에 담았다.
20. 이하 노랫말은, 당시의 아리랑 노랫말을 바탕으로 헐버트가 재창작한 것을 다시 우리말로 옮겼다.

절대 놓아주지 않으리

다시 순식간에 현실 세계를 떠나 티타니아[21] 요정의 나라로 달려간다.

얼룩나방에게 부탁했네

나를 날개 위에 얹어

산들바람 부는 산기슭으로 날아가 달라고

집으로 돌아올 땐

불나방을 타고 오리

마지막으로, 조선인들의 삶에서 절대 떼어 놓을 수 없는 정서로 마무리된다.

낭군은 저 멀리 떨어져 있네

내 마음 슬프네, 두렵네, 허나 아냐

낭군께서 하신 약조는 분명 지키실 거야

오래 기다려야 할지라도 언젠간 오실 거야

돌아오시오! 하염없는 눈물이여

노랫말을 영어로 옮기니 내용이 슬프기만 하고 운율도 고르지 못한 순 엉터리 시로 들린다. 조선의 정취와 향기가 다 사라져버렸다. 하지만 위 노랫말에서 조선인들의 심상을 보여 주는 시구를 볼 수 있을 것이다.

---

21. '티타니아(Titania)'는 셰익스피어(William Shakespeare, 1564~1616) 작품에 나오는 요정의 나라 여왕이다.

이 시구를 서양의 대중음악과 비교해 보면 인간의 본성이란 어딜 가나 똑
같고, 다만 형태만 다를 뿐이지 같은 감정들이 표현된다는 사실을 알 수
있다.

다음은 시조와 하치 사이의 중간 형태의 노래이다. 시조와 같은 반열
에 있진 않지만 하치보다는 위에 놓인다.

노랫말 :   바-람-이 분--다 바-람-이 분--다

　　　　　연--평 바다 에-헤라[22] 칼바람 분다

　　　　　에-야 에-야 에----야 에-----야 에------야

　　　　　에-라 칼바람 분--다

　서양인들은 틀림없이 이 노래를 요트 위에서 듣는 노래로 분류할 것이다. 그러나 조선의 강과 바다에 떠다니는 네모난 소형 배들을 요트에 비유하는 것은 요트에 대한 모욕일 것이다. 이 노래는 주로 미국의 선원들이 부르는 '헤이-오heigh-o'와 같은 의미의 '에-야'라는 말로 이루어져 있다. '에-야'는 '바람이 분다'와 함께 이 노래의 대부분을 차지한다. 또한, 이 노랫말에는 황해도 연안의 험난하기로 소문난 '연평 바다'와 같은 약간의 지역적 특색도 담겨 있다. 이러한 지역적 특색은 조선 노래의 특징이다. 조선인들은 '높은 산', '그림자가 드리운 골짜기', '산들바람이 부는 고원', '바람이 휘날리는 바다'와 같은 특정 지명이 없는 상상적인 표현은 거의 쓰지 않는다. 서양인들은 시를 쓸 때 세밀한 부분은 독자의 상상력에 맡기기를 좋아하기에, 이렇게 특정 지역을 언급하면 노래의 시적 가치가 떨어진다고 생각할 수도 있다. 그러나 반대로 필자는 조선 음악의 매력이 바로 여기에 있다고 본다. 그 이유는 첫째로, 지역 이름들 자체가 참 아름답고 음악에 잘 어울린다. 둘째로, 조선인들은 자기 나라 지리를 놀라울 정도로 빠삭히 알고 있다. 대부분의 조선인은 인생에 한 번쯤은 여행을 떠나본 적이 있어, 특정 지역에 대한 노랫말도 개인적인 이야기로 쉽

22. 원문은 'éi-wha'이다. '에-헤라'를 말하는 것으로 보았다.

게 받아들인다. 특히 다시 말하지만 지명들 자체가 매우 시적이다. 지명들을 보면 '백두'는 '흰 머리를 가진', '강화'는 '강의 찬란함', 낙화는 '떨어지는 꽃', '새재'는 '새들이 지나는 곳', '송도'는 '소나무가 가득한 수도'라는 뜻이다. 이들 외에도 조선에는, 서양의 'Mauch Chunk(곰의 산)'[23], 'Devil's Dike(악마의 도랑)'[24], 'Pike's Peak(창끝)'[25], 'Pilot Knob(항해자의 손잡이)'[26], 'Magillicudy Reeks(맥길리커디의 악취)'[27], 'Rotten Row(썩은 줄)'[28] 같은 지명과 시적인 관점에서 어깨를 나란히 할 만한 지명들이 무수히 많다. 'Rotten Row'는 두운頭韻의 두드러진 예이다. 물론 두운을 이용하여 시를 지으려면 셰익스피어의 천재성이 있어야 하지만 말이다.

---

23. 'Mauch Chunk'는 미국 펜실베이니아(Pennsylvania) 주에 있는 도시로, 지금은 'Jim Thrope'라는 이름으로 불린다. '곰의 산'이라는 뜻의 원주민 언어에서 유래했다.
24. 'Devil's Dike'는 영국 남부의 'V' 자 계곡으로 유명한 지역이다. 수려한 자연경관으로 19세기와 20세기의 대표적 관광지로 뽑혔다.
25. 'Pike's Peak'는 로키산맥에 있는 해발 1,679m의 봉우리이다.
26. 'Pilot's Knob'는 '항해자의 손잡이'라는 뜻으로 미국 전역에 이러한 지명을 가진 지역이 많다.
27. 'Magillicuddy Reeks'는 아일랜드의 산맥이다.
28. 'Rotten Row'는 런던의 하이드파크 공원 남쪽을 둘러싸는 길로 18~19세기에 상류층들이 주로 찾는 명소였다.

조선의 시(Korean Poetry)

≪한국소식(The Korean Repository)≫ 1896년 5월호

조선의 시는 모두 서정시이다. 서사시로 분류될 만한 시는 조선에 없
다. 우리가 종달새에게 교향곡을 불러달라고 요구하지 않는 것처럼, 아시
아인들에게 역사를 담은 긴 서사시를 읊어달라고 요구하지 말아야 한다.
아시아의 언어는 그러한 형태의 표현에 적합하지 않다. 조선의 시는 자연
음악이며, 단순하고 간결하다. 열정, 감성, 감정이 전부다.

Korean poetry is all of a lyric nature. There is nothing that can
be compared with the epic. We do not ask the lark t osing a whle
symphony, nor do we ask the Asiatic to give us long historical or
narrative accounts in verse. Their language does not end itself to that
form of expression. It is all nature music pure and simple. It is all
passion, sensibility, emotion.

결론적으로, 조선인들의 상상력이 부족하다고 치부하기보다 그들의
상상력이 참으로 풍부하다는 사실을 받아들여야 한다.

We can not charge the Korean with lack of imagination but rather,
at times, with the exuberance of it.

조선의 시(Korean Poetry)

구수한 방언을 들으면 참으로 재미있지만 방언이 나오는 문학 작품은 속임수를 담고 있다. 왜냐하면, 방언을 일상적으로 구사하는 사람들은 자신들의 기이한 사투리나 발음에서 야기되는 독특한 풍미를 전혀 느끼지 못하기 때문이다. 예를 들어 흑인들의 방언을 들으면 사람들은 참지 못할 정도로 깔깔대기도 하고, 때로는 한없이 애수에 젖기도 한다. 흑인들의 특유한 억양, 말투, 방언의 표현 방식에 익숙하지 않은 사람들에겐 더욱 그렇다. 그러나 흑인 자신들은 전혀 그렇게 느끼지 않는다.

조선인을 처음 만나는 외국인이 조선의 우스꽝스러운 전통 의상을 보면 큰 소리로 웃고 싶을 것이다. 영어권 사람들이 피진 잉글리쉬[1] 영어를 쓰는 나라에 처음 가면 그들도 같은 반응을 보일 것이다. 그러나 실제로는 우스꽝스러운 전통 모자를 쓴 조선인이나 기이한 방식으로 대화하는 중국인은 자신들의 모습이 특별히 더 웃기다거나 신기하다고 느끼지 못한다. 키플링[2]의 작품에 등장하는 주인공 멀바니[3]는 멀쩡한 인물이지만

---

1. '피진 잉글리쉬(pidgin English)'는 다른 나라 말과 혼합하여 간략화한 영어를 말한다. 특히 중국어 문법을 바탕으로 간략화한 상업 영어를 이른다.
2. 키플링(Rudyard Kipling, 1865~1936)은 인도 봄베이에서 태어난 영국 작가이다. 1907년 노벨문학상을 받았다.
3. 멀바니(Terence Mulvaney)는 키플링의 소설 '세 명의 병사(Soldiers Three, 1888)'에 등장하는 인물이다.

소설 속에서 그가 슬플 때 독자들은 웃고, 그가 슬픔과는 거리가 멀 때 독자들은 눈물을 훔친다.

자신의 문화와 다른 문화권의 시를 접할 때 우리는 그들의 시를 이해하는데 어려움을 겪는다. 특히 앵글로 색슨 문화권과는 많이 다른 동아시아 문화권의 시를 접할 때는 어려움이 가중된다. 순간의 흥밋거리 이상으로 동아시아 문화권을 깊이 이해하고 싶다면, 이러저러한 그들의 독특한 표현들이 외국인들에게 어떻게 영향을 미치는지보다, 오히려 원어민들에게 어떻게 영향을 미치는지를 연구하는 것이 더욱 가치가 있을 것이다. 조선에서 누군가가 "나리, 배가 비어 있지 않은가요?"라고 물으면 듣는 사람은 "나리, 아직 배가 안 고프십니까?"라는 의미로 알아듣는다. 이 표현은 말하는 이에게는 일상적인 대화이다. 그러나 만일 당신이 이 표현을 낯설게 느낀다면 이는 당신이 말하는 사람의 독특한 화법에 익숙하지 않기 때문이다. 이러한 이유로 필자는 조선의 노래나 시를 직역하지 않는다. 직역하면 본래의 내용에 대해 조선인들이 갖는 의미와 대부분이 서양인인 ≪한국소식≫ 독자들이 갖는 의미가 다르기 때문이다. 번역의 목적은, 시를 통해 원어민이 전달받는 의미와 감동을 번역문을 읽는 독자에게도 똑같이 전달하는 데 있지 않겠는가.

조선의 시를 번역할 때 첫 번째로 맞닥뜨리는 어려움은 조선의 시는 매우 축약적인 언어를 사용한다는 점이다. 조선의 시는 어투에 거의 구애받지 않는 듯하다. 조선인들은 대여섯 개 정도의 한자를 잘 배열하여, 영시에서 8행의 한 연이 전달하는 시보다 더 많은 내용을 전달할 수 있다. 화랑에 전시된 조선의 그림들은 각각의 작품이 하나의 온전한 개체로서 여러 개념을 집약하여 전달하고, 다양한 추억을 환기시킨다. 헌신의 개념을 표현한 그림 대신, '헌신devotion'이라는 단어 또는 '헌신'의 개념을 설명하는 몇몇 글자가 벽에 걸려 있는 모습을 상상해 보라. 그것이 바로 조선의 시와 영시의 차이이다. 영시는 귀를 매개로 뜻을 전달하고 조선의 시는 눈을 매개로 뜻을 전달한다. 그래서 동양에는 웅변술이 존재하지 않는다. 말하기는 실용적인 용도로만 쓰일 뿐이다. 조선인이 글자 하나하나로 엮어내는 의미심장함을 예시해 보겠다. '落花'라는 한자 두 글자를 보자. '낙'이라 읽는 첫 번째 글자는 떨어진다는 뜻이고, 두 번째 글자 '화'는 꽃이라는 뜻이다. 다시 말해 '떨어진 꽃'이다. 두 글자가 암시하는 의미는 역사적인 맥락에서 이해해야 하며, 학식이 있는 조선인이 이 두 글자를 본다면 다음과 같은 내용을 머릿속에 떠올릴 것이다.[4]

백제[5]의 궁궐에서 비통한 울음소리가 들린다
겁쟁이 왕은 자신의 운명을 예지하여 달아나고
역전의 장수들도 쓰러졌다[6]
마법사의 솜씨도, 피비린내가 진동하는 희생도, 용감한 군대도
큰 해일처럼 밀려오는 신라의 복수를 막지 못한다
겁쟁이의 특권인 도피는 그의 선택이다
그의 도피로 왕비는 과부가 되는 것보다 더 처참하다
침략자들의 먹잇감으로 남겨질 뿐이다
정복자에게 당할 모욕과 희롱을 떠올리며

---

4. 헐버트가 낙화암에 관한 이야기를 듣고 재창작한 것으로 보인다.
5. 한반도 남부의 옛 왕국의 하나이다.
6. 원문의 'encinct'는 'extinct'의 오류이다.

조용히 그녀는 떨고 있는 궁녀들에게 다가간다
대성통곡하는 궁녀들의 슬픔도[7]
그녀의 고통에는 미치지 못한다
그러나 보라, 그녀는 웃는다
손짓으로 궁녀들을 불러 성벽 너머로 이끈다
평화로운 시절 자연의 행락지에서
대 제사를 거행하던 시절처럼
하지만 지금 그들 뒤에서 공포의 굉음이 들리고
무자비한 전쟁을 저주하며 서둘러 절벽으로 간다
강물에 비친 자신을 보며 얼굴을 찡그린다
이제 낭떠러지 높이를 재어 본다
점멸하는 눈빛과 타들어가는 가슴으로
그녀는 돌아서서
절망의 형적이 맴도는 곳에
영웅의 불꽃을 태우리라
"무례한 적군은 백제의 꽃들을 따버리겠다고 호언장담한다
그것이 허풍임을 보여 주자
그들은 절대 백제의 왕비가 왕비답지 않았다고 말할 수 없을 것이다
보라, 망령들이 저기 시퍼런 웅덩이에서 기다린다
물은 깊고 죽음의 부름은 냉혹하지만
가슴속에 순결을 간직하고

---

7. 원문의 'chamrous'는 'clamorous'의 오류이다.

솜털 이불과 베개처럼

심연과 죽음의 품 안으로 떨어지자"

이렇게 말하고서,

그녀는 낭떠러지 끝으로 그들을 부른다

손에 손 잡고 슬픔의 자매들은 서성이다가

허공으로 몸을 날린다

용감한 그녀들이여

4월의 향기로운 내음에 부드럽게 날리는

매화 꽃잎들이 도랑 옆에 쌓이고

그렇게 백제의 꽃들은 떨어졌지만

정절의 정상에 높이 올랐다!

조선인들은 설화에 시를 삽입하여 무엇인가를 암시하기를 즐긴다. 이 때 표현한 시들은 짤막한 한 줄 정도에 지나지 않는다. 왜냐하면, 조선의 시는 즉흥적인 자연스러움이 전부이기 때문이다. 조선인들은 오랫동안 앉아서 칸토[8]를 쓰는 것이 아니라 새가 마음껏 지저귀듯 시를 짓는다.

이런 형식의 가장 좋은 예 중 하나는 ≪조웅전趙雄傳≫[9]이다. 조웅은 그가 섬기는 주군의 왕위를 찬탈한 자들에 대한 도전장을 궁궐의 대문에

---

8. '칸토(canto)'는 장편 시의 한 부분을 말한다.

9. 작자, 연대 미상의 고전소설이다. 군담소설(軍談小說) 류 중 가장 널리 읽혔던 작품으로 전해지고 있다.

붙이고, 남쪽의 한 사찰로 도망쳤다가 수년간 병법과 전술을 익힌 뒤 반란 세력을 제거하고자 다시 궁궐로 돌아왔다.

　남쪽에 도착한 첫날 조웅은 멋진 검劍의 자태와 준마의 매력에 푹 빠지고, 밤에는 승려복을 입은 채로 그 지역 선비들의 환대를 즐겼다. 하루는 자신의 방 창가에 서서 달빛이 비치는 바깥 풍경을 바라보는 조웅에게 요정의 손가락이 연주하는 것으로 추정되는 치터[10] 소리가 들려왔다. 가사가 없는 곡이지만 선율이 스스로 뜻을 전하니 요정의 손가락이 연주하는 것이 분명했다.[11]

　　슬픈 마음이여, 슬픈 마음이여, 그대는 오래오래
　　사랑의 깊은 샘이 마르기를 기다려요
　　4월의 꽃봉오리가 터지는데
　　내 영혼 속엔 겨울이 머물러야만 하나요

　　사랑의 목마름으로
　　깊은 숲속의 참나무 심장을 갈기갈기 찢어
　　운명이 점지해 줄 나의 영웅을 맞이하기 위해
　　오두막집을 지었죠

---

10. 치터(Zither)는 평평한 공명 상자에 30~45개의 현이 달린 악기이다. 이 글에서 치터는 거문고를 말하는 것으로 보인다.
11. 이하 두 편의 시는 헐버트가 조웅전을 바탕으로 재창작한 것으로 보인다.

하지만 매정한 운명은 나를 비웃으며
나의 영웅을 멀리 추방하고는 대신에
사랑의 희망이라고는 찾아볼 수 없는
두건을 뒤집어쓴 중을 보내왔죠

고동치는 거문고를 통해
내 가슴속 사랑의 전언을 띄우고
하늘에 불러보아요 원앙새[12]를
사랑의 신호이자 기쁨의 전조가 확실한 원앙새를

하지만 운명은 중천에 가뒀네
사랑만을 지저귀는 원앙새를
대신 까치[13] 한 마리가[14]
내 품안에서 퍼덕거리네

이 애매한 칭찬에 자존심이 상한 조웅은 항상 지니고 다니는 그의 피리를 꺼내, 보이지 않는 상대에게 다음의 선율로 답했다.

학문에 정진한답시고 십 년이나 저버렸네
삶의 동의어인 사랑의 제단을

---

12. 인생의 반려자를 정하는 새로서 금슬이 좋은 부부의 상징이다.
13. 일반적으로 알려진 까치를 말한다.
14. 원문의 foul은 fowl의 오류이다.

그리고 꿈꿨네 덧없는 젊음을

자연의 신비를 깨달았으니

삶의 보석인 사랑도 얻을 거라고

그러나 그렇지 않았네

오늘밤 나는 저 멀리 별로부터

사랑의 등불을 태우라는 목소리가 들리지만

어허 등잔에 기름을 부을 수가 없네

슬프도다

나는 그녀를 아름다운 달의 여왕으로 여기지만

나는 잘 아네

땅과 하늘 사이를 연결하는 다리는 없다는 것을

그녀 가까이서 피리[15]를 부드럽게 불어볼까

대지가 고요해지고 그녀가 들을 수 있도록

아니면 창공을 뚫고 밤의 귀를 열어젖힐 만큼

새된 소리를 내어볼까?

마침내 조웅은 둘 사이를 가로막고 있는 진흙 담을 뛰어넘어, 그녀로
부터 그의 아내가 되겠다는 약속을 받아냈다. 이 약속은 조웅이 군대를
이끌어 왕위를 빼앗은 세력을 물리치고 왕좌를 되찾은 후에 현실로 나타
났다.

---

15. 원문의 lute는 중세의 현악기의 일종이다.

조선의 시는 모두 서정시이다. 서사시로 분류될 만한 시는 조선에 없다. 우리가 종달새에게 교향곡을 불러달라고 요구하지 않는 것처럼, 아시아인들에게 역사를 담은 긴 서사시를 읊어달라고 요구하지 말아야 한다. 아시아의 언어는 그러한 형태의 표현에 적합하지 않다. 조선의 시는 자연음악이며, 단순하고 간결하다. 열정, 감성, 감정이 전부다. 개인사이거나 가정의 얘기이며, 심지어는 매우 사소한 일들도 종종 다룬다. 이러한 관점에서 조선의 시가 내용적으로는 폭이 좁다고 할 수 있으나, 이들의 삶 자체가 제한적이고 또 시야에 한계가 있다는 점을 잊지 말아야 한다. 이러한 면이 왜 그들이 사소한 것들에 필요 이상으로 열정을 쏟아붓는지를 어느 정도 설명해 준다. 조선인들의 제한된 삶에서는 사소한 것들도 크게 느껴지기 때문이다. 버드나무 가지의 흔들림, 나비의 변덕스러운 날갯짓, 꽃잎의 떨어짐, 지나가는 벌의 윙윙거리는 소리 등이, 삶의 시야가 넓은 사람에게는 사소하게 보일지 몰라도 조선인들에게는 큰 의미가 있다. 다음은 어부가 고기잡이에서 돌아오는 길에 부르는 저녁 노래이다.[16]

해질녘 가물거리는 햇빛이
어른거리는 바다를 가로지를 때
낚싯줄을 마지못해 감아올리고
나는 뭍 쪽으로 노를 젓노라

저 멀리 거품이 이는 파도를 따라

---

16. 헐버트가 조선의 어떤 어부가를 듣고 재창작한 것으로 보인다.

소나기 요정들이 날아다니고
갈매기들은 지친 날개를 접고
물에 들어갔다 나왔다를 반복한다

실버들가지로 묶은 은빛 가자미들
나의 자랑스러운 전리품[17]일세
저편에 있는 주막에 잠시 들렀다가
집으로 돌아가리라

다음의 시에서도 우리는 비슷한 경향을 발견할 수 있다. 서양에서 잘 알려진 '오! 광야의 오두막집을 위하여'[18]를 조선의 정서에서 설정해 보았다.[19]

허세와 미혹이 넘치는
그들이 세상이라 부르는 곳에서
끝없는 아우성에 지쳐
집으로 돌아가는 뱃사람처럼
이제 파도의 미련을 뒤로하고
삶의 돛을 감았다

---

17. 원문의 tophies는 trophies의 오류이다.
18. 원문은 'Oh, for a lodge in some vast wilderness'이다. 영국 시인 쿠퍼(William Cowper, 1731~1800)의 시집 〈The Task(과제), Book II〉의 첫머리에 나오는 시구이다.
19. 헐버트가 조선의 정서를 서양시에 접목하여 창작한 시다.

자연의 광활함 앞에 작아지기만 하는
이 깊은 산 중에
세속을 버리고 은둔의 오두막을 지으리라
구름은 수채화 천장이 되고
하늘의 짙은 푸름은 반만 드러난 채
햇살이 서까래가 되고 별빛은 채워지리라

호수 깊은 곳에 나를 가둬두리라
저 너머에 요정처럼 어여쁜 달
오 그 누가 자연의 아름다움을 지키겠는가?
몸값으로 그 무엇을 다 준다 해도
난 헌성된 재물을 경멸할 것이며
그녀를 간직하고 운명을 비웃을 것이다

가을의 손길이 여기저기 바닥 위에
낙엽을 흩뜨려 놓아도
무슨 걱정이랴 바람이라는 빗자루가 있거늘
집 안팎 청소할 생각은 접어두고
다만 폭풍의 신령들에게 손짓하여
넘쳐나는 빗방울로 온 방을 치우리라

결론적으로, 조선인들의 상상력이 부족하다고 치부하기보다 그들의 상상력이 참으로 풍부하다는 사실을 받아들여야 한다.

조선의 예술(Korean Art)

≪한국소식(The Korean Repository)≫ 1897년 4월호

조선인들은 모든 예술품을 '다락'이라는 벽장에 숨겨두고 한 번에 한 점씩 꺼내서 즐긴다. 그들은 하나의 예술품만을 사랑이에 진열하다가 1~2주 뒤에 다른 예술품으로 교체한다.

He keeps them all hidden away in a 'tarak', a kind of closet, and has them brought out one at a time to be enjoyed. After one has been standing in his sarang or reception room for a week or two he will have it removed and another one substituted for it.

조선인들은 예술적 취향에서는 세련미가 부족하지만 놀랄 만큼 예민한 감성의 소유자이다. 어느 민족도 봄의 풋풋함을 조선인들보다 더 만끽하지 못한다. 어느 민족도 조선인들만큼 언덕 위에 앉아 아지랑이에 반쯤 가려진 환상적인 가을 풍경을 열정적으로 즐기지 못한다.

And yet in spite of the lack of any refinement of artistic taste the Korean has a wonderfully impressionable nature. No one enjoys the opening of spring more than he: no one can sit on a hill side and look out upon a scene, half veiled by the dreamy Autumn haze, with more passionate pleasure than he.

조선의 예술(Korean Art)

조선인들은 개별 예술품을 감상하는 안목은 뛰어나지만 예술품 전체의 조합[1]에 대한 이해는 많이 부족해 보인다. 일반적으로 예술에는 조합의 기교가 존재하며, 이는 모든 예술 형태에서 가장 중요한 요소이다. 예를 들면 어떤 사람은 진부한 소재를 교묘하게 조합하여 멋진 결과를 창출해내기도 한다.

조선 예술의 큰 취약점은 예술 전체의 관점에서 여러 소재를 조합하는 능력의 부족이다. 달리 말하면 조선인들은 사물을 상호 연관 지어 생각하지 않는다. 조선인들의 정원을 방문하면 아름다운 화초들을 볼 수 있다. 그러나 화초들이 항아리에 뒤죽박죽 쌓여 있어 예술적 즐거움을 느끼지 못한다. 조선인들은 화초 하나만을 골라 개별적으로 감상하기를 즐기며, 화초들을 적절히 결합하여 조화를 끌어내는 데는 매우 둔감하다.

예술품에서도 마찬가지이다. 어떤 조선인도 두 개 이상의 예술품을 동시에 진열하지 않는다. 조선인들은 모든 예술품을 '다락'이라는 벽장에 숨겨두고 한 번에 한 점씩 꺼내서 즐긴다. 그들은 하나의 예술품만을 사랑에 진열하다가 1~2주 뒤에 다른 예술품으로 교체한다. 물론 이러한 방

---

1. 원문은 'combination'이다. 이는 결합을 통한 조화를 의미하나, 이 글에서는 통일하여 조합으로 옮겼다.

식으로 갖가지 예술품을 즐기다 보니 조선인들은 소장품 전체에 대해 곧바로 싫증을 느끼지는 않는다. 조선인들의 이러한 방식에 대해 조선인들이 조합의 효과를 경시하는 것이 아니라, 최상의 한옥마저도 많은 예술품을 효과적으로 배치하기에는 집의 구조가 부적합하기 때문이라는 반론을 제기할 수도 있다. 이 말은 부분적으로는 사실이지만, 반론을 제기하는 사람들이 원인과 효과를 뒤바꾼 말장난에 불과하다. 만약 조선인들이 효과적인 조합에 대해 일말의 직관이라도 지녔다면 그들은 이미 오래전에, 중세 유럽에서 바실리카[2] 건축물이 고딕[3] 양식으로 바뀐 것처럼 조합의 효과를 증명해 보였을 것이다.

그렇다고 조선인들을 예술적 심미안이 부족하다고 말할 수는 없다. 조선인들의 예술적 취향은 그들 고유의 문화를 바탕으로 발전되어 왔고, 다만 발전의 폭이 좁았을 뿐이다. 즉 조선인들의 예술적 직관이 넓은 의미의 예술적 취향으로 꽃피우지 못한 것이다. 이는 조선 음악에서도 마찬가지이다.

예술 전체를 놓고 보면 조선인은 아직 유아단계에 있다고 할 수 있다. 조선은 과학의 발전이 미진했고, 예술 분야의 관습이나 제도가 체계적으로 형성되지 못했으며, 합리성의 요소와 규제의 요소의 적절한 조절 작용도 없었다. 음악에도 산술적 요소가 요구된다든가, 정원 만들기에 성공하기 위해서는 기하학이 절대적으로 필요하다든가, 원뿔 곡선이 다리 건설

---

2. 바실리카(Basilica)는 고대 로마의 공회당이나 성당 등 공공건물을 말하며, 정방형의 평면 내부를 두 줄 내지 네 줄의 기둥으로 갈라 중앙과 양측의 공간을 나누는 특징을 지닌다. 유럽 성당의 기본이 되는 건축 양식이다.

3. 고딕(Gothic) 양식은 12~16세기에 서유럽에서 유행한, 높은 천장, 수직 첨탑, 아치 양식, 밝은 내부가 특징인 중세 문화를 대표하는 건축 양식이다.

에 필수적이라는 등의 경구는 조선인들의 심기를 건드리는 말에 불과하다. 음악에서 산술적 요소의 결핍은 유럽에서 빌려온 일부를 제외하고는 아시아 전역에서 군악軍樂의 발전을 막았으며, 정원 만들기에서 기하학적 요소의 결핍은 자연이 동정하여 실수를 눈감아 준 것을 빼고는 조선인들의 조원술造園術에 대한 도전을 무색케 했다.

조선의 집을 보면 '작고 우아함'이 조선 예술이 추구하는 방향이라는 점을 잘 보여 준다. 집이 크고 땅이 넓지만 여러 연결 통로와 마당을 담으로 분리한 채 집을 지었기에, 효과적인 조합의 가능성을 차단하고 있다. 물론 각각의 통로나 마당은 매우 아름답다. 그러나 집 전체가 마치 음산한 성안의 미로 같고, 건물이 조각조각 흩어져 있어 서양인들에게는 거주 공간이라기보다는 감옥을 연상케 한다. 그러나 조선인들은 이러한 벌집 모양의 집에서도 즐거움을 누린다. 각각의 방은 나름대로 주인에게 특별한 매력을 제공한다. 안방에는 아름답게 수가 놓인 고풍스러운 병풍이 있고, 다른 방에는 잔금무늬 그림이 새겨져 있는 화병이 있고, 또 다른 방에는 조선에서는 드물게 종려나무나 선인장이 담겨 있는 화분도 있다. 물론 조선인들은 모든 예술품을 한꺼번에 볼 수 있게 어느 한 장소에 모으는 일은 상상조차 하지 않는다.

조선 예술에는 장점도 있다. 조선 예술의 첫 번째 장점은 광의의 예술 형태에서는 잘 나타나지 않는, 주의력의 집중과 세밀한 정교함이다. 조선인들의 나비 그림을 보면 고통스러울 정도로 정교하다. 물론 원근법까지 기대할 수는 없다. 조선인들이 대개 담으로 둘러싸인 집 안에 꽉 갇혀 생활하기에 먼 거리의 조망을 관찰하는 기회가 적어서 오는 결과인지도 모른다. 또한, 조선인들은 휴대용 쌍안경보다는 현미경을 지니고 다닌다. 이러한 섬세함의 집착이 바로 동양 전체에 그로테스크 풍의 기이한 예술 풍조를 낳게 했다. 이는 그들의 예술적 한계에 대한 일종의 항의 표시이다. 오랫동안 협소함에 치우쳐 있던 조선인들의 심미안은 어떻게든 탈출구를 찾아야 했기에, 대담하게 구곡을 깨고 환상의 예술 영역에 접근하는 방법으로 탈출구를 찾았다고 볼 수 있다. 조선의 거의 모든 그림에서 키가 작은 나무나 물에 마모된 신기한 형상의 바위 같은, 호기심을 자극하는 요상한 형태의 사물을 어김없이 볼 수 있다. 얼굴 전체에 호두만 한 크기의 사마귀가 없는 그림이나, 수염 길이에 견줄만한 긴 눈썹을 갖지 않은 고대 무사의 그림은 조선의 그림이 아니다. 자신을 삼킬만한 커다란 입을 가진 호랑이가 아니면 그것 역시 조선의 그림이 아니다.

한 번에 하나씩 보고 즐기는 미적 취향에서 오는 조선 예술의 특별한 문화 하나는, 예술품이 어떤 종류이건 간에 다른 나라들에서보다 쉽게 상류층과 하류층이 예술품을 공유할 수 있다는 점이다. 만약 어느 부잣집 정원에 빼어난 화초 하나가 있다면, 가난한 사람일지라도 서양에서보다 훨씬 쉽게 이웃집 부자에게 다가가 미적 기쁨을 누릴 수 있다.

예술적 관점에서 조선의 색깔을 보면 조선인들은 고대 시대만큼이나 원시적이다. 빨강은 핏빛 색깔 또는 지붕 위에 널어놓은 잘 익은 고추에서 볼 수 있는 붉은색에 가깝다. 녹색은 발아하는 벼의 선명한 초록색 같기도 하고, 버드나무나 자작나무 잎 색깔, 또는 솔잎의 칙칙한 녹색과 비슷하다. 파란색은 하늘색이거나, 또는 멀리 보이는 산이 보여 주는 녹색과 파란색의 중간쯤이다. 한국어의 의성어에서 자연의 소리가 느껴지듯이 조선의 예술에는 자연의 색깔이 녹아 있다. 심지어 아동들은 소맷자락에 무지개색 줄무늬가 그려져 있는 색동저고리를 입는다.

예술의 형태에서 조선인들은 상상의 영역을 빼놓고는 현실주의자이다. 조선 예술에는 이상화를 좇는 표현이 없다. 날개 달린 천사도 없고, 그리스 학자들이 소매를 길게 늘어뜨린 채 신념, 희망, 자비 등을 읊조리면서 보여 주는 여유로움도 없다. 어떠한 자연의 권능도 의인화하지 않는다. 로마 신화에 나오는 미소년 큐피드나, 돈 가방 위에 앉아있는 부의 신God of wealth도 찾아볼 수 없다. 조선 예술은 전반적으로 상상의 요소가 빈약하다고 말할 수밖에 없다.

조선에서 예술적 조합이 뒤떨어진 이유는 상상력의 빈곤 때문이라고 여겨진다. 상상력이란 새로움, 즐거움, 유용함을 조합하기 위해 정신적 자산을 배열하고 재배열하는 능력을 말한다. 만약 이러한 능력이 없다면 집안의 가구, 미술에서의 색깔, 음악에서의 악보, 정원의 꽃들을 올바로 배열할 수 없다. 조선 역사에서 두드러진 예술가가 없는 것은 이러한 상상적 요소의 빈곤 때문인지도 모른다. 만약 꿈을 좇는 모험가들이 없었다면 우리는 콜럼버스, 뉴턴, 프랭클린[4], 히데요시, 칭기즈 칸 같은 역사적 인물들을 만날 수 없었을 것이다. 상상력은 모험심의 어머니이고, 성취의 전조이다. 상상력의 빈곤은 조선을 고래 사이의 새우로 만들었다.[5]

혹자는 이를 반박하며 산, 나무, 강을 상대로 신령이나 수호신을 섬기는 조선인들의 우주관적 믿음이야말로 높은 수준의 상상력이라고 말할지

---

4. 미국의 정치가이자 외교관, 과학자, 발명가였던 벤자민 프랭클린(Benjamin Franklin, 1706~1790)을 말하는 것으로 보인다.
5. 모험심을 발휘하지 못하다 보니 조선이 중국과 일본 사이에서 정체돼 있다는 의미로 들린다.

모른다. 그러나 그렇지 않다. 이는 본능에 불과하며, 자신을 보호하기 위한 인간 본성에서 나오는 행위일 따름이다. 호저豪猪[6]가 접근하는 적을 향해 몸을 공 모양으로 둥글게 말아 가시를 내보이며 대항한다 해서 호저를 상상력을 지녔다고 말하는 것과 마찬가지다. 인간은 타고난 합리성으로 인해 자연과 만날 때나 사회생활에서 부딪치는 다양한 현상에 대해 원인을 찾기 마련이다. 원인을 찾는 방법 중, 원시적이고도 흔한 방법 하나는 다양한 현상의 원인을 수호신이나 신령 같은 정령의 힘에 돌리는 것이다. 조선인들은, 어떤 특정한 결과들이 인간의 힘으로 만들어진 것처럼, 다양한 여러 현상이 어떤 부분에서는 인간과 다르지만 많은 점에서 인간과 공통점을 가진 보이지 않는 존재의 힘에 기인한다고 주장한다. 조선인들은 또 보이지 않는 존재는 인간과 마찬가지로 물질적인 헌물에 의해 마음이 누그러지거나, 저주와 위협에 의해 쫓겨나기도 한다고 믿는다.

필자는 상상의 본질과는 거리가 먼 정령 숭배는 가능하면 멀리해야 한다는 주장을 고수하겠다. 바로 정령 숭배에서 조선인들은 여러 현상을 조합하여 판단하는 능력이 부족함을 알 수 있다. 반쪽 눈으로만 보아도 다양한 세상사와 자연현상을 통해 세상에는 하나의 섭리만이 존재하며, 그 섭리는 모든 현상의 결과에 작용하기에 신령이 존재할 수 없음을 쉽게 깨달을 수 있을 텐데도, 그들은 보지 못하고 있다.

앞서 필자는 인간이 세상사를 행함에 있어 보이지 않는 존재에 의존하는 행위를 본능이라고 말한 바 있다. 그러한 행위는 양심 같은 인간 본성에 기인한 본능이며, 이러한 본능은 비기독교적 관점에서 보면 셰익스피

---

6. '호저(porcupine)'는 포유동물로 몸과 꼬리가 가시 털로 덮여 있으며 '산미치광이'라고도 한다.

어가 말했듯이 우리 모두를 겁쟁이로 만든다. 보이지 않는 존재에 의존하는 행위는 인간의 약점에 대한 자각이며, 이는 조선인들에게 인간에게 이롭지 못한 신령과 악귀를 마음에 품게 하였다. 또한, 겸양이 아닌 아첨하는 근성을 낳게 하면서 모든 우상 숭배 행위에 지울 수 없게 자리 잡았다.

필자는 지금 본 주제에서 너무 벗어나 원래 주제가 무엇이었는지 거의 잊어버릴 정도다. 그래, 본 주제는 조선의 예술이지. 아직 다루지 못한 부분이 있다. 그것은 서양 예술에 대한 조선인의 감수성이다. 필자는 아직 피아노나 오르간 공연을 즐기는 조선인을 만나본 적이 없다. 그들은 악기에서 어떻게 소리가 만들어지는지에 대해 놀라움을 나타내며 호기심을 보이긴 한다. 하지만 '아라렁 타라렁'[7]이나 다른 조선의 가락을 멋진 손가락 놀림으로 연주하지 않는 이상 당신은 조선인들로부터 한 줌의 미소도 끌어내지 못할 것이다. 물론 당신이 조선의 가락을 연주한다면 그들은 매우 기뻐할 것이다. 음악에서도 하모니를 의미하는 조합은 조선인들에게 낯설다. 조선인들은 한 번에 하나씩 연주하기를 바라며, 최상의 하모니보다는 오직 하나의 멋진 가락에서만 기쁨을 느낀다. 서양식 만찬이 진행되는 동안 흘러나오는 아름다운 음악을 조선인들은 어떻게 받아들일까? 그들은 이를 여러 음악이 한꺼번에 들려온다고 생각하지, 여러 음악이 조합되었다고는 상상하지 못한다. 이는 마치 길거리의 조선 여행객들의 행동을 연병장에서 잘 훈련된 군인들의 행동과 비교하는 것과 같다. 모든 여행객이 함께 행동하면 모두에게 편리하지만, 조선 여행객들은 용무가 있

_____

7. 원문은 'ararung tararung'이다.

거나 어떤 즐거운 일을 발견했을 때는 집단에서 뛰쳐나와 혼자 행동하기를 주저하지 않는다. 결론적으로 조선의 합주 음악에는 '멋대로go-as-you-please'라는 요소가 두드러지게 존재하며, 이는 한편으로 조합은 조선인들의 강점이 아니라는 필자의 주장을 뒷받침하는 강력한 논거이기도 하다.

조선인들은 예술적 취향에서는 세련미가 부족하지만 놀랄 만큼 예민한 감성의 소유자이다. 어느 민족도 봄의 풋풋함을 조선인들보다 더 만끽하지 못한다. 어느 민족도 조선인들만큼 언덕 위에 앉아 아지랑이에 반쯤 가려진 환상적인 가을 풍경을 열정적으로 즐기지 못한다. 만일 필자의 이러한 주장에 조금이라도 흠결이 있다고 생각하면 조선인들이 몇몇 한자로 한시를 지어 자연경관을 그려내는 뛰어난 능력을 보라. 어느 민족도 자연의 매력을 조선인들보다 더 아름답게 표현할 수 없을 것이다. 언젠가 조선인들이 나를 향해, "당신네 예술은 너무 획일적이며, 규칙과 지침이 지나치게 많으며, 즉흥성과 자연미가 너무 미약하다."라고 말할지 누가 알겠는가. 아래와 같은 짧은 조선의 시를 읽을 때면 필자는 이제까지 필자가 말한 모든 것을 철회해야 한다는 느낌을 받는다.[8]

一條流出白雲峯萬里蒼茫去路通莫道潺湲巖
下在不多時日到龍宮

한줄기 흐르는 물이 백운봉에서 흘러나와

만 리 푸른 바다로 가는 길에 들어섰네

바위 아래로 졸졸 흐른다고 말하지 말게

---

8. 조선인들의 상상력이 빈곤하다고 한 자신의 말을 철회해야 한다는 뜻으로 들린다.

머지않아 용궁에 이를 것이니[9]

위의 시를 불완전하게나마 서양 시 형식으로 옮겨봤다.[10]

오, 산비탈 아래 구름에서 태어난 실개천이여

구불구불한 계곡을 헤쳐 나가되 안달하지 마세요

무엇인가 당신의 길을 막아도 갈 수 없다고 말하지 마세요

당신을 못살게 구는 바위들은 당신의 절개 앞에서 사라질 것입니다

당신은 인간보다도 강합니다

인간의 술책이 당신의 겸허한 길을 방해하지만

산은 더 높아지고 시간은 당신의 편입니다

당신은 사방으로 갈라지면서 만물 위에 우뚝 설 것입니다

당신은 굽이치고 동여지고 나뉘고 이용되고 풍화되며

천 리 길을 갈 것입니다

되돌아보면 모든 것이 승리의 진군일 것입니다

지금 당신은 떨고 있는 토끼처럼 비밀한 그늘에서 밖을 엿보고 있지

않습니까?

두려워하지 마세요, 지난날의 인고는 새로운 희망의 여정을 탄생시킬

것입니다

당신의 재잘거림은 바다의 합창과 어우러질 것입니다

---

9. 이 한시(漢詩)는 성능(聖能)이 편찬한 ≪북한지(北漢誌)≫에 실려 있는 고려 8대 임금 현종의 시이
다. ≪북한지≫는 영조 21년인 1745년에 발행한 북한산성에 관한 지리지(地理誌)이다. 한글 번역
문은 헐버트의 원문에는 없으나 옮긴이가 우리말로 옮겨 추가하였다.
10. 헐버트가 원 시를 바탕으로 서양 시 형식으로 재창작한 것으로 보인다.

조선의 소설(Korean Fiction)

≪한국평론(The Korea Review)≫ 1902년 7월호

이러한 '광대의 이야기 풀기'와 책으로 된 소설 간에 근본적인 차이점이 있는가? 사실은 광대의 숙련된 동작과 음조가 소설을 그냥 읽을 때는 느낄 수 없는 연극적 요소를 더해 주기에, '광대의 이야기 풀기'는 예술성에서 서양의 소설을 훨씬 능가한다.

Is there any radical difference between this and the novel? In truth, it far excels our novel as an artistic production for the trained action and intonation of the reciter adds an histrionic element that is entirely lacking when one merely reads a novel.

오늘날 영어가 서양 소설에 관용적으로 자연스럽게 쓰이듯이, 한글이 한국 소설에 아무런 문제없이 자연스럽게 쓰일 수 있다는 사실은 매우 희망적인 신호다. 디포Defoe를 비롯한 서양의 선구자들이 영어 소설에 공헌한 것처럼, 한국에서도 누군가가 조만간 한국을 위해 한글로 쓴 '명작' 소설을 탄생시키기 바란다.

It is a hopeful sign that there is nothing about this native writing which prevents its being used as idiomatically and to as good effect as Engish is used in fiction to-day and it is to be hoped that the time will soon come when someone will do for Korea with Defoe and other pioneers did for English fiction namely, write a standard work of fiction in Korean.

조선의 소설(Korean Fiction)[1]

몇 주 전 상하이Shanghai의 저명한 한 신문에 한국 문학에 관한 기사가 나왔다. 그런데 그 첫 문장이 '한국은 소설이 없는 나라다'이다. 자세히 읽어보니 지난 천 년간 한국에는 제대로 된 소설가가 없었다고 한다. 이러한 주장이 정확한지 아닌지 따지려는 것은 아니지만, 이는 한민족에게 억울할 만한 일이며 심각한 오해를 불러일으킬 가능성이 크다. 이 주장을 그대로 두면 한국 역사에 소설이라는 예술이 전무했다는 인식을 남길 수밖에 없다. 그러나 이 인식은 사실과는 완전히 동떨어진 것이다.

만약 소설가를 '소설 쓰는 일을 인생의 업으로 삼고, 소설 쓰는 일로 자신의 문학적 명성을 쌓는 사람'이라고 정의한다면, 한국이 정식 소설가를 한 명도 배출하지 못했다는 말이 참이긴 하다. 그러나 '문학과 관련한 중요한 업적을 쌓다가 한 번쯤 성공적인 소설을 낸 사람'도 소설가로 치면 한국에도 소설가가 매우 많다. 물론 소설이라는 단어를 '내용 전개가 매우 구체적이고 상당하며, 최소 몇 장 이상의 분량을 차지하는 상상의 이야기'로 한정하면 한국에는 소설이 많다고 할 수 없다. 그러나 반대로 예

---

1. 이 글이 대한제국 시대에 쓰였지만, 조선시대에 쓴 이 책 제3부의 다른 글들과 같은 범주에 속하기에 'Korea'를 '조선'으로 옮겨 제목을 '조선의 소설'이라 하였다.

를 들어 디킨스[2]의 ≪크리스마스 캐럴≫도 소설이라는 범주에 포함한다면 한국에도 소설이 수천 개가 있다. 몇몇 유명한 예를 들어보고, 한국이 소설이라는 예술 분야에서 정녕 많이 부족한지 어쩐지 따져보자.

한국 문학사는 초기 한국 문학의 별이라고 할 수 있는 최치원崔致遠의 시대에 이르러 시작됐다. 최치원은 문학적 위업을 한반도 바깥에서도 널리 인정받은 몇 안 되는 한국인 중 한 사람이다. 한국 문학의 여명기인 이때에도 최치원이 ≪곤륜산기崑崙山記≫[3]라는 제목의 소설을 쓰고 출판하였다. 이 책은 한 한국인이 티베트 국경의 쿤룬Kuen-lun[4] 산에서 모험하는 상상의 이야기이다. 이 소설은 책 한 권 분량이며 영어로 번역하면 디포[5]의 ≪로빈슨 크루소≫ 정도 두께의 책이 될 것이다. 최치원은 다섯 권으로 된 ≪계원필경桂苑筆耕≫이라는 책도 썼다. 이 책은 이야기와 시 등 잡다한 글을 모은 것이다. 이 중 많은 이야기는 단편 소설이라고 할 정도의 길이는 된다.

거의 동시대에 또 다른 신라 학자 김암金巖은 ≪하도기蝦島記≫라는 제목의 일본 여행기를 썼다.[6] 이는 책 한 권짜리 이야기이고, 소설로 분류할 수 있을 정도의 길이이다.

고려시대로 오면 유명한 작가인 홍관洪灌이 기자 시대를 다루는 이야

2. 디킨스(Charles Dickens, 1812~1870)는 영국의 대문호이다.
3. ≪곤륜산기≫의 존재를 확인할 수 없었으나 최치원의 시구에 '곤륜'이라는 산이 등장한다. 이 글에 나오는 한자는 원문에 따랐다.
4. 오늘날의 영어 표기는 'Kunlun'이다.
5. 디포(Daniel Defoe, 1660~1731)는 영국의 작가이자 언론인이다.
6. ≪하도기≫의 존재를 확인할 수 없었다.

기들을 모은 ≪기자전箕子傳≫이 있다. 이는 순수한 창작물이지만 이야기들이 조각조각 나뉘어져 있다는 점에서 엄밀하게는 소설이라 볼 수 없다.

고려시대 작가 중 가장 위대하다고 할 수 있는 김부식金富軾은 우리가 큰 빚을 진, 가치를 따질 수 없는 참으로 귀중한 책 ≪삼국사三國史≫[7]를 남겼다. 그뿐만 아니라, ≪북장성北長城≫ 즉 '북쪽의 긴 성벽에 관한 이야기'라는 제목의 한 권짜리 소설도 썼다. 이 책은 정확히 말하면 역사소설이다. 한국도 한때 중국의 만리장성에 견줄 만한 천리장성을 자랑했는데, 그 성벽이 황해에서 '동해'[8]까지 한반도 북부 전체를 가로질렀다.

1440년경에는 가산枷山이라는 이름난 승려가 ≪홍길동전≫이라는 소설을 썼다[9]. 이로부터 머지않아 해종海宗이라는 승려가 ≪임경업전≫[10]이라는 소설을 썼다. 근대의 수많은 소설 중 몇 개만 골라보면, 이문종李文宗이 1760년에 쓴 아리스토파네스[11] 형식의 제목을 가진 ≪개구리전≫, 아니 정확히 말하면 ≪두꺼비전≫[12]을 꼽을 수 있다.

1800년경에는 김춘택金春澤이 ≪창선감의록昌善感義錄≫[13], ≪구운몽

---

7. 원문은 'Sam-guk-sa(三國史)'이다. ≪삼국사기≫를 말한다.

8. 원문은 'Japan Sea'이다. 헐버트는 조선에 올 때 미국에서 출판된 세계지도를 가져왔다고 자서전에서 밝혔다. 당시 미국에서 간행된 한국과 관련한 지도는 일본 학자 또는 일본에서 연구한 서양 학자들에 의해 소개되었고, 이들은 '동해'를 'Japan Sea'로 표기하였다. 헐버트는 이에 따른 것으로 보인다.

9. ≪홍길동전≫은 조선 중기에 허균이 썼다. '가산'은 누구인지 알 수 없으나 허균의 호인 교산(蛟山)의 오류로 보인다.

10. ≪임경업전(林慶業傳)≫은 작자 미상으로 알려졌다.

11. 아리스토파네스(Aristophanes)는 고대 그리스의 희극작가이다.

12. ≪두꺼비전≫은 작자 미상으로 알려졌다. 헐버트는 당시 시중에 돌아다니는 다양한 이본(異本) 중 하나를 보고 그 책의 저자를 원작자로 여긴 것으로 보인다.

13. ≪창선감의록≫은 작자 미상으로 알려졌다.

九雲夢》, ≪금산사몽회록金山寺夢會録≫[14], ≪사씨남정기謝氏南征記≫[15] 등 소설 네 개를 썼다. 이들을 각각 해석하면 '선행과 고결함의 찬사', '아홉 남자의 꿈', '금산사에서 꾼 꿈', '남쪽에서의 전쟁Southern wars과 사 씨 일가'[16] 라는 뜻이다. 십 년 뒤 이우문李宇文의 붓에서 ≪이해룡전李海龍傳≫[17] 이라는 소설도 나왔다.

앞의 소개는 빙산의 일각이다. 한국 소설을 모두 열거하자면 ≪한국 평론≫ 여러 호를 가득 채워야 한다. 또한, 이러한 소설들이 진정한 로맨스 소설임은 '황금 보석', '똑똑한 여자 이야기', '토끼 경卿의 모험'[18]과 같은 제목을 보면 알 수 있다.

많은 한국 소설들이 이야기의 배경을 한국에 두지만 몇몇 소설은 더 멀리 벗어나기도 하며 특히 중국을 자주 배경으로 삼았다. 이러한 점에서 한국 작가들도, '리튼'[19], '킹즐리'[20], '스콧'[21] 등 영국과 미국의 작가들이 보여 주었듯이 서양에서도 흔한 전통을 따랐음을 알 수 있다.

한문 소설 말고도 한국에는 한글로만 쓰인 소설들이 많다. 한국인 중 소수를 차지하는 식자층은 겉으로는 한글 소설을 경멸하지만, 사실은 이

---

14. ≪금산사몽회록≫은 작자 미상으로 알려졌으며, ≪금산사몽유록≫, ≪금화사몽유록≫ 등의 다양한 이본이 있다.
15. ≪구운몽≫과 ≪사씨남정기≫는 서포 김만중의 한글 소설이며, 김만중의 후손인 김춘택이 이 두 소설을 한문으로 옮겼다.
16. 이 소설에는 전쟁이 등장하지 않는다. 헐버트가 제목을 직역한 것으로 보인다.
17. ≪이해룡전≫은 작자 미상으로 알려졌다.
18. ≪별주부전≫을 말한 것으로 보인다.
19. 영국의 작가 리튼(Edward Bulwar Lytton, 1803~1873)을 말하는 것으로 보인다. '펜은 칼보다 강하다'라는 말을 남겼다.
20. 영국의 작가 킹즐리(Charles Kingsley, 1819~1875)를 말하는 것으로 보인다.
21. 스코틀랜드 출신 작가 스콧(Walter Scott, 1771~832)을 말하는 것으로 보인다.

들 식자층 대부분이 한글 소설들의 내용을 훤히 알고 있다. 한글 소설은 어디서나 살 수 있다. 서울에만도 최소한 일곱 개의 책방[22]이 있으며 이곳에서 수백 권의 한문과 한글로 된 소설을 찾을 수 있다. 그러나 대부분의 한글 소설들은 작자 미상이다. 왜냐하면, 소설의 성격상 작자의 도덕성에 도움이 되지 않기 때문이다. 그러나 아무리 저급이라 해도 그 소설들은 오늘날 한국의 도덕성을 말해 주는 진정한 거울이다.

아시아의 다른 나라들처럼 한국도 일반적인 관습에 따라 누구도 서양 사람들이 생각하는 '연애 이야기love story'를 쓰기란 애당초 논외이다. 하지만 성관계란 어디서나 그렇듯이 여기에서도 아주 재미있는 주제라서 한국에도 외설적인 소설들이 많다. 그리고 마치 아스파시아Aspasia를 비롯한 고대 그리스 창녀들의 이름이 특정 그리스 문학에서 중요한 역할을 하듯이, 같은 이유에서 '기생'이라 부르는 무희들도 한국 소설을 장식한다.

글로 쓰인 한국 소설에 관해서는 간략하나마 여기까지 논하겠다. 그러나 한국 소설이라는 주제를 전부 다룬 것은 절대 아니다. 한국에는 책을 인쇄하기 이전부터 내려오는 구전 소설이라는 오래된 전통이 아직 강하게 남아 있다. 부유층 양반은 소설을 읽고 싶을 때 책방에 사람을 보내 책을 사 오게 하지 않고 광대 또는 전문 이야기꾼을 부른다. 광대는 고수를 대동하고 북을 가져와 고수의 장단에 맞춰 이야기보따리를 푸는데, 이야기는 대개 온종일, 어떨 때는 이틀까지 걸리기도 한다. 이 또한 소설이 아니고 무엇이겠는가? 이러한 '광대의 이야기 풀기'[23]와 책으로 된 소설

---

22. 원문은 'circulating libraries(순회 책방)'이다.
23. 이는 판소리를 뜻한다. 헐버트는 원문에서 '판소리'라는 단어를 사용하지 않았다. 오늘날의 '판소

간에 근본적인 차이점이 있는가? 사실은 광대의 숙련된 동작과 음조가 소설을 그냥 읽을 때는 느낄 수 없는 연극적 요소를 더해 주기에, '광대의 이야기 풀기'는 예술성에서 서양의 소설을 훨씬 능가한다. 한편, '광대의 이야기 풀기'는 한국에서 연극의 위치를 갖기도 한다. 이상하게도 일본과 중국은 오랫동안 연극 예술을 발전시켰지만, 한국인들은 한 번도 이를 시도하지 않 았다.

소설은 한국에서 다른 문학 부문보다 항상 낮은 위치에 있었고, 대신 시와 역사가 한국 문학의 중추를 이뤘다. 이러한 현상은 중국의 문학적 영향을 받은 모든 나라에서 나타난다. 한자로는 사람들이 말하는 대로 글로 쓰기가 불가능하다. 일상어와 문어가 크게 다르며, 대화하는 대로 글로 쓰기도 불가능하다. 한자는 본질적으로 소설이 예술로 발전하는데 심각한 장애물로 작용한다. 대화를 그대로 옮겨 쓰기가 불가능하여 이야기의 생동감과 활력이 대부분 사라져버리기 때문이다. 한자로는 사투리로 된 이야기나 성격 묘사도 사실상 불가능하다. 그뿐만 아니라 중국 문학이 역사적, 시적 이상에 함몰되어 있기에 한국의 소설 역시 이러한 역사적, 시적 이상에 빠졌다. 따라서 진정한 로맨스 이야기는 '조상근 일대기'[24]나 이와 비슷한 단조로운 제목에 가려져 버렸다. 말을 그대로 옮기지 못하는 문어 표현의 한계 때문에 광대가 아직까지 살아남았으며, 바로 그 한계 때문에 한국 소설이 역사나 시보다 뒤떨어졌다. 다른 여러 사실에서도

리'라는 용어를 정확히 언제부터 사용하였는지 확인할 수 없었기에 원문을 살려 '광대의 이야기 풀기'라 하였다. 오늘날 춘향전, 심청가 등을 '판소리계 소설'이라고 부르는데, 헐버트는 이미 110여 년 전에 판소리를 소설로 분류하였다.

24. 원문은 'The Biography of Cho Sang-geun'이다. 어떤 책을 말하는지 확인할 수 없었다.

드러났지만, 여기에서 또 한 번 한국이 중국적 이상에 종속되면서 결과한 중국의 악영향을 볼 수 있다.

한편 다음과 같은 의문이 생길 수 있다. 즉 한국에서 다른 문학 작품과 비교하여 소설이 어느 정도나 읽히는가? 한국에는 주로 역사와 시만 읽는 특정 계층이 있지만, 소위 이러한 식자층도 그 대다수는 한자에 대한 지식이 매우 얕아 수월하게 글을 읽지 못한다. 이러한 한계 때문에 그들이 한자와 한글이 혼용된 신문이나, 한글 소설만 읽는다는 사실은 의심할 여지가 없다. 반면 한국인 대다수는 중인과 평민을 막론하고 한글을 깨쳤기에, 신문을 살 여유가 있을 때는 한글 신문을 사 읽거나 아니면 한글로 된 이야기책을 읽는다. 흔히 말하길 한글로 쓴 책을 읽는 사람은 주로 여자라고 하는데 이는 남자들이 한글을 경멸하는 척하기 때문이다. 사실 글줄이나 읽을 줄 안다는 대부분의 식자들도 한자로만 쓴 책은 제대로 해독하지 못하기에 식자층이나 중인 모두 한글로 쓴 이야기의 꾸준한 독자이다. 현재 한국에서 읽히는 절대다수의 책들은 이러저러한 형태의 소설임이 명백하다.

오늘날 영어가 서양 소설에 관용적으로 자연스럽게 쓰이듯이, 한글이 한국 소설에 아무런 문제없이 자연스럽게 쓰일 수 있다는 사실은 매우 희망적인 신호다. 디포Defoe를 비롯한 서양의 선구자들이 영어 소설에 공헌한 것처럼, 한국에서도 누군가가 조만간 한국을 위해 한글로 쓴 '명작' 소설을 탄생시키기 바란다.

4부

일본은 천년의 빚을 갚아라!

역사, 사회, 풍속 관련 논문 및 기사

THINGS IN GENERAL.

A STUDY IN EVOLUTION.

THE word Chosŭn may be transliterated in Chinese either by the commonly accepted characters 朝鮮 which mean "Morning Radiance", or by the characters 潮仙 which mean "Tide Genius." It is ordinarily supposed that Korea is called the "Land of Morning Radiance" because it is toward the east and the rising sun. It may however be of interest to trace back the term and find some clue to its origin.

The celebrated Chinese work entitled *San Hai Gyung* 山海經 says that Chosŭn is in the *Ryul Yang* 列陽 which means "Swelling Sunlight;" but in a commentary on this passage the same work says that this *Ryul* was not the 列 but was the name of some river in Korea.

As a next step we find that Yang Ung 楊雄 the great scholar of the Former Han dynasty says that Chosŭn is *between* the *Ryul Su* 洌水, in which we see that the character for *Ryul* has taken another change.

The next step is the statement of the great scholar Chang Wha 張華 that in Korea there are three rivers called respectively the *Ch'un Su* 泉水, the *Ryul Su* 洌水 and the 汕水 but that these were known under the *common name* of the *Ryul Su*. This explains the otherwise meaningless phrase of Yang Ung as quoted above, that Chosŭn is *between* the *Ryul Su*. Now let us trace it backwards and see what we find.

First, Chosŭn was between certain rivers known as the 洌水 but the character 列 "Swelling" also being *Ryul* the two got mixed and then the idea of sunlight, implying east, was

갑오개혁(Korean Reforms)
《한국소식(The Korean Repository)》 1895년 1월호

역사에는 보상의 법칙이 있다. 천 년이 흘렀거늘 일본은 아직도 보상의 법칙을 입증하지 않고 있다. 현재 진행 중인 전쟁의 공과를 논하자는 것이 아니다. 다만 이번 전쟁에서 일본이 부담해야 할 채무를 조선에 변제하고, 여러 세기 전에 조선에 진 빚을 일본이 진정으로 갚으려는 결심이 섰는지를 묻고 싶을 따름이다.

We find in history a law of compensation. A thousand years have elapsed and still the law of compensation has remained unverified in her case. It is not my intention to broach the question as to the merits of the war now in progress, but to ask whether there are in it any signs of a real determination on the part of the Japanese to meet their obligation to Korea and pay the debt contracted so many centuries ago.

마지막으로, 군국기무처의 개혁의안에 종교의 자유를 선언하는 조항을 포함하여 이번 개혁의안이 한민족을 위한 최상의 개혁안이 되기를 희망한다.

Finally we hope and believe that these resolutions will reach their culmination in a clause declaring Freedom of Religion for the Korean People.

갑오개혁(Korean Reforms)[1]

역사에는 보상의 법칙이 있다. 역사의 보상은 단순한 금전적 보상이 아니라 호혜 방식의 보상을 말한다. 고트[2]족은 로마에 물자로 보상하였고, 그리스에 고대 그리스 혈통을 제공한 소아시아[3]는 최적의 그리스 문명으로 보상받았다. 영국이 미국에 훌륭한 인물들을 공급한 보상으로, 오늘날 최대의 공업국이자 최고의 농산물 공급국인 미국은 영국에 공산품과 식량을 공급하고 있다.

천 년 전 문명화의 물결이 아시아 대륙의 동쪽으로 흘러 한반도에 도달하고, 한민족을 통해 일본까지 다다랐다. 그 물결의 핵심 중 하나가 불교이며, 불교는 일본을 하나로 묶는 바탕이 되어 추후 일본의 강력한 국력을 가능케 했다. 그러나 천 년이 흘렀거늘 일본은 아직도 보상의 법칙을 입증하지 않고 있다. 현재 진행 중인 전쟁[4]의 공과를 논하자는 것이 아니다. 다만 이번 전쟁에서 일본이 부담해야 할 채무를 조선에 변제하고, 여러 세기 전에 조선에 진 빚을 일본이 진정으로 갚으려는 결심이 섰는지

---

1. 《한국소식》은 1892년에 발행을 시작하였으나 1893년, 1894년에는 발행을 중단하였다. 《한국소식》은 1895년에 다시 발행을 시작하면서 첫 글로 헐버트의 이 글을 실었다.
2. 고트(Goth) 족은 3~5세기에 로마제국을 침략한 게르만 민족을 말한다.
3. 소아시아(Asia Minor)는 흑해와 지중해 사이의 반도를 말한다.
4. 청일전쟁을 말한다.

를 묻고 싶을 따름이다.

지금 필자 앞에는 군국기무軍國機務處가 심의, 통과하여 국왕 전하의 재가를 받기 위해 제출한 '개혁의안[5]'이 놓여 있다. 군국기무처는 조선의 최고 관료들로 구성되었으며, 그들은 친청파가 물러나면서 공백이 생긴 자리에 임명된 사람들이다. 군국기무처는 조선의 행정적, 사회적 개혁을 추진하라는 일본의 요구로 설립되었다. 이번 전쟁 발발 당시 일본이 가장 강조한 명분 중 하나가, 조선에 존재하는 사실상의 무정부 상태가 일본 국익에 위협이 된다는 주장이었음을 기억할 것이다. 이 주장이 진심이 있는지 아니면 어떤 속셈을 감추려는 것에 지나지 않았는지는, 이 개혁을 통해 조선의 정치가 깨끗해질 수만 있다면 그다지 중요하지 않다. 이제 개혁의안에 어떤 변화를 담았는지 알아보자?

'앞으로 국내외의 모든 공식 문서에 개국기년을 사용한다.'
'중국과의 조약을 개정하고 여러 열강에 특명전권공사를 파견한다.'

문맥에서 예측할 수 있듯이 이번 개혁의안은 조선의 완전 독립을 주장하면서 시작한다. 지난 10여 년간, 조선은 몇몇 열강에게는 독립국으로, 여타 열강에게는 중국의 속국으로 간주되어 조선의 국제적 지위가 모호함을 부정할 수는 없다. 둘 중 어느 관점이 타당한가는 우리가 논할 영역이 아니다. 다만 군국기무처가 이번 개혁의안에서 조선의 완전 독립을 선언하는 내용을 담았다는 사실을 알리고자 한다.

---

5. 1894년 7월부터 시작한 일련의 갑오개혁 안 중 일부를 말한다.

첫 번째 조항의 개국기년에 관한 구절은 불필요해 보일 수도 있다. 하지만 아주 오래 전부터 동아시아에서는 승리한 나라가 패배한 나라에 자신들의 기년법을 쓰도록 우선적으로 강요해왔다. 이 사실을 안다면 쉽게 이해가 갈 것이다. 한민족 역사를 보면 고려를 정복한 몽골은 고려인들에게 당장 몽골 기년법을 사용할 것을 강요했다. 300여 년 전에 조선을 정복한 만주인들도 똑같이 강요했다.[6] 따라서 독립을 주장하면서 개국기년법을 사용하겠다는 조선의 결의는 당연하며 아시아에서는 우선시하는 관례이다.[7]

'반상의 구분을 없애고 관리는 신분에 상관없이 능력에 따라 선발한다.'

이 조항은 이상적인 꿈이 될지 모르지만, 조선의 목을 조르고 있는 짐승의 등에 비수를 꽂는 것과 마찬가지인 참으로 대담한 조치이다. 일본인들이 어떤 실수를 저질렀건 간에 조선의 병폐는 정확하게 진단했다.

바로 '양반'과 '상놈'이라는 두 단어가 모든 문제의 근원이다. 상층 계급과 하층민의 구분이 나쁘다는 것보다, 오히려 상층 계급은 '신분 하강'의 가능성이 없다는 사실이 더 문제다. 서양인들은 신분 상승의 가능성에 대해 말하고 있지만, 더 큰 문제는 조선의 상층 계급은 아무리 상황이 어려워도 의관을 벗어던지고 밑바닥부터 시작할 수 없다는 데 있다. 조선인은 누구나 머리가 좋고 돈만 있으면 신분 상승이 가능하다. 높은 지위

---

6. 17세기 초 후금의 침입을 말하는 것으로 보인다.

7. 조선은 중국의 연호를 써오다 1894년 갑오개혁에 이르러서야 '개국기원'을 사용하였다. 1896년부터는 양력을 쓰기 시작하면서 '건양(建陽)' 연호를, 1897년에 대한제국이 탄생하며 '광무(光武)' 연호를, 1907년에 순종이 즉위하면서 '융희(隆熙)' 연호를 썼다.

에 있는 사람 중 아주 천한 신분으로 시작한 이들도 많다. 그런데 혈통 좋은 사람은, 영국 작가 키플링Kipling이 그랬듯이 '뱃가죽이 등가죽에 붙을 만큼' 허리띠를 졸라매며 일을 하고 싶어도, 신분 제도가 걸림돌이 돼 그럴 수 없다는 사실이다. 막노동하다가 양반 체면이 깎이기보다 재빨리 인심 좋은 친척을 찾아가 빌어먹을 궁리를 한다. 이는 결국 한 가지로 귀결된다. 상놈은 양반 연줄을 잡든 사기를 치든 무슨 짓을 해서라도 양반 신분을 얻어낼 수 있는 데 반해 양반은 밑으로 떨어지는 사람이 없으니, 하층민인 생산자와 상층 계급인 소비자의 구성 비율이 매년 바뀌어 노동해야 하는 하층민만 희생을 당하는 결과가 되고 만다. 그러다 보니 생산자는 관료에게 매년 자신의 수익 중 점점 더 많은 비중을 바쳐야 하고, 관직마다 기생하는 무리의 수가 꾸준히 증가하여 결국은 백성들의 인내력이 한계에 도달하고 지배 집단은 대중에게 철저히 외면당하는 결과를 낳는다. 이러한 현실이 바로, 조선인들이 이 반상 철폐 조항을 통해 얼마나 깊게 고랑을 갈아엎어야 하는 가를 말해 준다.

이 조항은 출신이 아무리 높게 태어나도 누구든 양반의 지위를 빼앗기지 않으면서 어떤 직업에도 종사할 수 있고 장사도 할 수 있는 권리를 허용한다. 이는 물론 훌륭한 원칙이지만 실행하는 데는 한 가지 어려움이 있다. 어떤 사람이 양반으로 불리고 양반 대접을 받을지는 사회적 정서에 달려 있기 때문이다. 이 문제에서 법은 결코 큰 힘을 발휘하지 못한다. 이 개혁의안은 법이라기보다는 궁극적으로 이러한 원칙의 공표가 불필요하다고 느낄 정도로 사회적 인식을 끌어올리기 위한 여론의 방향을 제시하는 선언이다.

'연좌제를 완전히 철폐한다. 범죄자만 처벌한다.'

처음 다섯 가지 조항의 내용이 기년법, 외교 관계, 신분제, 형사 관련 법인 것을 보면 개혁의안의 순서를 사전에 면밀하게 계획하지 않았음이 분명하다. 계획을 미리 치밀하게 세우고 체계적으로 개혁의안을 논의했더라면 시간과 노력을 많이 아낄 수 있었을 텐데 말이다. 머릿속에 있는 생각들을 계획이나 체계 없이 처음부터 급히 밀고 나간 것처럼 보인다. 그렇다고 이번 개혁의안이 무용지물이라는 말은 아니다. 오히려 가장 기본적인 핵심 사항에 사실상의 의견 일치를 보아 개혁의안에 대해 희망적인 기대를 하게 한다.

다섯 번째 조항은 보다 문명적인 제도를 갖추기 위한 큰 걸음이며 다른 조항들과 달리 법의 힘으로 보장된다. 매우 실용적인 조치이다. 개인의 범죄에 대한 책임을 가족에게도 묻는 법은, 범죄를 저지르기 전에 가족 걱정을 하지 않을 수 없으므로 강력한 억지력을 갖는 것은 분명하다. 그러나 연좌제는 범죄자를 잡지 못하는 정부의 무능력을 정부 스스로 인정하는 꼴이다. 따라서 연좌제를 폐지하려면, 연좌제 대신 범죄의 탐지와 범죄자 체포를 위한 어떤 효과적인 계획이 뒤따라야 한다. 만약 한 국가의 경찰이 대다수 사건의 범죄자를 추적하지 못한다면 범죄에 대한 강력한 억지력을 발휘 수 없는 것은 당연하고, 이는 연좌제가 있는 것보다 더 나쁜 상황이 될 수도 있다.

'조혼을 엄격히 금지한다. 남자는 20살, 여자는 16살이 되어야 결혼할 수 있다.'

이 조항은 모든 면에서 유익하고 어떤 이유에서도 반대할 수 없는 안이다. 인도의 조혼 풍습은 거의 저주라 할 만하나, 조선은 그 정도는 아니다. 조선은 혼인 나이가 더 높을 뿐만 아니라 어린 과부를 속박하는 법이 그렇게 과하지 않다. 그렇지만 조혼은 야만적인 관습의 잔재이며 말로 표현할 수 없는 고통의 근원이다. 여자아이가 혼인 전에 약혼자의 집으로 끌려가는 일이 다반사이며, 약혼자 집에서 미래의 시어머니 아래 사실상 종노릇을 하게 된다. 따라서 이 조항은 조선 가정생활에 매우 건전한 효과를 가져 올 것이 분명하다.

'반상을 막론하고 과부의 자유로운 혼인을 허가한다.'

이 조항은 앞 조항을 보충하는 조항이며 여성이 겪어야만 하는 가장 치명적인 무력감에서 여성을 해방하는 데에 목적이 있다. 중간 및 하층민의 여성은 이 고통에서 어느 정도의 자유를 누려왔던 것이 사실이다. 그러나 어떤 과부도 초혼에서 누릴 수 있는 모든 의례와 격식을 통해 재혼하진 못했다. 이 조항이 앞으로 수년 안에 대중들에게 보편적으로 받아들여지고 조항대로 실행될지는 의문이다. 특히 상층 계급의 여성들이 더욱 그렇다. 이 조항의 혜택을 누려야 할 여성들 자신이 이 조항을 받아들이는 데 가장 큰 걸림돌이 될 것 같아 걱정이다. 이는 천천히 조금씩 이뤄져야 할 일 중 하나다. 사회적 정서가 과부의 자유로운 혼인을 쉽게 받아 들일 때까지 모두를 계몽해야 한다.

'공노비든 사노비든 남성 또는 여성 노비를 두는 법을 폐지하고 사람을 사고파는 행위를 금지한다.'

이 조항은 조선 판 노예 해방 선언Korean Emancipation Proclamation[8]이다. 노비는 아득한 옛날부터 조선에 존재했지만, 조선보다 더 계몽된 몇몇 나라에서도 볼 수 있는 무서운 모습을 수반하지는 않았다. 조선 노비제도의 가장 잔혹한 특징은 법에 의해 범죄자의 아내와 딸을 강제로 빼앗아 노비로 삼을 수 있고, 주인의 갖은 바람기에 그들이 복종해야만 한다는 데에 있다.

'과거제도로 관리를 뽑는 것이 나라의 법이나 수험생의 문필만을 보고 능력을 분별하기란 쉽지 않은 일이다. 관리 선출 방법을 바꾸고 이와 관련하여 필요한 규정을 채택할 것을 전하께 청원하는 바이다.'

오래된 근간을 가장 크게 뒤흔들 변화를 말하라면 바로 이 조항이다. 물론 과거제도가 하나의 광대극에 지나지 않는다는 사실은 모든 조선인이 잘 알고 있다. 누구든 돈만 두둑이 내거나 힘 좀 쓰는 관리를 움직인다면 급제도 장담할 수 있다. 하지만 아직 서울에 올라가서 급제를 꿈꾸는 오래된 관습이 있고, 예상치 못한 일이 가끔 일어나 급제하는 운이 따르는 예도 있다. 한민족의 전설과 민담은 과거 시험 이야기로 넘쳐나고, 과거제 폐지는 오늘날 조선인들에게 삶의 가장 중요한 요소를 없애는 것이

---

8. 'Emancipation Proclamation'은 링컨 대통령이 1862년에 반란 중인 미국 남부 10개 주의 노예를 해방한다고 공포한 대통령 명령이다.

나 마찬가지이다. 이는 스위스 사람에게서 알펜호른[9]을, 영국 사람에게서 성탄절을, 스페인 사람에게서 투우를, 이탈리아 사람에게서 카니발을, 튀르크 회교도에게서 메카 성지를 빼앗는 것과 같다.

모든 나라에서 그 나라의 가장 현실적인 문제인 재무에 관한 조항들을 살펴보는 것은 매우 중요하다. 이번 개혁의안은 재무 문제를 여러 곳에서 다루나 딱히 논리적인 순서는 없다. 돈을 쓰는 계획이 돈을 모으는 계획보다 먼저 나온다. 이번 개혁의안의 재무 관련 조항들을 적절한 순서로 나열하면 다음과 같다.

'정부의 각 부나 독립 관청에 소속되는 농지, 논, 제방, 수로, 삼림에 대해 왕실과 정부가 징수할 수 있는 모든 세금의 정확한 액수 및 목록을 보고하라는 명령문을 돌려야 한다. 정부의 각 부가 받은 수입금 중 지출 금액, 지출 후 잔액, 미수 수입, 그리고 관청의 비품 대장이 포함된 재정 상태 장부를 만들어야 한다. 정기적인 녹봉, 군졸들의 급료를 포함한 각 도의 총지출에 대한 보고서를 올리라는 명령문을 돌려야 한다. 쌀이든, 밀이든, 콩이든, 포목이든 간에 각 도의 모든 지방세 및 왕실과 정부에 대한 국세는 금액으로 환산한 가치를 기준으로 납부해야 한다. 백성들에게 쌀과 곡식을 거래하는 데 필요한 자본을 마련해 주기 위해 현재 통용 중인 주화를 발행할 은행을 설립한다. 조세를 화폐로 내는 문제는 더 논의키로 한다.'

---

9. 알프스 산중에서 목동 등이 부는 긴 나팔을 말한다.

이 조항은 대체로 만족스러우며 진행도 순조로워 보이나 마지막 구절에 숨겨진 의도가 있어 보인다. 우선 이 법을 시행하면 탁지아문[10]이 스스로 재정 상황을 파악할 수 있을 것이다. 지난 몇백 년간 조선 조정은 유감스러울 정도로 재정 장부의 관리를 허술히 했다. 수입과 지출을 명확히 기록해야 잉여금을 횡령하는 데 익숙한 수많은 거머리를 떼어버릴 수 있으며, 정부는 돈 한 푼 한 푼이 어디로 가는지 정확히 알 수 있다. 그래야 조선이 안정적인 재무 상태를 유지할 수 있다. 조선은 결코 가난하지 않다. 오히려 조선은 상대적으로 부유하다. 하지만 현재 조선의 자금 지출 제도로는 영국 정부나 미국 정부도 1년 안에 거덜이 날 것이다. 조선의 납세자가 내는 세금의 절반만이라도 국고에 들어가고 모든 관료가 정확하게 봉급을 받는다면, 조선은 동양에서 재정 상태가 가장 건전한 나라가 될 수 있다.

이 개혁의안 중, 백성들에게 공급하기 위해 현재 통용 중인 주화를 발행할 은행을 설립한다는 구절에 의구심이 든다. 백성들은 그 대가로 무엇을 주어야 하는가? 정부는 쌀과 곡물을 세수만큼 사들이고는 그 돈을 다시 세금 납부의 형식으로 백성들로부터 거둬들이려는 속셈이 아닌가? 그렇다면 새로운 제도와 현행 제도의 차이는 쌀을 서울로 운송하는 일을 백성 대신 정부가 맡는다는 것뿐이다. 백성들의 각종 거래를 위해 자본을 제공하는 은행을 만든다는 말이 이해가 안 되며, 그러한 은행이 특히 조선에서 이익을 내 배당금을 줄 수 있을지도 의문이다. 하지만 현재의 어려움에서 벗어나고자 하는 열망이 매우 크기에 이러한 제안마저도 어떻

---

10. 갑오개혁 당시 설치된 8개 아문 중 하나로 재무를 담당했다.

게든 문제를 해결하려는 결심의 표시로 칭송되고 있는 것이 현실이다. 그러나 이미 시사했듯이 마지막 구절 뒤에는 많은 의도가 숨겨 있다고 본다.

조선 정부가 안정된 재정적 기반에 올라 설 날이 머지않고, 이번 개혁 의안과 여기에서는 지면상 다루지 못하는 여타 개혁의안에 나타난 개혁 정책이 행복한 농민, 정직한 관료, 지성과 근면을 갖춘 중산층을 낳는 결실을 가져올 날도 머지않다고 확신한다.

마지막으로, 군국기무처의 개혁의안에 종교의 자유를 선언하는 조항을 포함하여 이번 개혁의안이 한민족을 위한 최상의 개혁안이 되기를 희망한다.

군국기무처가 개혁의안에 대한 심의를 끝내지 않아 개혁안을 종합적으로 검토하기에는 아직 이르다. 따라서 필자는 이미 합의된 의안 중에서 중요하다고 판단되는 조항들만 골랐다. 이 의안 중 아직 실행에 옮겨진 안이 많지 않다는 말을 군이 할 필요는 없겠다. 그러나 중국식 기년법은 폐지되었고, 관제가 전반적으로 재편성되었다. 새로운 주화가 유통되고 있으며, 양반들은 소매가 긴 옷을 더는 입지 않는다. 경찰이 조직되었고, 집집마다 주인의 이름이 표시된 문패를 앞문에 달 것을 요구하는 법도 시행되고 있다. 더 급진적인 개혁안들은 미정 상태이지만 군국기무처의 작업이 끝나고 국왕 전하께서 개혁의안을 윤허하시면, 아직은 나라 사정이 불안정하지만 나름대로 최대한 이른 시일 내에 개혁의안이 시행되리라고 본다.

조선에 대한 왜곡된 인식
≪한국소식(The Korean Repository)≫
1895년 6월호 서평(Book Review)

작가가 글을 쓸 때는 상상력에 기초하지 말고 사실을 확인하는 충분한 시간과 과정을 거쳐야 한다.

The author should have spent his time in ascertaining facts rather than in imaginative excursions like this.

작가는 조선인을 평하면서, 조선인들은 모두 아프리카 흑인만큼 검다고 했다. 참으로 어이없다. 필자의 눈에는 한 명도 그렇게 보이지 않는다. 이곳 조선에 사는 서양인들은 미국 인디언만큼 검은 조선인을 못 보았으며, 조선인들의 피부색은 대체로 스페인 사람들과 비슷하다. 젊은 작가의 다른 오류는 용서한다 해도, 피부색을 식별하는 시력만은 꼭 교정하길 바란다.

He sys, in speaking of the people, that "you will find all over the Kindom men as black as Africans." Strange that none of us have ever seen one. We who live here seldom see one as dark as an American Indian while they average about like the Spanish in complexion. We can excuse an artist for mistakes in many things but he should have some eyes for 'color'

조선에 대한 왜곡된 인식

'조선'에 대한 새로운 책에 주목하고자 한다. 새로 나온 책은 '랜도'라는 사람이 쓴 ≪조선 - 조용한 아침의 나라≫이다.[1]

먼저 책 제목을 보자. 작가는 책 제목에 'Corea'라는 단어를 썼는데, 'Corea'는 조선의 영문 국호로 더는 쓰지 않고 있다. 한국과 수교를 맺은 조약 상대국들은 모두 'Korea'를 조선의 영문 국호로 채택하였으며, 한국과 교역을 하는 대부분의 나라도 'Korea'로 쓰고 있다.[2] 두 번째는 책 제목을 로웰Percival L. Lowell의 책에서 따와, 로웰이 '조선'을 '조용한 아침의 나라Land of the Morning Calm'라고 칭한 실수를 반복하고 있다. '조선朝鮮'이라는 글자는 '빛을 발함radiance'을 뜻하며, 조용함의 개념과는 부합하지 않는다. 이 글자는 '신선함freshness'이라는 뜻도 지니며, 조선인들은 '아침 햇살Morning Radiance'로 받아들인다.

---

1. 랜도(Arnold Henry Savage Landor, 1865~1924)는 영국의 화가이자 여행가이다. 1890년 조선에 입국하여 서울에 잠시 머문 후 돌아가 1895년에 책을 냈다. 책 이름은 ≪COREA; OR, CHO-SEN, THE LAND OF THE MORNING CALM≫이다. 'CHO-SEN'은 '조선'의 일본식 발음이다. 이 단어도 헐버트의 마음을 상하게 하였을 것으로 보인다.

2. 조선과 조약을 맺고 있는 국가들이 어느 시점부터 '조선'의 영문 명칭을 'Korea'로 통일하자는 합의가 있었던 것 같다. 헐버트는 국제사회에서 보편적으로 쓰이고 있는 대로 써야 한다고 주장한 것이다.

조선이 젊은 예술가의 상상력 위에서 놀아난 것이 자명하다. 왜냐하면, 그가 자신의 책에서 기술한 조선의 특이함이나 기이함이 실제보다 몇 배로 과장되어 있기 때문이다. 작가는 추운 겨울에 조선에 왔기에 제물포와 서울 사이 논밭에서 경작하는 현장을 보지 못했다. 그런데 그는 조선에는 각 마을의 언저리에만 논밭이 있다고 책에 기술하였다.[3] 이는 독자들을 속이는 것이나 마찬가지다.

그는 또 덩치가 다소 작은 조선의 나귀는 주인의 발이 땅에 달 때까지 허리를 굽히고 있다가 주인이 내리면 주인 가랑이 사이로 뒷걸음질 치는 습관을 지녔다고 기술하였다. 상당 기간 조선의 나귀와 가까이 지낸 필자의 경험에 비추어 보면 젊은 작가가 이 책에서 올바른 판단을 넘어 상상의 날개를 폈다고 확언할 수 있다. 왜냐하면, 이 젊은 작가나 여타 조선을 여행하는 사람들은 나귀의 몸이 너무 작다는 단순한 이유만으로 조선의 나귀가 지니는 영특함을 알아보지 못하기 때문이다. 실체를 파악하지 못하고 글을 쓰면 그 책은 양질의 책이 될 수 없다. 작가가 글을 쓸 때는 상상력에 기초하지 말고 사실을 확인하는 충분한 시간과 과정을 거쳐야 한다.

조선의 추위를 소개하면서 작가는 서울에서 단 몇 마일도 북쪽으로 가보지 않고 '한반도 북쪽은 겨울 평균기온이 화씨 −60도(섭씨 −52도)의 맹추위를 떨치는 곳'이라고 했다. 화씨 32도를 영하와 영상을 가르는 기준점으로 할 때 북쪽 겨울의 평균 온도는 평균 화씨 −28도(섭씨 −33도)이다. 서울은 온도계가 한 번도 화씨 −28도(섭씨 −33도)를 기록한 적이 없

---

3. 헐버트는 조선에도 넓은 평야가 있다는 주장을 한 것이다.

다는 것이 서울에 오랫동안 사는 사람들의 기억이다. 작가는 또 한여름의 더울 때와 추울 때의 일교차가 매우 크다고 하면서 어느 여름날에는 찌는 듯이 무덥다가 갑자기 눈보라가 친다고 했다. 이것은 과장도 보통 과장이 아니다. 서울 날씨는 미국의 필라델피아와 비슷하며, 일교차도 필라델피아보다 덜 심하다.

작가는 조선인을 평하면서, 조선인들은 모두 아프리카 흑인만큼 검다고 했다. 참으로 어이없다. 필자의 눈에는 한 명도 그렇게 보이지 않는다. 이곳 조선에 사는 서양인들은 미국 인디언만큼 검은 조선인을 못 보았으며, 조선인들의 피부색은 대체로 스페인 사람들과 비슷하다. 젊은 작가의 다른 오류는 용서한다 해도, 피부색을 식별하는 시력만은 꼭 교정하길 바란다. 그는 또 조선인들은 하얀 모자를 쓰며, 하얀 리본을 모자에 묶어 턱밑으로 감고 다닌다고 했다. 작가는 조선 왕후의 장례를 치를 때 조선을 방문한 적이 있다.[4] 그는 조선인들이 평소에 오로지 검은색의 갓을 쓰고 다닌다는 사실을 모르고 돌아갔음이 틀림없다.

그는 아녀자들의 밤 외출을 말하면서, 도성의 성문을 일찍 닫는데도 불구하고 많은 호랑이와 표범이 쉽게 담을 넘어 시가지를 어슬렁거리며 닥치는 대로 개를 잡아먹고 때로는 사람까지도 잡아먹기 때문에 사람들은 거의 나다니지 못한다고 썼다. 그러나 서울에 사는 서양인들은 호랑이가 도성 안에 출몰했다는 소식을 아무도 듣지 못했다. 몇 년 전에 표범이 도성 안에 출몰하여 사살된 적은 있었다. 그러나 그 표범은 거위나 가금류를 잡아먹었다. 호랑이가 25피트나 되는 깎아지른 담을 넘는 장면을 상

---

4. 헌종의 어머니이자 고종의 양모인 조대비(趙大妃)가 1890년에 서거하여 치른 장례를 말하는 것으로 보인다.

상해보자. 그것은 풍문이라고도 할 수 없는 '잭과 콩나무'[5]에 나오는 상상의 이야기나 다름없다.

작가는 아녀자들이 옷을 빨래할 때 그저 몽둥이로 옷을 두들겨 팬다고 표현했는데, 이는 그가 조선의 독특한 관습을 제대로 설명 듣지 못했기 때문이다. 그는 조선의 가정생활 문제까지 끄집어내면서, 조선의 가정에는 사실상 어머니가 없다고 책에 썼다. 만약 아직 경험이 일천한 이 작가가 한 시간쯤 짬을 내 조선 며느리들의 입장을 살펴보았다면, 그는 조선에서는 사실상 가족 모두가 어머니라고 했을 것이다.

작가는 또 그가 어느 날 대문 밖에 앉아 그림을 그리고 있는데 구경꾼들이 모여들었다고 했다. 이 문장을 읽다가, 웃음거리가 될지 모르지만 좋은 생각이 떠올랐다. 그것은 바로 작가에게 조선인들의 얼굴을 그려보라는 것이다. 조선인들은 분명, 오페르트[6]가 쓴 책 ≪금단의 나라≫에 나오는 왜곡된 얼굴이 아니라면, 서양인들이 보아온 어느 얼굴보다도 준수하다. 펜은 검보다 강하다는 말이 있다. 그런데 이 경우에 있어서는 그림을 그리는 붓이 펜이나 검보다 강하다고 해야 할 것 같다.

---

5. '잭과 콩나무(Jack and beanstalk)'는 영국 민화를 동화로 만든 작품으로, 아이들의 무한한 상상력을 키워주는 작품으로 평가받는다.

6. 오페르트(Ernst Jacob Oppert, 1832~1903)는 독일계 유대 상인으로 상하이에서 오랫동안 활동하다 1866년 상선을 타고 충청도 조금진(調琴津)에 상륙하여 입국교섭을 벌였으나 성사시키지 못했다. 그는 대원군의 양부 남연군(南延君)의 능묘 발굴 사건을 일으키기도 했으며, 후일 ≪금단의 나라 한국 기행(Ein Verschlossenes land: Reisen nach Korea)≫을 출간하였다. 이 책이 영어로 번역되었으며, 책의 영어 제목은 ≪A Forbidden Land: Voyage to Korea≫이다. 헐버트는 오페르트의 책에서 조선인의 얼굴이 비하되어 묘사되었다고 본 것이다.

동국통감(The Tong Guk Tong Gam)

≪한국소식(The Korean Repository)≫ 1895년 10월호

잘못된 기록을 고치지 않으면 오류가 사실로 고착되고 잘못된 기록을 고치기에는 두 배로 힘이 들기에, 오로지 역사 기록의 정확성을 위해 몇 가지 지적을 해보았다.

These few suggestions are offered solely in the interests of historically accuracy, at a time when mistakes if left uncorrected are likely to become stereotyped and become doubly difficult to correct.

동국통감(The Tong Guk Tong Gam)

《한국소식》 1895년 9월호에 실린 한국 역사에 관한 글을 주목하고 자 한다.[1] 이 글은 한국 고대사의 주요 사건들을 흥미롭고 포괄적으로 다 룬 《동국통감》의 일부를 발췌하여 번역한 글이다. 한국 역사를 한민족 입장에서 다룬 글이 워낙 적기 때문에 이러한 번역본의 출현을 진심으로 환영하며, 이 일이 앞으로 내실 있는 역사 연구의 출발점이 되기 바란다. 그러나 역사에서는 특히 번역에서는 정확성이 매우 중요하기에, 이 글의 저자가 한국 고대사에 관한 역사책 중 가장 중요한 책인 《동국통감》의 내용을 의도치 않게 잘못 옮긴 부분을 한두 개 짚고 넘어가고자 한다.

이 글의 저자는 우선 기자箕子가 주나라의 초대 임금인 무왕武王의 조 카라고 썼다. 그러나 《동국통감》에서 기자의 인적 관계를 다룬 부분은 '箕子紂諸父(기자주제부)'라는 구절밖에 없다. 이 구절에는 기자가 젊은 정 복자인 무왕의 조카가 아니라 은殷나라의 부패한 왕인 주紂의 삼촌이었다 고 나와 있다. 기자는 학자이면서 주紂의 조언자였다. 그렇다면 그가 주紂 를 무너뜨린 젊은 무왕의 조카였을 리가 만무하다. 諸父(제부)라는 단어를

---

1. 게일(James S. Gale) 선교사가 쓴 〈동국통감에서 옮긴 한국사(Korean History, translated from the Tong-gook Tong-gam)〉라는 글을 말한다.

잘못 해석하여 삼촌 대신 조카로 번역하였으며, 기자와 주紂의 관계도 기자와 무왕의 관계로 잘못 본 것이 분명하다.

저자는 또 유화柳花가 금와金蛙[2]를 만났을 때 해모수解慕漱가 유화를 유혹하여 압록산鴨綠山으로 데려간 것으로 썼다. 그러나 ≪동국통감≫의 구절은 '態心山下鴨綠室(웅심산하압록실)'이며, 이는 웅심산 아래 압록의 집으로 유화가 유인당했다는 뜻이다. 이 점이 그리 중요하지는 않으나 압록은 압록강으로 봐야 하며 압록산이라는 주장은 맞지 않다.

필자가 골머리를 앓았던 또 다른 구절은 저자가, "≪동국통감≫에 '위만衛滿이 요동을 도망치면서 대동강을 서둘러 건넜다'라고 적혀 있다."라고 쓴 부분이다. 기준箕準[3] 왕 시절 수도가 대동강 북쪽에 있었기에 위만이 대동강을 건넜다는 말은 믿기 어려웠으나 필자도 얼마 전에야 이 구절에 대한 설명을 제대로 알아냈다. ≪동국통감≫에는 위만이 건넌 강이 '浿水(패수)'라고 나와 있다. 조선인들은 보편적으로 패수를 대동강으로 여기지만 필자는 이 문제에 대한 해답을 ≪동국통감≫ 만큼 믿을만한 역사책인 ≪동사강요≫에서 찾았다. ≪동사강요≫에 나오는 다음의 문장을 보자;

按遷史漢興備遼東古塞至浿水爲界衛滿亾命渡
浿水云則以鴨綠江爲浿水矣又唐書平壤城卽涯
浿水則今大同江也又麗史以平山豬瀶爲浿江則
國內自有三浿水而古今的知者獨大同江也.

---

2. 유화(柳花)와 금와(金蛙)는 고구려 건국 전후의 설화에 나오는 인물들이다.

3. 기준(箕準)은 고조선의 마지막 왕이다.

위 문장을 보면, 한漢나라의 위대한 책 '遷史(천사)'에서는 압록강을 '浿水(패수)'라고 불렀지만 당나라에 이르러서는 패수는 대동강을 말했고, 그 뒤에는 주로 '도저울'이라 불리는 평산 주변의 '豬灘(저탄)'을 말했음을 알 수 있다. 하지만 당나라는 후일에 건국되었고 ≪동국통감≫에 기록된 사건들은 한나라 때 발생했으니 위만이 건넌 강은 대동강이 아닌 압록강이라고 결론 내릴 수밖에 없다. 한국의 역사책들이 여태까지도 '浿水(패수)'라는 글자를 '대동'을 뜻하는 글자로 바꾸지 않고 그대로 유지했다는 사실은 한국 역사책들의 정확성이 매우 높다는 놀라운 증거이다. 역사가들은 위만이 압록강을 건너 그곳에서 멈추었음을 잘 알면서도 수 세기 동안 오늘날 '대동'을 뜻하는 패수浿水라는 한자를 버리지 않은 것이다. 물론 저자가 패수浿水를 대동강이라고 번역한 실수는 충분히 이해할 수 있으나, 이는 한편으로 어떻게 실수가 불가피하게 발생할 수 있는가를 보여 주고 있다.

저자는 신라 국왕을 '서라벌'이라, 신라 왕국을 '거서간'이라고 불렀다고 썼다. 저자가 어찌하여 이런 실수를 범했는지 이해하기 힘들다. 조선의 식자층들에게 알려지기로는 '거서간'이란, 신라의 스물한 번째 국왕 때 국왕의 호칭을 '왕'으로 바꾸기 전까지, 신라의 국왕을 칭하는 용어였으며, '거서간'의 정부가 있는 지역 이름을 '서라벌'이라 하였고, 시간이 흐르면서 '서라벌'이 지금의 '서울'이 되었다. ≪동국통감≫에 나와 있는 '號居西干國號徐羅伐(호거서간국호서라벌)'이란 구절을 보면 이 점을 확실히 알 수 있다. 저자는 부주의로 '거서간'과 '서라벌'을 바꿔 쓴 것이다.

457

저자는 또 백제가 '한'으로 천도한 사실을 이야기하면서 이 '한'이 지금의 서울을 뜻하는지에 대해 의문을 제기했다. ≪동국통감≫의 앞 쪽에 나오는 다음 구절이 암시하듯이 '한'은 '남한'[4]을 말하였다고 여겨진다.

'予觀漢水之南土壤膏腴將遷都七月命立柵于漢山下移慰禮民戶實之'

이 구절은 도성 터를 찾아다니던 왕이 한강 남쪽에 수도를 정했다고 말한다. 조선인들은 이 구절에서 언급한 장소가 '남한' 바로 근처라고 믿고 있다.

잘못된 기록을 고치지 않으면 오류가 사실로 고착되고 잘못된 기록을 고치기에는 두 배로 힘이 들기에, 오로지 역사 기록의 정확성을 위해 몇 가지 지적을 해보았다.

---

4. '남한'은 한강 남쪽의 하남위례성(河南慰禮城)을 말하는 것으로 보인다.

양반의 출현(The Rise of The Yangban)

≪한국소식(The Korean Repository)≫ 1895년 12월호

조선은 붕당 두 개만으로는 조선 정치의 면모를 다 보여 줄 수 없었는지, 곧바로 노론, 소론, 북인, 남인으로 불리는 네 개의 붕당이 탄생했다. 그들의 이름은 '늙은이들의 담론', '젊은이들의 담론', '북쪽 사람들', '남쪽 사람들'을 뜻한다. 처음에는 동인과 서인으로 나뉘었던 붕당이 늙은이의 당과 젊은이의 당으로 바뀐 것을 알 수 있다. 그들은 분명 서로를 '영감탱이들', '코흘리개들'이라고 불렀을 것이다. 나침반에 방향을 가리키는 점이 네 개밖에 없다는 것이 다행이었는지 모른다.

But two parties were not enough to express ideas of Korean statesmanship and soon we find, there were four parties called respectively No Ron, So Ron, Puk In and Nam In. In other words the 'Discourse of the Old Men', the 'Discourse of the Young Men', the 'North Men' and the 'South Men'. We see that the East and West parties had changed to the old men's and the young men's parties or as they doubtless called each other The Old Fogies and The Young Upstarts. It may be called fortunate that there were only four points to the compass.

양반의 출현(The Rise of The Yangban)

　　조선에서 양반[1]은 워낙 지체가 높아 이 주제에 조심스럽게 접근하지 않을 수 없다. 전해지는 바에 의하면 한반도의 초기 거주자들은 땅의 구멍, 즉 '움'에서 살았고, 얼굴에 줄을 새기는 문신을 했다고 한다. 그런데 원시시대에도 양반이 존재했다는 이야기는 전해진 것이 없다. 천민들보다 더 깊은 구멍에서 살았는지, 얼굴의 줄무늬는 어느 방향으로 새겼는지, 줄무늬 색깔은 어땠는지 등에 대해 전혀 알려진 바가 없다. 마치 스핑크스처럼 말이다.

　　그러나 원시시대에도 양반들이 있었음은 의심할 바가 없다. 왜냐하면, 위대한 역사책 ≪문헌통고≫가 중국의 동서남북을 설명하면서 한반도에 양반이 있었음을 짐작할 만한 내용을 담고 있기 때문이다. 이 책에 따르면 한반도 남부의 한 지역에서, 두 행인이 길에서 만날 때면 각자 상대방이 지나가길 기다렸다고 한다. 이는 그 당시에도 최소한 유유자적하는 신사들이 있었음을 말한다. 그들의 시간은 요즘의 양반들 시간만큼이나 천천히 흘렀던 모양이다. 이 이야기가 한민족의 진화 과정을 보여 주려 의도한 것은 아니지만, 상상력이 풍부한 사람은 그때도 양반이 있었다

---

1. '兩班'은 '두 개의 신분'을 뜻한다. 중요한 국가 행사에서 문신은 임금의 왼쪽에 무신은 오른쪽에 서며, 문신은 동쪽을 의미하는 동반, 무신은 서쪽을 의미하는 서반으로 불린다.

고 해석할 수도 있을 것이다.

배를 만드는 사람들이 배에 따개비가 붙는 것을 당연시하듯 역사는 양반의 존재를 당연시한다. 그러나 둘 사이에는 차이가 있다. 따개비는 주기적으로 긁어낼 수 있지만 양반은 절대 긁어낼 수가 없다. 칠팔백 년 전 고려 때 수천 명의 노비가 국가라는 낡은 배를 긁어내려고 시도했으나 배를 똑바로 세우지도 못하고 오히려 제압당했다. 이로 인해 임진강은 노비들의 시체로 전례 없이 둑이 만들어졌다.[2] '기자'[3]는 그냥 알고 지내기에는 분명 좋은 노인네였다. 그러나 그가 이 땅에 양반제도를 심은 것은 명백한 실수였다. 조선은 땅이 비옥하여 전체 인구의 4분의 1만 열심히 일해도 조선인 모두를 먹여 살릴 수 있다 보니, 양반제도는 조선인 4분의 1만 힘들게 일하게 하는 좋은 핑계가 되었다.

양반이 체면을 구기는 모습을 직접 목격하기란 쉽지 않다. 그러한 모습을 필자도 딱 한 번 봤다. 모펫[4], 아펜젤러[5] 선교사와 함께 평양에 가는 길에서였다. 우리는 금천고개[6]의 긴 내리막길을 지나서 나룻배를 탔다. 모펫 선교사, 그 강 이름이 뭐였지? 뭐 아무튼 우리는 강을 건너, 우리의 짐말들이 건너오는 모습을 지켜보고 있었다. 우리 근처에 한 양반이 짐보따리에 앉아 있고 그 옆에 말이 있었다. 마침 한 농부도 배가 오기를 기

---

2. 고려 때의 '만적의 난(1198)'을 비유적으로 표현한 것으로 보인다. 최충헌의 사노비였던 만적은 대규모 노비 해방운동을 계획했으나 거사 전에 발각되어 백여 명의 공모자들과 함께 강물에 던져졌다.
3. 기자조선을 세웠다고 알려진 기자(箕子)를 말하는 것으로 보인다. 조선 시대에는 기자조선의 존재를 정설로 받아들였기에 헐버트도 그렇게 인식했다고 여겨진다.
4. 모펫(Samuel Moffett)은 감리교 선교사이다.
5. 아펜젤러(Henry G. Appenzeller)는 감리교 초대 선교사이다.
6. 황해도 금천(金川)에 있는 어떤 고개를 말하는 것으로 보인다.

다리고 있었다. 농부는 돼지 세 마리를 끈으로 묶어 시장으로 몰고 가는 중이었다. (평소 나는 왜 조선인들이 돼지의 천성을 무시하고, 횡으로 몰고 가지 않고 앞 돼지의 꼬리에 뒤의 돼지를 묶어서 종으로 몰고 가는지 항상 궁금했다. 갑자기 딴 얘기를 했네요, 양해하십시오.) 그런데 갑자기 씩씩한 돼지들이 모두 도망쳐버렸다. 그냥 도망친 게 아니라 각자 반대 방향으로 튀었다. 그러자 돼지들을 묶은 줄이 양반의 말 뒷발굽에 걸치면서 팽팽해졌다. 돼지들은 말 아래에서 미친 듯이 몸부림쳤다. 그 순간 징을 박은 신발, 갓끈, 도포 자락, 담뱃대 등 개인 소지품들이 공중으로 날아올랐다. 그때 놀라서 벌떡 일어선 양반의 얼굴에 돼지에 대한 혐오감이 너무도 극명히 드러났다. 그가 분명 인종적으로 몽골 계통임에도 불구하고 필자는 그의 얼굴에서 히브리 인의 코를 보는 것 같았다. 양반의 품위는 완전히 무너지고, 그 순간만큼은 보통 사람들이 황당한 일이 발생할 때 반응하는 것처럼 양반도 우리와 똑같이 행동했다. 도마뱀 뒷다리를 들어 올려본 적이 있는가? 어느 날 양반 한 사람이, 힘들기는 해도 소중한 농사일을 마다치 않는다는 것을 필자에게 보여 주기 위해 감자를 캐 들어 올리던 모습이 바로 그 모습이었다. 그 양반은 은행에 1,000달러짜리 거액 수표를 예금하듯이 감자를 한 알 한 알 자루에 담으면서, 자신의 모습을 보는 사람이 있는지 없는지 확인하려고 사방을 두리번거렸다.

여담은 여기까지 하고 다시 역사로 돌아가자. '양반주의yangbanism'가 절정에 달한 때는 300여 년 전 선조 시대에 이르러서였다. 명재상이던 영

---

7. 돼지를 불결하게 여기는 유태인의 신앙에 대한 언급으로 보인다.

의정 이준경은 죽기 전에 임금에게 상소를 올려, "제가 인간의 본성을 연구하였는데 앞으로 붕당이 생겨날 것으로 보입니다. 만약 그렇게 되면 그 폐단이 매우 클 것입니다. 전하께서는 한쪽을 편애해서는 아니 되고 붕당이 생기면 이를 제거하셔야 합니다."[8]라고 주청했다. 이 말을 붕당이 이미 생긴 이후에 한 것인지는 확인할 수 없으나, 바로 이 시기에 조선의 4색 붕당이 출현하게 되는 사건이 발생했다.

한 여인의 미소가 트로이 전쟁을 일으켰다거나, 나폴레옹이 고개 한 번 잘못 끄덕였다가 워털루 전투에서 패배했다는 이야기가 있다. 조선에서는 이부자리 하나가 조선 정치를 네 개의 붕당으로 갈라놓았다.

사건의 발단은 이렇다. 나쁜 사람 한 명과 착한 사람 두 명이 있었다. 나쁜 사람은 윤원형[9]이며, 그는 부정직한 방법으로 권력을 얻었다. 착한 사람은 심가와 김가였다. 심가[10]는 어쩌다 보니 딱히 갈 일이 없었는데도 그 나쁜 사람의 집에 들렀다가 사랑에 있는 이부자리를 보고 이부자리가 누구의 것인지 알아봤다. 김가의 것이라는 답을 들었다.

"설마 착한 척하는 김효원[11]은 아니겠지? 그가 이 나쁜 사람 집에 왔을 리가 없잖은가?"라고 심가는 몇 번이나 또박또박 되뇌었다. 심가는 나쁜 사람 윤원형의 집에서 발견된 이부자리의 주인인 착한 사람 김가를 추궁하고자 기세등등하여 집으로 돌아왔다. 이 일로 심가와 김가는 각자 임금에게 상대방이 위험한 신하라고 주장하면서 싸우기 시작했다. 두 사람은 각자 주변의 가깝고 먼 친인척들을 동원하여 본격적인 정치 싸움에 들

---

8. 이준경(1499~1572)이 임종 때 선조에게 올린 유차(遺箚)의 일부 내용을 의역한 것으로 보인다.
9. 윤원형(?~1565)은 조선 시대 권력을 전횡한 대표적인 인물로 명종 시대 영의정까지 올랐다.
10. 심의겸(1535~1587)을 말하며, 조선 중기 문신으로 서인의 대표로 알려졌다.
11. 김효원(1542~1590)은 심의겸에 대립하는 인물로 동인의 대표로 알려졌다.

어갔다. 심가는 서울의 서쪽 즉 정동에 있는 지금의 미국 공사관 자리에 살고, 김가는 서울의 동쪽 어딘가에 살았다. 이러한 연유로 심가의 추종 자들은 서인, 즉 서쪽 사람, 김가의 추종자들은 동인, 즉 동쪽 사람이라 불렸다. 이들 사대부는 한 시대를 몹시 맹렬하게 싸우면서 보냈다. 다음 의 예를 보면 그들이 어느 수준의 문제들을 가지고 싸웠는지를 가늠할 수 있다.

당시 조선은 두만강 너머 오랑캐들과 국경 다툼이 빈번했다. 병조판 서는 증원군을 계속 보내야 했고, 병력을 보낼 때마다 매번 임금에게 보 고해야 했다. 병조판서가 한번은 실수로 임금에게 한마디 보고도 없이 병 력을 보냈다. 병조판서가 서인이기에 동인들은 이를 심각한 정쟁거리로 만들었다. 싸움이 심해지자 임금은 두 당파의 거두들을 지방의 관찰사로 내보낼 수밖에 없었다. 당시는 지방행이 큰 시련이었다. 하지만 오늘날 지방 관찰사 자리는 일시적인 좌천에서 심기일전하는 계기의 자리로 작 용하기도 한다.

다른 예는 쌀을 한배 가득 선물로 받은 관리의 이야기이다. 이 경우는 오늘날로 보면 형사 범죄에 해당하지 않을지도 모른다. 그러나 반대파들 은 그 관리의 모든 행위를 심하게 비난하고 과장하거나 왜곡시켜 범죄로 몰고 갔다.

한번은, 양측의 다툼에 대해 임금이 영의정에게 어느 쪽이 옳으냐고 물었다. 그런데 약삭빠른 영의정은 이에 대해 아무것도 모른다면서 대답 을 회피했다. 그러자 임금은, "왜 모른단 말이요, 알라고 그대가 있는 것 아니요, 누가 옳은지 아는 영의정을 찾을 것이니 그대는 자리에서 물러나 시오"라고 말했다. 임금의 캐묻기는 영국 소설 ≪어린 도릿Little Doritt≫[12]에 나오는 발명가만큼이나 집요했다. 물론 이 소설 속의 발명가도, '복지 부동하는 관료들'[13]마저 진저리칠 정도로, '알고 싶어'를 연발하며 캐물어 댔다.

조선은 붕당 두 개만으로는 조선 정치의 면모를 다 보여 줄 수 없었는지, 곧바로 노론, 소론, 북인, 남인으로 불리는 네 개의 붕당이 탄생했다. 그들의 이름은 '늙은이들의 담론'[14], '젊은이들의 담론', '북쪽 사람들', '남쪽 사람들'을 뜻한다. 처음에는 동인과 서인으로 나뉘었던 붕당이 늙은이의 당과 젊은이의 당으로 바뀐 것을 알 수 있다. 그들은 분명 서로를 '영감탱이들', '코흘리개들'이라고 불렀을 것이다. 나침반에 방향을 가리키는 점이 네 개밖에 없다는 것이 다행이었는지 모른다. 당시에는 아마도 온 나라가 정쟁에 휘말려 세상만사가 모두 대혼란에 빠졌었지 않았을까.

---

12. 영국의 19세기 대표적 소실가인 디킨스(Charles Dickens, 1812~1870)의 연재물로서 당시 정부와 사회의 문제점을 풍자한 소설이다.

13. 원문은 'clerks in the Circumlocution Office'이다.

14. 원문은 'Discourse of the Old Men'이다.

함흥차사(The Ham Heung Messenger Again)
≪한국소식(The Korean Repository)≫ 1896년 9월호

랜디스[1]박사가 조선의 격언에 대해 쓴 흥미로운 글에서 함흥차사에 대해 언급하였다. 이에 대해 한마디 보태고자 한다.

조선의 세 번째 임금 태종이, 함흥으로 낙향한 자신의 아버지이자 조선을 건국한 태조의 귀환을 간청하기 위해 보낸 차사들이 함흥에 도착하는 죽죽 모두 죽어 나갔다. 그러자 한 신하가 당차게 나서서 "연로하신 상왕 전하를 설득하여 모시고 와 주상 전하를 돕도록 제가 함흥에 가겠습니다."라고 말했다. 태종이 이를 받아들이자 신하는 암말을 타고 함흥으로 향했다. 신하는 이때 암말의 새끼도 데리고 갔다.

함흥에 도착한 신하는 태조의 거처 밖 버드나무에 어미 말을 묶어놓았다. 새끼 말은 어미 말과 저만치 떨어진 곳에 매어놓았다. 그런 연후 극도로 화가 나 있는 태조에게 다가가 "상왕 전하 창문 밖을 내다보시고 자연의 이치를 살피시지요. 새끼와 떨어져 있는 어미 말을 보시고, 어미를 찾아 울부짖는 새끼 말도 보시지요. 자식을 달래 주고 싶은 어미가 새끼 줄을 당기는 안쓰러운 모습을 보실 수 있을 것입니다."라고 말했다. 그때 천장의 대들보에서 쥐 한 마리가 달아나고, 새끼 쥐가 뒤따랐다. 새끼 쥐

---

1. 랜디스(Eli Barr Landis, 1865~1898)는 대한성공회 의료선교사였다. 그는 ≪한국소식≫ 1896년 8월호에 한국의 격언에 대해 기고하면서 함흥차사를 간략하게 소개했다.

가 그만 미끄러져 대들보에서 떨어지려 하자 어미 쥐가 새끼 쥐의 다리를 붙잡았다. 그러나 안타깝게도 둘 다 떨어지고 말았다. 어미 쥐는 떨어지면서 새끼 쥐를 안아 혼자 충격을 다 받았다. 신하가 그 광경을 가리키며 "이런 모습이 자연의 이치가 아닐까요. 부모는 자식을 위해 모든 위험을 감수하며 목숨까지도 걸지요. 어찌 주상의 부친이자 고명하신 상왕 전하께서 짐승들의 자식 사랑보다 못한 모습을 보이시려는지요?"라고 말했다. 그 순간 연로한 태조는 "내가 한양으로 갈 것이다!"라고 크게 외쳤다. 신하는 차사의 사명을 완수한 기쁨을 안고 한양으로 향했다. 그런데 그가 미처 멀리 가기 전에 시끌벅적한 한양보다 시골을 좋아하는 측근 한 사람이 태조에게 "이 자가 전하를 한양으로 모셔가려는 수작을 부리고 있습니다. 이 자는 아마도 전하를 함흥에서 한양으로 모셔가는 내기를 건 것 같습니다."라고 고했다. 이 말이 노인의 심기를 건드렸다. 태조는 차사를 어서 붙잡아 참수하라고 명했다. 그러나 그가 만약 흥용강² 을 건넜다면 살려주라고 했다. 명을 받은 수하 한 사람이 말을 타고 전속력으로 질주하여 강에 다다랐다. 그는 막 떠나려는 나룻배를 발견하자 기다리라고 소리쳤다. 그리고 단숨에 나룻배로 뛰어들었다. 물론 나룻배에는 좇고 있던 차사가 타고 있었다. 수하가 곧장 칼을 빼 차사의 머리를 치자 차사의 몸이 강물에 떨어졌다. 차사가 죽었다는 소식을 들은 태조는 골똘히 생각하다가 마음을 고쳐먹었다. 태조는 자기 아들이자 국왕인 태종을 최선을 다해 도우려 마음먹고 한 시간도 지나지 않아 곧바로 한양으로 출발하였다.

---

2. 원문은 'Heung Yong river'이다. 흥용강의 존재는 파악할 수 없었다.

조선의 풍수지리(The Geomancer)

≪한국소식(The Korean Repository)≫ 1896년 10월호

또한 '청룡백호'가 자리 잡아야 한다. 청룡백호는 묏자리의 동쪽과 서쪽을 나타낸다. '청색'은 동쪽을 뜻하고, '백색'은 서쪽을 뜻하며, 이는 구릉의 양옆을 은유적으로 묘사하는 방식이다. 묘는 보통 구릉 끝의 살짝 패인 곳에 쓰며 구릉의 두 팔은 묘의 동쪽과 서쪽을 각각 감싼다.

The Blue Dragon and White Tiger must also be attended to; these represent the east and west sides of the burial site. Blue is the color of the east and white of the west and this is a metaphorical way of describing the flanking hills. The grave usually lies in a slight hollow or indentation in the end of the hill and two arms, as it were, of the hill come partly around it on the east and west.

묏자리에서 가장 불길한 것 중 하나가 '규봉'이다. 규봉은 숨어서 엿보고 있는 봉우리라는 뜻이다. 그러한 봉우리가 있는지 알아보기 위해 지관은 묘를 쓰기로 한 바로 그 자리에 앉아 사방을 살피며 눈에 보이는 모든 언덕배기를 세세히 점검한다.

One of the most unpropitious things of all is the Kyu Bong or 'spying peak.' In order to discover whether such a peak exists, the geomancer seats himself upon the exact spot proposed for the sight of the grave and scans the horizon in every direction, taking careful note of every hilltop that is visible.

조선의 풍수지리 (The Geomancer)

    자연의 신비가 사라진다면 참으로 슬플 것이다. 음극선을 투사하여 세상 구석구석의 숨겨진 비밀을 모두 탐지할 수 있다면 이도 참으로 슬플 것이다. 무당의 머리에 총을 겨누며 점괘를 다시 내놓으라고 강압할 때도, 도르도뉴 지방의 떡갈나무 잎사귀 문자[1]에 문법을 요구할 때도 마찬가지일 것이다.

    오늘날 사람들은 모든 현상을 망원경이나 현미경을 통해 자신의 눈으로 직접 확인하지 않는 이상 만족하지 않으며, 시詩가 남긴 유일한 벗은 자전거뿐이다.[2] 셰익스피어가 '자기 어머니 무덤을 보며 식물 채집이나 할'[3] 사람에 대해 말했을 때, 그는 19세기의 퇴폐적 풍조[4]를 염두에 두었음이 틀림없다. 어린이들은 무지개 끝자락에 황금 항아리가 없다는 것을 알고 있으며, 난센[5]은 대자연의 범위를 빙산으로 둘러싸인 북극의 만灣까지 확장하고 있다.

---

1. 도르도뉴(Dordogne)는 프랑스 남부 지방이다. 원문의 'Dordonia'는 'Dordogne'의 옛 이름이다. 도르도뉴 지방 사람들이 떡갈나무 잎사귀를 문자로 사용하였다는 의미로 들린다.
2. 자연을 노래하는 시인이 많지 않다는 뜻으로 들린다.
3. 원문은 'peep and botanize upon his mother's grave'이다. 이 표현은 워즈워스(William Wordsworth, 1770~1850)의 시 '어느 시인의 묘비명(A Poet's Epitaph)'에 나오는 시구이다. 헐버트가 워즈워스를 셰익스피어와 혼동한 것으로 보인다.
4. 원문의 'fin de siecle'은 문학적으로 퇴폐적 경향이 나타난 19세기 말 풍조를 의미한다.
5. 난센(Fridtjof Nansen, 1861~1930)은 노르웨이의 북극 탐험가이다.

단순히 연구라는 목적으로 자연의 신비를 제멋대로 파헤칠 때 세계는 얻는 만큼 잃는다. 어떤 이들은 꽃 하나를 보며 꽃잎이 몇 개인지, 어느 과의 식물인지 반드시 의문을 품는다. 그들은 삶의 기쁨과 신의 은총을 몰수당하고, 이스라엘 백성들의 머릿수를 헤아린 다윗David처럼[6] 결국 모든 것을 잃을 것이다.

바로 여기서 서양인들과 동양인들의 중요한 차이가 나타난다. 조선인들은 중세시대의 음유시인[7] 못지않게 요정이나 악귀에 대한 신화와 전설을 잘 알고 있다. 조선인들에게 자연은 신비 자체이며, 자연에 대해 서양인들보다 훨씬 큰 경외심을 갖는다. 조선의 풍수지리는 옛 마법사의 주술 책이나 드루이드Druid 성직자들[8]의 두루마리 책을 연상케 한다. 왜 그런지 함께 살펴보면서 기이한 공상의 세계로 떠나보자.

지관은 조선에서 정식으로 인정된 직업이지만 무당처럼 연합체 성격의 조합 같은 것은 없다. 조선에서는 누구나 지관이 될 수 있다. 하지만 서울 사람들은 지관이 되는 것을 썩 내켜 하지 않는다. 발군의 실력을 인정받는 지관은 대부분 지방 사람들이다. 그들은 대개 윙클[9] 같은 부류의 사람들로서, 담뱃대를 물고 개와 함께 구릉을 오르내리다가 서서히 지관이 된다. 지관이 되기 위한 수련의 첫걸음은 바로 '매우 중요한 하늘의 기

---

6. 성서에는 이러한 행위가 죄악으로 기록되어 있다.

7. 원문의 'ministrel'은 minstrel의 오류이다.

8. 고대 켈트(Celt) 족의 신앙이었던 드루이드(Druid)교의 예언자, 마술사, 재판관, 시인 등을 말한다.

9. 윙클(Rip Van Winkle)은 미국의 작가 어빙(Washington Irving, 1783~1859)의 소설 'The Sketch Book'의 주인공으로 시대에 뒤떨어진 사람으로 비유된다.

밀'이라는 뜻의 《천기대요》[10]를 공부하는 일이다. 《천기대요》에서 이론을 먼저 익힌 후 유능한 스승 밑에서 실습을 한다. 스승과 제자는 산언덕을 함께 거닐다가 어떤 특이한 지점을 선택해, 그 위치의 장단점에 대해 논의하고 최종적으로 묏자리로 알맞은 곳인지를 결정한다. 조선의 풍수지리는 거의 전적으로 죽은 자의 묏자리를 선택하는 일이며, 조선인들은 아버지를 불길한 자리에 장사하면 자신의 앞날을 망친다고 생각한다. 학질, 염좌, 역병, 마름병은 다른 무엇보다도 묏자리를 잘못 써서 발생한다고 믿는다. 지관은 전국 방방곡곡을 돌아다니며 묏자리로 적합한 자리를 마음속에 정하고서 그 묏자리의 가격을 어림잡는다. 가격은 보통의 장소는 몇 센트 정도, 최고급 자리는 수백 달러에 이른다. 지관은 실습을 마치면 소위 '윤도輪圖'라는 나침반을 구입하여 개업할 준비를 마친다. 그는 이제 '디관(지관)'[11] 또는 풍수가 된 것이다. 즉 서양으로 치면 풍수지리학 학사 학위Bachelor of Earth를 얻은 것이다. 그들은 특별한 경우 '디스(지사地師)'라고도 불리는데 이는 풍수지리학 박사Doctor of Earth를 뜻한다. 지관에게 한 젊은이가 찾아와 아버지가 돌아가셨다며 적합한 묏자리를 찾아달라고 부탁하는 장면을 상상해 보자.

지관은 젊은이의 집에 함께 가 진수성찬의 식사와 술을 대접받는다. 이 식사는 서양에서 일을 계약하면서 건네는 일종의 착수금이나 다름없다. 지관은 젊은이가 묏자리에 얼마나 돈을 지급할 수 있을지를 알아보기 위해, 다양한 질문을 던지며 의중을 탐색한다. 지관이 젊은이가 지급할 수 있는 금액을 간파하고 나면 젊은이를 구릉으로 데리고 가 다양한 장소

---

10. 《천기대요(天機大要)》는 음양오행설에 의해 길흉화복을 가리는 방법을 기술한 도참서이다.
11. 地官

471

를 보여 주며 각각의 장단점을 설명한다.

묏자리에 대한 첫 번째 질문은 '이곳이 내룡[12], 즉 용이 오는 자리인가?'이다. 내룡은 용이 출현한다는 뜻으로 묏자리를 따라 흐르는 능선을 말한다. 좋은 묏자리란 긴 능선이 골짜기로 서서히 낮아지는 곳의 경사가 끝나는 지점이다. 구릉에 잠든 용이 그곳을 입으로 물고 있고, 구릉 주위를 수호한다고 여긴다. 하지만 용 형상의 능선이 가장 가까운 가족인 망자의 확실한 수호자가 되려면 몇 가지 필요한 조건들이 있다. 능선이 1~2마일 정도로 매우 짧거나, 교차하는 계곡으로 인해 어느 한 곳이라도 끊어져 있거나, 나무들이 대부분 베어져 있거나, 울퉁불퉁하고 가파른 절벽이 많다면, 이들 중 어느 경우라도 그 자리는 묏자리로서 가치가 높지 않다. 물론 완벽한 묏자리는 드물 뿐만 아니라 찾기도 어렵다.

산줄기가 삥 돌아서 본산과 서로 마주하는 지세를 '회룡고조'[13]라 부른다. 이는 산맥에 대한 많은 상상을 낳는다. 산맥은 산봉우리가 연결되어 나타나는 형상이기에 산봉우리를 낮은 지세에서 부모를 올려다보듯 올려볼 수 있다면, 능선 줄기는 가문의 혈통 즉 가계보를 나타내는 형상으로 간주된다. 따라서 능선 줄기가 삥 돌아 능선의 낮은 곳에서 가장 높은 곳까지 볼 수 있다면, 가장 낮은 후대의 자손이 그의 조상들을 올려다보고 있음을 의미한다. 이는 한편으로 조선인들이 대자연의 모든 형상을 범신론적 방식이 아닌 낭만적 방식으로 인격화한다는 것을 알 수 있다.

산 이름을 지을 때 산과 닮은 동물에서 이름을 따오는 경향은 세계적

---

12. 來龍
13. 回龍顧祖

으로 보편적인 현상이다. 특이하거나 기형적인 자연 형태의 이름을 지을 때 악귀에서 이름을 따오는 것 역시 세계적으로 보편적인 경향이라는 점도 흥미롭다. 세계 곳곳에는 악마의 비탈길, 악마의 의자, 악마의 부엌 등과 같은 이름을 가진 수많은 자연물이 존재한다. 이러한 이름들은 인류 초기 우상 숭배가 남긴 자취들이다.

내룡 다음으로 중요한 것은 '좌향'[14]으로, 이는 터가 자리 잡은 방위를 뜻한다. 터가 완벽하려면 남쪽을 향해 있어야 하나 동쪽이나 서쪽을 향해 있어도 무방하다. 북쪽은 햇빛이 들지 않고 검은색을 나타내기 때문에 북향은 절대로 안 된다. 이러한 사실은 묏자리에만 국한되는 것은 아니다. 조선인들은 집을 지을 때도 항상 남향으로 짓기를 선호한다. 다른 민족들의 남향 선호 경향을 알아보는 것도 흥미로울 것이다. 남향 선호는 고대 태양 숭배의 자취일까? 아니면 제국의 경로가 적도에서 북쪽과 남쪽으로 진행되면서, 사람들이 어느 곳에 정착하든 무의식적으로 햇볕이 잘 드는 남향에 집을 지었기 때문일까?

또한 '청룡백호'[15]가 자리 잡아야 한다. 청룡백호는 묏자리의 동쪽과 서쪽을 나타낸다. '청색'은 동쪽을 뜻하고, '백색'은 서쪽을 뜻하며, 이는 구릉의 양옆을 은유적으로 묘사하는 방식이다. 묘는 보통 구릉 끝의 살짝 패인 곳에 쓰며 구릉의 두 팔은 묘의 동쪽과 서쪽을 각각 감싼다. 이 두 팔은 길이나 전반적인 모양에서 크게 차이가 나서는 안 된다. 하나가 다른 한쪽보다 더 길게 뻗어 있으면 망자의 후손들에게 좋지 않은 영향을 끼친

---

14. 坐向
15. 靑龍白虎

다고 여기기 때문이다.

묏자리에서 가장 불길한 것 중 하나가 '규봉'[16]이다. 규봉은 숨어서 엿보고 있는 봉우리라는 뜻이다. 그러한 봉우리가 있는지 알아보기 위해 지관은 묘를 쓰기로 한 바로 그 자리에 앉아, 사방을 살피며 눈에 보이는 모든 언덕배기를 세세히 점검한다. 그리고는 자리에서 일어나 매우 신중하게 조사를 계속하면서, 만약 앉아 있을 때는 보이지 않던 언덕배기가 일어나 보니 보인다면 규봉이 있다고 결론짓는다. 규봉이 있는 자리는 절대적으로 가치가 없는 곳이다. 왜냐하면, 누군가가 그런 자리에 묻힌다면 그의 자손들은 도둑이 될 것으로 여기기 때문이다. 규봉은 시적인 접근으로, 조선인들은 한 언덕배기가 다른 언덕배기에서 간신히 보일 정도로만 솟아 있다면 이는 악귀가 근접한 언덕 뒤에 웅크리고 앉아 사악한 눈으로 망자의 최후의 안식처를 곁눈질하고 있다고 간주한다.

추천한 묏자리의 외적 환경을 신중하게 조사하고, 그 자리가 지급할 값만큼이나 만족스러운 곳이라고 판단하면 이제 묘가 들어설 자리에 주의를 집중한다. 지관은 윤도를 꺼내 땅에 놓고 묘가 가리킬 정확한 방향을 결정한다. 방향은 대체로 전방에 무엇이 보이는가에 의해 좌우된다. 만약 전방에 무덤들이 있다면, 추천한 묏자리가 그 무덤 중 어느 하나라도 가리켜서는 절대로 안 된다. 사실은 묏자리가 좋은 자리라면 주변에 다른 어떤 무덤도 있지 않아야 한다. 만일 주변에 무덤들이 있다면 그 자리의 가치는 다른 무덤과의 근접성에 따라 달라진다.

---

16. 窺峰

다음 실행 단계는 금 우물을 말하는 '금정'[17]을 놓는 일이다. 금정은 우물을 나타내는 뜻글자인 한자 '井' 자의 모양과 관련이 있다. 금정은 세로와 가로의 막대기 두 개가 교차하는 모양을 이루며, 어떠한 무덤 크기에도 맞을 수 있도록 조절이 가능하다. 금정을 땅에 놓고 모든 평행사변형 안쪽에 표식 한 다음, 땅을 파기 시작한다. 무덤의 깊이는 딱히 정해진 것이 없지만 자리의 형편에 따라 깊이가 달라진다. 깊이는 주로 토양의 성질과 무덤의 일반적인 위치에 의해 좌우된다. 지관은 무덤의 깊이를 뜻하는 '혈심'[18] 원칙을 적용하여 주검이 묻히는 깊이를 결정한다. 깊이는 한 척, 두 척, 세 척을 넘어 깊게는 여섯 척까지도 간다.

이제 상주가 어디에 서서 장례 의식을 진행할지도 결정해야 한다. 이를 '불복방'[19]이라 부른다. 상주가 서 있어서는 안 될 어느 특정한 방향이 항상 존재하며, 상주가 그 자리에 서면 미래에 무서운 불행이 닥친다고 믿는다.

이쯤이면 매장과 관련한 지관의 역할은 거의 끝난다. 물론 돈을 받은 뒤에 말이다. 하지만 장례 뒤 일정 기간이 지나면 원래 지관이나 혹은 다른 지관을 불러, 묘를 다시 점검하고 모든 것이 괜찮은지 확인하는 경우가 허다하다.

모든 주의를 다 하고 사전 예방조치를 취해도 망자의 자손들이 곤경에 처하는 경우가 심심찮게 발생한다. 그럴 때면 눈에 보이는 다른 원인이 없다면 대부분 선조의 묘에 문제가 있다고 결론을 내리고 지관을 불러온

---

17. 金井
18. 穴深
19. 不伏方

다. 만일 묘지 주인이 일을 벌일 수 있을 정도로 돈이 많아 보인다면 아마
도 지관은 선조들의 무덤에서 심각한 문제점을 찾아낼 것이다. 만약 지관
이 그리 넉넉하지 않다면 지관은 무덤을 약간만 손질하는 쪽으로 대개 결
정한다.

무덤에 무슨 문제가 있는지를 알아내는 특별한 비법이 있다. 그 비법
은 ≪천기대요≫ 책에 나와 있다. 하지만 ≪한국소식≫ 독자들은 이 비법
에 대해 별로 흥미를 느끼지 못할 것이다. 누군가 이 비법을 이용해 무덤
에서 송장이 사라졌다고 말하면 조선인들은 이를 경건히 받아들여 무덤
을 파헤친다. 물론 송장이 사라지고 무덤이 텅 비어 있음을 발견한다. 이
때도 지관이 불려가 사라진 송장을 찾는 작업을 한다. 조선인들은 전국을
돌며 송장을 추적하는 일이 지관의 일 중 가장 소름 끼치는 부분이라고
말한다. 따라서 소심하거나 신경이 과민한 사람은 지관의 직업을 택할 수
없다. 그러나 다행히 조선인들은 겁이 없는 편이다. 노련한 지관은 여기
저기 찾아보다가 대개 24시간 이내에 실패 없이 송장의 위치를 알아낸다.
지관은 형편이 넉넉지 못한 묘지 주인의 친족에게 위치를 알려 주며 땅
을 파 보라고 한다. 땅을 파면 어김없이 그곳에서 찾고 있던 송장이 발견
된다. 이 비법은 '오래된 무덤의 주술 의식'이라는 뜻의 '복구분'[20]이라 불
린다.

---

20. 卜舊墳

'조선(朝鮮)'이라는 이름에 대해

(A Study in Evolution)

≪한국소식(The Korean Repository)≫

1897년 1월호(Things in General)

특별한 경우가 아니면 모든 현상은 쉬운 설명이 옳다는 일반론에 따라, 우리는 조선이 해가 떠오르는 방향으로 향해 있기에 '朝鮮'이라고 이름 지어졌고 또한 '아침 햇살의 나라'를 뜻한다고 결론지어야 한다.

According to the law that, other things eing equal, the easiest explanation of any phenomenon is the right one, we must conclude that Korea was called Cho-sun because it was toward the rising sun and so became 'The Land of Morning Radiance.'

'조선(朝鮮)'이라는 이름에 대해
(A Study in Evolution)

'조선'을 한자로 옮기면 일반적으로 알고 있는 '朝鮮'이다. 그러나 '潮仙'으로도 옮길 수 있다. '朝鮮'은 '아침 햇살Morning Radiance'을 뜻하고, '潮仙'은 '바다의 신선Tide Genius'을 의미한다. 대체로 사람들은 조선이 동쪽, 즉 해가 뜨는 쪽으로 향해 있기에 '朝鮮'을 '아침 햇살의 나라Land of Morning Radiance'라는 뜻으로 여긴다. 조선이라는 단어의 배경을 추적하여 그 기원의 단서를 찾아보는 것도 흥미로운 일이라고 여겨, 이에 대해 필자가 알아본 바를 소개하고자 한다.

중국의 유명한 책 《산해경山海經》은 '조선'은 '솟아오르는 태양 Swelling Sunlight'이라는 뜻의 '열량列陽 Ryul Yang'에 있다고 했다. 그러나 같은 책 해석 난을 보면 '열Ryul'은 '列'이 아니며, 조선의 어느 강 이름이라고 했다. 한漢나라의 대학자 양웅楊雄은 '조선'이 '열수洌水 Ryul Su' 사이에 있다고 했다. 여기에서 한자 '列'이 '洌'로 변화했음을 알 수 있다. 장화張華라는 다른 대학자는 조선에는 천수泉水, 열수洌水, 산수汕水라고 불리는 세 개의 강이 있으며, 이 강들은 '열수'라는 보통명사 격의 일반적인 이름으로 알려져 있다고 했다. 이는 양웅이 '조선'이 '열수洌水' 사이에 있다고 한 말과 다르지 않다. 앞에 말한 것들을 거꾸로 되짚어 보자.

먼저, 조선은 '열수洌水'라는 강들 사이에 있었으며, 이 '열수洌水'가 '솟아오르는Swelling'이라는 뜻의 한자 '列'과 혼재되고, 조선이 떠오르는 해를 향해 있기에 동쪽을 말하는 햇빛의 관념이 한자 '陽'과 어우러져 '솟아오르는 태양', 즉 '列陽(열량)'이 되었다고 보인다. 여기서 다시 '솟아오르는'이라는 의미가 바닷물이 불어난다는 의미의 한자 '潮(조)'를 연상케 하였다고 여겨진다.

햇빛을 의미하는 한자 '陽'은 산의 남쪽이나 햇볕이 드는 쪽을 말하며, 산 전체를 아우르는 표현으로 사용되기도 한다. 그러나 '산'의 개념은 '仙(선)'이라는 글자와 맥을 같이한다. '仙'이라는 한자를 풀이해보면 '산에 사는 사람mountain man'이라는 뜻이다.[1] '仙'은 산신령 혹은 선녀의 반열에 있는 자를 의미한다. 이러한 자연스러운 과정을 거쳐, 원래의 '洌水'라는 단어가 마침내 '바다의 신선'을 의미하고 '조선'으로 발음하는 '潮仙'이 되었다고 추정된다. 그러나 '아침 햇살'을 의미하는 한자 '朝鮮'도 똑같이 '조선'으로 발음하고, '조선'이라는 나라를 상징하는 데는 '朝鮮'의 개념이 '潮仙'보다 더 이치에 맞다 보니 '朝鮮'으로 변화하였다고 여겨진다.

필자는 앞에서 전개한 논리를 역사적 진실로 제시하는 것이 아니며, 그렇다고 그럴듯한 가설로 제시하는 것도 아니다. 다만 이러한 일련의 과정이 얼마나 얽히고설켜 현재의 이름에 이르렀는지를 말하고 싶은 것이다. 특별한 경우가 아니면 모든 현상은 쉬운 설명이 옳다는 일반론에 따라, 우리는 조선이 해가 떠오르는 방향으로 향해 있기에 '朝鮮'이라고 이름 지어졌고 또한 '아침 햇살의 나라'를 뜻한다고 결론지어야 한다.

---

1. '仙'이라는 한자가 '人' 자와 '山' 자를 합친 글자라는 의미이다.

새문 이야기(The New Gate)

≪한국소식(The Korean Repository)≫

1897년 1월호(Things in General)

호기심 많은 사람들은 서울에 사는 서양인들이 '서문West Gate'이라고 부르는 대문을 조선인들은 왜 '새문New Gate'이라고 부르는지 종종 의문을 갖는다. 100년도 훨씬 전인 조선 19대 임금 숙종 시대에는 지금의 새문이 있는 자리에 대문이 없었다. 대신에 현재의 새문과 산 입구 중간에 대문이 하나 있었다. 그 대문은 '오디 궁전'이라 일컫는 뽕나무밭 뒤 우묵한 곳에 있었으며, 사직골을 지나는 길이 바로 그 대문으로 가는 길이었다. 대문 외곽에 규모가 크고 신도들이 붐비는 사찰들이 있었고, 그 사찰들에서 당시 여러 행사가 거행되었다. 그러나 무당을 척결하는 운동이 일었을 때 그 사찰들은 파괴되었다.

한편 서울의 대문에 대해 알아보면, 일반적으로 동대문 외곽 성벽이 군사적 방어용이라고 알고 있지만 그건 그렇지 않다. 조선이 건국 후 한양으로 도읍을 정할 때 한 가지 어려움이 있었다. 그것은 궁궐이 남쪽을 향하면 안 된다는 것이었다.[1] 그러자 조선은 이 문제를 해결하는 방법으로 동대문 외곽에 상징적으로나마 성벽을 건설하여 불행을 막기로 하였다. 그리하여 남대문이 본문本門이 되고 도시가 남쪽을 향하게 되었다.

---

1. 무학대사(無學大師)는 궁궐이 남쪽을 향하면 좌청룡을 상징하는 낙산의 산세가 약해. 궁궐이 남쪽을 향해서는 아니 되고 동쪽을 향해야 한다고 주장한 것으로 전해지고 있다.

5부

조선에서도 언젠가 종교가 융성하리라 확신한다!

종교 관련 논문 및 기사

Church, and even the chief of sinners, were objects of passion; Jonah's missionary commission was a part of the mission which in the fullness of time was given to the apo he whole Church.

SKETCH OF THE ROMAN CATHOLIC MOVE KOREA.

BY PROFESSOR H. B. HULBERT, SEOUL, KOREA.

We are accustomed to speak of the missionary movem hich had its origin during the second quarter of this ce is is quite natural, because the missionary movement amo nt peoples did have its origin about that time; but w issionaries of the Roman Church? Is it not remarkab e very time when the missionary movement was being gland and Scotland, and had not so much as been be merica, the Roman Church had its missionaries in a lar on of the Eastern countries? The seminary of the Societ ns Étrangeres had long been founded in France, and w t scores of men to India, Siam, China and Japan. Their l station in the East was at Macao, near Hong Kong. s granted to the Portuguese in 1557 by the Chinese, an e of the important ports of the East. It made a splen evangelistic work—a fact which the Roman Church wa perceiving. From that point it sent out missionaries int China, which was at that time violently opposed to ev rk. To that place missionaries retir

조선 선교를 위한 호소(From The Hermit Kingdom)
게재 신문 미상, 조선 서울에서, 1887년[1]

조선의 현실을 말하면, '우리는 진정으로 종교를 원합니다'라는 외침
은 아직 들을 수 없으나 그러한 외침을 강렬하게 감지하고는 있다. 필자
는 조선에서도 언젠가 종교가 융성하리라 확신한다.

And the cry of today is not physically heard, to be sure, but keenly
felt, "Wanted, a religion for Korea." And she is going to have one,
too.

---

1. 이 글은 신문 기고문이다. 헐버트의 손재(Bruce W. Hulbert)가 2009년에 기사 스크랩을 (사)헐버트
박사기념사업회에 기증하였다. 기사 스크랩이 헤져 이 글을 어느 신문에 언제 발표하였는지 알 수
가 없다. 헐버트가 미국의 한 기독교 관련 지에 기고한 글로 보이며, 영문 제목 'From The Hermit
Kingdom'은 신문 편집진에서 붙인 것으로 보인다. 글을 쓴 연도는 글의 내용으로 보아 1887년 말
경으로 추정된다.

조선 선교를 위한 호소(From The Hermit Kingdom)

조선이 기독교 선교 대상 국가가 된 지는 4년여에 불과하다.[1] 아마도 가장 최근에 선정된 선교 대상 국가일 것이다. 그렇기에 세계 기독교계는 조선 선교에 대해 세세히 알고 싶어 한다. 조선은 인접 국가들과 달리 고유의 언어를 사용하고, 독특한 전통과 풍습을 지녔다. 따라서 1,200만 명의 조선인을 대상으로 복음을 전하기란 결코 쉬운 일이 아니다. 더욱이 조선은 동양의 대표적인 보수의 나라로 알려졌고, 지금까지도 조선은 보수성 때문에 외톨이 신세나 다름없다. 따라서 세계 기독교인들이 조선에서 막 시작한 선교 활동에 주목하는 것은 자연스러운 현상이다. 그러나 미국의 기독교인들은 조선의 선교 현실에 대해 거의 아는 바가 없다. 그들은 실상도 모르면서 조선에 복음의 문이 열리기를 기도한다고 말한다. 물론 조선이 여러 나라와 맺은 조약 어디에도 조선에서 복음을 전하는 일을 막는 구절은 없다. 이러한 현실에서 필자는 조선 선교의 어려움 몇 가지를 전하고자 한다.

첫 번째 어려움은 조선인들의 타고난 보수성이다. 그들은 조선의 환

---

1. 헐버트는 기독교를 'Christian church' 또는 'Protestant church'라 하였다. 이 책에서는 이들 모두를 기본적으로 '기독교'로 옮겼다. 다만 로마 가톨릭교와 구분할 때 등 상황에 따라 '개신교'로도 옮겼다. 개신교와 로마 가톨릭교를 포괄하는 경우에는 '그리스도교', '그리스도인' 등으로 옮겼다.

경이 세상 어느 나라의 환경보다 좋다고 생각한다. 얼마 전에 어느 조선인이 왜 외국인들이 조선에 몰려오느냐고 다른 사람에게 묻는 것을 엿들었다. 그러자 다른 사람이 외국인들은 조선이 여타 나라들보다 훨씬 좋다는 사실을 알고 조선에서 살기로 작정했다고 대답했다. 그러나 모든 외국인이 다 그렇게 생각하고 있지는 않다.

두 번째 어려움은 20년 전 병인양요 때 가톨릭교도들이 끔찍하게 참수당하는 박해에 대한 기억이다. 이 소름 끼치는 참극의 공포는 선교의 가장 큰 장애물이다. 상당한 시간이 흐른 오늘날에도 조선인들은 '천주학(로마 가톨릭교)'이라는 단어에 숨을 죽이며 입에 올리기조차 꺼린다. 더욱이 로마 가톨릭교와 기독교의 교리 차이를 조선인들에게 이해시키는 일은 참으로 어렵다. 기독교 신앙의 상징어인 '예수'라는 이름 자체만으로도 사람들이 기독교 선교사들을 피한다. 조선인들은 로마 가톨릭교와 기독교의 교리 및 신앙 체계가 같은지 어떤지는 아예 묻지도 않는다. 이 두 가지 어려움이야말로 당면한 조선 선교의 애로점이다.

조선 정부가 선교를 강력히 반대했다는 이야기는 사실에 근거한 것이 아니다. 조선에서 매일매일 선교 활동이 벌어진다는 사실을 누가 모르겠는가? 아직 조선 정부나 조선의 어느 관리도 기독교의 활동에 불만이나 불편함을 토로한 적이 없다. 조선 왕(고종)은 개화에 아마도 조선에서 가장 적극적이며, 조선 왕이 선교를 금할 이유는 전혀 없어 보인다. 이미 의료 선교는 감탄할 정도로 자리를 잡아가면서 신앙의 씨앗을 뿌리고 있다. 이는 조선의 복음화에 절대로 필요한 과정으로 매우 바람직한 현상이다. 또한, 조선 선교를 낙관해도 좋은 이유는 유교, 바라문교, 불교, 신도 같은 종교가 조선에서 그리 크게 터전을 잡지 못하고 있다는 점이다. 조선에서 유일한 종교는 조상 숭배다. 그러나 조상 숭배는 종교로서는 부족함이 많다. 필자는 조상 숭배가 조선인들의 종교적 감성을 충족시키지 못한 채 다만 종교로 가장하고 있는 현상을 다행으로 생각하고 있다.

조선의 현실을 말하면, '우리는 진정으로 종교를 원합니다'라는 외침은 아직 들을 수 없으나 그러한 외침을 강렬하게 감지하고는 있다. 필자는 조선에서도 언젠가 종교가 융성하리라 확신한다. 그렇다면 기독교가 조선에 자리 잡아 종교의 필요를 충족시킬 수 있느냐가 관건이다. 오늘날 조선에는 자신들이 입수한 한자로 쓰인 성경에서 읽은 주옥같은 말씀을, 선교사들이 자신들의 마을에 직접 와서 설명해 줄 수 있느냐고 묻는 사람이 수백 명이나 된다. 북쪽의 한 마을은 마을 전체가 그리스도를 믿는 쪽으로 변하고 있다. 물론 이 마을에는 선교사가 없다. 그러나 이들은 한두 권밖에 없는 한자 성경으로, 스스로 성경 구절을 터득하여 위대한 복음의 결과를 보여 주고 있다. 지금이 바로 조선에 선교사를 파송하여 선교 활동을 강화할 때다. 만약 개신교가 곧바로 조선에 자리 잡지 못하면 로마 가톨릭교가 이를 대신할 것이다. 로마 가톨릭교의 조선 선교가 여타 지역처럼 썩 좋은 결과를 낳지 못했다고 말하려는 것이 아니다. 그러나 신앙이 순수하면 할수록 성도에게는 더 좋지 않겠는가.[2] 조선에 와 있는 외국인 기독교인들은 더 많은 선교사가 하루 빨리 조선에 파송되기를 희망한다. 조선의 말글을 공부하는데 2~3년이 필요하며, 지금 시점에서 보면 적어도 12명 정도가 파송되어 조선의 말글을 공부해야 한다. 추가로 선교사가 파송

---

2. 기독교가 로마가톨릭교보다 더 순수한 신앙이라고 보았다는 의미로 들린다. 이는 당시 미국 기독교계의 조류였다.

되면 그들 모두를 학생들을 가르치는 데에 즉시 투입할 수 있고, 한편으로 이 기간에 그들은 보다 효율적인 선교 활동을 준비할 수 있다.

현재 조선은 일본만큼 선교 활동이 쉬운 나라다. 새로이 개방된 여러 항구도시에 선교사들이 수월하게 정착할 수 있다. 이 도시들은 살기에 불편함이 없고, 선교위원회가 선교사를 배치하기에 충분한 선교 여건이 마련되어 있는 곳이다. 선교 담당 지역 때문에 충돌할 위험도 없다.

필자는 이번 여름 일본에서 미국의 선교위원회 간부 몇 명을 만나 회중교회[3]는 왜 조선에 선교사를 파송하지 않느냐고 물었다. 한 사람이 대답하기를 회중교회는 일본에서만도 할 일이 많다고 했다. 필자는 그에게 그것이 조선에 선교사를 보내지 않는 합당한 이유냐고 반문했다. 그러자 그는 장로교가 조선을 다 차지한 상황에서 회중교회는 장로교와 충돌을 원치 않는다고 했다. 그러나 조선에는 일본 인구의 3분의 1 정도나 되는 1,200만 명이 살고 있다. 그런데도 두 종파가 함께하는 선교가 부적절하다고 생각하는 것은 말도 안 되는 소리이다. 또 다른 이유로는 조선이 아직 정치적으로 불안정하여 선교사들이 떠나버릴지도 모른다고 했다. 이 말이 그리스도 정신과 기독교의 전통적 가치에 합당한 대답인가? 만약 조선에 변화가 온다면 말이 바뀔 것인가? 모든 선교사가 몰살당한다고 걱정하는 것인가? 선교사들의 혼이 정치적 변화 때문에 가치를 잃어야겠는가?

---

3. '회중교회(Congregational Church)'는 각 지역 교회가 중심이 되어 독립적으로 교회를 운영하는 개신교의 한 교단으로서, 미국 건국 초기에 새로운 국가와 사회를 건설하기 위해서는 교육을 강화해야 한다고 주장하였다. 헐버트의 아버지가 회중교회 목사였기에 헐버트의 교육철학은 회중교회에서 크게 영향을 받았다고 여겨진다.

현재 조선 장로교에는 3명의 선교사가 있다. 두 사람은 의료 선교를 담당하고, 한 사람은 교육, 성서 번역, 전도 등을 담당한다. 약 200마일 떨어진 도시[4]에서 선교사를 보내 세례를 집전해 달라는 요청이 왔으나 갈 사람이 없다. 할 일이 너무 많아 서울 이외 지역의 선교는 손도 못 대며, 먼 곳에서 오는 요청은 어떻게 할 도리가 없다. 현재 이곳에 성도 25명의 교회 하나가 있다.[5]

지난 3년 동안 이 적은 수의 선교사들이 이뤄낸 선교 활동을 어떻게 평가해야 하나. 필자는 선교에 직접 종사하지는 않지만, 진심으로 조선에 파송된 선교사들에게 동정을 보내면서 그들의 처지와 관련하여 호소하고자 한다. 물론 그들은 필자에게 자신들의 처지를 누구에게 이야기해달라는 어떤 요청도 하지 않았다.

선교사가 부족하다 보니 일이 쌓이고 쌓여 그들이 감당하기에는 열 배나 무거운 짐을 져야 하는 현실이 과연 공정한가? 선교위원회가 서신을 모든 교회에 보내 조선 선교가 만족하지 않다고 말하는 것이 공정한 일인가? 조선에서 고국으로 보낸 조선 선교 활동에 대한 보고서를 교계 전체에 제대로 알리지 않는 처사가 공정한 일인가? 관련 당사자가 아니기에 편견 없이 목격한 바를 사실대로 이야기할 수 있는 필자로서는 절대 그렇지 않다고 생각한다. 조선에는 분명 선교사가 더 필요하고 그것도 당장 필요하다.

---

4. 평양을 말하는 것으로 보인다.
5. 새문안교회를 말하는 것으로 보인다.

중국내륙선교회(The China Inland Mission)

≪세계선교평론(The Missionary Review of the World)≫ 1889년 4월호

중국내륙선교회의 기본 원칙 세 가지는 꼭 기억하자. (1) 특정 교파에 얽매이지 않는다. (2) 모든 복음주의 교파가 공통으로 받아들이는 근본 교리에 순응할 것만을 요구한다. (3) 기금 조성은 특별한 설득이나 호소 없이 오직 기도에만 의지한다. 이렇게 기도에만 의지하고도 지난 23년간 기금이 한 차례도 바닥난 적이 없었다.

Remember that (1), it is unsectarian ; (2), it demands adhesion simply to the fundamental doctrines accepted by all evangelical denominations ; (3), it uses no persuasion or solicitation to procure funds, using simply the medium of prayer and never, during twenty-three years, has that source failed.

중국내륙선교회(The China Inland Mission)[1]

　미국인들이 미국 선교사들이 파송된 지역의 선교 활동에만 관심을 집
중하는 것은 전혀 이상한 일이 아니다. 그렇다고 미국에 인력이나 자금
지원 요청을 하지 않아 미국 기독교계에는 제대로 알려지지 않았지만 고
귀한 활동을 하는 선교단체까지 잊어서는 아니 된다. 예컨대 '중국내륙선
교회The China Inland Mission'라는 선교 단체를 보자. 이 단체는 대중의 눈
에 띄지 않게 활동하는 것이 기본 원칙이다. 미국에는 잘 알려지지 않은
이 단체가 얼마나 큰일을 해왔는지, 또 지금은 어떤 활동을 하고 있는지
를 《세계선교평론》 독자들과 공유하고자 한다. 지난 석 달에 걸쳐서 중
국내륙선교회가 처음으로 미국에서 인력과 자금의 지원을 요청하고 있
다. 필자는 미국인들이 이러한 요청에 대해 특별한 관심을 가져야 한다고
생각한다. 중국내륙선교회를 창립한 테일러 목사Rev. Hudson Taylor에게
직접 듣고, 그의 양해 아래 이 글을 쓴다.

　중국내륙선교회는 1865년에 설립되었다. 테일러 목사는 영국의 '중

---

1. '중국내륙선교회(The China Inland Mission)'는 1865년 영국에서 테일러(J. Hudson Taylor) 목사
가 만든 선교 단체로 지금의 'OMF International'이라는 선교 단체의 전신이다. 'The China Inland
Mission'을 중국에서 '중국내지회(中國內地會)'로 번역한 기록이 있으나 이는 중국식 직역이어서,
이 글에서는 '중국내륙선교회'라 하였다.

국전교회Chinese Evangelization Society' 의료진 일원으로 1853년 중국에 처음 입국하였으나 건강 문제로 1860년에 귀국할 수밖에 없었다. 영국에 귀국한 그는 오히려 중국 선교에 대해 영국 기독교인들의 관심을 불러일으켜야겠다는 강한 결심을 하였다. 테일러 목사의 결심은 새로운 선교 운동, 즉 중국내륙선교회의 창립으로 이어졌다. 이 단체의 특성은 이미 다른 선교사가 활동하고 있는 지역을 침범하지 않으며, 기존 선교 단체의 인력이나 선교 방책을 빼내오지 않는 것을 원칙으로 삼고 있다는 점이다. 이러한 기본 원칙은 창립 때부터 지금까지 철저하게 지켜지고 있다. 다른 원칙들도 살펴보자.

- 근본 진리에 대한 건전한 신앙심만 확인된다면 선교사 자격을 갖춘 모든 지원자는 교파를 따지지 않고 모두 받아들인다.
- 모든 선교사는 선교회 본부가 어떠한 수입도 보장하지 않음을 명확하게 이해하고, 부채 없이 운영되는 선교회의 특성상 파송 선교사에 대한 지원은 그때그때 조성된 기금 한도 내에서만 이루어진다는 점을 인식하여야 한다. 따라서 파송 선교사의 필요한 생활비는 오직 하나님께 의지해야 한다.
- 선교회의 명의로 헌금을 거두면 아니 되며, 개별적 모금 활동도 금지한다.

이러한 원칙들이 다른 많은 선교 단체들의 원칙과 크게 다르다는 점에서 해외 선교에 관심 있는 단체들은 중국내륙선교회의 활동과 결실을 주의 깊게 살펴볼 필요가 있다. 1865년[2] 당시 인구가 3억여 명인 중국에 97

2. 원문의 1885년은 1865년의 오류로 보았다.

명의 개신교 선교사가 파송되어 그들 대부분이 항구도시에서 활동하였다. 18개 성 가운데 상주 선교사가 단 한 명도 없는 성이 11개나 되었다. 이런 안타까운 현실이 새로운 선교 운동의 동력으로 작용했다.

1866년 5월 테일러 목사는 영국 전역에서 자발적으로 모금된 기금에 힘입어 15명의 선교 일꾼과 함께 중국을 다시 찾았다. 앞서 언급한 바와 같이 일꾼을 선발할 때 교파의 차이는 전혀 고려하지 않았다. 성공회, 침례교회, 장로교회, 감리교회, 회중교회 등 모두를 그리스도를 따르는 교파로 인정하여 그 어떤 차별도 두지 않았다. 교육이나 문화적 배경도 자격 판단의 기준으로 삼지 않았다. 대학을 졸업한 사람이라고 해서 초등학교만을 나온 사람에 비해 특별히 대우하지 않았다. 하지만 목표를 달성할 수 있는 능력만큼은 꼭 필요한 중요한 자격으로 간주하였다. 선교회는 일꾼들이 현지에서 최대의 성과를 거둘 수 있도록 특별한 교육 과정을 마련하였다. 그러나 무엇보다도 지원자의 영적인 상태와 자질을 중요하게 고려하였다. '자신에게 주어진 영적 성장의 기회를 어떻게 활용했는가?', '심오하고도 완전한 영적 헌신의 증거를 말해 줄 수 있는가?'와 같은 질문을 지원자에게 던졌다. 답변의 진실성을 다양한 경로로 확인하였다. 물론 진실성을 확인하는 과정에서 개인의 과거를 샅샅이 뒤지고 꼬치꼬치 캐묻는 일이 과연 옳은지에 대해 반론이 제기될 수도 있다. 그러나 선교 활동의 암흑기, 융성기를 포함한 모든 선교 역사를 잘 알고 또한 성스럽지 못한 선교 활동은 퇴행을 부른다는 진리를 무시하는 데서 오는 상처를 잘 아는 사람들은, 선교사 선발에서 완벽이란 불가능하다는 점을 쉽게 인식할 것이다.

각 지원자는 신학적 믿음과 관련하여 다음 사항에 대해 선발위원회에 만족할만한 대답을 해야 한다. (1) 성서를 통한 성령의 감화 (2) 그리스도인의 유일한 규범이자 인도서인 성경 (3) 삼위일체(성부, 성자, 성령) (4) 아담의 죄지음으로 인한 인간 전체의 타락 (5) 그리스도의 죽음과 부활의 대속적 가치 (6) 내세의 상급과 형벌 (7) 현세가 시험의 기간이라는 의미의 한계.

이어서 신앙의 기본을 확실하게 믿음으로 받아들인 지원자는 후일 그 믿음이 단 한 가지라도 변할 때는 즉시 선교를 그만두겠다는 엄숙한 서약서를 제출한다. 그런 연후 지원자는 주님을 위한 활동이 필요한 곳에 배치되고 필요한 생활비는 선교회가 가능한 한 제공하지만, 일정한 보수는 보장되지 않은 채 중국 내륙으로 떠난다. 이때 중국내륙선교회의 또 다른 특징이 드러난다. 중국에 도착한 선교 일꾼들은 즉시 중국식 복장을 갖추고, 중국의 풍습도 최대한 따라야 한다. 현지 가옥에서 생활하고, 현지 음식을 먹으며, 현지 교통수단을 이용해야 한다. 하지만 이러한 행동이 결코 출신을 위장하거나 복음 사업을 위한 의도된 행위여서는 안된다.

중국내륙선교회가 1865년에 시작하였다고 앞서 언급한 바 있다. 그 때부터 오늘에 이르기까지 중국내륙선교회 설립자들이 거둔 성과는, 처음 정립한 원칙들에 충실하면서 '하나님께 온전히 의지함'만이 최상의 가치라는 사실을 확인한 점이다. 수백 명의 남녀 선교 일꾼들이 온갖 어려움을 극복하고 중국의 외진 곳까지 구석구석을 누비며 몸과 마음을 바쳐 선교 활동에 나섰다. 때로는 배척당하고 박해받는 와중에도 이들은 놀라운 인내심으로 활동을 이어갔다. 그 결과 1865년 당시 선교사가 없던 11개 성 가운데 현재 9개의 성에 선교 일꾼들이 상주하고 있으며, 나머지 2

개의 성에도 수시로 선교 일꾼이 출입하면서 순회 선교를 하고 있다. 이렇게 표현하면 중국내륙선교회가 활동하는 광범위한 영역이 제대로 인지되지 않을 수도 있다. 선교 일꾼들은 북쪽의 몽골 사막 국경 지대와 시베리아 국경에서, 남쪽의 브라마푸트라 강 유역과 히말라야 골짜기까지, 동쪽 태평양에서 서쪽 티베트 고원에 이르기까지 곳곳에서 활동하고 있다.

선교회의 사업과 파송은 상하이를 중심으로 이루어졌다. 모든 일꾼은 상하이에 도착하여 중국식 복장을 한 뒤 양쯔 강을 다니는 증기선을 탄다. 배를 타고 수백 마일을 거슬러 올라가면 여성을 훈련하는 신학교가 자리한 도시에 이르며, 조금 더 올라가면 남성을 훈련하는 신학교가 자리한 도시에 이른다. 일꾼들은 신학교에서 한두 해 머무르며 선교에 필요한 훈련을 받은 뒤 각자 배치된 지역으로 출발한다. 어떤 일꾼들은 해안 근처 지역에 정착한다. 어떤 일꾼들은 장장 다섯 달에 걸쳐 험준한 산악 지대와 열사의 사막지대를 지나고 범람하는 강물을 건너, 기독교가 한 번도 복음의 깃발을 휘날려본 적이 없는 땅에 정착한다.

일부 인사들은 선교 이야기를 한낱 과거지사로 치부한다. 하지만 선교 일꾼들의 숨은 이야기가 밖으로 알려진다면 사람들은 어떠한 소설보다 더 재미를 느낄 수 있고, 어떤 흥미로운 이야기보다 더 열광할 것이다. 어떤 일꾼들은 대도시에 정착하기도 한다. 물론 선망과 질시의 눈길이 따른다. 어떤 일꾼들은 몽골 타타르족의 유목민과 어울려 열악한 천막생활을 하며, 발을 뻗을 만한 일정한 거처도 없이 이곳저곳을 떠돌아다닌다. 현지 족장이 이끄는 대로, 혹은 가축 떼를 먹일 목초지를 찾아 타타르 평원을 정처 없이 헤맨다. 전설 같은 미지의 땅 티베트 고원에는 백여 년 동안 외국인의 발자취가 없다시피 했다. 하지만 오늘날 중국내륙선교회의 일꾼들은 티베트 접경 지역에 머무르며, 현지 관청의 허가를 받아 달라이 라마의 땅에 무사히 들어갈 기회를 거의 확보하였다. 지금까지 난공불락으로 여겼던 라마교 신앙의 문을 기독교가 두드리고 다닐 날도 이제 머지않아 보인다.

중국내륙선교회는 통신의 용이성과 인구 밀도를 고려한 노선을 따라 활동한다는 방침을 정했다. 한 노선은 상하이에서 출발하여 곳곳에 설치된 선교 거점을 지나 양쯔 강을 2천 마일쯤 거슬러 올라가다가, 항행이 더는 불가능한 지점에 이르면 내륙을 거쳐 미얀마 국경과 히말라야까지 이른다. 한수이[3] 강과 양쯔 강이 합류하는 지점에서 다른 노선이 시작한다. 이 노선은 한수이 강을 거슬러 올라가다가, 티베트 접경 지역에 이르면 티베트 북부를 우회하여 서쪽으로 카슈가르[4]와 카스피 해까지 이른다. 활동 노선을 이런 방식으로 운영하면 상호 협력이 더욱 원활해질 수 있다.

현재 총합 17만 달러의 연간 모금액으로 300명의 일꾼이 중국내륙선교회에서 활동하고 있다. 선교에 대한 통계 자료는 중국의 모든 성에서 성공적인 선교가 이루어지고 있다는 사실 외에 무엇이 더 필요하겠는가. 기독교인이 되면 금전적인 이득이 생긴다는 기대 없이 오직 그리스도만을 진심으로 영접한 현지인들은, 현지 일꾼들을 지원하기 위해 물질을 내어놓는 일이 얼마나 중요한지를 일찍부터 느낄 것이다. 진심으로 물질을 내어놓는 일은 개종자의 진실성에 대한 가장 엄격한 시험이며, 또한 그들의 개종이 영원함을 믿게 하는 징표이기도 하다.

---

3. 한수이(漢水) 강은 양쯔(揚子) 강의 지류이다.
4. 카슈가르(Kasgar)는 오늘날 중국 신장 자치구에 해당하는 지역이다.

중국내륙선교회 활동과 관련하여 미국인들의 참여에 대해 한마디 하고자 한다. 테일러 목사는 지난여름 영국에서 중국으로 가는 길에 미국에 잠시 들러 무디⁵ 부흥사의 초청으로 매사추세츠 주 노스필드Northfield시의 여성 신학교에서 중국내륙선교회 활동에 대해 강연을 하였다. 물론 강연은 열띤 호응을 얻었다. 얼마 뒤 나이아가라Niagara 지역에서 열린 집회에서도 많은 관심을 끌어, 놀랍게도 중국에 일꾼 8명을 새로이 파송할 수 있는 후원금을 약속받았다. 이에 힘입어 여름이 끝날 무렵에는 75명이 지원하고 이 중 14명이 선발되어 현재 중국으로 향하고 있다. 세계 복음화를 위한 최대 규모이자 가장 중요한 활동에 드디어 미국도 한몫하기 시작한 것이다. 중국내륙선교회의 기본 원칙 세 가지는 꼭 기억하자. (1) 특정 교파에 얽매이지 않는다. (2) 모든 복음주의 교파가 공통으로 받아들이는 근본 교리에 순응할 것만을 요구한다. (3) 기금 조성은 특별한 설득이나 호소 없이 오직 기도에만 의지한다. 이렇게 기도에만 의지하고도 지난 23년간 기금이 한 차례도 바닥난 적이 없었다.

이 정도면 선교 운동의 이상에 가깝지 않은가? 이 이상적인 선교 운동을 위해 중국내륙선교회가 지금 미국에 선교 일꾼과 후원금을 요청하고 있다. 그렇다면 미국도 기도와 협력으로 이 운동에 적극적으로 동참해야 하지 않겠는가?

---

5. 무디(Dwight Lyman Moody, 1837~1899)는 미국의 저명한 회중교회 부흥사이다.

조선과 종교(Korea and Her Religions)

≪세계선교평론(The Missionary Review of the World)≫ 1889년 9월호

이러한 이유 말고도 절대다수의 조선인들이 유교를 따르는 중요한 이유는 그들의 아버지와 할아버지들이 유교를 받들어 왔기 때문이라는 점이다. 조선에서 관습이 얼마나 강력한 힘을 발휘하는지는 직접 경험해보지 못한 사람은 상상도 할 수 없다. 순수하게 이성적 또는 철학적 기반에서 유교를 믿는 사람은 단언컨대 백만 명 중 한 명도 안 된다. 독창적이거나 사변적이면 자칫 미친 사람 취급받고, 관습이 모든 것을 지배한다.

In spite of these reasons it must be confessed that the great majority of these people are Confucianists because their fathers and fathers' fathers were such. Custom rules here to an extent that is never imagined by those who have not seen it. Not one man in a million, we venture to say, is a Confucianist on any purely rational or philosophic grounds. Independence of thought or a speculative tendency would be considered evidence of lunacy. Custom is the criterion.

조선과 종교(Korea and Her Religions)

조선과 중국의 관계는 미국과 영국의 관계와 비슷하다. 국력이나 상대적 중요도에서 그렇다는 것이 아니고 단순히 역사의 흐름에서 그렇다는 것이다. 여러 세기 전 한반도에 일단의 무리가 살았으나 그들은 자신들에 대해 아무런 기록을 남기지 않았다. 이 무리보다 앞서서도 어떤 무리가 살았을 것이나 그들에 대해서는 더더욱 알려진 것이 없다. 따라서 역사 기록이 시작되는 일단의 무리를 원주민이라고 부를 수밖에 없다. 이 말은 아메리카 인디언을 미국의 원주민이라 부르는 것과 마찬가지이다. 역사 기록 초기의 한반도는 중국 피난민들의 망명지 역할을 했다. 이 피난민들은 원주민 위에 군림하면서 일종의 왕국을 건설하였다. 그러다 보니 한반도는 은연중 중국의 종속국으로 인식되었다. 시간이 흐르면서 중국 피난민들과 한반도 원주민들은 거리를 좁히며 점진적으로 융합하였다. 그 결과 중국에서 건너온 피난민들이 한반도에 건설한 작은 왕국은 점점 중국과 소원해졌다. 중국에서 건너온 피난민들은 중국의 전통 및 관습도 가져왔다. 이렇게 들어온 중국의 여러 관습 중 하나를 집중적으로 살펴보자.[1]

---

1. 이상의 기록은 역사 기록이라기보다 단순하게 중국에서 관습이 넘어온 과정의 예시를 들었다고 봐야 할 것이다.

아시아에서 규모가 큰 종교는 대부분 중국에서 유래하였다. 어느 곳에서든 종교마다 성장기, 중흥기, 쇠퇴기를 거치기 마련이다. 조선에서 오래 살아남은 유일한 종교는 유교라 할 수 있다. 사실 유교는, 이런 말이 적합한지 모르겠지만 동양의 모든 종교 중 상대적으로 거부감이 가장 덜한 종교이다. 조선에서 신도Shintoism와 도교Taoism는 아무런 흔적을 발견할 수 없다. 불교는 나라 전역에 흩어진 몇몇 사찰들에 의해 유지되며 대중에게는 별 인기가 없고, 현재 살아남기 위해 고군분투 중이다. 그러나 조선인들은 수백 년 동안 유교를 신봉하며 조상 숭배라는 유교의 기본적 교리를 아주 철저히 지켜왔다.

혹자는 유교가 어찌하여 그토록 강력한 위치를 유지할 수 있었으며, 어떻게 지금도 천 년 전처럼 조선인들의 정신세계에서 그렇게 높은 위치를 차지하고 있느냐고 물을 수도 있을 것이다. 이는 아주 쉽게 설명할 수 있다. 유교는 부모 공경이라는 현실적이고도 강력한 감성에 기반을 두고 있다. 부모 공경은 누구에게나 참으로 바람직하고도 칭찬할 만한 일이다. 그러나 종교의 본질적 요구에 대한 답변으로는 매우 위험하다고 할 수 있다. 유교의 창시자는 심오한 철학자였던 것 같다. 그는 아마도 고대 힌두교의 신비주의와 근원적 무기력의 문제점을 깨닫고는 무언가 유형의 실체를 내세워야 했기에, 바로 '효심filial feeling'을 가장 고귀하고 성스러운 실체로 탄생시킨 것으로 보인다. 이를 기초로 그는 철학적 체계를 완성했고 이는 여태껏 이어지고 있다.

유교가 종교적 측면에서 위험하다고 한 이유는 절반의 진실이 완전한 거짓보다 더 위험하기 때문이다. 왜곡된 진실은 노골적인 거짓보다 더 큰 해악이다. 그래서 마호메트교가 불교보다 더 위험하다. 왜냐하면, 마호

메트교는 그리스도를 자신들의 선지자 중 한 명으로 취급하지만 불교는 완전히 신화적 종교이기 때문이다. 유교가 강력히 버텨온 두 번째 이유는 유교에는 성직자가 없을 뿐만 아니라 사원도 없고, 하나의 권력 체계로 발전할 만한 무엇도 없기 때문이다. 권력화한 종교는 상대적으로 단명한다. 동양에서는 특히 그렇다. 어느 왕조의 지배자가 불교를 국교로 정하고 이를 백성에게 강요한다면 불교는 당연히 엄청나게 발전할 것이다. 그러나 그 뒤 새로운 왕조가 들어서고 총체적인 정치적 물갈이를 한다면 정치적 성향의 종교 단체는 명분상 청산될 수밖에 없다. 동양에서 새로운 왕조가 이전 왕조와 '최대한 다르게' 일을 해야 한다는 것은 하나의 원칙이다. 그뿐만 아니라 인간의 타고난 보수성은 다양성을 허락하지 않는다. 구체적인 예를 하나 들어보겠다.

조선은 왕조가 교체될 때마다 수도를 천도했고, 옛 수도 주민은 아무도 새 수도로 이주할 수 없었다. 그러므로 전 왕조가 지지한 종교는 이러한 변화 속에서 살아남을 가능성이 거의 없다. 그러나 유교 또는 조상 숭배는 군주들이 좋아하는 허례허식이 전혀 없다. 그러기에 유교는 다른 종교들과 달리 왕조 교체 시에도 살아남았다. 유교의 또 다른 생존 이유는 사원 및 성직자 집단의 부재다. 여타 종교는 사원 및 성직자 집단을 위해 신도들에게 무거운 헌물을 요구하는 것이 불가피하나 유교는 그럴 필요가 없다. 이 점에서 유교는 다른 종교들과 분명한 차이가 있다. 자발적인 헌물이 있어야 신도들이 자신의 종교를 더욱 신봉하는 것 아니냐고 반론을 펼 수도 있다. 그러나 그러한 반론은 대다수가 가난과 사투를 벌이는 조선에서는 성립하지 않는다. 대다수 조선인들은 조상 숭배를 위한 조출한 행사에 쓰는 몇 푼이 그들이 쓸 수 있는 돈의 전부이며, 그들에게서 돈을 더 이상 빼앗을 방법은 공포 밖에 없다. 동양에서 조상 숭배가 이토록 현저한 위치에 오른 데는 다른 여러 이유들이 있지만 한 가지만 더 말하겠다. 조상 숭배는 '혈연 우선clannishness'이라는 누구나 쉽게 빠져들 수 있는 인간 본성에 기인한다. 이는 감언의 가장 교묘한 형태이다. 유교는 엄밀히 말하면 종교가 아니고, 종교를 가장하고 있을 따름이다. 유교는 감언의 형태로 신도들에게 접근하며, 인정을 바탕으로 신도들의 종교적 감성을 충족시키려 한다. 즉, 유교의 본질을 통해서가 아닌 본질 외적인 조상 숭배 같은 부수적인 이점adventitious advantages에 의존하여 신도들을 확신시키면서, 양심에 대한 마취제 역할을 하고 있다. 이는 인간에게 필수적으로 요구되는 영혼 신앙에 대한 시야를 가리는 것이나 다름없다.

이러한 이유 말고도 절대다수의 조선인이 유교를 따르는 중요한 이유는 그들의 조상이 유교를 받들어 왔기 때문이라는 점이다. 조선에서 관습이 얼마나 강력한 힘을 발휘하는지는 직접 경험해보지 못한 사람은 상상도 할 수 없다. 순수하게 이성적 또는 철학적 기반에서 유교를 믿는 사람은 단언컨대 백만 명 중 한 명도 안 된다. 독창적이거나 사변적이면 자칫 미친 사람 취급받고, 관습이 모든 것을 지배한다. 쉴러[2]의 다음의 시구는 유럽에 해당한 이야기지만 아시아에 훨씬 더 적절할 것 같다.

인간의 성향은 관습에서 만들어지고
관습은 인간이 매달리는 간호사이다

---

2. 쉴러(Johann Christoph Friedrich von Schiller, 1759~1805)는 독일의 시인이자 극작가이다.

애처롭다, 인간의 무모한 손이

조상님의 명예로운 가보를 더럽히는구나

시간 속에 영험한 힘이 있고

세월과 함께 은빛 신사가 된 그대는 신령 같구나

유교가 동양의 종교 중 거부감이 가장 덜한 종교이긴 하지만 매우 위험하다고 앞서 말한 바 있다. 유교는 부모 공경 등의 요인으로 인해 보통 사람들에게 직접적이고도 강력한 호소력을 지니며 앞으로도 지금의 영향력을 계속 유지할 가능성이 매우 크다. 그러나 유교는 앞서 말한 대로 종교적 본질을 전혀 충족하지 못한다. 왜냐하면, '신앙심faith'의 요소가 없기 때문이다. 신앙심의 요소가 있어야 종교는 강력해지는데 유교는 신도들에게 아무런 신앙심을 요구하지 않는다. 달리 말하면 종교는 인간보다 훨씬 높이 있어야 한다. 그렇지 않으면 종교가 인간을 선도할 수 없다.

유교의 벽을 부수려면, 관습의 장벽을 뚫어야 하고 도덕성을 바탕으로 한 실제적이고도 살아 있는 진리를 제시하는 일이 가장 중요하다. 유교의 벽이 부서진다 해도 조선인들 입장에서는 잃어버릴 무엇이 없다. 왜냐하면, 그때까지도 유교에 대한 신앙심은 표출되지 않고 잠을 자고 있을 테니 말이다.[3] 하지만 인도의 신비주의 전통에서는 종교적 신앙심이 실천됐기에 파괴와 재건의 두 가지 임무가 요구된다. 그러나 유교에서는 주로 건설의 임무만이 요구된다.[4]

---

3. 유교는 신앙심의 요소가 없기에 조선인들이 유교의 벽을 부순다 해도 잃어버릴 신앙심이 없다는 뜻으로 들린다.
4. 조선인들이 기독교인이 되었을 때 새로운 기독교 신앙심만 심어주면 된다는 뜻으로 들린다.

선교 기술(The Science of Missions)
≪세계선교평론(The Missionary Review of the World)≫ 1890년 7월호

해외 선교사를 꿈꾸는 젊은이들에게, 말하고 싶지 않지만 선교의 미래를 위해 말하지 않을 수 없는 것이 하나 더 있다. **해외 선교지로 떠나는 젊은이들은 세상에 이름을 남겨야겠다는 야망을 품어서는 안 된다.** 일반 사회로부터 잊힐 각오를 해야 한다. 물론 선교 분야에서도 다른 어디에서나 마찬가지로 특출하게 똑똑하거나 성공적인 활동을 한 사람들은 사회적으로 유명해지겠지만, 이는 원한다고 되는 것이 아니고 가만히 있어도 모르는 사이에 저절로 유명해진다.

There is one other thing which ought not to need mentioning, and yet which the history of missions warrants the mention of, and any young man who contemplates foreign mission work needs to bear it in mind. *The young man or woman entering the foreign field must not go expecting to make a mark in the world.* He or she must be willing to be forgotten so far as the public at large is concerned. Of course, in mission work as in everything else, those who are exceptionally bright or successful will make a name, but it comes unsought.

선교 기술(The Science of Missions)

오늘날의 선교사들에게 칠팔십 년 전 선교 개척자들이 세계 각지에서 보여 준 선교에 대한 열의와 헌신을 기대하기란 무리일지 모른다. 그러나 필자는 최근 선교 개척자들의 성공과 실패의 값진 사례를 접하면서, 오늘날의 선교사들이 옛 선교 개척자들보다 더 잘 준비된 상태에서 더 좋은 방책으로 선교에 임하기를 기대하는 것은 모든 기독교인의 권리라는 생각에 이르렀다.

전쟁 기술의 발전은 두 가지 특징을 보인다. 하나는 군인의 사망률이 꾸준히 빠르게 감소하고, 또 하나는 군사 무기의 파괴력이 엄청나게 증대되었다는 사실이다. 오늘날의 군인들이 칼과 도끼로 역사에 남을 전투를 벌인 옛날 용사들보다 더 용감하다는 뜻은 절대 아니다. 다만 오늘날 전투를 수행하는 사람들은 최소의 재정 지출과 최소의 인명 피해로 최대의 성과를 달성하기 위해, 모든 기회를 최대한으로 활용할 준비를 갖추고 있다는 뜻이다. 선교 영역도 마찬가지다. 오늘날의 선교 일꾼들은 저드슨[1] 이나 캐리[2]보다 더 용감하지는 못할지라도, 치밀한 사전 계획에 따라

---

1. 저드슨(Adoniram Judson, 1788~1850)은 미국의 개신교 선교사로 버마에서 활동했다.
2. 캐리(Carey)는 비기독교 국가에서 활동한 선교사로 추정된다.

주어진 시간과 경비를 최대로 활용하여 더 많은 성과를 내야 함이 마땅하다. 천 년 전에는 큰 칼을 휘둘러 적을 난도질할 수 있는 혈기 왕성한 젊은이가 곧 좋은 군인이었다. 물론 그들은 특수 훈련을 받지도 않았고 특별한 병법을 익히지도 않았다. 그러나 오늘날의 군인은 곧 전문가다. 그들은 다년간 진격과 후퇴, 측면 돌파와 정면 돌파 등의 특수한 병법을 공부하기 때문이다. 선교 운동도 바로 이런 식이어야 한다. 선교사는 전문가이어야 하고, 특별한 선교 훈련을 받아야 한다. 대학교와 신학교에서 가르치는 것보다 더 다양한 지식을 습득해야 한다. 선교지로 떠나는 선교사들이 사전 준비 과정에서 주의할 점들이 무엇인지를 살펴보자.

먼저 선교사를 잘 선발해야 한다.

당연한 소리를 하고 있다고 말할지 모른다. 하지만 그렇지 않은 경우가 너무나도 많다. 선발을 담당하는 교회의 이사회는 후보자의 학력과 후보자가 교회에서 쌓은 신용이 어느 정도 괜찮다고 생각하면 다른 부분은 거의 들여다보지 않는다. 그러나 육군사관학교나 해군사관학교에 입학하고 싶은 청년들은 매우 엄격한 심사를 거쳐야 한다. 하나라도 약점이 발견되면 그의 지원서는 거절당한다. 미국 정부는 신체적 장애가 있어 군인의 임무를 다할 수 없는 청년에게 육군이나 해군이 되기 위한 교육 훈련을 받게 하는 것은 어리석은 짓임을 인정한다. 같은 원리와 정확히 같은 이유로, 선교 부문의 지원자들 또한 신중히 선발하여야 한다.

선발 과정에서 어떤 자질을 검증해야 할까?

영적 헌신은 온전한지, 복음을 비기독교인들에게 전해야 하는 엄중한 목적의식은 어떠한지는 당연히 갖춰져야 하니 더 말할 필요가 없다.

다음으로 중요한 것은 **신체적 건강**이다. 공부에만 집중하느라 힘을 낭비했거나, 운동 부족으로 인해 신체가 허약한 청년들을 선교지로 보내는 일이 다반사다. 선교사로서의 새로운 생활은 그들에게 참으로 급격한 변화이다. 따라서 신체가 허약하면 현지 언어도 배우지 못한 채 한두 해 만에 철수해야 한다. 신체가 허약한 선교사들은 건장한 사람이 할 수 있는 일에 훨씬 못 미치는 일을 하면서 선교지에서 그냥 살아가는 것이 현실이다.

성공적인 선교 활동을 위해 절대적으로 중요한 두 번째 자질은 **공부하는 습관이다.** 진득이 앉아서 몇 시간 동안 다른 생각에 빠지지 않고 한 가지에 몰두할 수 있는 능력이 있어야 한다. 한 가지에 정신을 집중하고, 공부할 때는 공부만 열심히 하는 힘을 의미한다. 이유는 간단하다. 선교사의 시간이란 언제든 방해받기 일쑤이기에, 삼십 분이라도 앉아서 자기 일에 정신을 집중하고 그 짧은 시간 내에 무언가를 해낼 수 있어야 하기 때문이다. 일이 아무리 복잡해도 생각이 뒤죽박죽이어서는 아니 된다.

이제 선교지로 떠나는 준비에 대해 알아보자.
첫째, 선교 지역을 결정하는 일을 선교지로 출발할 때까지 미루지 마라. 젊은이들은 흔히 '학업을 마치고 떠날 준비가 되면 그때 봐서 어디로 갈지 결정할 거야'라고 이야기한다. 이는 선교사가 되었을 때 결국 자신의 능력을 발휘하지 못하는 결과만 낳을 뿐이다. 다음과 같은 이유에서다.

선교사가 되고 싶다면 일상대로 생활하면서도, 해외 선교를 작정한

날부터 실제 떠나는 날까지 자신이 가기로 한 나라의 지리, 역사, 문헌 등에 대해 특별히 공부해야 한다. 특히 해외 선교를 염두에 둔 순간부터 자신이 갈 나라에 대해 전문가가 돼야 한다는 결심이 필요하다. 비기독교 국가에 관한 책들은 미국에서 구하는 것보다 해당 나라에서 구하는 것이 훨씬 어려울 가능성이 크다. 예를 들어 한민족의 언어에 관한 한 권밖에 없는 문법책을 조선에서 구하려면, 일본에 사람을 보내 한 부를 구하거나 아니면 책을 가진 누군가를 귀찮게 하여 그에게 빌릴 수밖에 없다. 그런데 뉴욕에 있는 애스터도서관Astor Library에 가면 파리외방전교회가 파견한 신부들이 지은 프랑스 어로 된 한국어 문법책을 구할 수 있다. 가능한 한 떠나기 전에 그 나라에 관한 모든 책을 읽기를 권한다.

둘째, **선교 지역을 결정하는 일을 항상 염두에 두고 이를 특별히 기도의 대상으로 삼아야 한다.** 그리하면 열정이 샘솟아 선교지에 대해 큰 희망을 품게 되고, 때가 되어 선교 활동을 시작하면 두 배의 힘이 생길 것이다. 상대적으로 문명 진화가 앞선 힌두인들을 대상으로 하는 선교사 생활과 타타르 평원의 유목민을 대상으로 하는 선교사 생활은 굉장히 다르기에 선교사는 목적지에 가기 한참 전부터 어디로 가는지 알아야 한다. 선교 지역을 정할 때는 그 지역에 무엇이 필요할지를 고려하여 결정해야 한다. 그리고 한 가지는 명심하라.

그것은 **언어적 재능 또는 언어를 습득하는 능력은 성공적인 선교와 밀접한 관련이 있다는 사실이다.** 어떤 사람은 언어를 매우 빠르게 익히는가 하면 다른 사람은 매우 어렵게 배운다. 중국에서 성공적으로 활동하는 저명한 선교사에게 들은 바로는, 그 광활한 땅의 선교사 중 절반도 못 미치는 숫자만이 중국어 구어체를 유창하진 않더라도 어느 정도 구사할 수 있거나 앞으로 그럴 수 있을 희망이 보인다고 한다. 물론 아무도 이러한 주장의 진위를 확인해 줄 수 없지만, 이는 선교 활동을 위한 준비가 취약함을 말해 준다. 언어 습득이 느린 사람은 미국에서 전도 부문을 담당케 하든지, 영어 또는 라틴 어의 파생어를 쓰는 나라에 가게 하는 것이 좋다. 스페인, 이탈리아, 또는 중남미의 스페인 어를 쓰는 민족들을 대상으로 하는 선교도 매우 중요하다. 그렇다고 아직 외국어를 충분히 공부하지 않은 사람을 언어 재능이 부족하다고 치부해서는 안 된다. 꼭 그런 것만은 아니기 때문이다. 자신의 언어 재능이 평균 이하라고 확인하기 전까지는 미지의 세계를 포기하지 말아야 한다.

중요한 한 가지가 더 있다.

선교지로 떠나기 전에 한 가지 결심을 한 뒤 꾸준히 기도하고, 그 결심을 가슴 깊은 곳에 묻어 두어 결심이 변치 않도록 해야 한다. 그 결심이란 **무슨 일이 생겨도 어떠한 유혹이 있어도 선교지의 다른 선교사들과 오해가 있어서는 안 된다**는 것이다. 항상 화해하는 태도를 보여야 한다. 선교 방법이나 방향에서 자신과 다른 의견을 가졌다 해도 그것이 근본 원칙의 문제가 아니라면 자신이 먼저 다가가야 하며, 동료들의 행동과 말을 최대한 긍정적으로 받아들여야 한다. 그런데 굳이 이렇게 조심조심해야 할 이유가 무엇일까? 젊은이란 열정에 가득 찬 채 자신만의 선교 방책을 품고 선교지로 떠나며, 자신의 방책이 이미 선교지에서 행해지고 있는 여타 방책과 충돌하더라도 자신의 방책을 포기하지 않기 마련이다. 그러나 나이도 많고 경험도 많은 현지의 선교사들이, 당신의 방책은 이론상으로는 훌륭하나 실제로는 성공하지 못할 것이라고 조언하면 젊은이는 열정이 꺾이고 만다. 이리되면 두 사람 사이에 의견 충돌이 벌어질 가능성이 커진다. 특히 명심할 것은 같은 선교지에서 활동하는 선교사들 간의 관계는, 모국의 어떤 조직 내에서 동료들과 교류하는 관계와는 다르다는 점이다. 대개 선교지에서는 열댓 명의 선교사들이 완전히 독자적인 신념에 따라 무거운 책임감을 느끼며 진지하게 선교 활동을 한다. 따라서 그들은 선교 활동 및 자금의 사용에서 똑같은 발언권을 갖는다. 이러한 상황에서 선교사 각자가 자기 일을 더 중요하게 여기고 다른 선교사의 일을 자신의 일만큼 중요하게 여기지 않는 것을 필자는 이상하게 생각하지 않는다. 그러나 이러한 문제가 가끔 어려움을 일으킨다는 사실을 유념해야 한다.

해외 선교사를 꿈꾸는 젊은이들에게, 말하고 싶지 않지만 선교의 미래를 위해 말하지 않을 수 없는 것이 하나 더 있다. **해외 선교지로 떠나는 젊은이들은 세상에 이름을 남겨야겠다는 야망을 품어서는 안 된다.** 일반 사회로부터 잊힐 각오를 해야 한다. 물론 선교 분야에서도 다른 어디에서나 마찬가지로 특출하게 똑똑하거나 성공적인 활동을 한 사람은 사회적으로 유명해지겠지만, 이는 원한다고 되는 것이 아니고 가만히 있어도 모르는 사이에 저절로 유명해진다. 신학교 졸업생이 목회자의 길을 걸으면서 최대한 빨리 규모가 크고, 재력이 튼튼하고, 영향력이 큰 교회의 연단에 서고자 하는 인위적인 목표를 가졌다면, 우리는 그를 비난해야 마땅하다. 이러한 생각이 미국에서 비난받아 마땅하다면, 선교사들끼리 워낙 긴밀히 연결돼 있어 이러한 생각이 금방 들통이 나 다른 선교사들을 불쾌하게 할 것이 빤한 해외 선교지에서는 더욱 비난받아야 마땅하다.

앞에 언급한 유의점들이 선교사 생활의 어두운 면을 암시하다 보니, 어쩌면 해외 선교지로 갓 떠나는 젊은이들이 당연히 가질 수 있는 낭만적 감상을 조금은 앗아갈지 모르겠다. 그러나 그들이 장래에 부딪칠지도 모르는 위험을 대비하는 데 이 유의점들이 필요하리라고 본다.

하나님이 거두기 위해 보내는 젊은이들이 뱀처럼 지혜롭고 비둘기처럼 온유하길 빈다.

로마 가톨릭교 조선 선교 약사

(A Sketch of Roman Catholic Movement in Korea)

≪세계선교평론(The Missionary Review of the World)≫ 1890년 10월호

어디선가 대여섯 명의 망나니가 나타나 칼을 휘둘러대며 괴성을 지르더니, 주교 주위를 맴돌며 광란의 춤을 추기 시작했다. 마침내 망나니들이 주교 앞을 지나며 들고 있던 칼로 차례로 주교의 목을 쳤다. 세 번째 칼에 주교의 목이 떨어졌다. 이 시대의 가장 끔찍한 살육이라 하지 않을 수 없다. 동료 사제들도 같은 방법으로 참수되었다. 이런 끔찍한 일이 19세기에, 불과 4반세기 전에 저질러졌다는 것이 믿어지는가? 그러나 이는 모두 사실이다.

Then half a dozen soldiers, sword in hand, began a savage dance around the victim, uttering horrible cries and brandishing their heavy weapons, and as each soldier passed in front of the victim he delivered a blow at the neck. At the third blow the head fell, and one of the most horrible massacres of modern times was perpetrated. So fell that whole band of noble men. Is it easy to believe that this ghastly work was done in the nineteenth century, nay, within a quarter of a century of the present day? And yet it is true.

로마 가톨릭교 조선 선교 약사

(A Sketch of Roman Catholic Movement in Korea)

선교 운동이라 하면 일반적으로 19세기 초중반에 시작한 복음화 운동을 가리킨다. 이는 개신교 선교 운동이 그 무렵 시작되었기에 충분히 자연스러운 표현이다. 그렇다면 로마 가톨릭교는 어떨까? 개신교 선교 운동이 잉글랜드와 스코틀랜드에서 배척받고 미국에서도 지지부진할 때에, 로마 가톨릭교가 이미 동양 대부분의 나라에 선교사를 파견하였음은 대단한 일이 아닐 수 없다. 오래전 프랑스에 설립된 파리외방전교회[1] 신학교는 많은 졸업생을 인도, 시암, 중국, 일본 등에 선교사로 보냈다. 동양의 주축 근거지는 홍콩 근방에 있는 마카오였다. 마카오는 1557년에 중국이 포르투갈에 할양하였으며, 동양의 주요 항구 중 하나로 성장했다. 로마 가톨릭교는 마카오가 복음 선교를 수행하기에 최적의 조건을 갖춘 곳임을 곧바로 알아차리고 마카오를 거점으로 중국 전역에 선교사를 파견했다. 하지만 당시 중국은 선교를 강하게 거부하는 상황이었다. 중국의 박해가 심해지자 선교사들은 한발 뒤로 물러나 마카오로 돌아왔다. 이때 로마 가톨릭교 선교사들은 일부 신실한 중국인 개종자들을 마카오에 데려와, 특별히 설립한 신학교에서 그들을 교육하였다.

---

1. 파리외방전교회(Societe des Missions Etrangeres de Paris)를 파리외방선교회로 쓰기도 하나 한국 천주교는 '파리외방전교회'를 공식 이름으로 쓰고 있다.

필자는 조선 선교를 위해 로마 가톨릭교가 보여 준 활약을 소개하고자한다. 이보다 더 기이하고 소설 같은 현실에서 교회가 세워진 경우는 세계 어느 곳에서도 없었다고 감히 말하겠다. 이 이야기는 어느 사제가 묘사한 것처럼 '참으로 감동적인, 선교 역사에 유례가 없는 피로 얼룩진 이야기'이다. 당연히 그 피는 신실한 성도들의 피였다. 짧고 어설프게나마이 피로 얼룩진 이야기를 전하고자 한다. 개신교가 몇 가지 주요 교리에서 로마 가톨릭교 형제들과 입장을 달리하긴 하지만, 세계 각지에서 강력한 선교 기반을 구축한 로마 가톨릭교의 참으로 훌륭한 행적을 개신교인들이 알아두는 것도 필요하다고 본다.

미국 독립전쟁이 끝날 무렵인 1784년 겨울, 조선 국왕이 연례적으로파견한 사신 일행이 중국 황제에게 바칠 관례적인 진상품을 들고 베이징성문을 들어섰다.[2] 사신 일행에는 동양의 기준에 비추어 지극히 정직한성품과 학식을 갖춘 한 젊은이가 있었다.[3] 그는 베이징에서 중국의 그리스도인들을 통해 베이징의 로마 가톨릭교 대목Vicar Apostolic[4]과 만나 그리스도를 영접한 뒤 조선으로 돌아왔다. 조선은 이때까지 그리스도의 존재조차 알려진 적이 없는 땅이었다.

곧 이 젊은이 주변에 유교에서 종교 본질의 해답을 얻지 못한 사람들이 조금씩 모여들었고, 한 해가 채 지나기 전에 조선에 사실상의 교회가

---

2. 조선이 청나라에 정례적으로 파견했던 동지사(冬至使)를 말한다. 동지 전후에 갔다 해서 동지사로 불렀다.
3. 조선 최초의 천주교 영세자인 이승훈을 말한다. 이승훈이 1784년에 세례를 받았으나, 중국에 처음 간 것은 1783년 겨울로 전해지고 있다.
4. 대목은 정식 교구가 아닌 포교 지역에서 교황을 대리하여 주교 역할을 하는 사제를 말한다.

설립되었다. 정확히 말해 로마교황청 식의 '교회 설립'은 아니지만 이를 통해 신앙의 씨앗이 뿌려졌고, 이 교회야말로 진정한 그리스도의 교회였다. 이어서 몇 년 동안 해마다 이들 가운데 한두 명이 세례를 받으러 사신을 따라 베이징에 갔고, 그들은 대목을 만나 사제 파견을 요청하였다. 하지만 중국 선교 자체의 계속된 불확실성 탓에 조선에 사제를 파견하는 일은 이루어지지 못했다. 이때가 프랑스 혁명 직전으로, 로마 가톨릭교 처지에서는 당장 중국에서 활동할 인력의 수요를 맞출 수도 없는 시기였다.

매번 사신 일행이 중국에 다녀올 때마다 사신과 동행한 그들의 손에는 성서와 성물이 들려 있었고, 조선의 그리스도인들은 그리스도교의 근본 교리에 대한 지식을 점차 넓혀갔다. 이들의 베이징 방문을 조선 조정은 전혀 의심하지 않았다. 그러나 조선 땅에 그리스도를 믿는 일단의 천주교인들이 있다는 사실은 오래 숨겨질 수 없었다. 1791년에 조상의 묘 앞에서 유교 전통에 따른 제사를 지내지 않는 사람들이 있다는 사실이 알려졌다. 이에 대한 조사에서 천주교인들은 사실을 실토하고 그리스도 신앙을 고백했다. 이로 인해 첫 번째 박해(진산사건)가 일어났고, 이후 짧은 간격을 두고 반복된 박해가 오늘에 이르고 있다.

조선의 고문 방법은 어찌나 끔찍한지 믿기가 힘들 정도다. 배를 젓는 노와 비슷한 크기와 무게의 매로 피의자를 치는 것이 일반적인 방식이다. 피의자는 엎드려 누운 채 이 살인적인 도구로 스무 대에서 백 대까지 맞는다. 한 대씩 맞을 때마다 사지의 뼈가 부러지고 살이 바스러진다. 그뿐만 아니라 가죽끈으로 피의자의 손목과 발목을 힘줄과 뼈가 닿도록 묶고 손목과 발목을 뒤에서 잡아당기는 상태로 여러 시간 동안 버려둔다. 목을 들기도 어려울 정도로 무거운 쇠사슬을 목에 감기도 한다. 관아에 잡혀간 조선 천주교인들은 처참한 옥방에서 이나 벼룩 등 해충들에게 뜯어 먹히고, 추위와 굶주림으로 죽기도 했다. 천주교도임을 고백하여 체포된 과부들은 관원들에게 죽음보다 천 배는 더 끔찍한 일을 당하기도 했다.

유럽인 선교사 파견이 어렵다고 판단한 로마 가톨릭교 베이징 교구는 1794년 중국인 주문모[5] 신부를 조선에 파견했다. 하지만 조선에 입국하는 것 자체가 난감한 문제였다. 조선 북쪽 국경과 중국 동쪽 국경 사이에 중립지대가 있다. 양국은 이 지역을 무인지대로 삼아 국경을 분리하는 것이 상호 이익이라고 판단하여, 이곳에는 아무도 살 수 없게 했다. 그러나 이 지대에는 두 나라에서 죄를 짓고 도망친 범법자들이 들끓었다. 이들은 강력한 무리를 이루고 있어 누가 어느 방향으로 가든 이곳을 통과하기란 굉장히 위험한 일이었다. 더구나 조선으로 입국할 수 있는 길목마다 국경 수비대가 엄중히 지키고 있어 이곳을 통과하는 이들은 한 명도 빠짐없이 철저한 검문을 거쳐야 했다. 사제들은 검문을 통과하기 위해 그때그때 마다 다양한 임시방편으로 대응했다. 어두운 한밤중에 국경에 접근하여 초병들의 눈을 속이고 재빨리 도망쳐 산속으로 숨어드는 예도 있었다. 초병들의 추적은 불가능하지만, 비교적 안전한 지대에 이르기까지 사제들은 이루 말할 수 없는 고초와 궁핍을 겪어야만 했다. 때로는 눈에 띄지 않으려고 가축 떼 틈에 숨어서 통과할 때도 있었다. 나중에는 바닷길을 이용하였다. 중국에서 배편으로 조선 해안의 섬에 도착하여 조선 천주교인들을 만났다. 이들은 붉은 깃발에 흰 십자가를 그려 암호나 신호로 사용했

---

5. 주문모(周文謨, 1752~1801)는 조선 최초의 외국인 신부이다. 신유박해 때 참수되었다.

다. 수평선 너머로 깃발이 보이면 작은 배가 만나기로 한 섬으로 가서 사제들을 옮겨 태우고 서신을 주고받았다. 사제를 태운 배는 육지에서 신호가 올 때까지 몇 주씩 해상에서 머무른 때도 잦았고, 중국에서 조선 해안까지 서너 차례 왕복한 뒤에야 조선에 상륙하는 경우도 다반사였다. 소설처럼 생생하고 흥미진진한 대담한 모험담이 아닐 수 없다.

다시 원래의 이야기로 돌아가자. 주문모 신부는 입국할 기회를 엿보며 조선 국경 부근에서 오랜 시간을 기다려야 했다. 매서운 추위가 몰아치는 12월의 어느 날 밤 주문모 신부는 국경을 몰래 넘어, 압록강을 건너서 마침내 서울에 이르러 사목 활동을 시작했다. 1794년부터 천주교는 꾸준히 성장하지만 1801년 결국 첫 번째 대박해(신유박해)가 일어나고 말았다. 박해는 그리스도교에 대한 증오에서 초래되었지만 당파싸움 때문에 더욱 격화하였다.

조선에는 사방의 방위에서 이름을 딴 네 당파가 있다. 네 당파 중 두 당파가 엇비슷한 권력을 유지했다. 그런데 이 중 한 당파에 천주교인들이 다수 속해 있었다. 그러자 상대 당파는 천주교 문제를 정적을 타도할 구실로 삼았다. 천주교인들에 대한 박해는 무시무시한 기세로 진행되었다. 조사를 맡은 관원들은 마치 사냥개가 먹잇감을 쫓듯 천주교와의 연결 고리를 샅샅이 찾아 나섰다. 수천 명에 이르던 천주교인들이 뿌리째 뽑혀나갔다. 천주교를 고집하거나 예수를 저주하라는 요구를 거부한 사람들은 모두 잔인한 고통 끝에 죽임을 당했고, 그들의 일가친척도 천주교인이든 아니든 가리지 않고 멀리 섬으로 유배되었다. 박해에 대한 구체적인 기록을 읽다 보면 온몸이 오싹해진다. 어린아이들과 노인네들이 한겨울에 눈

밭을 맨발로 걷거나, 한여름의 뙤약볕 아래 힘겹게 걸어가는 모습은 참으로 안타까울 뿐이다. 박해는 겉으로 보기에는 천주교를 뿌리에서 가지까지 도려낸 것처럼 보였지만 사실은 그렇지 않았다. 조선 곳곳으로 흩어진 천주교인들은 즉각 조직을 다시 추스르기 시작했다. 외진 곳까지 천주교가 전파될 수 있었던 것은 역설적으로 많은 천주교인들이 각지로 유배되었기 때문이었다. 이후로도 박해는 짧은 간격을 두고 반복되었다. 불행히도 주문모 신부는 1801년 초에 체포되어 참수되었다. 그러나 천주교인이 매해 베이징을 찾아가 성사를 집전해 줄 사제 파견을 청원하는 등 사력을 다해 천주교를 지켜나갔다. 이어서 참으로 가혹한 박해가 1815년(을해박해)과 1827년(정해박해)에 있었다.

조선 천주교회가 보낸 절박하고도 애절한 서신을 받은 로마 교황은 마침내 1830년에 브뤼기에르[6] 신부를 조선으로 보내 그에게 조선 가톨릭교 책임을 맡겼다. 브뤼기에르 신부는 1831년 로마에서 출발하여 육로로 산을 넘고 물을 건너 중국을 거쳐 1835년 10월에 조선 국경에 이르렀다. 기나긴 여정 동안 신부가 겪은 위기와 고난은 이루 말할 수가 없었다. 안타깝게도 그는 조선 국경에 도착한지 얼마 되지 않아 열병으로 사망했다. 이어서 만주에서 활동하던 모방[7] 신부가 조선 천주교 책임자로 임명되어 1836년 1월 서울에 도착해 사목 활동을 시작했다. 곧이어 두 명의 신부

---

6. 브뤼기에르(Barthelemy Brugiere, 1792~1835) 신부는 1831년 천주교 조선 교구 초대 주교로 임명되었으나 조선에 입국하지 못하고 병사하였다.

7. 모방(Pierre Philibert Maubant, 1803~1839) 신부는 프랑스 출신으로 조선 최초의 서양인 사제이며, 기해박해 때 참수되었다. 헐버트는 원문에서 모방 신부를 주교(Bishop)라 하였지만 그가 주교의 지위에 있었던 것은 아니다.

가 합류하면서 조선 선교에 박차가 가해졌다. 하지만 1839년 조선 조정은 외국인 사제들의 존재를 알아차리면서 이전의 어떤 박해보다도 훨씬 끔찍한 박해가 시작되었다(기해박해). 체포된 조선인 천주교인들은 단 한 명도 외국인 사제들의 은신처를 발설하지 않은 채 죽임을 당했다. 외국인 사제들이 체포되지 않는 이상 박해가 그치지 않으리라고 판단한 모방 신부는 자수를 결심하여 스스로 조용히 관아로 걸어 들어갔다.[8] 모방 신부는 두 외국인 신부에게 사람을 보내 자신을 따를 것을 권했고, 두 신부가 이에 따르면서 세 사제는 모진 매질 끝에 도성 남대문 밖으로 끌려가 참수되었다.

박해가 점차 잦아들자 사목 활동은 계속되고 사제수도 더 늘어났다. 1841년에 또 한 번 끔찍한 박해가 일어나는 등 해마다 순교가 끊이지 않았다. 1855년에는 베르뇌[9] 주교의 지휘 아래 사제들이 전국 각지에 주재하며 사목 활동을 펼쳤다. 베르뇌 주교는 조선에서 사목한 서양인 사제 가운데 으뜸이라 해도 과언이 아닌 인물이었다. 당시 천주교 신자 수를 보면 전국에 성체를 모신이만 12,000여 명이었고, 천주교인은 통틀어 20,000여 명에 달할 정도로 조선 천주교는 각종 탄압에도 불구하고 꾸준히 성장하였다. 그러나 안타까운 일은 관원[10]들이 천주교를 구실로 사람을 잡아들이고 그들을 풀어 주는 대가로 금품을 요구한 사실이다. 그러다

---

8. 이때 처음 자수를 한 사람은 당시 조선 주교였던 앵베르(Laurent-Joseph-Marius Imbert)이다. 그가 먼저 자수한 뒤 모방 신부와 샤스탕(Jacques Honore Chastan) 신부에게 자수를 설득했다.

9. 베르뇌(Simeon Francois Berneux, 1814~1866)) 주교는 조선 4대 교구장으로 병인박해 때 참수되었다.

10. 원문의 'ejamen runner'는 'yamen runner'의 오기로 보인다. 당시 서양인들은 중국 관아의 말단 관원을 'yamen runner'라 불렀다.

보니 천주교인들은 가난의 나락으로 끝없이 떨어질 수밖에 없었다. 이런 상황은 미국 남북전쟁 시기까지 계속되었다.[11] 당시 조선은 왕위 계승자가 너무 어린 탓에 섭정[12]이 통치를 하였으며, 러시아가 조선 북쪽의 영토 소유권을 확보하여 두만강까지 진출한 시기였다. 러시아는 조선의 동쪽 항구인 원산에서 자국 상인들이 자유로운 무역을 할 수 있도록 조선에 요구하였지만, 당시 조선은 문호 개방을 어느 때보다도 강하게 거부하던 때였다. 알려지기로는, 이때 베르뇌 주교는 조선 조정의 특정 인사들과 상당한 교분을 나누고 있던 관계로 조선으로부터 러시아와의 협상에서 조선을 도와달라는 요청을 받았으나 그는 이 요청을 거부했다고 한다.[13] 어찌 됐든 간에 섭정과 조선 조정은 돌연 외국인 사제들을 다 잡아들이고 조선 천주교회를 말살시키겠다고 선포하였다. 1866년의 대박해(병인박해)가 시작된 것이다. 맨 먼저, 관헌들은 소재가 파악된 사제들은 모두 체포해서 옥에 가두었다. 베르뇌 주교는 동료 사제 여덟 명과 함께 체포되고, 단 두 명의 사제만이 산속에서 굶주리며 몇 주를 숨어 지낸 끝에 국외로 탈출할 수 있었다.

베르뇌 주교의 재판과 처형에 대해 간략히 기술하고자 한다. 이 내용만으로도 참상이 어느 정도인가를 설명하는 데에 부족함이 없을 것이다. 자택에서 체포된 주교는 손발이 묶인 채 참형을 기다리는 죄수들의 옥방에 갇혔다. 다음 날 주교는 추국장으로 끌려가 심문을 받았다.

11. 남북전쟁 시기는 1861~1865년이다.
12. 대원군을 말한다.
13. 평화신문 2016년 1월 24일 자에 의하면, 대원군이 베르뇌 주교와 안면이 있는 관리를 통해, 러시아 남하를 막는 조건으로 신앙의 자유를 허용해주겠다는 비밀 제안을 베르뇌 주교에 했으나,주교는 "조선에 도움이 되는 일을 하고 싶지만, 러시아 사람들과 나라의 종교가 다르므로 영향을 미칠 수 없다."라며 제의를 거절했다고 밝혔다.

"이름이 무엇인가?", "베르뇌요."

"국적은 어디인가?", "프랑스요."

"조선에는 무엇을 하러 왔는가?", "그대들의 영혼을 구원하러 왔소."

"얼마 동안 머물렀는가?", "10년 됐소."

"천주를 버리겠는가?", "나는 이 땅에 천주님을 전하러 왔으며 무슨
　일이 있어도 그분을 버리지 않소."

"버리지 않으면 매질로 죽게 될 것이다.", "나는 그대들의 손에 있으니
　원하는 대로 하시오."

"기회를 준다면 이 나라를 떠나겠는가?", "강제로 나를 내쫓지 않는
　이상 나는 떠나지 않소."

　결국, 베르뇌 주교는 발가벗기고 땅바닥에 내동댕이쳐졌다. 병졸들이
노처럼 생긴 고문 도구인 곤장으로 주교의 볼기를 치자 살점이 너덜너덜
찢겨나갔다. 그뿐인가, 날카로운 채찍으로 매질을 당하다 보니 온몸이 찢
기고 피투성이가 되었다. 주교는 팔다리의 뼈마디가 어긋난 채 처참한 몰
골로 다시 옥방에 던져졌다. 다음 날 또 심문을 받으러 끌려 나왔지만 주
교는 이미 초주검 상태였다. 다른 사제들도 모두 같은 방법으로 매질을
당하고 온몸이 찢겼다. 사형이 집행되던 날 병졸들이 기진맥진하는 주교
와 사제들을 들것에 담아 도성 남쪽 3마일 지점의 강가로 옮겼다. 수많은
구경꾼이 형장을 둥글게 에워싼 채 강가에서 형이 집행되었다. 귀와 겨드
랑이에 걸쳐 상체가 끈으로 묶인 베르뇌 주교가 형장으로 끌려나왔다. 주
교는 장대에 매달린 채 구경꾼들 앞을 세 바퀴 돌았다. 병졸들이 사지가
꽁꽁 묶인 주교의 무릎을 꿇려 형장 한가운데에 앉혔다. 그리고는 주교의

머리가 앞으로 숙어지도록 머리카락에 끈을 묶었다. 병졸 하나가 끈을 붙잡자 주교의 머리가 숙어졌다. 어디선가 대여섯 명의 망나니가 나타나 칼을 휘둘러대며 괴성을 지르더니, 주교 주위를 맴돌며 광란의 춤을 추기 시작했다. 마침내 망나니들이 주교 앞을 지나며 들고 있던 칼로 차례로 주교의 목을 쳤다. 세 번째 칼에 주교의 목이 떨어졌다. 이 시대의 가장 끔찍한 살육이라 하지 않을 수 없다. 동료 사제들도 같은 방법으로 참수되었다. 이런 끔찍한 일이 19세기에, 불과 4반세기 전에 저질러졌다는 것이 믿어지는가? 그러나 이는 모두 사실이다.

박해는 계속되었고 조선에서 천주교도들은 남녀노소를 가리지 않은 채 6,000~10,000명 가량이 희생되었다. 여러 마을이 사라지고, 동네 사람들이 모조리 죽어 나가는 마을도 있었다. 마치 지옥의 권세가 그리스도의 십자가에 맞서 들고 일어난 듯했다. 악마의 수법이나 다름없는 야만적 방법으로 천주교도를 색출하고 살육한 결과는 조선 천주교 전체 신자 절반을 순교자로 만들었다.

오늘날 조선 천주교는 박해 당시의 수준으로 회복되고, 현재 18명의 신부가 열정적으로 사목 활동을 하고 있다. 조선 선교를 수행하는 단체가 '예수회'[14]라고 잘못 알려졌다. 조선 선교는 파리외방전교회가 맡고 있다.

---

14. 원문은 'Jesuits'이다. 'Society of Jesus(예수회)'를 말한 것으로 보았다.

귀신 들린 이야기(Demoniacal Possession)

≪한국소식(The Korean Repository)≫ 1897년 1월호(Things in General)

매우 흥미로운 소식이 전해졌다. 이 소식은 황해도 각산角山 지방에서 있었던 귀신 들린 사람의 이야기인데 매우 사실 같은 이야기이다. 이 이야기를 들으며 과연 일반적인 정신병과 귀신 들림의 차이가 무엇이냐는 의문이 제기되었다. 정신병과는 다른 진짜 귀신 들림의 명백한 징후를 이이야기가 보여 주고 있다는 점에 주목하자.

어떤 여인이 수년 동안 지적 능력이 전혀 없이 살아왔다. 그녀는 혼자서는 끼니도 챙겨 먹지 못하고, 옷도 추스르지 못했다. 그녀는 포악하지는 않으나 지적 박약아였다. 이 지방의 몇몇 기독교인들이 그녀에게 귀신이 들었다고 결론지으며 성서의 가르침에 따라 그녀를 치유하기 위해 중보기도를 시작했다. 그러나 딱히 응답이 없었다. 그들은 이 경우가 주님께서 말씀하신 '이러한 문제는 금식과 기도로만 치유할 수 있다'라는 경구에 해당한다고 의견을 모았다. 그들은 어느 날 아침 그 여인을 만나 다음 날 아침까지 금식하며 기도를 했다. 그러자 마침내 여인이 벌떡 일어서며 어디론가 떠났다. 기독교인들은 그녀를 따라갔다. 그녀는 혼령을 모시는 어느 작은 신당神堂으로 가더니 곧장 신당 안으로 들어가 주저앉았다. 기독교인들은 신당 안으로 그녀를 따라 들어가 우상 숭배의 상징물이 널려 있는데도 불구하고 무릎을 꿇고 주님에게 도와달라고 간청했다. 그들이 간청을 시작하자마자 여인이 혼절하여 땅에 쓰러졌다. 얼마 뒤 그녀가 혼절에서 깨어나, 제정신을 찾았다. 이후로는 그녀는 더는 정신병이 도지지 않았다.

흥미로운 점은 그녀가 분명히 귀신에 씌었고, 귀신은 그녀를 신령의 최후의 보루인 신당으로 가게 했다는 사실이다. 기독교인들이 감히 신당 안으로 들어오지 못할 것이라는 생각에서 귀신은 그녀를 신당으로 보냈을 것이다.

이곳 기독교인들의 행동이야말로 바로 주님이 원하는 '절대적 믿음'에서 나왔다고 생각한다. 이 경우를 보면 조선의 신실한 기독교인들이야말로, '학교 교육'이라는 혜택까지 누린 서양에서 온 기독교인들보다 기독교 정신이 더 투철하다고 말하지 않을 수 없다.

6부

세기의 개기일식을 보다!

일본 여행기

- 미카도의 나라
- 인력거를 타고 일본 남부를 여행
- 내륙 바다
- 과학의 실패 – 일본에서 관측한 개기일식

hrough Southern Japan on a Jin-
riksha.

upplies For a Trip—Roads in Japan—
How the Rice Terraces Are Irrigated—
In a Japanese Hotel—Promiscuous
Bathing—A Mistake.

orrespondence of the Post.]
KOBE, Japan, Aug. 10th.
 The country of Japan has been for the
ast ten or fifteen years in the eyes of the
orld a political and social phenomenon.
he is the one nation that the nineteenth
entury has seen emerge from a state of
emi-civilization to take her place beside
he distinguished nations of the world.
n studying the natural and social

미카도의 나라(The Land of The Mikado)[1]
≪뉴어크 데일리 애드버타이저(Newark Daily Advertiser)≫지
일본 나가사키(長崎)에서, 1887년 7월 11일 기고

　　조선의 수도 서울은 여름을 보내기에 그리 좋은 형편이 아니다. 지난
해에 있었던 콜레라 재앙이 이를 입증한다. 서울은 봄에 비가 적게 내리
기에 겨우내 쌓인 도랑의 오물을 다 씻어내지 못한다. 따라서 여름에 비
가 올 때면 도시 전체에서 극도로 역겨운 냄새가 난다. 작년 여름에 발생
한 콜레라로 서울에서만도 2만 명 이상의 목숨을 앗아갔다. 서울에 거주
하는 사람들은 먹을 것과 마실 것에 극도로 조심할 수밖에 없다. 이는 하
루하루를 짜증나게 한다. 그러다 보니 서울에 사는 외국인들은 여름을 다
른 곳에서 지내는 방법을 모색한다. 이번 여름 필자는 다소 모험적인 여
행을 하고 싶었다. 저마다 특징을 가진 여행지 몇 군데 중 한 곳을 선택하
기 위해 이리저리 저울질을 해봤다.
　　첫째로, 집사와 함께 조선의 전통 말인 나귀에 올라 총을 메고 북쪽으
로 가 호랑이, 노루 등을 사냥하는 여행을 생각했다. 하지만 곧 장마철이
시작되면 한국의 숲들을 지나다니기가 거의 불가능하여 이 방안은 포기

---

1. 헐버트는 1887년 여름 일본을 여행하면서 자신의 감상을 4회에 걸쳐 미국 신문에 기고하였다. 이
　　기고문들은 헐버트의 손자Bruce W. Hulbert로 부터 2009년에 입수하였다. 신문 스크랩에는 신
　　문 기고일이 나와 있다. 그러나 기사 부분만 스크랩하다 보니 신문 발행일을 알 수 없다. '미카도
　　(Mikado)'는 일본의 왕(Emperor, 일본은 천황으로 부른다)을 뜻한다. 1885년 런던에서 일본을 무대
　　로 한 'The Mikado'라는 오페라가 공연되면서 'Mikado'는 서양인들에게 일본을 상징한다.

했다. 둘째로는 남쪽으로 내려가 조선에서 가장 번영한 지역을 거쳐 고대 불교 사원을 찾아 샅샅이...(스크랩이 헤쳐 한 줄 정도 해독 불가) 마지막으로 남쪽의 항구 부산에 이르는 계획을 선택하고자 했다. 이 계획을 미국 공사에게 털어놓자 그는 한 지방에서 다른 지방으로 이동하기란 불편할 뿐만 아니라 위험할 수도 있다면서, 조선 정부가 이를 좋아하지 않을 것이라며 강하게 반대했다. 두 가지 선택이 더 있었다. 하나는 증기선을 타고 중국 톈진으로 가 그곳에서 강을 거슬러 올라가 수도인 베이징으로 가는 여행이다. 또 하나는 왠지 더 즐거울 것 같은 느낌이 드는 동쪽으로 가는 여행이다. 마침내 필자는 일본 열도에 대한 유혹을 떨쳐버리지 못하고, 두 달 동안 일본에서 자연미와 인공미를 아우르는 아름다운 풍광과 유적을 둘러보기로 결심했다.[2] 그러나 일반 여행에서 흔히 그러하듯 이곳저곳 옮겨 다니며 이름난 곳만 구경하고 싶진 않았다. 일본의 구석구석에 직접 몸을 담가보고 싶었다. 현지 주민의 교통수단을 최대한 이용하고, 현지 여관에서 잠을 자며 각 지역의 특성도 알아보기로 마음먹었다. 문명이 덜 발달한 곳에서 더 발달한 곳으로 이동하는 계획도 의미가 있어 보여, 일본의 관문인 요코하마 대신 뒷문 격인 나가사키를 먼저 가기로 했다.

7월 4일(1887년) 서울에서 출발하여 30마일 떨어진 제물포로 향했다. 제물포 가는 도중 조선의 논을 보면서 우울한 마음이 가시지 않았다. 심한 가뭄 때문에 전체 논의 8분의 1 정도에는 아예 모를 심지도 못했다. 더 우울한 것은 조선은 다가오는 겨울에도 기근에서 벗어날 가망이 보이

---

2. 헐버트는 이 여행 1년 전 미국에서 조선에 올 때 일본의 요코하마, 나가사키를 거쳐 제물포에 도착했다. 이 때 일본의 산에 나무가 울창하여 놀랐다고 후일 회고했다.

지 않는다는 점이다. 제물포에 도착하여 호텔에서 휴식을 취하다가 해 질 무렵 조선 해군의 소형 증기선에서 폭죽이 솟아오르는 광경을 보았다. 조금 뒤 조선을 거쳐 일본과 중국을 왕복하는 다른 증기선에서도 폭죽이 터졌다. 미국에서 머나먼 조선의 제물포에서 미국의 독립기념일을 축하하는 모습을 볼 수 있다니 즐겁기 그지없었다.[3]

드디어 자정 무렵에 나가사키행 증기선에 올랐다. 낮에는 밀물이 심해 배가 정지해 있어야 한다. 이곳은 밀물 때 수위가 최고 30피트까지 이른다. 우리가 탄 배는 암초와 급류, 개펄로 가득한 다도해의 복잡하고 험한 물길을 요리조리 빠져나갔다. 드디어 7월 7일 아침 나가사키 항구에 다다랐다. 갑자기 배 주위를 한 떼의 삼판선이 에워쌌다. 반쯤 벌거벗은 삼판선 주인들이 몸짓과 손짓을 하며 큰 소리로 떠들어댔다. 그들이 소리를 크게 지르면 지를수록 우리가 셈해야 할 삯도 올라갈 것만 같았다. 나가사키 항에는 상선, 군함, 증기 여객선들이 정박해 있었으며, 미국의 포함인 오마하Omaha호와 매리언Marion호도 눈에 띄었다. 특별하게도 이곳에서 셀프리지Selfridge 함장에 대한 군사재판이 열리고 있었다. 재판 결과야 두고 볼 일이지만 함장은 강력한 방어 변론을 펴지 않을 것이라는 인상을 받았다. 이 재판 사건은 일반인들에게도 잘 알려졌다. 해군 수칙에 따르면 포함은 주기적으로 포격 훈련을 해야 한다. 그러나 국제 협약에 의하면 포격 훈련은 외국 해안의 일정한 거리 내에서는 할 수 없다. 그런데도 함장은 국제 협약을 위반하며 일본의 한 섬에 표적을 세우고 수차례 포격을 가했다. 이때 사용한 포탄 일부가 착발탄으로서, 착발탄들이

---

3. 원문에는 무슨 날을 축하한다는 말이 없다. 7월 4일은 미국의 독립기념일이기에 독립기념일을 축하하는 의미로 받아들였다.

그만 불발되고 말았다. 포격이 멎자 섬 주민들이 구경하러 몰려들었다. 주민들은 불발된 채로 남아 있는 포탄을 발견하자 의기양양며 불발탄을 마을로 가져갔다. 주민들이 대장장이에게 쇠망치로 쪼개보라고 하자 당연히 불발탄이 폭발하여, 7명이 죽고 많은 사람이 부상을 당했다. 부상자 중 일부가 끝내 사망하여 사망자 수는 늘어났다. 무어라 설명할 수 없는 어처구니없는 사건이었다. 함장을 제외한 장교들은 원주민들이 섬에서 돌아다니는 것을 보고 포격을 강력히 반대했다고 알려졌다. 일본 정부도 미 해군의 관련 규정을 검토하며 별도로 진상을 조사하고 있다고 한다.

나는 대중의 인기가 상당한 미국 공사가 이곳 나가사키에서 주최한 독립기념일 연회에 참석하기에는 너무 늦었음을 알았다. 이곳에서는 독립기념일 행사가 여왕 즉위 축제를 완전히 뒷전으로 밀어낸 것처럼 보였다. 나가사키에는 흥미로운 볼거리가 많았다. 항구 초입의 높은 지대에 아름다운 등대가 세워졌다. 두 세기 전에 바로 이곳에서 그리스도교로 개종한 200여 명의 일본인이 바다로 던져졌다고 한다. 나가사키 시내로 발걸음을 옮기면 세모꼴 섬이 눈에 띈다. 일본에 거주하는 외국인들이 발행하는 간행물에 자주 등장하는 섬이다. 17세기 교역을 위해 일본에 온 네덜란드 상인들은 비록 원주민들과의 교류를 허락받기는 했지만, 그들의 주거지는 오직 이 세모꼴 섬으로 제한되었다. 상인들은 1년에 단 한 차례 도쿄로 사절단을 파견할 때를 제외하고는 섬 밖으로 나갈 수 없었다. 일본 왕Mikado과 신하들이 재미삼아 네덜란드인들에게 억지로 춤을 추게 하고 기이한 행위를 강요하였다는 이야기들이 전해지고 있다. 초기 탐험가 중

한 명인 독일인 켐퍼[4]는 일본 역사에 대한 방대한 저술을 남겼다. 그의 저술은 모든 면에서 아직 누구도 뛰어넘지 못한 훌륭한 업적이다. 그의 책은 역사뿐만 아니라 일본 전역의 식물 군락에 대해서도 상세하게 묘사하였다. 두 권으로 된 이 책은 1727년에 런던에서 출판되었다.

나는 항구에서 예부터 전해오는 특이한 전통놀이도 볼 수 있었다. 연중의 어느 특정한 날에 이곳 주민들은 배로 경주를 한다. 좁다란 배에서 20명도 넘는 사람들이 자그마한 노를 저으며 빨리 가는 경주를 벌인다. 이 장면은 마치 거대한 지네가 물 위를 질주하는 모습처럼 보였다. 경주는 진지하게 진행되었다. 한때는 경주에서 승리하는 상으로 어느 선장의 딸을 주었다고 한다.

나가사키는 연중 내내 **빽빽한** 수목과 셀 수 없을 만큼 많은 꽃으로 덮여 있다. 시내는 높은 언덕으로 둘러싸여 있으며 풍광이 수려하여 세계 어디에 내놓아도 손색없는 아름다운 항구도시이다. 명승지를 구경하고 시장과 상점에서 일본 예술의 진수를 맛보려면 몇 주일은 걸릴 듯하다. 이곳에는 화려한 자수, 상아 조각, 히고肥後와 아리타有田에서 구운 도자기, 온갖 문양이 새겨진 거북 모양의 장식품 등 진기한 물건들이 즐비하다.[5] 만약 여유 있는 사람이 미카도의 나라에서 호기심 가는 물건에 돈을 쓰고 싶다면 이러한 물건들이 제격일 것이다.

---

4. 켐퍼(Engelbert Kaempfer, 1651~1716)는 탐험가이자 의사이며 식물연구가이다. 원문은 그의 성을 Kempfer로 썼으나 지금은 'Kaempfer'로 알려졌다. 그가 서거한 뒤인 1727년에 그가 저술한 ≪일본사(History of Japan)≫가 출간되었다.

5. '히고'는 구마모토의 옛 지명이며, '아리타'와 더불어 일본의 유명한 도자기 생산지이다.

인력거를 타고 일본 남부를 여행

(Through Southern Japan on a Jinriksha)

≪포스트(The Post)≫지[1]

일본 고니[2]에서, 1887년 8월 10일 기고

일본은 지난 10~15년 동안 세계인들이 주목하는 정치적, 사회적 총아였다. 반문명국이었던 일본은 19세기 들어 발전을 거듭하여 오늘날 세계의 유수한 국가들과 어깨를 나란히 하는 위치로 발돋움했다.

일본의 자연, 사회적 특성을 연구하려는 학자들이 일본을 방문하면 그들은 예외 없이 지금의 수도인 도쿄와 옛 수도인 교토 지역을 방문한다. 일본의 주요 경승지가 그 지역들에 있기 때문이다. 그러나 일본에서 사람이 처음 살기 시작한 곳은 그 지역들이 아니다. 필자는 나가사키에서 출발하여 일본 남부의 섬인 규수九州를 횡단하기로 마음먹었다. 규수는 일본에서 인간이 가장 일찍 정착한 지역이라고 역사는 말하고 있기 때문이다.

여행 준비는 비교적 간단하다. 먼저 여권을 꼭 소지해야 한다. 나가사키는 개방된 항구이지만 여권 없이 도시 20마일 밖으로 여행하기란 불가능하다. 여행에 절대적으로 필요한 세면도구, 상비약, 지도 등은 당연히 준비해야 한다. 커피와 응축된 우유도 빼놓지 말아야 한다. 내륙에서

---

1. 신문 스크랩에 'The Post'라고만 나와 있다. 'The Post'는 뉴욕에서 발행되던 ≪New York Evening Post≫로 추정된다.
2. 원문은 'Koni'이다. 어느 곳인지 확인할 수 없었다.

는 이 물건들을 구할 수 없다. 필자는 필요한 물건들을 챙겨 여행 가방을 인력거에 싣고, 북쪽으로 170마일 떨어진 내륙연안의 시작점인 시모노세키下關로 떠날 준비를 마쳤다. 날씨가 좋은 상태에서는 인력거 여행이 가장 쾌적한 이동 수단이라고 감히 말한다. 여행 도중 관심이 가는 지역이 있으면 언제든지 정지해서 답사할 수 있고, 천천히 갈 수도 있고, 빨리 갈 수도 있다. 앞길을 주시하지 않아도 된다. 근육이 단단한 청년이 손님이 최대한 편안하도록 극도로 조심하면서 인력거를 끌기 때문이다.

필자는 나가사키 시내를 벗어나 항구를 내려다볼 수 있는 곳에서 인력거를 멈추게 하고 언덕 위에 올랐다. 탁 트인 바다와 아름다운 섬들이 눈에 들어왔다. 그곳에서 5마일쯤 이동하자 넓은 만灣이 시작되는 지점이 나왔다. 이 만은 일본 북쪽으로 이어지며, 규슈의 남부 연안과는 거의 단절된다고 한다. 다시 12마일쯤 이동하자 두 개의 소형 증기선을 운항하는 포구가 나왔다. 나는 이곳에서 인력거와 작별하고 한 증기선에 올랐다. 증기선에는 등받이 의자가 없어 뱃머리 쪽에 자리를 잡았다. 분주한 고깃배들이 눈에 들어오고, 섬들이 멀리서 아른거렸다. 우리가 탄 증기선은 마치 천식에 걸린 듯 숨을 헐떡이며 고깃배 옆을 피해갔다. 이 배의 종착점인 소노기彼杵라는 곳에 내리자 한 떼의 인력거꾼들이 나를 에워쌌다. 그들은 나에게 접근하여 온천관광지인 우레시노嬉野로 데려다주겠다며 입과 손을 열심히 놀렸다. 나는 건장한 두 청년의 안내를 받아 인력거에 올랐다. 인력거는 커다란 유모차 같다는 느낌을 주었다. 인력거는 산골짜기를 활기차게 휘돌아 어느 산 중턱에 섰다.

해가 저물면서 왼쪽으로 펼쳐진 넓은 바다는 마치 불꽃이 타오르는 듯

했다. 그림 같은 풍경의 오밀조밀한 섬들은 낙조의 금빛 장관을 등에 업고 윤곽이 희미해져 가고 있다. 내 앞에는 산 정상으로 뻗은 주산과 여러 봉우리에 둘러싸인 아름다운 계곡이 펼쳐져 있다. 여름이라 어둠이 오기까지는 아직 여유가 있긴 하지만 어떻게든 어둡기 전에 정상에 오르고 싶었다. 미국에서 즐기던 해 질 녘의 멋진 등산이 어른거렸기 때문이다. 두 청년은 열심히 인력거를 끌었다. 인력거가 산언덕을 오를 때 나는 우리가 단단하고 부드러운 쇄석을 깐 포장도로macadamized를 지나고 있음을 알았다. 도로의 너비는 12피트 정도이고, 도로 양쪽에 돌을 쌓아 위험 방지벽을 만들었다. 도로를 보면서 나는 유럽에서 흔적을 쉽게 발견할 수 있는 옛 로마의 도로를 회상했다. 미국에서도 이렇게 내구성이 강하고 쾌적한 포장도로는 보지 못했다. 믿기지 않을지 모르지만, 한 나라가 얼마큼 번영하였는지의 잣대를 도로 상태로만 판정한다면 일본이야말로 참으로 선진국이라 하지 않을 수 없다. 활 모양의 돌다리, 단단한 바위를 뚫고 만든 관통로를 지나 이 골짜기 저 골짜기를 휘감으며 산 정상으로 향했다. 어떤 관통로는 20피트 정도나 깊었다. 이 관통로를 만들기 위해 얼마나 많은 노동력이 필요했겠는가. 도로의 각이 아주 평평한 상태이기에 인력거를 끄는 노고는 최소한으로 줄었다. 가장 놀랄 일은 거의 산 정상까지 논이 있다는 것이다. 논은 경작을 위해 1~2인치 정도 높이의 물이 필요하며, 물을 저장하기 위해서는 논이 평평해야 한다. 논이 계단식으로 평평하게 조성되었기에 필요한 물을 논에 저장할 수 있다. 각 논마다 가장자리에 물을 대는 물꼬가 있다. 논의 계단을 세어보니 무려 30계단이나 되었다. 멀리서 보아서 그런지 층계의 높이가 논의 너비보다 더 높아 보였다. 이는 한편으로 산자락에 계단식 논을 조성하기 위해 상상할 수 없는 노동력이 투하되었음을 말해 주는 것 아닌가.

우리는 드디어 산 정상에 다다랐다. 바다에 비친 석양은 이탈리아와 일본만이 자랑하는 특유의 자주색 홍조를 띠고 있다. 내 뒤로는 이탈리아 나폴리Naples에서 볼 수 있는 해안과 비슷한 만이, 내 앞으로는 넓은 계곡과 산맥이 펼쳐져 있다. 산맥 위로는 저녁노을이 넘실댔다. 청년들은 인력거를 멈추고 심호흡을 했다. 그들은 인력거의 느슨한 부분을 단단히 조인 뒤 일본인 특유의 함성을 내질렀다.

우리는 산의 반대편으로 하산을 시작했다. 나는 이 신나고 활기찬 하산의 순간을 아마 평생 잊지 못할 것이다. 굽은 길을 돌고 다리를 건너 산기슭의 작은 마을들을 지났다. 이곳저곳을 돌아보기에는 시간이 없었다. 어느 곡선 길에서 먼지구름이 솟아올랐다. 몸이 앞뒤로 쏠리면서 나는 급하게 모자를 움켜쥐었다. 다행히 모자가 날아가지 않았다. 나는 때때로 청년들에게 조심하라고 소리쳤다. 그러나 내 말은 바람에 대고 하는 것이나 마찬가지였다. 청년들의 피가 뜨거워졌다. 청년들은 요금을 두 배로 받다 보니 일본 인력거꾼들의 직업 정신을 보여 주려 단단히 결심한 듯했다. 나는 그들에게 몸을 맡기고 입을 꼭 다물었다. 초승달이 평화롭게 잔잔한 만 위로 그림자를 드리웠다. 초승달의 도움으로 인력거는 별 지장 없이 속력을 냈다. 우리는 우레시노 산마을의 어느 온천장 앞에 인력거를 세웠다.

여관 주인이 너무 친절하여 아첨꾼으로 보일 정도였다. 대여섯 명의 여종업원들이 일본 전통에 따라 무릎을 꿇고 손님을 맞았다. 나는 그들이 안내하는 대로 신발을 벗고 마루에 올랐다. 종업원들이 하도 친절하여 마치 집에 온 기분이었다. 곧바로 깔끔한 다다미가 깔린 특실로 안내되었다. 특실에는 두 개의 일본식 화로가 있었다. 한 화로에서 그윽한 커피 향기가 나를 사로 잡았다. 다른 화로에는 이곳 계곡에서 잡았다는 송어가 특별히 나의 식욕을 채우기 위해 유황 냄새를 풍기며 연기를 피우고 있었다. 송어요리는 일본식 쌀밥 한 공기와 함께 나의 저녁거리였다. 식사가 끝나자 모기장을 치고 얇은 요와 두꺼운 이불을 깔아 주었다. 나는 다음 날 아침 6시에 식사를 달라는 주문을 하고 곧바로 잠에 곯아떨어졌다. 한참을 자다가 나는 벼룩에게 몸을 맡긴 사실을 알았다. 굳이 일본의 벼룩에 대한 경멸적인 이야기는 하지 않겠다. 벼룩은 나를 친근하게 따라다니다가 시험 삼아 내 몸을 시식하고 떠났을 뿐 아니겠는가?

다음 날 아침 나는 일본 남부에서 온천으로 유명한 토키오Tokio[3]로 떠날 채비를 서둘렀다. 수직으로 200피트나 솟아오른 거창한 바위 지대를 돌자 일본 부자들이 소유하고 있다는 별장들이 눈에 들어왔다. 그들은 상속을 받았거나 또는 직접 구입한 별장에서, 일상에서 싸인 불만을 날려버리려 뜨거운 물에 몸을 담근다고 한다. 잠시 짬을 내 이곳의 유일한 명소인 대중목욕탕을 찾았다. 그런데 나는 기겁하여 황급히 목욕탕에서 튀어나왔다. 목욕탕 안의 모습이 너무나 황당했다. 남녀가 함께 목욕하는 혼탕을 정부가 철폐했다는 소식을 들었는데, 이와는 반대로 남녀가 목욕탕 안에 함께 있는 장면이 눈에 들어왔기 때문이다. 이 장면이야말로 내가 일본에서 본 유일한, 아직도 남아 있는 미개한 관습의 유물이었다.

---

3. 어느 곳인지 확인할 수 없었다.

계곡을 내려와 20여 마일 떨어진 사가佐賀 시에 도착할 때까지 수만 에이커의 논을 거쳤다. 왜 그렇게 논이 많으냐고 물을 수도 있겠지만 일본 식탁에서 쌀밥 이외의 음식은 부식에 불과하다. 일본에서 쌀을 없애는 것은 미국에서 우스터소스Worcestershire sauce, 케첩, 소금을 없애는 것과 마찬가지다. 일본 사람들은 식사할 때 쌀밥을 꼭 먹어야 한다. 그러다 보니 경작이 가능한 거의 모든 땅에 벼를 심는다. 벼를 생산하는 과정에서 논에 물을 대는 방법이 매우 진기하다. 대개 논 옆의 3피트 정도 낮은 곳에 개울이 흐른다. 개울에 굽은 홈통을 설치하고, 홈통을 논바닥으로 향하게 한다. 홈통은 아래에서 위로 물을 뽑는 장치인 수차water wheel와 연결돼 있고, 수차의 노 역할을 하는 물받이판과 홈통의 아귀가 딱 맞게 만들어졌다. 사람이 수차 위에서 발로 판을 밟으면 수차가 회전하면서 홈통 밑에 있는 물을 조금씩 끌어 올린다. 이를 논바닥에 물이 찰 때까지 계속한다. 논이 아주 높이 있을 때는 3개의 수차를 동시에 돌린다고 한다. 각 수차는 그러한 방법으로 물을 퍼 올리면서...(스크랩이 헤져 한 줄 정도 해독 불가)

내륙 바다(The Island Sea)[1]

≪포스트(The Post)≫지[2]
일본 교토(京都)에서, 1887년 8월 15일 기고

일본 여행에서 빠질 수 없는 곳이 바로 '내륙 바다'이다. 경관이 수려하고 진기한 볼거리를 제공하는 내륙 바다는 보는 사람마다 각각 특이한 느낌을 갖는다. 대자연을 좋아하는 사람은 이곳 풍광을 보고 무한한 상상의 나래에 빠져들 것이다. 예술가는 일출과 일몰, 폭풍과 고요, 달과 해가 연출하는 빛과 그림자에 감동하여 창작의 욕망에 사로잡히지 않을 수 없을 것이다. 만약 화가가 이곳의 다양한 자연과 색깔의 특성을 화폭에 담는다면 미술 평론가들은 그림을 보고 믿을 수 없다고 고개를 저을 것이다. 역사가들은 지금까지도 흔적이 남아 있는 옛 전쟁터를 보며, 누더기 돛을 단 수많은 범선이 서로 맞붙어 사생결단의 싸움을 벌이는 장면을 연상할 것이다. 경제학자들은 일본의 남쪽 지방을 둘로 갈라놓은 내륙 바다를 보며 시장이나 교역의 편의성을 떠올릴 것이다.

내륙 바다는 일본열도 허리에 위치한 거대한 해협이다. 주변 지역민들의 상호 접근이 쉽다 보니 대양 항해의 위험 없이 교역을 진작시키는

---

1. 원문 제목 'Island Sea'는 '섬 바다'로 옮겨야 하나 헐버트는 'Island Sea'와 '내륙바다'를 뜻하는 'Inland Sea'를 같은 뜻으로 썼다고 보아 '내륙 바다'로 옮겼다. 이 글 첫 문장에 'Island Sea'가 나오나 이 외에는 모두 'Inland Sea'라 하였다. 'Inland Sea'는 '내해(內海)'로 옮기기도 한다. '내륙 바다'는 일본열도 남부의 혼슈, 규수, 시코쿠 섬 사이에 있는 해협을 말한다.

2. 신문 스크랩에 'The Post'라고만 나와 있다. 'The Post'는 뉴욕에서 발행되던 ≪New York Evening Post≫로 추정된다.

장점이 있다. 어부들에게는 안전한 시장을 제공하고, 여행자들에게는 신선함을 제공한다. 오랜 시간의 태평양 항해 끝에 또는 중국해를 거치는 지루한 여행 뒷자락에 이곳에 도착하면 새로운 기운이 샘솟는다. 내륙 바다는 남쪽에서 접근하는 것이 더 좋다. 북쪽에서 접근하면 깔때기 모양의 수로를 지나야 하기에 해협과 너무 일찍 만난다. 남서쪽에서 접근하면 여행안내 책자에서 읽은 설명 대로이고, 별 느낌 없이 무덤덤하게 해협을 만난다. 해협에 도착하면 눈을 크게 뜨지 않을 수 없다. 섬과 섬을 지나 바닷가에 다다른다 해도 해협이 끝이 없이 길게 늘어져 있기 때문이다.

우리가 탄 배가 어느 섬을 급하게 돌자 작은 만灣이 어디엔가 숨어 있다가 불현 듯 나타났다. 만은 직선으로 1마일 이상 육지로 뻗어 있다고 한다. 만에 가까이 다가가자 내륙에서 튀어나온 깎아지른 절벽들이 만 양쪽에서 위용을 자랑한다. 돌출한 절벽들의 모습이 마치 질서정연하게 열을 선 듯하다. 배가 늘어선 절벽들을 스치며 마지막 절벽으로 향했다. 이곳이 만의 끝이라 생각하였으나 만은 끝이 없었다. 갑자기 배가 왼쪽으로 확 쏠리면서 절벽에 가려진 돌출부를 지나자 놀라움에서 깨어나기도 전에 광활한 해협이 눈에 들어왔다.

해협 왼쪽 해안을 따라 1마일 여 떨어진 곳에 시모노세키下關라는 도시가 있다. 도시의 뒤편으로 산이 보였다. 산에는 바위가 많아 보이고, 산자락에 위치한 별장지대도 눈에 들어왔다. 시모노세키는 일본 남부에서 매우 중요한 역할을 하는 도시이다. 도시의 규모 때문이 아니다. 시모노세키에는 엄청난 규모의 쌀시장이 있으며 이곳에서 중국을 비롯한 여러 나라로 쌀을 수출한다. 항구에 가면 수많은 범선이 쌀을 선적하는 광경을 거의 매일 볼 수 있다. 한편 시모노세키는 여자를 사고파는 시장으로 악명이 높다. 이곳에서 팔린 여성들은 노예들이 당하는 비참함보다 백배는 더 비참한 생활을 한다고 한다. 시모노세키 인근에는 이름난 명소 두 군데가 있다. 그중 도시 왼쪽에 위치해 있는 명소는 왕위 계승권을 두고 여러 세기 전에 두 파벌이 치열한 해전을 벌인 장소로 유명하다. 두 파벌은 수백 척의 배를 동원하여 싸웠고, 한 파벌의 왕위 계승자는 아직 어머니 품에 안긴 유아였다. 배의 갑판에 앉아 혼전을 거듭하는 전쟁의 판세를 가늠하는 어머니를 상상해 보라. 역사는 전하기를, 유아의 어머니는 꿈이 무너지자 아들을 가슴에 안고 바다에 뛰어들어 아들과 함께 죽었다고 한다.

도시 오른쪽 3마일 지점에서 있었던 이야기도 흥미롭다. 그곳은 바로 20년 전에 일본이 영국, 러시아, 프랑스, 미국 군함에 발포를 한 곳이다. 당시의 쟁점은 '외국 선박이 일본의 내륙 바다를 통과할 권리가 있느냐 없느냐'였다. 일본은 조약에 따라 외국 선박은 통과할 수 없다고 주장하면서, 일본 군함을 동원하여 포를 쏘아 이곳을 항해하는 외국 배들을 격침하였다. 이 사건은 국제문제로 비화하여 관련된 나라 사이에 한동안 매우 시끄러웠다. 4개 열강은 일본에 배상을 요구하였고, 미국은 75만 달러의 배상금을 받았다. 그러나 후일 이 사건을 재조사한 뒤 3년 전쯤 미국이 배상금 전액을 일본 정부에 돌려주었다. 일본에 거주하는 미국인들은 이에 크게 기뻐하였고, 이 일은 두 나라 사이의 유대를 돈독히 하는 계기로 작용했다. 다른 세 나라는 배상금을 돌려주지 않았다.

전반적으로 시모노세키 시내는 거리가 지저분하고, 특별히 볼 곳도 없었다. 나는 다음 일정을 위해 바다로 향했다. 이곳에서 동쪽으로 가는데는 세 가지 여행 수단이 있었다. 첫째는 정기적으로 운항하는 증기선을 타고 가는 방법으로 약 20시간쯤 걸린다. 그런데 이 노선은 몇몇 아름다운 곳을 놓친다고 한다. 두 번째는 일본식 범선을 타고 가는 방법이다. 종업원들은 매우 친절하나 혼자 여행하는 사람은 쓸쓸하고 지루한 느낌이 든다고 한다. 또 한 방법은 시모노세키와 고베를 운항하는 일본 고유의 스크루 선을 타고 가는 방법이다. 이 배는 그리 크지 않으며, 중간에 열두어 곳을 들르면서 작은 섬들이 촘촘하게 산재해 있는 다도해를 통과한다고 한다. 나는 마지막 방법을 택했다.

스크루 선에는 외국인을 위한 별도의 시설이 없어 나는 열댓 명의 승객과 함께 바닥에서 잘 수밖에 없었다. 식사는 양반다리를 한 채 작은 소반 앞에 앉아 밥, 삶은 생선 등을 먹었다. 머리를 굴려 종업원에게 사례를 좀 하면 삶은 달걀도 먹을 수 있다. 갑판에는 앉을 곳이 없었다. 자그마한 체구의 총각이 불이 담긴 돌 항아리를 들고, 담배를 피우든 안 피우든 여행객의 파이프에 불을 붙여 주려고 귀찮게 따라다닌다. 총각을 못 따라오게 하려면 상당히 과격한 방법을 써야 한다. 호각소리, 크게 떠드는 소리, 담배 연기 내뿜기 등의 왁자지껄한 순간이 이어졌다. 8월 1일 자정 무렵 우리가 탄 배는 시모노세키 해협의 세찬 조류를 헤치며 항해를 시작했다. 30분쯤 지나자 넓은 바다가 나오고, 만월에 가까운 달이 바다를 환하게 비추었다. 바다 양편의 산 정상에서 나무들이 어른거렸다. 물결은 비교적 잔잔하였으며 배는 달빛이 비치는 항로를 따라갔다. 뱃머리에 부딪치는 잔물결 소리와 함께 나무토막을 베개 삼아 나는 선미 바닥에서 잠이

들었다. 얼마 동안을 자다가 배가 부서지는 듯한 날카로운 소리에 잠에서 깼다. 배가 멎어 있었다. 스크루가 요동치는 소리도 들리지 않았다. 배가 어딘가에 정박한 모양이다. 육지도 보이지 않는데 왜 정지했을까? 달이 기울어 바다는 칠흑같이 어두웠다. 그 순간 나는 선미 쪽으로 고개를 돌리면서 배가 정지한 이유를 알았다. 배의 오른쪽에 길게 늘어선 수천 개의 불빛이 반짝거렸다. 불빛 너머로 도시가 보이고, 도시 위쪽으로 거대한 절벽의 희미한 그림자가 눈에 들어왔다. 갑자기 불빛들이 바다 위에서 번쩍거리더니 우리가 탄 배는 순식간에 삼판선에 둘러싸였다. 삼판선은 1센트씩 받고 승객을 태워 육지로 나른다. 어떤 삼판선에는 복숭아와 참외가 가득 실려 있고, 여러 삼판선에서 '고리 미즈', '고리 미즈'라고 끊임없이 외쳐댔다. 이 말은 '얼음물'이라는 뜻이라고 한다. 여름철에 꼭 필요한 얼음물을 팔고 있는 것이다. 칙칙한 랜턴 불빛, 짐을 옮기는 일꾼들의 고함소리, 먼저 빠져나가려고 부지런히 노를 젓는 선원들의 절도 있는 손동작, 삯을 셈하는 바쁜 손길 등이 추억의 그림으로 남을 것이라는 생각이 들었다.

배가 바닷가를 따라 1~2마일쯤 나아가자 어부들이 보였다. 하루의 일과를 준비하고 있었다. 배를 청소하고 돛을 손보는 여인네들도 눈에 띄었다. 조금 더 나아가자 두 개의 섬이 눈앞에 나타났다. 섬 사이가 매우 좁았다. 배가 10피트도 채 안 되는 암석 사이를 마치 화살처럼 순식간에 미끄러져 나갔다. 오싹하면서도 그림 같은 장면이었다. 한쪽 섬 절벽 위로 작은 사당 하나가 보였다. 많은 승객이 선미 갑판에서 두 손을 모으고 사당을 향해 정중한 예를 표했다. 배는 십여 분 동안 다양한 형상의 섬들 사이를 숨바꼭질하며 나아갔다. 모래가 쌓인 섬, 기이한 형태의 바위로 뒤덮인 섬 등이 특이한 형상으로 다가왔다. 배가 섬 옆을 지나가자 놀란 새들이 짹짹거리며 하늘로 날았다. 서쪽 하늘을 보니 시커먼 먹구름이 자리를 틀고 있다. 주위의 범선들이 신중하게 돛을 내리는 모습이 보였다. 날씨가 어두워지고 바람이 거세졌다. 열두어 척의 범선과 함께 우리가 탄 배는 급하게 서둘러 인근 항구로 대피했다. 악천후에 대비하여 닻을 내리고 뱃머리를 바람이 부는 쪽으로 향하게 했다. 기상조건은 최악이었다. 여름비가 갑판을 홍수로 만들었으나 그나마 비로 인한 흙냄새가 비교적 상큼하여 힘들게 일하는 선원들의 기분을 달래 주었다.

밤이 가까워오자 날씨가 갰다. 석양의 바다에는 파도가 넘실댔다. 수평선 위로 장밋빛으로 물든 구름이 산을 이루었다. 해가 구름을 뒤로 한 채 부채 모양을 하며 황금빛 바닷속으로 빠져들고 있다. 동쪽을 보니 퇴각하는 태풍의 자락이 검정에서 노란색으로, 다시 청동색으로 바뀌었다.

다음 날 우리가 탄 배는 웅장한 산의 그림자를 따라 서서히 앞으로 나아갔다. 때때로 바다 깊은 곳을 지나기도 했다. 드디어 증기선과 상선으로 장사진을 치고 있는 항구에 도달했다. 여러 나라 국기가 펄럭이며 항구를 이름답게 장식하고 있다. 이곳이 바로 고베神戸 항구이다.

과학의 실패 – 일본에서 관측한 개기일식

(A Scientific Failure, The Late Eclipse as Seen in Japan)

≪포스트(The Post)≫지[1]

일본 시라카와(白川)[2]에서, 1887년 8월 19일

1887년 8월 19일 오후 2시 30분부터 5시까지 필자가 일본에 있다는 것은 큰 행운이 아닐 수 없었다. 이 시간에 바로 개기일식이 진행됐기 때문이다. 개기일식의 장관을 구경할 기회는 일생에 한 번 있을까 말까 하다. 더욱이 여행하면서 개기일식을 관측하기란 참으로 드문 일이다. 영국에서는 1715년 이래 한 번도 개기일식이 없었고 앞으로도 개기일식을 보려면 다음 세기까지 기다려야 한다.[3] 오늘의 개기일식을 소개하기 전에 미국인들이 이번 개기일식에 대해 특별한 흥미를 느낄만한 이야기를 전하고자 한다.

미국의 두 대학이 개기일식 관측을 위한 원정을 떠났다. 두 대학의 원정대는 개기일식을 가장 완벽하게 관측할 수 있는 지역에 천체 관측 장비를 설치하기로 했다. 그런데 두 원정대는 서로 다른 지역을 선택하였다. 매사추세츠 주에 있는 앰허스트대학Amherst College의 토드David P.

---

1. 신문 스크랩에 'The Post'라고만 나와 있다. 'The Post'는 뉴욕에서 발행되던 ≪New York Evening Post≫로 추정된다.

2. 시라카와(白川)는 일본 기후(岐阜)현에 있는 산림이 울창한 관광지이다.

3. 헐버트가 일본 여행 중에 보았던 1887년 8월 19일의 개기일식은 우리나라 두만강 인근에서도 같은 날 볼 수 있었다. 서울에서는 부분일식만 관측되었다고 한다. 한반도에서 다음 개기일식은 2035년에 북한지역에서 볼 수 있을 것으로 과학자들은 전망하고 있다. (동아일보 2016년 3월 10일 자)

Todd 교수가 이끄는 원정대는 일본으로, 뉴저지 주에 있는 프린스턴대학 Princeton University의 영Young 교수가 이끄는 원정대는 시베리아로 떠났다. 두 원정대의 목적도 약간 달랐다. 일본으로 간 원정대는 개기일식 장면의 촬영을 주목적으로 삼았고, 시베리아로 간 원정대는 분광기分光器를 이용한 개기일식의 특이한 현상 연구를 주목적으로 삼았다. 과학자들은 이번 개기일식 관측에서 얻을 성과에 상당한 기대를 걸고 있다. 왜냐하면, 이번 개기일식은 진행 시간이 길며 관측 여건도 좋다고 보기 때문이다.

태양이 달에 가려질 때 달의 그림자는 원뿔 형태로 나타나며, 개기일식은 지구가 달의 그림자 원뿔의 일정 부분을 스칠 때 발생한다. 그림자 원뿔의 거리는 시점에 따라 다르다. 12월에는 약 228,000마일[4]이며, 6월에는 약 236,000마일이다. 지구와 달의 거리도 시점에 따라 다르다. 매달 약 222,000마일[5]부터 약 256,000마일[6] 사이에서 변한다. 그러다 보니 달이 해와 지구 사이에 일직선으로 놓이더라도 그림자 원뿔이 지구에 미치지 못하면 금환일식이 발생한다. 과학자들은 금환일식에는 그리 큰 관심을 두지 않는다. 그러나 개기일식은 다르다. 특히 이번 개기일식은 달의 위치가 지구와 최대한 가깝고(지구와 달이 가장 가까운 날에서 불과 2일 차이), 이로 인해 달의 그림자 원뿔이 가장 넓게 지구에 드리우면서 개기일식의 진행 시간이 최대로 길어졌다(가능한 최대 시간 가까이). 미국 로키 산

---

4. 스크랩이 헤져 숫자를 알 수가 없다. 과학사전에서 약 228,000마일이라는 숫자를 얻었다.
5. 스크랩이 헤져 숫자를 알 수가 없다. 과학사전에서 약 222,000마일이라는 숫자를 얻었다.
6. 원문은 약 256,000마일이나 과학 사전에는 약 253,000마일로 나와 있다.

맥에서 가장 잘 볼 수 있었던 1878년의 개기일식 진행 시간은 1분 30초였다. 그러나 이번 개기일식은 달의 시지름이 해의 시지름보다 1분minute of arc[7]이 더 길면서 3분 48초나 진행되었다.

과학자들이 꼽은 이번 개기일식의 두 번째 장점은 관측 여건이다. 특별히, 개기일식을 관측할 수 있는 지대에 과학자들이 쉽게 접근할 수 있다는 점이다. 날씨도 도와주고 있다. 아시아 전역, 유럽의 대부분 지역, 아프리카 북동부, 미국 동북부 지역의 날씨가 특히 좋았다. 영국과 프랑스 ...(스크랩이 헤져 한 줄 정도 해독 불가) 개기일식을 관측할 수 있는 지대는 독일의 색슨Saxony 지방 서쪽 국경 부근에서 시작하여 북동쪽의 우랄산맥, 다시 남동쪽의 시베리아, 몽골, 일본을 거쳐 날짜변경선 동쪽 30분대 지점인 동경 173도 위치의 태평양까지 뻗쳤다. 이 지대를 따라 너비 150마일 내외 지역에서 관측이 가능하였으며, 러시아에서는 동경 112도 지점에서 가장 오랫동안 개기일식을 관측할 수 있었다. 일본에서 개기일식이 지속된 시간은 3분 7초였다.[8]

도쿄 북쪽 120마일 지점의 일본열도 중간 지역에 위치한 시라카와 시는 앰허스트대학 원정대가 관측 장소로 선택한 지역이다. 도쿄에 있던 필자는 세기적인 흥미로운 현상을 관찰하기 위해 시라카와로 황급히 출발했다. 이렇게 흥미 넘치는 사건에 대해 누구도 미국 신문에 송고할 기사를 준비하지 않는다고 들었을 때 나의 가슴은 뛰었다. 어젯밤 이곳에 도

---

7. '분(minute of arc)'은 천문학에서 사용하는 각도의 단위이며, 각의 1도를 60등분 하였을 때 1분이라 한다.
8. 앞의 3분 48초는 다른 지역에서 최장으로 볼 수 있는 시간을 말하는 것으로 보인다.

착했을 때 모든 호텔 방이 동났다는 말을 들었지만 놀라지 않았다. 수요와 공급의 법칙에 따라 하룻밤 숙박료는 30센트에서 5달러로 치솟았다. 나는 도착하자마자 개기일식이 일어나기 전에 관측 장소를 둘러보고자 미국 원정대가 있는 곳으로 달려갔다. 원정대의 관측 장소는 주위가 매우 아름다웠다. 그곳은 봉건제도가 중앙집권제로 교체되는 과정에서 몇 년 전 파괴된 성이 있던 자리였다. 성은 '다이묘大名'라 불리는 일본의 전통 귀족의 한 가문인 아베Abe 가의 소유였다고 한다.

거대한 돌을 쌓아 만든 성벽에 도착한 시각은 해 질 녘이었다. 성벽의 날카로운 각은 위압적이었다. 성벽 주위에 인공으로 파 놓은 못도랑이 없다 해도 공격자들의 심장을 멎게 하는데 충분할 것 같았다. 못도랑 위에 놓인 좁은 석조 다리를 지나 외곽 성벽 문을 통과하여 뜰에 다다랐다. 여기저기에 옛 성의 잔해가 나뒹굴었다. 잔해 사이를 헤치며 안쪽 성벽의 가장 높은 지점에 다다르자 수백 제곱 야드나 되는 풀이 무성한 넓은 평원이 나왔다. 주변 지역이 모두 내려다보이고, 주위의 나무나 산은 하늘을 관측하는데 장애가 되지 않아 보였다. 이곳은 여러 세기 전에 일본의 점성가들이 십이궁을 천체와 조합하여 새로 탄생하는 아기의 운세를 점친 장소였다고 한다. 바로 그러한 곳에 현대 과학자들이 곧 일어날 큰 사건을 예측하여, 장비를 설치하고 개기일식을 기다리고 있는 것이다. 평원 한쪽에 원정대가 사용할 천막이 쳐져 있었다. 천막 너머 약간 높은 지대에 임시 건물이 세워지고 그 안에 관측 장비가 설치되었다. 토드 교수는 나에게 임시 건물을 보여 주고 관측 장비에 대해서도 일일이 설명해주었다. 가장 중요한 장비는 관측용 망원경으로 길이가 40피트이고 대물렌즈의 구경은 5피트나 되었다. 망원경은 잘 다듬어진 삼나무 지붕 아래, 수

평으로 자오선에 맞춰 놓여 있었다. 대물렌즈 밑에는 개기일식의 형상을 망원경으로 보내는 거울이 달려 있다. 토드 교수는 이번에 17×20인치 크기의 사진을 찍으려 마음먹고 있다. 의도한 대로 사진을 찍을 수 있다면 역사상 가장 큰 개기일식 사진이 될 것이라고 즐거워했다. 망원경 외에도 여러 촬영 장비가 개기일식이 일어날 서쪽 하늘의 정확한 지점에 맞춰 놓여 있었다. 장비들을 완벽하게 설치하는데 3주가 걸렸다고 한다.

원정대에는 토드 교수 외에도 여러 천체 전문가들이 함께하였다. 미국 해군의 서더랜드Sutherland 중위, 토목 기사 펨바튼Pembarton 씨, 자연 현상 연구가 홀랜드W. J. Holland 박사, 사진 전문가 히치콕R. Hitchcock 씨 등이 동행하였다. 토드 교수 부인도 함께 왔다. 부인의 역할은 결코 가볍지 않았다. 부인이 할 일은 개기일식이 일어나면서 나타나는 코로나 corona 현상을 너울거리는 불꽃과 함께 그리는 일이었다. 코로나 장면은 맨눈으로는 볼 수 없으며 민감한 눈을 가지고 있어야만 볼 수 있다. 부인은 개기일식이 시작하기 전에 눈을 띠로 단단히 조여 매고 10분 동안 정숙히 앉아 있을 예정이다. 그러다가 급히 띠를 풀어 민감해진 눈으로 코로나가 나타나는 순간을 탐지하겠다고 한다. 이는 개기일식 관측 역사에 없었던 최초의 시도로서 천문학사의 위업이 될 것이라고 했다.

밤이 오면서 해가 양떼구름 사이로 사라졌다. 양떼구름 사이로 해가 지면 다음 날 날씨가 맑다는 신호라고 한다. 원정대의 모든 대원은 '날씨', '날씨'를 외치며 맑은 날씨를 기대했다. 하늘을 쳐다보느라 대원들의 목이 뻐근할 것 같다. 다음 날 아침 눈을 뜨니 주위가 짙은 안개로 뒤덮였다. 아침에 안개가 짙으면 낮에는 걷힐 확률이 높아 좋은 징조라고 한다. 그러나 정오가 지나도 짙은 안개가 남서쪽에 모여들자 원정대는 날씨에 대한 불안감에 휩싸였다. 그래도 모두 희망을 잃지 않았다. 얼마 뒤 구름이 흩어지더니 파란 하늘이 곳곳에서 나타났다. 오후 2시경에 이르자 많은 사람이 개기일식을 보려고 원정대가 위치한 옛 성터 언덕에 모여들었다. 주위는 적막감이 흐르고 군중들은 숨을 죽이며 첫 번째 개기일식을 기다렸다.

해는 아직도 선명하였다. 한편에서 대원들의 웅성거리는 소리가 들렸다. 개기일식이 시작된 것이다. 그러나 구름은 완전히 사라지지 않고 대원들의 기대를 위협하며, 중요한 장관을 삼켜버리려는 듯 서서히 움직였다. 달이 움직이면서 해를 많이 가릴수록 대원들의 호흡이 가빠졌다. 숨을 쉴 수 없을 정도로 긴장감이 감돌았다. 완전한 개기일식까지는 딱 2분이 남았다. 2분만 구름이 가리지 않는다면 원정대의 탐험은 성공으로 귀결될 것이다. 해와 구름 사이로 한 뼘 정도의 파란 하늘이 시야에 들어왔다. 달과 구름 중 누가 먼저 해를 가리느냐는 싸움이었다. 이제 딱 10초 남았다. 그러나 가엾도다! 순간 바람이 휙 일며 원망스럽게도 구름이 하늘을 가려버렸다. 과학은 고개를 숙이며 눈물을 흘렸다.[9]

심술을 부리듯 갑자기 칠흑의 어둠이 산과 들을 덮치자 군중들은 휘청거렸다. 남쪽 수평선 위로 짙은 황색의 쎈비구름이 험상궂은 머리를 들어 올리고, 턱은 수평선의 가장자리에 올려놓은 채 당황하는 군중들에게 코웃음을 치듯 걸쳐 있다. 날아다닐 수도 없는 짙은 어둠 속에서 새들이 무

---

9. 개기일식 마지막 10초를 남기고 하늘이 구름에 가린 것에 대한 안타까움의 표현이다.

작정 제집을 뛰쳐나갔다. 개들은 주인의 다리 뒤에 살금살금 숨었다. 군중들의 안색이 관에 들어가기 전의 시체처럼 창백했다. 경이적인 장면을 보기 위해 납빛 하늘을 열심히 살피는 군중들의 타는 가슴은 아랑곳하지 않고, 언덕 위 망원경 옆에서 화톳불은 변함없이 이글거리고 있다. 아, 구름이 사라졌으면 좋으련만! 지금까지 생기 있게 떠들어대던 군중들은 마치 발이 땅에 얼어붙어 버린 듯 침묵에 빠졌다.

순간 갑자기 빛이 들어오면서 은백색 언월도偃月刀 모양을 한 초승달이 구름의 단층에 반쯤 가려진 채 중천에 눈부신 자태를 드러냈다. 과학자들이 지금까지 쏟은 노력과 열정은, 하늘의 그 어떤 자연 현상도 필적할 수 없는 이 아름다운 광경을 보기 위함이 아니었겠는가. …(스크랩이 헤져 한 줄 정도 해독 불가) 군중들은 한순간에 태양을 숭배하는 파시Parsee교도가 되었다.[10] 환호와 흥분이라는 말 외에는 묘사하기 어려운 감동이 부풀어 올랐다. 새들은 자신들의 터전인 하늘을 날기 시작하고, 모든 자연은 태양의 귀환을 감지하는 듯 했다.

과학자들의 입장에서는 이번 개기일식은 실패다. 참으로 소중한 기회가 아쉽게 끝나고 말았다. 필자를 포함한 많은 사람이, 멀리서 와 과학의 발전을 위해 수고를 한 미국 원정대에게 위로의 말을 건넸다. 다음 개기일식은 1889년에 남아메리카와 서아프리카에서 볼 수 있을 예정이다. 그 때는,

하늘이시여 부디 자비를 베푸소서!

---

10. 파시(Parsee)교는 회교도의 박해로 인도로 피신한 페르시아 계 조로아스터(Zoroaster)교를 말한다. 해, 불, 별을 신성시한다.

헐버트(Homer B. Hulbert)의 일생

한국 이름 : 흘법(訖法) 또는 할보(轄甫)

1863. 1.26.	미국 버몬트 주 뉴헤이븐(New Haven) 시에서 목사이자 미들베리 대학 (Middlebury College) 총장이셨던 아버지(Calvin B. Hulbert)와 다트머스대학(Dartmouth College) 창립자 후손인 어머니(원명:Mary E. Woodward) 사이에서 둘째 아들로 태어남
1884.	다트머스대학 졸업, 유니언 신학대학(Union Theological Seminary) 입학(2년 수학)
1886. 7. 5.	조선 최초의 근대식 관립학교인 육영공원(Royal English College) 교사로 초빙되어 조선에 당도
1888. 9.18.	메이 한나(May B. Hanna)와 뉴욕에서 결혼
1890.	언더우드(Horace G. Underwood)가 출간한 최초의 사전인 ≪한영ㅈ뎐≫의 영한사전 부문 편찬을 도움
1891.	우리나라 최초의 한글 전용 교과서 《ㅅ민필지》 출간
1891. 12.	육영공원에서 5년 반 동안 재직 뒤 미국으로 귀환
1892. 1. 3.	근대 최초의 한글 관련 논문 〈한글(The Korean Alphabet)〉 발표
1892.	풋남군사학교(Putnam Military Academy, Ohio) 교장
1893. 7.	미국 시카고에서 열린 '컬럼비아 국제설화학술회의(The International Folk-Lore Congress of the World's Columbian Exposition)'에 참석, 한국의 설화 소개
1893. 10. 1.	감리교 선교사로 재 내한
1893.	감리교 배재학당 삼문출판사(Trilingual Press) 책임자 및 볼드윈 예배소(Baldwin Chapel, 현 동대문교회) 담임 목사
1895.	영문 월간지 ≪한국소식(The Korean Repository)≫ 운영 책임자 겸 공동 편집인

명성황후 시해 사건 직후 언더우드, 에비슨(Oliver R. Avison) 등과 함께 고종의 침전에서 불침번을 서며 고종을 친일파로부터 보호

1896. 민족의 혼 아리랑을 역사상 최초로 서양식 악보로 채보

≪독립신문≫ 창간 시 서재필을 도움(창간 자문, 시설 및 인력 지원)/ 영문판 책임자

1897. 한성사범학교 책임 교관, 대한제국 교육 고문

왕립지리학회(Royal Geographical Society) 회원

1900. 관립중학교(현 경기고등학교) 교관

1901. 영문 월간지 ≪한국평론(The Korea Review)≫ 창간

왕립지리학회(Royal Asiatic Society) 한국지부 창설이사, 헌장 기초

1903. 7. 단편소설 ≪줌나의 기적(The Sign of the Jumna)≫ 발표

≪타임스(The Times, London≫지 객원 특파원

조선왕조 역사서 ≪대동기년(大東紀年)≫ 출간

≪시베리아 금광을 찾아(Search for a Siberian Klondike)≫ 출간

YMCA 창립준비위원장 및 창립총회의장, 한국YMCA 출범(헌장 기초)

1904. ≪AP통신≫ 객원 특파원

1905. 종합 역사서 ≪한국사 The History of Korea≫ 출간

≪한국어와 드라비다 어의 비교 연구 A Comparative Grammar of The Korean and The Dravidian Languages≫ 출간

1905. 10. 을사늑약 저지를 위한 고종 황제의 대미 특사로 활약, 미국의 루스벨트(Theodore Roosevelt) 대통령에게 고종 황제의 친서를 전달하기 위해 미국을 방문하여 한국의 주권 수호를 호소.

1906. 문화, 풍물, 사회제도 등 한국을 집대성한 ≪대한제국멸망사(The Passing of Korea)≫ 출간

노량진교회 설립 예배 인도

1906. 6.22.	헤이그만국평화회의 관련 대한제국 조약 상대국 국가원수를 방문하는 고종 황제의 특사로 임명됨
1907.	일본 궁내부 대신의 경천사 석탑 약탈 실상을 세계 언론에 알리며 석탑 반환을 요구
1907. 5 ~ 7.	고종 황제의 특사로 제2차 만국평화회의가 열린 헤이그 방문, 한국인 특사 지원
1907. 7.10.	헤이그 평화클럽(Peace Club)에서 일본의 불법성 폭로
1907. 7.	일본의 박해로 미국으로 돌아가 매사추세츠 주 스프링필드(Springfield)에 정착
1907 ~ 1909.	미국 전역을 돌며 강연과 언론 회견을 통해 한국의 독립을 호소
1909. 8 ~ 11.	비밀리에 미국 정부가 주선한 경호원과 함께 한국을 방문하여 평양에서 열린 개신교 한국 선교 25주년 기념행사에 참석. 고종 황제로부터 내탕금에 관한 밀명을 받고 상하이를 거쳐 미국으로 귀환
1911 ~ 1922.	성인 하계대학인 '셔토쿼 순회 강좌(Chautauqua Circuit)'에서 활동, 한국의 실상을 알리고 독립을 호소
1918 ~ 1919.	제1차 세계대전 중 YMCA 연사로 프랑스에서 미군에 강연
1919.	파리강화회의 기간 중 파리를 방문하여 대한민국 임시정부의 독립 청원서를 제출한 김규식을 만나고 각국에 한국의 독립을 호소
1919. 9.	미국 상원 외교관계위원회에 〈한국을 어찌할 것입니까?(What about Korea?)〉라는 제목의 청원서(Statement)를 제출하여 한국의 독립을 호소, 미국 의회기록(Congressional Records)에 청원서 남김
1919 ~ 1945.	서재필이 이끄는 미국의 한인독립단체 '한국친우동맹(The League of The Friends of Korea)', 이승만이 이끄는 '구미위원부(The Korean Commission to America and Europe)'에서 중심 연사로 활동
1925.	한국 전래 동화 ≪엄지 마법사(Omjee The Wizard)≫ 출간
1926.	소설 ≪안개 속의 얼굴(The Face in The Mist)≫ 출간
1928~1931.	≪미라신부(The Mummy Bride)≫ 등 희곡 4편 발표

1942.	미국 워싱턴에서 열린 '한국자유대회(Korea Liberty Conference)'에서 연설, '고종 황제는 휜 적은 있으나 부러지지 않았다'고 증언하며 한국인들의 단결을 호소
1948.	아내 메이(May B. Hulbert) 별세
1949. 7.29.	이승만 대통령의 국빈 초청으로 8.15 광복절 행사에 참석하기 위해 40년 만에 내한
1949. 8. 5.	내한 일주일 만에 서거
1949. 8.11.	대한민국 사회장으로 영결식 거행 후 양화진에 안장
1950. 3. 1.	대한민국, 외국인 최초로 '건국공로훈장(태극장)' 추서
1999. 8. 5.	50년 동안 비어 있던 헐버트의 묘비에 김대중 대통령의 휘호를 받아 '헐버트 박사의 묘'라는 묘비명 각인
2013. 7.	대한민국, 외국인 최초로 '이달의 독립운동가'에 선정
2013. 8.13.	경북 문경시, 문경새재에 '문경새재헐버트아리랑비' 건립
2013. 12.27.	서울시, '한글 역사인물 주시경-헐버트 상징조형물' 종로구 '주시경마당'에 건립
2014. 10. 9.	대한민국, 한글 발전에 대한 공로로 '금관문화훈장' 추서
2015. 10. 7.	(사)서울아리랑페스티벌, 제1회 '서울아리랑 상' 추서

헐버트 저서 목록

(논문, 기고문, 발표문 제외)

1. ≪ᄉ민필지≫, 서울, 1891
2. ≪줌나의 기적(The Sign of the Jumma)≫, 미국(The Century Magazine), 1903
3. ≪시베리아 금광을 찾아(Search for a Siberian Klondike)≫, 미국(The Century Co.), 1903
4. ≪대동기년(大東紀年)≫, 상하이(미화서관美華書館), 1903(윤기진 편찬 도움)
5. ≪한국어와 드라비다 어의 비교 연구(A Comparative Grammar of The Korean and The Dravidian Languages)≫, 서울(감리교 출판부), 1905
6. ≪한국사(The History of korea)≫, 서울(감리교 출판부), 1905
7. ≪대한력ᄉ(상)≫(영문 ≪한국사≫ 번역본, 오성근 등 편찬 도움), 서울, 1908
8. ≪대한제국멸망사(The Passing of Korea)≫, 영국(William Heinemann)/ 미국(Doubleday Page&Co), 1906
9. ≪일본의 불법성(The Japanese in Korea)≫(사설 모음), 서울, 1907
10. '헐버트 교과서 시리즈(Hulbert Series)' – 교과서 15권, 서울, 1906~1908년 여름
11. ≪엄지 마법사(Omjee The Wizard)≫, 미국(Milton Bradley Co.), 1925
12. ≪안개 속의 얼굴(The Face in The Mist)≫, 미국(Milton Bradley Co.), 1926
13. ≪미라신부(The Mummy Bride)≫(희곡 – 3막), 미국(The Northwestern College of Speech Arts), 1928
14. ≪공 놀이(Play Ball)≫(희곡 – 1막), 미국(The Northwestern College of Speech Arts), 1929
15. ≪해독제(The Antidote)≫(희곡 – 1막), 미국(The Northwestern Press), 1930
15. ≪증거 서류 'A'(Exhibit "A")≫(희곡 – 3막), 미국(The Northwestern Press), 1931
16. ≪헐버트 회고록(Echoes of The Orient)≫, 미국, 연도 미상
17. ≪헐버트 문서(Hulbert Manuscripts)≫, 미국, 연도 미상
18. ≪헐버트 비망록(Hulbert Memorandum)≫, 미국, 연도 미상
※ ≪한영ᄌ뎐(A Concise Dictionary of the Korean Language)≫, 언더우드(Horace G. Underwood) 출판 – 헐버트, 게일(James S. Gale) 각각 영한부, 한영부 편찬 도움, 요코하마(Kelly&Walsh, L'D.), 1890

근대 개화사 연표

1864.	1. 16.	고종 즉위, 대원군 집권(음력 1863년 12월 8일)
1866.	8.	미국 상선 제너럴셔먼(General Sherman)호 대동강 월경
	9.	프랑스 함대 강화도 침공(병인양요)
1871.	4.	미국 함대 강화도 침공(신미양요)
1873.	11.	고종 친정 선포, 대원군 실각
1875.	9.	강화도 초지진에서 운요호(雲揚號)사건 발생
1876.	2.	조일수호조규 체결(강화도조약), 부산 개항
1879.	7.	원산개항
1880.	12.	통리기무아문(統理機務衙門) 설치
1882.	5.	조미수호통상조약 체결
	6.	임오군란, 청군 출동
	8.	일본과 제물포조약 체결
1883.	1.	국기(태극기) 제정
	7.	민영익이 이끄는 보빙사 일행(8명) 미국으로 출발
	8.	전환국(조폐 기관) 설치
	9.	민영익 전권대사 미국 대통령에 국서 전달
	10.	조영수호통상조약 체결
	11.	조독수호통상조약 체결
1884.	9.	에디슨램프회사에 건청궁 전기 시설 주문
	9.	최초의 의료 선교사 알렌(Horace N. Allen) 내한(주 조선 미국공사관 의무요원)
	12.	갑신정변
1885.	4.	광혜원 개원(개원 직후 제중원으로 개칭)

언더우드(Horace G. Underwood), 아펜젤러(Henry G. Appenzeller)등 개신교 선교사 내한

	8.	배재학당 출발
1886.	2.	언더우드 학당 출발(1905년 경신학교가 됨)
	3.	노비세습제 폐지
	5.	이화학당 출발
	9.	육영공원(최초의 관립 근대식 교육기관) 개교
1887.	3.	건청궁 전기 점등
	8.	박정양 초대 주미 공사 임명(12월 출발)
	9.	언더우드, 새문안교회(장로교) 창립
	10.	아펜젤러, 정동교회(감리교) 창립
1889.	9.	1888년의 대흉년으로 방곡령(식량수출 금지) 공표
1891.		헐버트(Homer B. Hulbert), 최초의 한글 전용 교과서 《ᄉ민필지》 출간
1893.	5.	시카고만국박람회 참가
1893.	4.	동학교도 보은집회
1894.	2.	동학혁명
	7.	성환에서 일본군 청군 공격(청일전쟁 발발)
		군국기무처(軍國機務處) 설치(갑오개혁의 시발)
1895.	2.	고종, 교육조서 발표
1895.	4.	한성사범학교 관제 공포
	10.	명성황후 시해사건(을미사변)
	11.	단발령, 국왕 단발
		의병 활동 확산
1896.	1.	건양(建陽) 연호(태양력) 사용
	2.	고종, 정동 러시아 공사관으로 옮겨감(아관파천)

	4.	《독립신문》창간(1899년 1월까지 존속)
	7.	독립협회 발족
	11.	독립문 기공식(1897년 11월 준공)
1897.	2.	고종, 러시아 공사관에서 경운궁으로 돌아옴
	10.	고종 황제 즉위식 원구단에서 거행, 대한제국 선포, 광무(光武) 연호 사용
	12.	경운궁 전화 가설
1898.	1.	한성전기회사 창설
	2.	독립협회 만민공동회 개최
	11.	독립협회 강제 해산
1899.	1.	대한천일은행 설립
1899.	5.	서울 서대문-동대문 간 첫 전차 개통
	8.	대한제국 국제 선포
	9.	인천-노량진 간 철도 완공
1900.	1.	만국우편연맹에 가입, 전환국 관제 전면 개정
	2.	한성은행 설립
	4.	서울 종로에 가로등 설치
	7.	한강철교 준공으로 경인 철도 완전 개통, 경인 간 시외전화 개통
	10.	관립중학교(경기고등학교 전신) 개교
1901.	2.	신식화폐조례 공포(금본위제 채택)
	7.	단군묘를 봉하도록 결정
	8.	서울 시내 전등 점등식
1902.	1.	영일동맹
	3.	서울-인천 간 전화 업무 개시
		서북철도국, 마포-개성 구간 기공식
	5.	서울-개성 간 전화 개통

이범윤을 북변도(간도) 관리사로 파견

8. 국가 제정

12. 고종 즉위 40년 기념 국민축전 10일간 거행

제1차 하와이 이민 100명 출발

1903. 3. 중앙은행 조례 공포

4. 러시아, 용암포 점령

1903. 7. 만국적십자회의에 대표 참석

1904. 1. 러일 관계 악화에 대비 국외 중립을 각국에 타전

2. 러일전쟁 발발, 이용익 일본군에 피랍

2. 23. 한일의정서 강제 체결

8. 22. 제1차 한일협약(한일 외국인 고문 용빙에 관한 협정서) 강제 체결

12. 경부선 철도 준공

1905. 4. 경의선 철도 개통

7. 테프트-가쓰라 밀약

7. 19. 지석영이 상소한 신정국문(新訂國文) 공포

8. 제2차 영일동맹

≪대한매일신보≫ 창간

9. 포츠머스강화조약 체결

10. 고종 황제, 을사늑약을 저지하고자 미국에 헐버트를 특사로 파견

11. 17. 제2차 한일협약(을사늑약) 강제 체결

11. 민영환 자결

1906. 2. 일본 통감부 설치

3. 초대 통감 이토 히로부미(伊藤博文) 부임

6. 22. 고종 황제, 헐버트를 헤이그 제2차만국평화회의 참석 관련 조약 상대 국 원수를 방문하는 특사로 임명

1906. 주시경, ≪대한국어문법≫ 저술

1907.	5.	헤이그 제2차만국평화회의를 위해 헐버트, 이준 서울 출발
	6.	헤이그 제2차만국평화회의 한국특사(이상설, 이준, 이위종) 회의참석 시도, 일본의 방해로 회의 참석 실패
	7. 20.	고종황제 강제 퇴위, 황태자 강제 즉위(순종 황제)
	7. 24.	한일협약(정미조약) 강제 체결, 군대 해산
	7.	국문연구소 설치
	8. 2.	융희(隆熙) 연호 사용
1908.	3.	외교 고문 스티븐스(Durham W. Stevens) 샌프란시스코에서 장인환, 전명운에 피살
1908.		주시경, 《국어문전음학》 출간
1909.	9.	청일협약으로 북간도가 청국령으로 됨
	10. 26.	안중근, 하얼빈에서 이토 히로부미 사살
1910.	8. 22.	한일강제병합조약 강제 체결
	8. 29.	한일강제병합조약 공표, 대한제국을 조선으로 칭하고 조선총독부 설치
1910.		주시경, 《국어문법》 출간

(사)헐버트박사기념사업회

(사)헐버트박사기념사업회는 '한국인보다 한국을 더 사랑한' 헐버트 박사의 업적을 발굴하고, 정신을 기리고, 박사님의 은혜에 감사하고자 1999년에 설립되었습니다.

헐버트 박사가 실천한 정의, 평화, 인간애, 올바른 애국심의 가치를 세상에 알려 우리 사회가 보다 정의롭고, 공정하고, 이타적이고, 예와 문화를 존중하는 사회가 되기를 바라면서 헐버트 박사 알리기에 최선을 다하고 있습니다.

고　　문　이인수(명지대 명예교수), 이석(고종 황제 친손자), 김종택(한글학회 이사장), 김삼열(독립유공자유족회 회장), 서유석(독도사랑회 대표), 안창원(서울YMCA 회장), 이형모(재외동포신문 대표), 전용재(기독교대한감리회 감독회장)

자문위원　정방우(위원장, 전 금융감독원장), 신방호, 박영철, 백영찬, 이승연, 박근생, 정정수, 김응기, 박세웅, 소수영, 박인기, 이상구, 신우식, 이명수, 신근호, 장종근, 정혜영, Robert E. Fallon, Jeffrey D. Jones, Kevin Kehoe, Tami Overby, Hope E. May, Robert W. Whittemore, James Bradley 외

명예회장　신복룡(전 건국대학교 대학원장)

회　　장　김동진(전 JPMorganChase은행 한국 회장)

이　　사　강신우, 김근하, 김대중, 김인, 성창훈, 채규영

사무총장　정용호

연구 / 홍보 실장　강은환　　대외 봉사　정기숙

헐버트청년모임(Hulbert Youth Forum)　대표 전범선

헐버트 글 모음 헐버트 조선의 혼을 깨우다

발행일 2016년 7월 5일
지은이 헐버트(Homer B. Hulbert)
옮긴이 김동진

편 집 정용호, 강은환, 정혜민, 김선혜, 한숙, 강효진, 김영미
편집자문 이형모, 박용규, 강신우, 김근하, 김대중, 김 인, 성창훈, 채규영
디자인 아이비문화
펴낸곳 참좋은친구
펴낸이 김동진(헐버트박사기념사업회 회장)
출판신고 2009년 12월 10일 제321-2009-000230호
주 소 서울시 마포구 성지길 46
전 화 02-3142-1949
팩 스 02-326-1863
누리집 http://www.hulbert.or.kr

ⓒ김동진
이 책의 저작권은 펴낸이에게 있으며 저작권법에 의해 보호받는 저작물이므로
무단 전재와 복제를 금합니다.

책값은 뒤표지에 있습니다.
잘못 만들어진 책은 구입하신 서점에서 바꾸어 드립니다.